本书受高水平大学建设华人华侨与国际问题研究组团经费

罪与罚

关于南京大屠杀与日本侵华暴行的
道德与法律思考

贾海涛　释大愿　主编

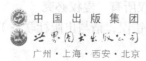

中国出版集团
世界图书出版公司
广州·上海·西安·北京

图书在版编目（CIP）数据

　　罪与罚：关于南京大屠杀与日本侵华暴行的道德
与法律思考 / 贾海涛，释大愿主编. —广州：世界图书
出版广东有限公司，2017.3（2025.1重印）
　　ISBN 978-7-5192-2457-8

　　Ⅰ.①罪…　Ⅱ.①贾…　②释…　Ⅲ.①南京大屠杀
—研究　Ⅳ.①K265.607

　　中国版本图书馆CIP数据核字（2017）第045247号

书　　名	罪与罚：关于南京大屠杀与日本侵华暴行的道德与法律思考
	Zuiyufa: Guanyu Nanjing Datusha Yu Riben Qinhua Baoxing De Daode Yu Falü Sikao
主　　编	贾海涛　释大愿
责任编辑	程　静
装帧设计	书窗设计
责任技编	刘上锦
出版发行	世界图书出版广东有限公司
地　　址	广州市新港西路大江冲25号
邮　　编	510300
电　　话	020-84451969　84453623　84184026　84459579
网　　址	http://www.gdst.com.cn
邮　　箱	pub@gdst.com.cn
经　　销	各地新华书店
印　　刷	悦读天下（山东）印务有限公司
开　　本	787mm×1092mm　1/16
印　　张	19
字　　数	390千字
版　　次	2017年3月第1版　　2025年1月第3次印刷
国际书号	ISBN 978-7-5192-2457-8
定　　价	88.00元

目　录

贺词与讲话

中日关系与世界和平

日本战争暴行的根源：文化反思和历史回顾

认识日本：道德评判及其他

对日本战争罪行与侵略历史的法律清算

贺词与讲话

在暨南大学"罪与罚：关于南京大屠杀与日本侵华暴行的道德与法律思考"学术会议开幕式上的讲话

暨南大学党委书记　蒋述卓

2014年8月15日上午

尊敬的各位嘉宾，女士们、先生们：

大家上午好！

今天是伟大的抗日战争胜利69周年纪念日，也是日本战败投降日。我很高兴在这样一个伟大而庄严的日子里和各位相聚一堂，隆重举办"罪与罚：关于南京大屠杀与日本侵华暴行的道德与法律思考"学术会议，以庆祝胜利，铭记历史，缅怀先烈，反思灾难，吸取教训，珍惜和平，共创未来。我谨代表暨南大学并以我个人的名义对此次学术会议的召开表示祝贺，向莅临我校的各位来宾、各位朋友表示热烈的欢迎！

日本的侵华史就是一部近代中国的灾难史和血泪史。日本侵华的规模之大，时间之长，对中国造成的伤害和损失之大、之深，为古今世界历史所罕见。但由于美国的包庇，日本轻易逃脱了惩罚，成为千古遗憾。战后，由于美国的纵容和日本国内右翼势力的兴风作浪，日本政府对其侵略历史从态度暧昧、百般抵赖到拒不认罪，反过来挑衅中国，霸占我领土，威胁我安全。这是绝对不能容忍的。前事不忘，后事之师。正义不能践踏，历史不容否认！今天，我们举办这个会议的目的不仅仅在于反思历史，还在于为当今的中日关系和东亚和平寻找一条永久和平之路。我们要做的不仅仅是声讨日本，还要反躬自省，探索民族强盛和领导世界和平的良策。

我坚信，此次会议的主题和内容是理性的、学术的，是和平主义的，也是建设性的。我们会议的主题与历史的脉搏一起跳动，是全人类共同的话题和命题；我们会议的内容符合时代的要求、顺应民心。在中日关系出现问题、亚太和平出现危机之际，此次会议的召开正逢其时，具有极大的现实意义。

暨南大学作为一所著名的研究性高校，有责任和义务推动国际问题的研究和国际文化的交流。暨南大学是中国最高华侨学府，是全国第一所招收外国留学生的大学，也是目前中国境外生最多的大学。"暨南"二字出自《尚书·禹贡》篇："东渐于海，西被于流沙，朔南暨，声教讫于四海。"意即面向南洋，将中华文化远远传播到五洲四海。暨大的办学初衷决定了其开放型的办学特色和"面向海外，面向港澳台"的办学方针。

学校积极开展对外学术和教育交流，已同世界五大洲140余所高等院校和文化机构签订了双边协议或建立了学术交流关系，它们遍及世界五大洲美国、巴西、秘鲁、英国、德国、法国、俄罗斯、南非、澳大利亚、日本、韩国、印度尼西亚、越南、泰国等国家和中国香港、澳门地区。学校在香港和澳门分设办事处，并在香港设立教育基金会。建校至今，我校一共培养了来自世界五大洲130多个国家和香港、澳门、台湾3个地区的各类人才近40万人，堪称桃李满天下。

女士们、先生们，本次会议由暨南大学中印比较研究所、社会科学部与广东四会市贞山六祖寺联合主办，在此，我特别要对广东四会市贞山六祖寺的各位长老表示感谢！我相信，这将是一次愉快、成功的合作！我也殷切希望与会专家、学者对我校各方面的工作给予指导。

最后，祝与会的各位朋友们身体健康！工作顺利！心情愉快！祝会议圆满成功！

在暨南大学"罪与罚：关于南京大屠杀与日本侵华暴行的道德与法律思考"学术会议开幕式上的讲话

释大愿法师（广东四会六祖寺方丈）

2014年8月15日上午

各位领导，各位专家，各位大德，各位朋友，老师们，同学们：

早上好！

今天非常荣幸能跟大家在这里相聚，共同探讨"罪与罚：关于南京大屠杀与日本侵华战争暴行的道德与法律思考"这么一个话题，同时心里也有几分沉重。本来，我担心关于中日关系和中日历史问题的研讨会变成过多渲染仇恨和国家对抗的声讨，因此在一开始对暨南大学贾海涛教授的办会倡议有所保留，持审慎的态度。后来在阅读了他的书面计划之后，经过认真磋商，弄清楚了他的真实意图，便欣然表示支持。

我觉得这个会议的主题体现了人类普遍价值和终极关怀最核心的问题，旨在拷问人类的良知和检测人类的道德底线，超越了民族、国家利益和历史冲突本身，是全人类共同关心的问题，也是全人类应该共同探讨和努力的方向。会议的立意是超越性的，目标也是极其高远的，非常哲学，也与佛家的教义与精神是吻合的。这也是六祖寺参与举办此次盛会的主要原因之一。会议的举办方式非常学术化，具有相当高的专业化程度，我也感到非常赞赏和满意。

关于罪孽和暴行，佛教本身有着深刻系统的思考，也有相关的如因果报应等理论。"罪与罚"不仅仅是一个法律和政治话题，也是一个典型的道德和宗教命题。佛教也关注这一问题。但佛教主要探究和提倡宽恕、救赎与之道。希望与会学者深入研究历史和现实，找到一个实现中日世代友好、永保世界和平的济世良策。当然，实现中日友好，建设世界和平不是单方面的事情，也不是凭着单方良好的愿望就能实现的。不过，煽动仇恨和战争的不理智情绪是不可取的。希望这种研讨以后能够更国际化，邀请到包括日本学者在内的外国人士参加，能够展开真正的中日对话和国际对话。这将会使国际社会更加了解中国人的和平愿望和道德的伟大，也将有利于实现中日和解和天下太平。

通过报名情况和会议议程，我了解到参会人士以学者和媒体人士为主，来自全国各地，还有外国朋友和港台人士，涉及众多的学科，具有广泛的代表性，因此倍感欣慰。希望在接下来的几天大家认真研讨，奉献自己的智慧。

我代表主办方和六祖寺欢迎大家的光临。

盼望大家精彩的呈现！

祝大家六时吉祥！

阿弥陀佛！

在暨南大学"罪与罚：关于南京大屠杀与日本侵华暴行的道德与法律思考"学术会议开幕式上的讲话

香港孔教学院院长　汤恩佳博士

孔历2564　公历2014年8月15日

日本帝国主义对华发动两次侵略战争，对中国造成不可磨灭的伤害，给中国人民带来巨大灾难。但是，由于历史与现实的诸多因素，在美国的纵容下，日本右翼势力发展，军国主义势力抬头，不肯对自己的战争罪行进行深刻反省，而且不断美化侵略历史，争夺中国的钓鱼岛，解禁集体自卫权，妄图修改和平宪法，制造民间的对立情绪。事实上，现今的日本已对中国的国家安全构成了严重挑战。回顾历史，我们的目的就是要总结经验，避免悲剧重演，为应对日本可能发起的侵略作出充分的准备。我们必须对日本军国主义保持高度警惕，并进行彻底批判。今天，举行"罪与罚：关于南京大屠杀与日本侵华暴行的道德与法律思考"学术研讨会，意义重大，非常必要。在此，我代表香港孔教学院祝会议圆满成功。

第二次世界大战，大部分好战的德军葬身战争火海，同盟国对投降的德军罪犯，都加以严惩。而大部分德国的好战分子都遭到灭顶之灾，同时战争也使德国人民身受其害。德国人民并不认为战争责任与自己无关，而是承认滔天大罪，其领袖对受害国人民道歉。德国前总理勃兰特在华沙犹太人殉难者纪念碑前，为德国纳粹所犯下的罪行下跪。与此相对比，日本的大部分好战军人没有战死沙场。1945年，美国为了避免遭受更大的伤亡，向日本投下两颗原子弹。逼于无奈，日本天皇宣布投降。善良的中国人民没有向那些残暴的日军报复，当时无能的中国政府也没有将那些穷凶极恶的日军绳之以法，让投降的日军平安回国。战后，大量的日本军国主义分子被保留下来，他们没有受到严正的惩罚，绝大多数人缺乏悔罪的意识，他们就成为军国主义复活的重要土壤。

战后德日的教育政策不同。德国教育法规定，历史教科书必须包含足够的有关纳粹时期历史的内容，学校教师必须对有关纳粹专制的历史进行深入讲解，特别要讲解关于集中营和大屠杀的内容。而在日本却是另一番景象。美国在战后不久出于冷战需要，将未经改造的两万名日本战犯释放，其中包括19名甲级战犯。

德国人还通过艺术形式来检讨自己的过去，如在全球引起轰动的《希特勒的最后十二夜》，这部电影拍出德国人的痛苦自省。而日本的一些人却利用艺术形式，对甲级战犯东条英机等人百般进行美化。战后，日本先后推出了《军阀》《尊严》、《山本五十六》和《啊，海军》等许多歌颂战犯和侵略战争的影片和电视片。

日本的传统社会中是有道德文化的，但是，由于日本人喜欢"怪力乱神"，结合日本特殊的生存环境，基于人性的贪婪和自私，以及结合日本长期存在着武士道精神，使相当多的日本人又违背了道德原则。日本侵华所表现出极端的残忍性、破坏性、残暴性，对生命的罔顾和杀害，对人性、人类尊严以及正义等基本人类准则和国际法的践踏，都是空前绝后的。在日本对华战争中，日本通过对欧美技术的学习，制造了大量的杀人武器，对中国人民进行惨无人道的屠杀。日军七三一部队的罪行，就是将知识与邪恶结合起来的典型，背离了"仁智统一"的原则。

我们提倡"和而不同"的精神，目的是要解决当今世界的各种矛盾冲突，发挥它在维护民族团结，促进世界和平的重大作用。冤家宜解不宜结，历史的纷争只能通过谈判、妥协、谅解来解决，而不能诉诸武力。北宋儒学家张载说过："仇必和而解"。离开此理，仇恨解决永无出路。但是，事态的发展不一定是按我们的主观意愿进行。最后，请谨记"前事不忘，后事之师"，共勉之。

谢谢各位，并祝各位事业进步，身心康泰！

中日关系与世界和平

日本人真的那么优秀吗？

《华人世界》周刊总编辑　杨恒均

在中国人尤其是知识分子眼里，日本是一个很优秀的民族。虽然在古代只不过是供炼仙丹失败的人避世藏匿的几个孤悬海外的小岛，但近、现代的日本，在各方面都走在了中国前面，如果不用"优秀"来解释，实在说不过去。我自己就曾经写过好几篇推介"优秀"日本的博文。今天恰逢8·15日本战败日，我想换一个角度切入日本问题，让我们先提一个问题：日本真有那么优秀吗？你是凭什么做出这个判断的？

中国知识分子推崇日本是从近代留日、知日那批知识分子开始的。西方各种学派包括马克思主义，最早确实大多是从日本流进中国的。现在家喻户晓的一些中国大哲、作家、学者与革命家，几乎都在日本混过。以他们在中国知识界百年的影响力，中国知识分子不崇拜日本都很难。

可是，虽说日本比中国更早接触西方思想，也有了更完整的翻译著作，但日本自己对这些思想的吸收与消化又如何呢？这些思想对日本的现代化进程，到底有多少积极的影响？日本人又在吸收西方思想精华的基础上演变出什么独特的可以标上"日本"两个字的东西？细数一下，还真是乏善可陈。从几千年历史来对照中日两国，日本对世界文化与思想的贡献，恐怕还远远比不上中国吧？即便日本"明治维新"后，政治发展，经济水平与社会和谐，也并不比当时的中国强多少。

当然，近、现代中国知识分子对日本的推崇并不偏重在思想与价值观上，甚至不是民众的生活水平上，而是日本的"综合国力"尤其是军事力量上。一开始，中日两国都从西方国家购买了"坚船利炮"，可双方一开战，我们的海军就被打得稀巴烂。等到两国开始引进"制度"，又几乎同时师从两位德国人，结果呢，堂堂的大中华竟然被小小的日本侵占、蹂躏了八年之久。无论是购买"器物"还是引进制度，日本都比我们做得强。

更让人郁闷的是，明明日本是第二次世界大战的战败国，可一夜之间它又照搬了一个西方的民主制度，弄得硬是和谐稳定、繁荣昌盛了几十年，并开始向世界输出半导体、汽车等硬件，也让漫画、寿司与AV这些软实力遍布世界各个角落。反观我们呢？搞得到现在还找不到北。这些恐怕是我们一些知识分子包括我在内，至今还忍不住"哈日"的重要原因吧。

不过，再进一步研究一下，不难发现，中国知识分子推崇日本，并不是它对人类做出了什么贡献，而是因为它买了更先进的"器物"、引进"制度"后，打仗能打赢，发展经济能跑在前面，能够早于我们成为世界第二大经济体。

虽然能打仗与变富强确实是判断一个国家优劣的标准之一，但却不能太绝对，尤其不能颠倒黑白。中国历史上最能打的是成吉思汗，是不是那个朝代就是最优秀的？不是的，他能打是因为在当时没有现代交通工具的情况下，能够骑马射箭的游牧民族一般都能打赢地上跑的。历史不止一次证明，有些杀人如麻的野蛮民族更容易征服文明程度较高的国家。日本同中国引进差不多质量的武器，却能打败中国，并不能说明它就很优秀，这也应该同日本人比较团结，性格中以凶猛与服从为主，以及它本来就是海岛国家有关（当时的中日之战主要以海战为主）。

至于说到在引进制度方面，日本人要优于中国，就更值得商榷了。在美军占领日本之前，日本人引进了西方什么先进的制度吗？我们看到，唯一成功引进的是希特勒法西斯军国主义——它引进的恰恰是西方制度历史上最邪恶最糟糕的一种！我们不能因为它引进了"军国主义"而打败了亚洲诸国，就认为它引进的路子是对的，就"优秀"了。优秀的国家不应该是给世界与自己的国民带来深重灾难的。西方对第二次世界大战前日本和中国的看法中就没有"日本优于中国"这样类似的观点，反而是中国一些文献中，充斥着对日本军国主义带来"强大"的赞赏与羡慕。

与日本相比，中国的发展道路可能更平和，更符合世界潮流，也没有给世界带来灾难。辛亥革命后中国建立了亚洲第一个共和国，加上后来国共两党又分别从苏联、美国引进了社会主义与资本主义两种制度，从制度层面看，中国引进的西方制度并不逊于日本引进的。中国国民党引进的资本主义制度演变成宪政民主制度，在台湾已经开花结果。再看一下日本，在他们的历史上，从来没有真正主动抛弃天皇专制，试图引进除军国主义之外的现代西方文明制度。第二次世界大战中，它确实在亚洲所向无敌，但这是带种族仇恨的极端民族主义与邪恶的法西斯制度相结合的产物，何来优秀之说？

现在，让我们进一步思考下一个问题：如果美国不用原子弹炸日本、占领日本，如果麦克阿瑟将军不亲自口授《和平宪法》，又原封不动把西方的民主选举制度强加在它身上，日本现在在哪里？日本的优秀又如何体现？

　　世界上几乎每一个像日本这种规模的国家，走上民主之路几乎都是靠本民族优秀的思想家与民主先行者，连同率先觉醒的一部分民众，经过艰苦卓绝的奋斗，一起完成民主转型的。印度、马来西亚、泰国、印度尼西亚、韩国都如此，还有正在转型的国家，也大多是这个路数，可唯独日本，民主制度竟然真的是一夜之间建成的！这个民主制度，是美国用原子弹与枪炮强加给它的。如果没有美国，把日本历史上所有的思想者加起来，还需要多少年才能在日本产生真正的民主思想与民主制度？天皇的绝对权威之下，日本能出其他民族出现的优秀政治家与活动家吗？

　　当然，民主制度在日本基本上是成功的，且称为保证战后日本经济增长、社会稳定的最大保障，这到底是怎么回事呢？或者说，半个世纪后的今天，当美国人偷梁换柱，想把日本的模式用在中东伊拉克身上时，为啥就没那么成功？

　　原因当然得从历史传统与文化背景出发，尤其是儒家文化。同时不能不提到日本人"服从权威"的性格。天皇让他们侵略中国，他们死都不退，美国占领后，逼迫他们改革，实行民主制度，他们中只有少数回不过神来的拿刀往肚子上捅，其他的全部服服帖帖，开始闹民主了，而且弄得像模像样。

　　但随后，我们今天最重要的问题也就出现了：绝对服从权威的日本人是否真心地接受了西方的民主价值理念？

　　在西风东渐的过程中，非西方国家都经历了从羡慕"器物"到"制度"崇拜的过程，但最终决定他们引进的制度能否良好运转的，还是与这个制度相匹配的价值理念。如果没有接受自由、民主、法治与包容等民主的价值理念，引进"器物"很可能让你变成掌握利器、更容易杀人的侵略者；不认同理念，即便照搬了最先进的制度，恐怕也无法发挥制度的优势。日本人性格上的绝对服从，弥补了他们思想与价值理念上的封闭与顽固。但封闭与顽固还依然存在——假以时日，当形势发生变化，例如，强迫他们实行了民主制度的美国从日本撤军，放手不管，任其自生自灭，日本会不会在一些更具有煽动性的"政治权威"人士的鼓噪下，集体右转，甚至抛弃美国加给他们的民主制度呢？

　　可能性很小，但至少从理论层面上说，有这个可能性。这不是我的杞人忧天，美国人看到日本如此熟练掌握了他们强加的制度后，也依然对日本人没有完全"搞懂"。目前驻扎在日本的美国军队，并不都是为了维护这个地区的和平，以及用来对付中国的。它最早的作用是占领、威慑、驯服日本，如今这个功能并没有完全改变。

中日关系的历史、现实与未来

南开大学 付 洪 张 晨

摘要：在中日关系史上，既有交往密切的"师徒"关系，又有战争与敌对状态；既有正常的邦交往来，又有矛盾和冲突。两国关系的曲折变化对各自国家的发展都产生过重要影响。近年来，两国关系在和平共处的前提下矛盾凸显，贸易摩擦、岛屿争端、历史问题等给中日两国的正常交往蒙上了一层"阴影"。如何正确认识处于争端中的中日关系？如何从战略视角发展中日关系？这些都是当今中日两国政府和学界需要认真思考和研究的问题。我们应当从尊重史实、加强教育引导和实现"中国梦"入手，积极构建面向未来的友好的中日关系。

关键词：中日关系；历史；现实；未来

一、回顾历史：从"师徒关系"到"战争状态"再到"正常邦交"

1. 古代的日本以中国为师，中日两国交往密切

中日两国之间有着深厚的历史渊源和长期的政治、经济和文化交流。西汉时期，尚未实现统一的日本共有三十多个小国同汉王朝保持往来。东汉初年，日本倭奴国王派遣特使拜访汉室，东汉光武帝赐予"汉倭奴国王"金印。在两汉时期，中国的制铁与炼铜技术传到了日本，极大地提高了日本的生产力。唐朝初期，中国政治清明、百姓安居乐业、国力飞速发展，形成"贞观之治"的繁荣局面。此时，正处于由奴隶制向封建制过渡的日本将中国唐朝作为学习和借鉴的对象。从公元7世纪到8世纪，日本不断从国内挑选优秀的青年学生组成"遣唐使"进入中国，系统学习唐朝的官制与文化。一时间，日本国内兴起了"唐朝热"：下围棋、打马球、喝茶叶等生活方式逐渐深入到日本的上层社会；城市建筑模仿长安城的风格建造；唐朝的绘画、雕刻、工艺美术流行于日本民间；吉备真备、鉴真等优秀的日本留学生对中国的诗文有着很深的造诣，等等。这一时期，中国大唐凭借成熟的封建制度和强大的国力"辐射"周边国家，对日本的发展产生了深远影响。此时，善于学习的日本以中国为"师"，从"老师"那里学来了先进的文化与治国之道，为其完善封建制度、提升国家实力打下了坚实基础。从汉朝的首次交往到

唐朝的密切往来，中日之间逐渐从生疏走向亲密，形成了互通有无、学习借鉴的良性互动。明朝前期，日本统治者足利义满将军主动向明王室请封，在1401年被明朝册封为"日本国王"①。至1592年丰臣秀吉发动侵朝战争之前，日本基本上融入以中国为核心的东亚封贡体系之中，履行着向中国"朝贡"的义务。

总体来看，古代的中日关系可概括为"师徒关系"与"封贡关系"。在这样的双边关系中，国力强盛的中国始终处于主导地位。中国发达的科学技术、先进的文官制度和成熟的政治体制等，对日本产生了潜移默化的影响。进入14世纪，随着其实力的增长，日本开始摆脱东亚封贡体系的束缚，走向了侵略扩张的道路。至此，中日两国在古代形成的传统关系发生了改变，最终在近代走向战争与对立。

2. 近代以来，日"强"中"弱"，战争成为两国关系常态

近代以前的日本，长期处在闭关锁国的状态中。1633年到1639年间，德川幕府先后五次颁布锁国令②。近代以来，随着西方资本主义国家的崛起，日本成为欧美列强觊觎的对象。1853年，美国东印度洋舰队司令佩里率兵扣关，迫使日本开放了下田、函馆两个通商口岸。1858年，安政天皇执政期间，日本同美国、荷兰、英国、法国、俄国签订了一系列出让主权的条约。至此，日本门户大开，成为资本主义世界体系中的一部分。面对内忧外患的局面，明治天皇自上而下推行改革，使日本走向了资本主义道路。然而，日本的资本主义改革并不彻底，保留了大量的封建残余。当狭小的国内市场无法满足资本主义发展需要时，侵略扩张成为日本的必然选择。日本的"大陆政策"正是在这种历史背景下应运而生。1895年，日本以朝鲜为"跳板"，向中国发动"甲午战争"。甲午战争的爆发，拉开了近代中日的战争序幕。从1895年到20世纪30年代，日本除了单独发动对中国的掠夺战争外，还积极参与西方列强对中国的瓜分活动。"八国联军侵华战争"、"辛丑条约"、"二十一条"、"田中奏折"等这些历史名词都折射出日本对中国的侵略野心。20世纪30年代初期，受资本主义世界经济危机的影响，日本经济出现了大萧条。为了转移国内矛盾，迅速摆脱危机，日本再次把中国作为掠夺对象，发动了长达14年的侵华战争。需要指出的是，日本在这场侵华战争中杀害我同胞3500万，连学校这样的文化教育机构都不肯放过。例如，在1937年7月28日深夜至29日，占领天津后的日军，对南开大学、南开中学、南开女中、南开小

---

① 刘德斌:《国际关系史》, 北京: 高等教育出版社, 2003年版, 第23页。
② 刘德斌:《国际关系史》, 北京: 高等教育出版社, 2003年版, 第130页。

学展开疯狂轰炸并放火焚烧，知识殿堂瞬间化作瓦砾场。

可见，近代以来，战争成为中日关系中的常态。中日之间的关系更多地表现为侵略与反侵略、掠夺与反掠夺。中日关系之所以发生改变，关键在于中日两国的实力对比发生了根本变化。日本通过"明治维新"，迅速迈入了资本主义强国行列。以"天朝上国"自居的清王朝，虽然推行了"洋务运动"、"维新变法"、"预备立宪"等一系列救亡图存的改革措施，却没有从制度上做出彻底改变，导致中国社会矛盾不断激化，形成积贫积弱的局面。此时，中日两国的关系已经由古代的"强弱型"转变为近代的"弱强型"。

3. 冷战时期，中日实现"正常邦交"

冷战时期，中日关系的发展经历了两个阶段。

第一个阶段是从20世纪50年代至70年代。这一阶段的中日关系可以概括为"官方敌对、民间友好"。20世纪50年代，日本政府大力推进"追随外交"，对外政策上积极追随美国，参与对新中国的遏制与包围。1951年旧金山和会后，美、日、台三方形成了遏制中国的"旧金山体制"。中国政府从长远出发，一方面不承认旧金山会议上的"对日和约"，谴责日本政府与台湾当局签订条约；另一方面又积极发展两国民间的友好关系，推行"民间先行、以民促官"的对日政策。20世纪50到70年代，中日两国民间团体互访频繁，民间交往取得了重大成就，先后达成了"政治三原则""贸易三原则""复交三原则"等，极大地推动了中日关系正常化进程。

20世纪70年代，中日关系进入到冷战时期的第二个阶段。在这一阶段内，中日实现了正常邦交，建立了官方之间的外交关系。70年代初期，国际形势发生了巨大变化。1971年，中国成功恢复了联合国的合法席位，增强了国际影响力。在冷战中处于战略守势的美国同中国开展"乒乓外交"，实现了中美关系的正常化。受国际政治大环境和美国因素的影响，中日之间恢复正常外交关系已经成为势不可挡的潮流。1972年9月29日，中日两国在和平共处五项原则的基础上签订了《联合声明》，宣布结束两国之间的不正常状态，建立正式的外交关系。中日两国恢复正常邦交，顺应了历史发展的趋势，缓和了亚太地区紧张的局势，促进了地区的和平与稳定，为中日关系的进一步发展打下了坚实的政治基础。中日邦交正常化后，两国本着《联合声明》的原则积极开展在多个领域的往来与交流。

70年代末，中日贸易额占到中国对外贸易的25%①，日本成为当时中国最大的贸易伙伴。

二、直面现实:"和"中有"争"的中日关系

1. 和平共处是中日关系的主旋律

中日邦交正常化后，两国关系一度朝着积极方向发展。从1972年至今，和平发展成为中日关系的主旋律。从20世纪70年代末开始，中国实行改革开放政策，以积极的姿态参与国际间的交流与合作，国际地位迅速提高。日本经济飞速发展，成为世界第二大经济体。在这样的历史背景下，中日两国保持了和平友好的发展态势。80年代末期，中日两国领导人频繁互访，确立了"和平友好、平等互利、长期稳定、相互信赖"的中日关系四原则。进入90年代，中日关系继续向前发展。1998年，在《中日和平友好条约》缔结20年之际，双方发表了《中日联合宣言》，两国宣布构建"致力于和平与发展的友好合作伙伴关系"。《中日联合宣言》成为指导中日关系的重要政治文件。中日两国政治关系的稳定，极大地推进了中日两国的经济合作与民间往来。据统计，20世纪末至21世纪初，中日贸易额不断取得新的突破。1999年，中日双边贸易额为661.67亿美元，比1998年增长了14.3%。20世纪末，中国已经成为日本第二大贸易伙伴。2000年，中日双边贸易额增长到831.66亿美元，同比增长25.7%②，创了历史新高。中日经济间的合作也加深了两国的民间交往。1999年末，中日双方缔结的友好城市已经达到了201对③。

自1972年恢复正常邦交以来，中日关系虽然在42年的发展中经历过低谷，但在整体上依旧保持着和平发展的态势。2008年胡锦涛主席的"暖冰之旅"证明，中日两国在重大分歧上依旧能保持沟通与对话。作为亚太地区最大的发展中国家与现代化程度最高的国家，中日两国已经站在了新的历史起点上。随着政治多极化和经济一体化程度的加深，中日两国之间的共同利益不断增多，合作空间不断拓展。两国在亚太地区共同肩负着维护地区和平、促进地区发展的重任。共同的经济利益、频繁的贸易往来、深度的民间交流促进了中日关系的健康发展，保障

---

① 丁金光:《当代国际关系》，北京:时事出版社，2012年版，第295页。
② 武任:《中国外交》，世界知识出版社，2001年版，第50页。
③ 参见丁金光:《当代国际关系》，北京:时事出版社，2012年版。

了中日两国的和平与稳定。

2. 和平共处的前提下，中日矛盾依旧存在

中日恢复正常邦交以来，中日关系在整体上保持了和平与发展的态势。然而，两国文化与心理上的差异、政治制度与意识形态的不同、国家利益之间的冲突等必然导致两国在众多国际问题中产生矛盾与分歧。目前，中日之间的矛盾主要集中在历史问题、台湾问题和钓鱼岛问题这三个阻碍中日关系健康发展的问题中。

历史问题是中日关系中最敏感的话题，两国之间的矛盾在这一问题上体现的最为直接。第二次世界大战结束至今，日本右翼势力一味强调日本是战争的"受害者"，极力回避发动侵略战争对亚洲国家造成的伤害，歪曲、否定甚至美化侵略历史。1950年至今，日本右翼政客不断在历史问题上大做文章。修改历史教科书、参拜靖国神社、否定南京大屠杀等行为，极大地伤害了中国人民的感情，影响了中日关系的正常发展。

在台湾问题上，日本曾追随美国在相关问题上持"台湾未定论"的立场。中日邦交正常化之后，日本政府承认台湾是中国领土的一部分，并遵循《波茨坦公告》，从而在政治上解决了中日两国在台湾问题上的分歧。然而，随着国际形势的变化，出于遏制中国的考虑，日本单方面违背中日《联合声明》精神，对台湾问题进行了"模糊处理"。1995年，日本自民党干事长赴台湾"访问"，使日台关系重新恢复。近年来，日本政府虽然没有恢复同台湾的官方关系，却保持着同国民党的联系。日本在台湾问题上的"不确定立场"，严重损害了中日关系的健康发展。

钓鱼岛位于中国台湾省基隆市东北约92海里的东海海域，属于台湾省的附属岛屿。在历史上，中国对钓鱼岛拥有无可争辩的主权。近代以来，由于缺少强有力的海防，中国失去了对周边岛屿的有效管辖。第二次世界大战末期，中美英三国通过《波茨坦公告》，明确了中国对台湾及相关岛屿的主权。冷战时期，美国出于遏制中国的目的，纵容日本对钓鱼岛进行实际控制，从而造成了中日之间的岛屿之争。进入21世纪后，日本政府不断加强对钓鱼岛的控制。在涉及岛屿问题的争端中，不惜实行"强制驱逐"、"撞船"等过激措施。目前，钓鱼岛问题已经成为中日两国矛盾的焦点，影响着亚太地区的和平与稳定。

3. 中日关系中的"美国因素"

美国是对当代日本政治影响最深的国家，其推行的亚太战略足以左右日本的对外政策。从某种程度上讲，中日关系就是中美关系的"晴雨表"。第二次世界大战结束后，为了长久的控制和利用日本，美国单方面赦免了日本的甲级战犯，对日本的战争责任不再追究。1951年9月，美国操纵国际社会召开了著名的旧金山会议，签订了有损中国利益的对日和约。同年，美日缔结了具有同盟性质的《美日安保条约》。从此，日本成为冷战时期美国在亚太地区"遏制共产主义扩张"的桥头堡。20世纪70年代，在全球争霸中处于劣势的美国推行"尼克松主义"，积极改善同中国的关系。正是中美关系在70年代的良性发展，促进了中日之间恢复正常邦交。中日邦交正常化以来，"美国因素"依旧影响着中日关系，左右着亚太地区的政治格局。20世纪80年代至今，坚持改革开放的中国取得了举世瞩目的发展成就。美国认为，在日本保持常备军规模是预防未来"潜在对手"的有效方式。冷战结束后，美国不断强化美日同盟，深化以日本、菲律宾、澳大利亚为重要参与伙伴的"亚太同盟体系"，其战略目的不言而喻。需要指出的是，美国对日政策具有控制与利用的两面性。在利用日本为其全球战略服务的同时，必要时也会对日本进行一定的政治打压，防止日本摆脱美国的控制，成为亚太地区中独立的"一极"。因此，当中日之间因历史问题产生争端时，美国从自身利益和亚太战略全局出发，谴责日本不负责任的历史态度；当中日之间产生岛屿争端时，美国也并未旗帜鲜明地支持日本。

在可预见的时间内，美国依旧是亚太格局的"主宰者"。中日关系还会在相当长的时间内受到"美国因素"的制约。处理中日关系需要"大手笔"，而"大手笔"的关键在于在美日矛盾与博弈中找到符合中国利益的"战略平衡点"。

三、展望未来：构建友好的中日关系

1. 尊重历史——树立正确的历史观是构建友好中日关系的前提

在21世纪刚刚过去的14年中，中日关系发展屡次陷入"僵局"，这与日本单方面持有不正确的历史观有直接关系。法国思想家雷蒙·阿隆在其代表作《和平与战争：国际关系理论》中有一句名言："历史是过去的政治，理论的实质是历史。"[①]一个国家持有什么样的历史观，就拥有什么样的发展观与政治理念。20世纪80年代以来，日本政府不顾史实和亚洲人民的感受，歪曲、美化侵略历史，

---

① 倪世雄：《当代西方国际关系理论》，上海：复旦大学出版社，2001年版，第5页。

通过篡改历史教科书等方式将不正确的历史观"灌输"给日本青年，从而导致部分日本民众缺乏对侵略战争的正确认识。历史是一面多棱镜，歪曲它的最好办法就是单独放大其中的一面。日本政府片面强调战争对日本的伤害，鼓吹"大东亚共荣"、"自卫自存"、"解放亚洲"等有悖于历史事实的军国主义思想，将罪恶的侵略战争描述为"正义战争"。对历史缺乏有效反省的日本政府为中日关系蒙上一层阴影，其所作所为不仅伤害了广大中国人民的感情，更在错误的历史观上形成了"拥护侵略，屠杀无罪"的扭曲价值观。

总之，中日建交后，虽然两国在总体上能够和平相处，但是日本政府特别是右翼分子的言行给中日关系的正常发展带来严重伤害。"前事不忘，后事之师"，我们只有谨记历史，才能更好地展望未来。面向未来的中日关系，呼吁树立正确的历史观，而建立正确历史观的关键在于尊重历史的客观事实。历史是最好的教科书，也是最好的"清醒剂"。日本政府只有摆脱狭隘的民族利己主义，正确认识军国主义与侵略战争的危害，才能从根本上缓和"僵持中"的中日关系，消除中日两国之间的原则分歧，达到"求同存异"。

2. 加强宣传教育——引导民众理性看待中日关系是建立友好中日关系的重要环节

近年来，随着中日矛盾的激化，一些非理性的偏激情绪在中日两国民间滋长，影响和阻碍了中日两国关系的健康发展。钓鱼岛争端升级后，日本民众从狭隘的民族主义出发，登岛进行所谓的"主权捍卫"活动。在中国国内，也出现了"砸日本车""烧日本国旗""冲击日本驻华使馆"等激进行为。在中日两国的民意调查中，大部分民众尤其是青年人都有"中日必有一战"的想法。中日两国政治上的摩擦与冲突，直接影响了中日两国之间的民间往来，加深了中日两国民间的隔阂。

"冰冻三尺，非一日之寒"，中日两国民间之所以产生误解主要与日本对中日关系的宣传教育有很大关系。长期以来，日本政府特别是右翼分子向本国民众灌输错误的历史观，鼓吹"侵略有功"，致使日本民众形成了对华的"强硬"心理。在冷战时期，"排华"、"斥华"思想在日本民间很有市场。历史造成的两国民众情感上的隔膜，在突发事件面前会进一步加深，进而产生非理性的言语和行为，最终影响两国关系的正常发展。

德国著名政治学家韦伯曾经说过"现代化就是理性化"。一个国家的公民，能否从理性的角度看待问题，能否不以感情因素评判客观事实，在很大程度上反映了这个国家的现代化程度。作为教育者，应当以史实为依据，教育引导民众，特别是广大青年学生能够以理性、客观的眼光看待中日关系，正确认识中日两国关系在发展中出现的曲折以及加强中日友好关系的重要意义。

3. 实现"中国梦"——国家和民族的强盛是构建友好中日关系的根本

回顾中日关系史，中日两国的实力对比是中日两国关系变化的决定性因素。从古至今，日本对中国的态度经历了"仰视、蔑视、平视"三个阶段。在古代，中国国力远胜于日本，日本"仰视"中国，积极学习中国先进技术和文化；近代以来，积贫积弱的中国由于缺乏实力，屡遭日本的侵略与掠夺；第二次世界大战期间，中国通过八年的艰苦抗战打败了日本侵略者，赢得了国家的独立和民族的尊严，中日关系也从此步入到一个新的阶段。历史一再证明"弱国无外交"，在国际政治舞台上，实力是决定国际关系的根本。在政治多极化的时代，只有提升以经济、科技和文化为核心的综合国力，才能在竞争激烈的国际社会中切实维护国家的核心利益，从容驾驭复杂多变的国际关系。

进入21世纪，坚持走和平发展道路的中国不断深化改革、完善市场经济制度，取得了举世瞩目的发展成就。党的十八大以来，习近平总书记多次在重要场合阐述有关"中国梦"的概念。"中国梦"勾勒出中国未来发展的蓝图，其实质就是实现中华民族的伟大复兴。我们只有坚定不移地走中国特色社会主义道路，只有大力弘扬民族精神，凝聚中国力量，保障国家的政治、经济、文化、社会、生态文明的协调发展，才能在风云变幻的国际形势中屹立不倒，才能从根本上促进中日关系的健康发展，构建出面向未来的友好的中日关系。

参考文献：

[1]丁金光、李广民.《当代国际关系》.北京：时事出版社，2012.

[2]武任.《中国外交》.北京：世界知识出版社，2001.

[3]刘德斌.《国际关系史》.北京：高等教育出版社，2003.

[4]倪世雄.《当代西方国际关系理论》.上海：复旦大学出版社，2001.

日本难民政策的特点

北京理工大学法学院　刘国福

摘要： 日本难民政策具有明显的从自身利益考虑过多的功利主义色彩。政治上，重点援助亚洲国家和地区难民，维护本国及所在地区安全。经济上，难民援助以本土以外资金援助为主要形式，并相应增加人员和技术援助的比重，注重难民援助的综合效应，极少在本土接收和安置难民。外交上，日本的难民外交与其环保外交、援助外交和联合国外交相辅相成，是其大国外交的重要组成部分，巧妙地构筑了国家软实力。文化上，由于岛国文化和单一民族文化特点，日本排斥难民，本土接收难民非常谨慎和保守，是接收难民数量和批准难民数量最少的发达国家，难民安置待遇不高。

关键词： 日本；难民

难民外交为日本积累了国际贡献实绩和提高了国际威望，淡化了第二次世界大战中残暴侵略国家形象，树立了人道主义国家形象，为开拓商品、资金和技术市场创造了有利的国际环境。同时，日本通过难民外交还输出了日本文化，使受援助国认同日本的价值标准、社会制度和发展模式，拓展了国际活动空间。随着难民外交的展开，日本政府得到了越来越多的政治上的发言权、决策权和干预权。我国正在制定难民法，深入分析日本难民政策的特点，有利于洞悉日本的难民政策，展望可能的未来发展方向，为我国借鉴和运用。

一、政治：重点援助亚洲难民维护本国及所在地区安全

日本从政治角度考虑，离本土越近国家和地区的难民对日本国家利益的影响越大，接受的难民和提供的援助主要都是与其地理相近的亚洲国家和地区。2013年2月，日本外务大臣岸田文雄（Fumio Kishida）与联合国难民署高级专员古特雷斯（António Guterres）通电话，岸田文雄认为，从促进人类安全角度看，日本对联合国难民署的积极支持是重要的。[①]这里的人类安全主要是指日本及其所在地

---

① Ministry of Foreign Affairs, Japan. Courtesy Call on Foreign Minister Kishida by Mr. António Guterres, United Nations High Commissioner for Refugees [EB/OL]. http://www.mofa.go.jp/announce/announce/2013/2/0205_02.html. 2013-02-07访问。

区的安全。

（一）向亚洲国家和地区提供大量难民援助资金

日本向离本土近的国家和地区提供了大量难民援助资金，以尽快解决当地难民问题，恢复正常社会秩序，消除负面影响日本国家利益的潜在因素。1979年，为联合国救助印支难民的活动捐款9 520万美元，占当年该项经费的50%以上。1989年联合国救济阿富汗难民计划提出2.27亿美元的预算，日本出资1.25亿美元，占总额的55%。1992年，为遣返柬埔寨难民，日本政府提供3 050万美元，占此项费用总额的1/4。①日本还是联合国近东巴勒斯坦难民救济工作署（United Nations Relief and Works Agency for Palestine Refugees in the Near East，UNRWA）和世界粮食计划署（World Food Programme，WFP）的世界第二大捐款国。②2013年，捐款1 380万美元用于叙利亚难民危机。③

日本政府对海湾地区、阿富汗、印支的难民提供的援助明显多于对非洲难民的援助，主要是因为海湾地区稳定关系到日本石油供应安全，阿富汗问题若扩展到南亚则危及日本的能源运输线。印支地区则是日本营建东亚经济圈的中心地区和上下沟通的枢纽，印支难民一旦离开本国往往流向附近的富裕地区，日本也不能幸免，所以日本一直是为印支难民提供资金最多的国家。④

（二）接收印支难民

日本接收了大量印支难民。随着美国深陷越南战争，大量印支难民逃亡形成了国际人道主义灾难，美国出于稳定东南亚局势，防止共产主义的进一步滋生的目的，要求日本政府接纳一部分印支难民。1975年5月，在外国船只救助下的18名越南难民在日本登陆，拉开了越南难民进入日本的帷幕，日本政府决定对他们提供临时保护（temporary refugee，一时滞在）⑤。日本政府在没有加入有关难民的国际条约之前，于1978年正式做出决定接收印支难民，并于次年决定紧急接收500名印支难民，给予正式接收的印支难民定居许可，经过1980年6月、1981年3月、1983年4月、1985年7月四次扩充，日本最终确立了安置印支难民的一万人的

---

① 小林，新波：《从国际难民问题到日本外交的拓展》，载《日本问题研究》，1995年，第1期，第41页。
② Refugees［EB/OL］. Ministry of Foreign Office, Japan. http://www.mofa.go.jp/policy/refugee/japan.html. 2013年2月7日访问。
③ Japan Fact sheet February 2014，联合国难民署官方网站http://www.unhcr.org/5000196c13.html 2014年8月3日访问。
④ 小林，新波：《从国际难民问题到日本外交的拓展》，载《日本问题研究》，1995年，第1期，第42页。
⑤ 田佳子：《日本的越南人社群》，晓印书馆，2001年版，第2页。

规模①。

1975年5月至1994年1月，日本向14 332名印支难民提供临时保护，其中564名儿童出生在日本。1978年至2000年4月，日本允许10 592人在日本重新安置。②据统计，从1978年到2005年为止，日本正式接纳印支难民11 319人，包括从各国难民营转移到日本的4 372人，船民3 536人，通过《有序离境计划》（Orderly Departure Program, ODP）来日团聚的2 669人，以及在日留学生742人。其中来自越南的难民就多达8 656人，占到总数的76.4%。③ 2008年，来自越南、柬埔寨和老挝印支三国的难民946人，占难民总数共1 905人的49.66%。除越南、柬埔寨和老挝印支三国外，缅甸是日本难民的又一来源国，为746人，占难民总数共1 905人的39.16%。

日本为接收印支难民作出了不少前所未有的尝试和努力，实施和初步完善了难民法律制度，设立和优化了难民管理部门和难民安置机构，积累了丰富的难民立法和难民管理经验和教训，为全面的难民法立法和难民管理打下了基础。接收和安置印支难民在日本难民法历史发展中发挥了重要作用，具有里程碑意义。日本政府派遣难民甄选队到东南亚难民营，通过面试选择合格难民，其中大部分都是来自越南，允许其在日本长期居留。从1980年代中期开始，允许已经在日本居留的难民通过《有序离境计划》合法地邀请还在来源国的亲属来日团聚，《有序离境计划》于2004年3月结束。日本设立亚洲福祉教育财团难民事业本部国际难民援助中心（International Refugee Assistance Center of the Refugee Assistance Headquarters, the Foundation for the Welfare and Education of the Asian People），提供日语培训、社会适应和习惯指导，就业服务。

（三）绝大多数难民来自亚洲国家

日本的绝大多数难民来自亚洲国家，尤其是中南半岛国家。如表1所示，2008年，日本的难民前十位来源国家是越南、缅甸、柬埔寨、阿富汗、中国、伊朗、苏丹、土耳其、巴基斯坦和埃塞俄比亚，除苏丹和埃塞俄比亚外，其他八个国家均是亚洲国家，来自亚洲国家的难民1 852人，占难民总数1 905人

---

① 《第四次出入境管理基本计划》，第22页，日本法务省入国管理局，http://www.moj.go.jp/content/000058059.pdf. 2013-02-19访问.

② Refugees［EB/OL］. Ministry of Foreign Office, Japan. http://www.mofa.go.jp/policy/refugee/japan.html. 2013年2月7日访问.

③ 日本外务省，难民问题与日本（Ⅲ）国内的难民接收, http://www.mofa.go.jp/mofaj/gaiko/nanmin/main3.html. 2009年12月.

的97.22%。难民来源第一位的国家是越南，达867人，占难民总数1 905人的
45.5%。其他难民主要来自伊拉克、斯里兰卡、布隆迪、刚果、索马里、孟加拉国、
老挝，共计53人，仅占难民总数的2.78%。

表1　日本1999—2008年难民的来源国家　　　　（单位：人）

年份	1999	2000	2001	2002	2003	2004	2005	2006	2007	2008
越南	3 135	2 759	2 284	1 906	1 691	1 419	1 285	1 132	975	867
缅甸	16	72	117	128	136	145	240	269	371	746
柬埔寨	496	376	310	179	85	88	103	103	103	79
阿富汗	11	41	58	62	61	61	56	55	56	56
中国	2	28	28	34	35	35	32	43	44	43
伊朗	13	16	30	39	39	39	37	43	42	36
苏丹	6	12	17	17	16	16	16	17	16	16
土耳其	4	4	8	10	11	10	11	8	14	13
巴基斯坦	2	2	5	9	14	14	13	13	13	12
埃塞俄比亚	6	12	12	13	12	12	11	11	11	11
伊拉克	3	3	6	8	8	7	7	8	8	7
斯里兰卡	0	0	0	0	0	0	0	0	0	6
布隆迪	0	0	0	0	1	1	1	1	4	4
無国籍	1	1	2	4	4	4	4	4	4	4
刚果	0	0	0	0	0	0	1	2	2	2
索马里	0	0	0	0	0	0	0	0	1	2
孟加拉国	0	0	0	0	0	0	0	0	1	1
老挝	515	390	300	160	65	23	0	…	…	…
越柬老合计	4 146	3 525	2 894	2 245	1 841	1 530	1 388	1 235	1 078	946
越柬老以外国家合计	64	191	283	324	337	344	432	474	587	959
总计	4 210	3 716	3 177	2 569	2 178	1 874	1 820	1 709	1 665	1 905

资料来源：联合国难民署统计；动向：難民人口 全国難民弁護団連絡会議，2012。
注：难民包括认定难民和临时保护者。

（四）绝大多数难民地位申请来自亚洲国家

受向亚洲国家倾斜的难民政策以及绝大多数难民来自亚洲国家影响，日本

的绝大多数难民地位申请也来自亚洲国家。如表2所示，1982—2008年，难民地位申请前十位来源国家是缅甸、土耳其、斯里兰卡、巴基斯坦、伊朗、尼泊尔、孟加拉国、阿富汗、中国、印度，共计9 627件，占难民地位申请总数11 754件的81.9%。难民地位申请最多的国家是缅甸，达4 215件，占难民地位申请总数11 754件的35.86%。其他难民地位申请主要来自埃塞俄比亚、喀麦隆、尼日利亚、刚果、乌干达五个非洲国家，共计583件，仅占难民地位申请总数11 754件的0.5%。

表2　日本1982—2011年申请难民地位者的来源国家　　　　　　（单位：件）

年份	1982—2001	2002	2003	2004	2005	2006	2007	2008	2009	2010	2011	合计
缅甸	210	38	111	138	212	626	500	979	568	342	491	4 215
土耳其	354	52	77	131	40	149	76	156	94	126	234	1 489
斯里兰卡	35	9	4	9	7	27	43	90	234	171	224	853
巴基斯坦	357	26	12	12	10	12	27	37	92	83	169	837
伊朗	318	19	25	18	16	27	19	38	40	35	50*	605
尼泊尔	1	0	1	3	5	11	4	20	29	109	251	434
孟加拉	31	12	6	33	29	15	14	33	51	33	99*	356
阿富汗	247	6	3	0	2	12	3	12	4	5	1	4*	287
中国	100	22	22	16	16	13	17	18	18	17	19*	278
印度	24	9	12	7	0	2	2	17	59	91	51*	274
埃塞俄比亚	42	2	2	2	3	14	29	51	15	18	0	178
喀麦隆	16	15	8	11	1	5	12	29	11	20	0	128
尼日利亚	18	12	2	2	2	0	6	10	17	33	0	112
刚果	0	0	5	0	4	2	14	1	18	13	0	64
乌干达	0	0	1	1	1	2	4	16	46	21	0	92
其他	0	28	45	43	40	34	41	87	91	89	0	498
合计	1753	250	336	426	384	954	816	1 599	1 388	1 202	1 592	10 700

资料来源：

1. 法务省ホームページ、政府统计e-Stat、UNHCRオンライン统计データベース。

2. 出身国别难民认定申请者数の推移.全国难民弁护团连络会议，2012。

注：空格为未知。

二、经济：以资金援助为主要的难民援助形式

难民援助以本土以外资金援助为主要形式，并相应增加人员和技术援助的比重，注重难民援助的综合效应，极少在本土接收和安置难民。1992年颁布和1998年修订《国际和平合作法》，使难民援助法律化和制度化。根据该法，即使人道主义灾难地区没有实现正式停火，只要有合适的国际组织例如联合国难民署实施救援，日本也可以提供国际人道主义救援。

日本政府向联合国难民署大量捐款，为国际难民事务提供了大量资金。1979年，为联合国救助印支难民的活动捐款9 520万美元，占当年该项经费的50%以上，加上为其他地区救难助民活动提供的近3 000万美元，使日本当年为联合国难民署提供的资金达1.2亿多美元，仅次于美国成为居世界第二位的难民捐款大国。1989年联合国救济阿富汗难民计划提出2.27 亿美元的预算，日本出资1.25亿美元，占总额的55%。1990年，日本为救助科威特难民分别向联合国难民署和国际红十字会捐款6 000多万美元。1991年，又向西撒难民相继提供385 万美元和320 万美元。当年，日本共承担了联合国难民署全部经费的12.7 %，达1.12亿美元。此外，对高加索山区的地震、菲律宾皮纳图博火山爆发、孟加拉国水灾、东部非洲干旱所造成的难民问题，日本也分别提供资金，总金额1.1亿美元，占联合国成员国全部捐款的25%。1992年，为遣返柬埔寨难民，日本政府提供3 050 万美元，占此项费用总额的1/4。1993年为波黑难民捐款2 450万美元，为联合国索马里救搜行动出资1亿美元。[①]1979—1991年，日本为联合国各种救助难民计划出资总计16亿美元，一直是第二大捐款国。

21世纪以来，如表3所示，2000—2013年，日本已经总计捐款17.708亿美元。从捐款总额看，2007年、2010—2013年都是联合国难民署第二大捐款国。[②]根据联合国难民署统计，2013年，日本政府捐款2.53亿美元，创历史最高。从人均政府捐款额看，日本2011年在世界各国中列第15位。日本是联合国近东巴勒斯坦难民救济和工程处（United Nations Relief and Works Agency for Palestine Refugees in

---

① 小林，新波：《从国际难民问题到日本外交的拓展》，载《日本问题研究》，1995年第1期，第41页。

② 在2012年1—9月，日本政府捐款1.853亿美元，其中6 500万美元为年度常规捐款，3 000万美元为解决阿富汗难民问题，7 470万美元为联合国难民署在13个非洲国家运作的专项捐款，850万用于埃及和也门难民，450万美元为紧急利比亚专项捐款，200万美元为紧急南苏丹专项捐款，50万美元用于JPO项目，10万美元由日本国际合作机构（JICA）捐款用于电子中心项目。Japan Fact sheet February 2012, UNHCR. http：//www.unhcr.org/5000196c13.html. 2013-02-19访问。

the Near East，UNRWA)和世界粮食计划署(World Food Programme WFP)的世界第二大捐款国。[1]日本政府捐款面向的优先区域是阿富汗、缅甸、叙利亚，以及西非、苏丹/南苏丹非洲，索马里和埃塞尔比亚等非洲地区。

表3　2000—2013年日本政府向联合国难民署捐款额　　　（单位：美元）

年份	2000	2001	2002	2003	2004
年度捐款总额	100 161 426	91 429 313	117 969 877	90 750 318	81 751 782
年份	2005	2006	2007	2008	2009
年度捐款总额	94 518 948	75 149 096 第三位	89 703 788 第二位	110 871 125 第三位	110 553 715 第三位
年份	2010	2011	2012	2013	总计
年度捐款总额	143 494 234 第二位	226 106 644 第二位	185 379 986 第二位	252 939 102 第二位	1770 779 354

资料来源：Japan Fact sheet February 2014，UNHCR(http：//www.unhcr.org/5000196c13. html)。

注：日本向联合国难民署捐款包括常规捐款(Annual Core Contribution)、预算外捐款(Supplementary Budget Allocation for UNHCR)、专项捐款(Grant Aids)。

日本民间也向联合国难民署大量捐款。根据联合国难民署统计，2011年、2010年和2009年，日本 Fast Retailing Co.，Ltd等公司共向联合国难民署捐款11 457 282美元、8 064 669美元和6 695 859美元。日本大型零售商UNIQLO公司与联合国难民署签署了《全球合作协议》，该公司在过去五年捐献了大约380万件衣服，2012年、2013年分别捐献100万、190万件衣服，其中包括2013年向叙利亚难民紧急捐助的62.8万件衣服。2012年年初，日本UNIQLO公司还向联合国难民署捐款200万美元，这是日本公司向联合国难民署捐献的最大一笔款项。[2]UNIQLO的母公司 Fast Retailing Co.，Ltd向联合国难民署捐款100万美元用于叙利亚难民危机。[3]

日本政府支持非政府组织的海外活动，鼓励他们援助难民。例如，外务省设立了直接基金(Direct Fund)，邮电和通信省设立了国际自愿援助邮政储蓄(Postal Savings for International Voluntary Aid)，为非政府组织的难民紧急援助项目提供补贴。

① Refugees[EB/OL].Ministry of Foreign Office, Japan. http://www.mofa.go.jp/policy/refugee/japan.html. 2013-02-07访问.

② Japan Fact sheet February 2012, UNHCR. http：//www.unhcr.org/5000196c13.html. 2013-02-19访问.

③ Japan Fact sheet February 2014, UNHCR(http://www.unhcr.org/5000196c13.html)

联合国难民署高度评价日本给予的资金支持。2013年2月，日本外务大臣岸田文雄（Fumio Kishida）与联合国难民署高级专员古特雷斯（António Guterres）通电话，[1] 2011年11月，时任日本外务大臣前元诚司（Koichiro Gemba）与联合国难民署高级专员古特雷斯通电话，[2] 古特雷斯表示感谢日本一直以来给予难民署的支持，愿意和日本发展更加密切的关系。

除资金外，日本还为救助难民的国际行动提供了人力、技术等形式的援助，但规模相对小很多。1990年海湾危机期间，日本动用民航飞机将滞留在伊拉克和科威特的菲律宾、泰国、越南等国的劳工或难民送回其各自的国家。海湾战争爆发后，又向中东地区派出只有60人的医疗队，救治难民，与日本的经济大国地位不相称。西欧、北欧的一些中小国家也能派出几百人规模的医疗队。

与高居联合国难民署捐款国世界第二位迥异，日本在本土接受和安置难民方面非常谨慎和保守。日本在难民人口方面，与澳大利亚、法国、德国、意大利、英国、加拿大、美国、韩国和新西兰等9个发达国家相比，位居第8位。在人均GDP难民比、每一千人难民比、每一千平方公里难民比等三个难民比指标方面，只分别列世界第109位、第140位、第99位。

三、外交：构筑难民巧实力

日本的难民外交与其环保外交、援助外交和联合国外交相辅相成，是其大国外交的重要组成部分，巧妙地构筑了国家软实力。日本成为世界第二经济大国后，具备了参与国际难民事务的能力。1981年日本外贸转为顺差，并逐年大幅度递增；对外净资产由负转正，1984年已达743亿美元。1987年国内生产总值1 607.7亿美元，人均收入1.3万美元。2011年，日本国内生产总值44 403.8亿美元，人均国内生产总值35 091.8美元。[3] 如表4所示，2013年，日本人类发展指数（Human Development Index）0.912，在极高人类发展国家之列（the very high human

---

① Ministry of Foreign Affairs, Japan. Courtesy Call on Foreign Minister Kishida by Mr. António Guterres, United Nations High Commissioner for Refugees［EB/OL］. http：//www.mofa.go.jp/announce/announce/2013/2/0205_02.html. 2013-02-07访问。

② Ministry of Foreign Affairs, Japan. Courtesy Call on Mr. Koichiro Gemba, Minister for Foreign Affairs, by Mr. António Guterres, United Nations High Commissioner for Refugees［EB/OL］. http：//www.mofa.go.jp/announce/announce/2011/11/1118_05.html. 2013-02-07访问。

③ UNHCR Global Refugees Trends 2011。難民受入れでの日本の貢献度　国際比較 2011年 全国難民弁護団連絡会議 2012年。

development category），在187个国家和地区中排第10位。同年，中国人类发展指数0.699，列第101位。

表4　1980—2011年日本人类发展指数

年份	预期寿命岁数	预期受教育年数	人类发展指数
1980	76.2	13.1	0.778
1985	77.8	13.1	0.803
1990	79.0	13.2	0.827
1995	79.9	14.1	0.850
2000	81.2	14.5	0.868
2005	82.3	14.9	0.886
2010	83.2	15.1	0.899
2011	83.4	15.1	0.901
2012			0.908
2013			0.912

资料来源：Japan Explanatory note on 2014 HDR composite indices. Human Development Report 2014［R］.UNDP.2014. http：//hdr.undp.org/en/reports/global/hdr2013/download/cn.

　　20世纪三四十年代，日本通过实施相对宽松和友善的犹太难民政策，在一定程度上达到了利用犹太人在世界上的影响力改善日本的国际形象，缓解与美国、英国、苏联等国家的关系的目的。越来越多的犹太人相信日本是亲犹的，将日本或者其殖民地当作避难所，愿意向自己的同胞和全世界表明日本的亲犹和"种族平等"是真的，从而使得一些具有世界影响力并且对日本侵略不满的犹太人逐渐改变了看法，承认日本是真正平等对待犹太人的。①

　　第二次世界大战后，日本将积极参与国际社会对难民的救助活动作为大国外交的重要内容。时任日本首相大平正芳说：日本应把参与解决难民问题作为走向国际化的一扇门。1981年《外交蓝皮书》首次写入难民问题。时任外务大臣圆田直也参加了在日内瓦举行的难民问题国际会议。外务省将除印支难民以外的难民事务划归联合国局的政治课、计划调整课分管。1984年，外务省在联合国局内设人权难民课，统一管理外交方面难民事务，使难民外交工作纳入规范管理的轨道。时任外务省联合国人权难民课课长角崎利夫认为：应将迄今为止日本在国际难民

① 周万鹏：《论战时日本对犹太人的政策》，苏州科技学院人文学院2008届硕士毕业论文，第37页。

救助事务上的业绩和活跃姿态广为宣传，使世界各国都能了解和理解，以进一步拓展难民外交的效益和影响。绪方贞子认为：日本应当成为一个完整的国际大国，不仅是经济大国和政治大国，也应成为人道大国，应以人道主义作为日本国家行为准则，以国际社会需要和认可的方式，加深世界各国对日本的理解与信任。①

　　日本成为世界第二经济大国后，国际社会要求日本为解决难民问题作更多贡献。随着冷战结束，世界处于新、旧格局转型、国际关系重新调整的过渡时期，地区矛盾上升、局部冲突不断，造成了大量难民，联合国却是经费不足，财政困难。美国也要求日本增加战略性对外援助，分担美国的全球性义务负担。联合国难民署发言人马赫西奇（Andrej Mahecic）希望日本在重新安置难民方面为亚洲国家树立一个榜样。②美国越南战争期间，大量印支难民逃亡，美国出于稳定东南亚局势，要求日本政府接纳一部分印支难民。突尼斯和纳米比亚鼓励日本继续努力增加官方发展援助，以达到联合国0.7%的目标，苏丹要求日本继续努力保护难民的权利，防止在法律和实际中对他们的歧视。③

　　难民外交为日本积累了国际贡献实绩和提高了国际威望，淡化了第二次世界大战中残暴侵略国家形象，树立了人道主义国家形象，为开拓商品、资金和技术市场创造了有利的国际环境。同时，日本通过难民外交还输出了日本文化，使受援助国认同日本的价值标准、社会制度和发展模式，拓展了国际活动空间。随着难民外交的展开，日本政府得到了越来越多的政治上的发言权、决策权和干预权。联合国难民署高度评价日本给予的支持。2013年2月5日，日本外务大臣岸田文雄（Fumio Kishida）与联合国难民署高级专员古特雷斯（António Guterres）通电话，④2011年11月18日，时任日本外务大臣前元诚司（Koichiro Gemba）与联合国难民署高级专员古特雷斯通电话，⑤古特雷斯都表示感谢日本一直以来给予难民署的支持，愿意和日本发展更加密切的关系，并认为在难民问题上，难民署与日本的人类安全观是一致的。在联合国难民署工作人员中有不少日籍官员。1991

①　小林，新波：《从国际难民问题到日本外交的拓展》，载《日本问题研究》，1995年，第1期，第43页。

②　Kitty McKinsey in Bangkok, Thailand and Yuki Moriya in Tokyo, Japan 28 September 2009.

③　普遍定期审议工作组报 日本［R］. 联合国大会人权理事会第二十二届会议议程项目6普遍定期审议. A/HRC/22/14. 14 December 2012-09-24。

④　Ministry of Foreign Affairs, Japan. Courtesy Call on Foreign Minister Kishida by Mr. António Guterres, United Nations High Commissioner for Refugees［EB/OL］. http://www.mofa.go.jp/announce/announce/2013/2/0205_02.html. 2013-02-07访问.

⑤　Ministry of Foreign Affairs, Japan. Courtesy Call on Mr. Koichiro Gemba, Minister for Foreign Affairs, by Mr. António Guterres, United Nations High Commissioner for Refugees［EB/OL］. http://www.mofa.go.jp/announce/announce/2011/11/1118_05.html. 2013-02-07访问。

—2001年，绪方贞子担任联合国难民署高级专员，这说明了日本在国际难民事务上具有的重要性及无可替代的作用。绪方贞子应对了伊拉克北部、波黑、科索沃和非洲大湖地区等大规模的紧急救援行动，发挥了巨大的影响力，成为当代的日本名片。

四、文化：岛国和单一民族文化导致排斥难民

由于岛国文化和单一民族文化特点，日本排斥难民，本土接收难民非常谨慎和保守，难民安置待遇不高。

（一）接收难民数量最少的发达国家

日本是发达国家中接收难民数量最少的国家。日本从1982年开始正式认定外国人难民地位，至2011年的30年间，仅接收和安置难民和临时保护者2 637人，其中难民498人，临时保护者1 994人，年均88人。2011年，日本批准难民21人和临时保护248人。即使按照联合国难民署的广义难民统计（难民不仅包括难民、临时保护者，还包括印支难民），截至2013年，日本接收和安置难民为14 521人，寻求避难者2 545人。[①]

面对成百万的越南难民潮，日本严格控制准入数额，仅接收了其中极小的一部分。1979年4月，日本内阁决定接收印支难民500人。这距离1975年5月18名越南难民在日本登陆已经过去了4年多。截至2005年接收和安置难民结束的28年间，日本仅共安置船民、留学生，重新安置、有序离境计划各类印支难民11 319人。对于接收的印支难民，只是以让他们维持最基本的生活为目标，没有提供足够的支持和便利让他们融入。

日本与其他发达国家相比，在认定难民数量方面有天壤之别。截至1997年初止，日本共接纳来自东南亚等国的难民10 850人，只有208人被正式承认有难民资格。从1995年至1997年三年间有441人申请难民资格，仅有3人被认定，对于许多的经济难民，日本法务省入国管理局先收容，然后遣送回国[②]。2010年，日本批准难民287人。而同期，美国批准难民73 293人和避难者21 113人[③]。据联合国难民署统计，到1992年底，日本仅接收难民（含印支难民）6 982人。美国、

---

① Japan Fact sheet February 2014，联合国难民署官方网站 http://www.unhcr.org/5000196c13.html 2014年8月3日访问。

② 置志刚、王丽娜：《现代日本的国际化与歧视问题透析》，载《黑龙江社会科学》，1999年6月，第34页。

③ United States. Department of Homeland Security. Yearbook of Immigration Statistics：2010. Washington D.C.：US Department of Homeland Security, Office of Immigration Statistics, 2011. P.40, 43.

加拿大和法国分别接收难民76万、13.4万和1万，而比日本更贫穷的马来西亚、印度尼西亚和泰国分别接收25.5万、12.3万、11.7万的难民。比日本人口更稠密的香港接收了10多万难民。

（二）难民认定率很低

日本难民认定比率很低。1982—2011年30年间，498名外国人通过难民地位申请获得难民地位，占难民地位申请数11 754件的4.6%。以五年为一期间计算，1982—1986年，176名外国人通过难民地位申请获得难民地位，占719件难民地位申请的26.8%，位居各五年间的最高位，2009—2011年，132名外国人通过难民地位申请获得难民地位，占6 872件难民地位申请的1.9%，位居各五年间的最低位。2011年，难民地位申请最高点——1 867件并没有带来难民人数的猛增，反而由于确定式难民认定率跌至有史以来的最低点——0.3%，确定式认定难民数只有7人。

（三）收到难民地位申请数最少的发达国家之一

日本是世界上收到难民地位申请数最少的发达国家之一。受日本极端严格难民审理标准影响，外国人向日本递交难民地位申请数少。根据联合国难民署统计，1992—2001年10年间，世界30个主要国家接受难民地位申请的年均总件数是593 925件。其中件数最多的国家是德国，年均159 747件。日本最少，年均只有155件。日本在1982—2011年收到难民地位申请11 754件，年均392件。2011年，日本与澳大利亚、法国、德国、意大利、英国、加拿大、美国、韩国和新西兰等九个发达国家相比，如表5所示，除韩国和新西兰外，日本收到难民地位申请最少，仅1 867件，法国收到难民地位申请最多为52 147件，其次是德国的45 741件。

（四）批准难民地位申请最少的发达国家

日本是批准难民地位申请最少的发达国家。日本难民管理部门批准难民地位申请极少，2011年，如表5所示，仅7人，比澳大利亚等九个发达国家都少，难民管理部门批准难民地位申请最多的是加拿大，为12 983人，其次是美国的12 114人。

2011年，如表5所示，日本批准临时保护248人，少于德国、意大利、法国、英国和韩国。

表5　日本与其他发达国家2011年难民地位申请、批准难民地位申请和批准临时保护比较

	单位	申请数	难民	临时保护
日本行政	人	1 867	7	179
日本复议	人	1 719	14	69
日本司法	人	40	3	0
韩国行政	人	1 011	38	21
韩国司法	人	129	17	0
澳大利亚行政	人	11 505	4 823	
澳大利亚复议	件	3 936	903	0
新西兰行政	人	305	85	0
新西兰复议	件	184	44	0
法国行政	人	52 147	3 370	1 257
法国复议	件	31 983	4 820	1 197
法国司法	人	5 190	0	0
德国行政	人	45 741	6 481	2 319
德国复议	件	7 606	617	258
德国司法	人	0	0	0
意大利行政	人	34 117	1 803	2 526
英国行政	人	25 455	5 461	1 680
英国复议	件	994	21	31
英国再复议	件	9 980	2 785	0
加拿大行政	人	24 985	12 983	0
美国行政	人	22 062	12 114	0
美国复议	件	38 525	11 398	0

资料来源：

1. UNHCR Global Refugees Trends 2011。

2. 先進工業国における難民認定数等．2011 年 全国難民弁護団連絡会議 2012 年。

注：行政为行政机关批准难民地位申请，复议为复议机关驳回拒绝难民地位申请行政决定，司法为法院维持拒绝难民地位申请复议决定。

（五）审理难民地位申请时间很长

日本审理难民地位申请时间很长。如表6所示，2003年，法务省入国管理局审理外国人难民地位申请耗时7个月，2008年增至15.5个月。虽然2010年入国管

理局审理外国人难民地位申请时间一度降至13.5个月，但是2011年猛增至25.9个月。就难民地位申请行政复议审理时间而言，审理耗时长的现象出现的更早。如表6所示，2003年，难民地位申请行政复议审理已经达12个月，2006年、2007年和2008年分别增至17.9个月、19.8个月和25.2个月。

表6　2003—2011年日本审理难民地位申请时间　　　　　　（单位：月）

	2003	2006	2007	2008	2009	2010	2011
行政决定	7		13.4	15.5		13.5	25.9
行政复议	12	17.9	19.8	25.2			

资料来源：
1. 参議院法務委員会における木庭健太郎議員質疑への政府参考人回答（2004年4月8日。
2. 福島みずほ議員質問主意書への回答（2007年11月16日）。
3. 参議院法務委員会における木庭健太郎議員質疑への政府参考人回答（2008年3月25日）。
4. 参議院法務委員会における今野東議員質疑への政府参考人回答（2009年3月17日）。
5. 衆議院法務委員会における逢坂誠二議員質疑への政府参考人回答（2009年5月12日）。
6. 法務省ホームページ。
7. 難民手続の審査期間. 全国難民弁護団連絡会議 2012。
注：空格为未知。

2010年7月，为稳定寻求避难者的法律地位，日本法务省入国管理局决定，审理难民申请的标准时间为6个月，并且每季度在法务省网站公布难民申请审理的平均时间。2010年6月末，难民申请审理时间超过6个月的案件为612件，2011年3月大幅降至35件[1]。

（六）加入日本国籍率低，享有政治、经济和社会权利不足

截至2005年底，日本一共接收了8 650名越南难民（包括船民、留学生和重新安置），其中不少人在日本已经连续居住了20年甚至30年之久，但是获得日本国籍的人直到2009年底只有730名，仅占总人数的8.4%。[2]由于没有获得日本国籍，大多数在日本的越南人都无法像日本国民一样享有充分的政治权利，无法参与到主流政治中去为自己争取合法权益，而只是有关部门政策措施的被动接受者。据媒体调查，90%以上日本人反对给予外国人地方参政权，[3]日本越南人群体

---

① Immigration Bureau, Ministry of Justice JAPAN. Immigration Control 2011［R］. Immigration Bureau, Ministry of Justice JAPAN.2012.Points.

② 亚洲福祉教育财团难民事业本部. 日本的难民收. http://www.rhq.gr.jp/japanese/know/ukeire.html. 2013-02-19访问。

③ 直击日本参院竞选纲领外国人参政权受关注. http://japan1 people.com.cn/35469/7034642. html. 2010-06-22访问。

处境远比在美国、澳大利亚等国家的越南人群体处境困难。

基于行使公权或参与国家事务的公务员必须具有日本国籍的法律规定，可以任用外国人的国家公务员职位只限于国立大学教师。而且外籍教员不得就任校长、系主任。在司法上，逮捕证、拘留证、起诉书等几乎都没有译文。由于口头说明不充分，外国人嫌疑者、被告人往往不能理解自己的嫌疑事实。[①]日本对外国人申请入籍要求非常严格。根据1983年《日本国籍法》，即使符合入籍条件的外国人，也不享有取得日本国籍的权利，其入籍申请是否批准，完全由法务大臣酌定。

难民子女有接受义务教育的权利，但是没有就学的义务。除少数地方，由于缺乏懂外语的教师，事实上很难说他们能接受到教育。根据学校教育法设立的民族学校属于各种学校的范畴，尽管日本的公立、私立大学中给予民族学校毕业生入学资格的学校已超过100个，但是仍不给予进入国立大学的入学资格。就业保险的被保险者只限于长期居留者或配偶是日本人的人。即使在生活保障、医疗福利制度方面，长期居留外国人也不能完全享受有关待遇。

有日本学者提出，试图改善这些制度的讨论，常常是因受歧视一方的控告，作为问题提出后进行的。很少见到公权一方自觉地进行改革。这同外国人定居者没有对国政、地方行政的参政有关。着眼于日本多民族化的未来，要郑重考虑建立外国人也适宜居住的国家制度的需要，这是对日本走出以本国国民为中心的封闭型国家形态，确立面向世界的开放性国家的形态的探讨。由于外国人已关系到日本的各个层面，所以必须超越纵式行政框架，将其作为横贯各省厅的课题加以探讨。[②]

（七）岛国封闭性文化和单一民族文化

从文化上看，日本强烈排斥难民主要源于岛国封闭性文化和单一民族文化。日本四面环海，没有任何一个陆地邻国，长期在历史和文化上存在着较强的封闭性。近代日本的开国和世界科技的进步，已使情况发生了很大的变化，但地理和历史的影响仍未能消除岛国封闭性文化，岛国封闭性文化在很大程度上支配着日本社会的思想和行动，使得日本社会对于大量外国人士的到来存在一定的抵触和

① [日]石毛直道. 郭洁敏译：《趋于多民族和多元化的日本》，载日本《综合研究与开发》，1997年第2期，现代外国哲学社会科学文摘. 1998年3月，第54页。

② [日]石毛直道. 郭洁敏译：《趋于多民族和多元化的日本》，载日本《综合研究与开发》，1997年第2期，现代外国哲学社会科学文摘. 1998年3月，第54页。

排斥心理。日本人排除异类，相互之间抱成团的倾向极为严重，总把与自己不同的人称为外人。即使外国人能流畅地说日语，加入了日本国籍，由于身体特征而被区别，还是不被视为日本人。对身体特征难以区别的来自亚洲各国的人，一旦判明他不是日本人，也作为区别的对象。①除了历史传统和社会结构的因素外，近代国家主义的影响和蔑视其他亚洲人，也是造成日本歧视外国人的重要原因之一。福泽谕吉的脱亚入欧思想，在改变日本的传统亚洲观，形成日本对中国人和朝鲜人的侮蔑意识中起了指导性作用。

虽说有土著虾夷族、在日韩国朝鲜人和华侨移民集团，但日本仍是单一民族占压倒多数的极为罕见单一民族国家。时任总务大臣麻生太郎2005年指出，日本是单一民族、单一语言和单一文化。②持单一民族论观点者认为，日本是由单一民族构成的国家，人们长期生活并习惯于单一文化的结构中，从而形成了统一的思维方式和生活方式，这种一致性是日本得以迅速发展的重要原因。因此，日本国家应保持单一民族的优良传统，维护民族血统的纯粹，形成统一的国家观念。有强烈排斥异质文化倾向的日本单一民族文化，对外国人在日本定居非常保守。对于同日本主流社会格格不入并且有经济社会负担之虞的难民群体，日本政府更是采取了不欢迎的态度。民间出于就业、健康和养老等各方面实际需求的考虑，对接收难民也往往持谨慎和保守态度。

① ［日］石毛直道. 郭洁敏译：《趋于多民族和多元化的日本》，载日本《综合研究与开发》，1997年第2期. 现代外国哲学社会科学文摘，1998年3月，第54页。

② 日本自民党干事长麻生太郎简介，http://news.sina.com.cn/w/2008-09-01/225716212345.shtm, l。

理性看待中日关系

中山大学　陈盛荣　吴远游

摘要：本文通过介绍日本历史，中国和日本的基本历史，中国与日本关系的重要性以及当前所遇到的主要问题，提出了面向未来我们应该采取的主要对策。本文提出，日本在中国人民面前曾扮演过学生、朋友、老师和敌人等多种角色。作为一个重要邻国和世界第三大经济体，我们一方面要坚决揭露现日本政府倒行逆施的丑恶伎俩，另一方面要尽量维护中日友好大局，也做好多方准备，一旦战争强加到我们的头上，我们将坚决奉陪到底，并旧账新账一起算。

关键词：日本；国际关系；政治学

中国和日本一衣带水，都位于亚洲的东方，不仅是亚洲两个重要邻国，也是世界上两个很重要的国家，美国、中国、日本是当今世界位于前三位的经济体。中国和日本的关系，是中国走向现代化必须要妥善处理好的最重要的国与国之间关系之一。

一、日本的基本历史

日本国（Japan）是位于亚洲东部、太平洋西北部的岛国，领土由本州、四国、九州、北海道四大岛及 7 200 多个小岛组成，面积为37.8万平方千米。日本沿岸多岛屿、半岛、海湾和天然良港。"日本"国名意为"日出之国"。人口达1.29亿，以和族为主体民族，通用日本语。

公元645年，日本向中国唐朝学习，1868年，日本向欧美列强学习，进行明治维新，跻身资本主义列强，对外逐步走上侵略扩张的军国主义道路，先后侵略朝鲜、中国、菲律宾、缅甸等亚洲多个国家，并袭击了美国珍珠港，发动了太平洋战争，还轰炸过澳大利亚。1945年8月15日战败投降。

日本战败后，转为集中精力进行经济建设。日本经济自1960年代开始了持续长达30年的高度增长，被誉为"日本战后经济奇迹"。日本是世界第三大经济体。自1960年代末期起至今一直是公认的资本主义世界第二号经济强国，同时也是世界第四大出口国和进口国。

二、中日基本历史

中国和日本的关系很复杂，我们必须全面地、客观地、历史地认识日本。日本在中国面前曾扮演过多重角色，如学生、朋友、老师和敌人。

1.学生。中国是世界上四大文明古国之一，在多方面曾遥遥领先于世界许多国家，日本曾是中国的学生，唐朝以来，多次派留学生到中国学习。日文与中文有近似，说明了两国之间的交往历史源远流长。

2.朋友。近代以来，中国多次派留学生到日本留学，孙中山、周恩来、廖承志等著名人物均在日本留下过许多足迹。孙中山从事的许多革命活动以及他所提出的许多现代化思想均与日本经历有关。新中国成立以后，中国政府和民间为推动中日友好做了大量工作，如1965年，中山大学就接待过人数众多的日本青年友好访华团。经过了长期不懈努力，1972年中日两国建交。

3.老师。日本也是中国现代化建设的老师。日本在资源很贫乏的条件下能成为世界第三大经济体，日本在第二次世界大战战败后能经过30多年的努力而重新崛起，日本"技术立国"的谋略等，应该有很多地方值得中国学习。改革开放初期，邓小平、胡耀邦等党和国家主要领导人曾多次访问日本，学习日本的现代化先进经验，中日关系在那个年代是最好的，甚至可称为蜜月期。胡耀邦在访问日本期间，提出了"我们要拼命往前赶"的重要思想，鼓舞着亿万人民努力追赶亚洲"四小龙"和日本等发达国家。许多日本的著名企业家，成为了中国企业家学习的榜样；在亚洲的世界一流大学，日本占了相当的数量，在亚洲的诺贝尔奖获得者，主要是日本国籍人。2009年左右，甚至有学者在《人民日报》上提出了"以日为师"的思想。

4.敌人。日本也曾是中国的敌人，而且是最凶恶的敌人。日本明治维新以后，国力逐渐强大，对外扩张成了既定国策，它对中国领土早就虎视眈眈，早在1874年5月，日本出兵3 600余人入侵我国台湾；10月，迫使清政府签订《北京专条》，承认琉球（现冲绳县）为日本保护国，并赔偿日本兵费50万两白银。1879年染指清朝朝贡国琉球国，并改设为冲绳县。朝鲜原来也是中国的附属国，日本利用多种手段侵占朝鲜半岛，并挑起了中日之间的甲午战争。中国在甲午战争失败后，日本强迫中国签订了十分屈辱的《马关条约》，朝鲜半岛就是在这个时候宣布独立。日本利用中国2.3亿两白银的战争赔款和所没收中国的大量战败物资，加强教育，刺激工业革命，使国力迅速提升。1900年5月，日本参与了八国联军进犯北京，镇压义和团等反帝爱国运动。同年7月，日军攻陷天津，在津抢劫白银200多万两。1905年1月，日军再度占领旅顺。同年3月，日军占领沈阳，并与俄国为争夺中国领土在我东北进行大规模厮杀。1931年"9·18事件"以后，很快占领了我国东三省，1937年7月7日，发动了全面的侵华战争，还狂妄叫嚣"三个月内灭亡中国"。在长达8年的时间里，日本攻占了我国几百座城市，掠夺了中国无数宝藏，用惨无人寰的手段杀害了许多中国同胞，抗日战争期间使中国的经济直接损失高达6 000亿美元左右，伤亡人数达到3 000多万人，中华民族到了最危险的时候，日本的侵略是中国遭受外来入侵损失最大的侵略，但它也从反面促进了中国人民的觉醒，给中国带来了空前的进步，以国共合作为基础的全民抗战，不仅是第二次世界大战期间世界最早抗击法西斯的国家，也为第二次世界大战的最终胜利作出突出贡献，苏联、美国、中国和英国，是当时世界反法西斯统一战线四个最主要的国家。抗日战争的胜利，也是中国近代以来第一次取得反抗外敌入侵的完全胜利，并为中国走向现代化奠定了重要政治基础。但由于种种原因，1945年日本战败投降时，当时的国民政府并没有要求日本给予战争赔偿。1972年中日邦交正常化前，中华人民共和国政府也没有要求日本给予战争赔款，只是日本政府后来曾多年对中国给予无息贷款。

三、现实

经过了许多中日友好人士的长期努力，1972年中日邦交正常化，其前提是当时建交时所签订的联合声明等政治文件特别是日本深刻反省曾给中国人民带来的巨大伤害。中日邦交正常化来之不易，中日邦交正常化以后，中日友好也确实给两国带来了许多利益。然而，近几年来，日本右翼势力不仅抬头，而且越来越猖獗，右翼势力就是指否定日本侵略，否定第二次世界大战的成果，妄图日本重新走上军事扩张之路的一股势力。特别危险的是，这股右翼势力已经变成政府行为，如日本政府将中日有争议的钓鱼岛及其附属岛屿公开国有化，并公开叫嚣钓鱼岛是日本的固有领土，日本首相安倍最近还公开朝拜靖国神社，日本政府不顾日本人民的反对，坚持要修改日本宪法，扩充军备，甚至试图挑起中日战争。中日关系出现了大倒退，中国维护中日友好的底线已经被突破，中日建立外交关系的基础已大大被削弱，这些责任完全在日本方面。中国在原则问题上是从来不会让步。日本连自己在第二次世界大战期间所犯下的许多滔天罪行和战败投降的事实都不愿意承认，连《波斯坦公告》和《开罗宣言》都不愿意承认，这样的朋友是很不诚实的朋友，也是很危险的朋友，必须引起中国人民和世界人民的高度警惕。中国人民珍惜中日友好，但这是有原则有前提的，日本倒行逆施的行径，已经再次激起中国人民对日本军国主义的深仇大恨，而今天的中国可不是1894年的中国，也不是1931年和1937年的中国，中国不惹事，但绝不怕事，13亿中国人民的怒火一旦被点燃，那就只有旧账新账一起算。

对待日本政府的拙劣表演，中国人民要做好充分的思想准备，一要坚决揭露和斗争，二要争取大多数人，包括团结日本国内主张中日友好的各界人士，尽力维护中日友好大局。三要在各方面做好充分准备。这个准备包括我们要加倍努力，争取国力更强大些，特别是在海军建设方面。

陈毅元帅曾说过，弱国无外交。许多西方列强是欺软怕硬。当年以美国为首的多国部队侵略朝鲜时根本不把新中国放在眼里，后来经过较量才不得不服输。今天，日本竟还敢欺负中国，中国如果不给它一点颜色看看，日本右翼势力就更嚣张了。总的一句话是，对待中日关系，还是要讲又团结又斗争，如果日本胆敢挑起战争，我们将坚决奉陪到底。但从长远来看，中日友好还是大局。

四、面向未来

中国曾经被日本这么一个小国、邻国多次侵略，并几乎被灭亡。其教训是很多的。从内因上来看，因为我们曾经太落后了。如当年中国跟日本只能打游击战、运动战和少量的阵地战，而日本当年不仅有装备精良的陆军，而且曾拥有强大的海军和空军，敢跟美国进行航空母舰等的较量。"落后就要挨打"。日本的不道义性、虚伪性、野蛮性甚至是无耻性等我们已经看得很清楚了，除了我们要坚决揭露和谴责以及对中华民族的权益要坚决维护之外，但最终是要靠我们的实力。中国就没有永远的敌人，如美国曾是我们的敌人，前苏联也曾在中苏边境陈兵百万。对日本这么一个邻国、小国我们一方面要警惕其右翼势力，但另一方面，"远亲不如近邻"，对于邻国我们还是要尽量友好，特别是虚心学习日本的一些长处，列宁曾说过要善于向敌人学习，向资产阶级专家学习，林则徐也提出"师夷长技以制夷"。毛泽东也曾说过"不要四面树敌"，我们还要知己知彼，要团结大多数。许多西方列强都曾经侵略过我们，如八国联军等。曾经侵略过我们的国家，只要他们承认错误，愿意与中国友好，我们还是欢迎的。"小不忍则乱大谋"，当前我们国家最重要的是什么？是到2020年全面建成小康社会，是到新中国成立100周年时基本实现现代化。为了实现这个目标，我们仍要冷静，仍要忍耐，仍要更加奋发图强，尽量化敌为友，尽量"上兵伐谋"，以集中精力对付最主要的敌人。只要我们国家强大了，任何人、任何国家才不敢欺负我们。虽然美国、日本等国家是不愿意看到一个强大的中国，但我们也不能被一些国家的"激将法"给蒙住了眼睛，要清醒地看到我们的主要目标。我们要尽量避免战争，但如果战争强加到我们头上了，我们就一定要坚决奉陪到底，并做到战争和现代化建设两不误，不管有多大干扰，都要努力实现我们的既定目标。

印度国民军与日本

暨南大学历史系　叶敏君

摘　要：印度国民军是在第二次世界大战期间由日本扶持的以解放印度为目的的军队，第一次印度国民军由莫汉·辛格领导，但后来因内部派系不和以及辛格的领导不能得到日本的支持而瓦解。1943年，著名的民族主义者苏巴斯·钱德拉·鲍斯受众所托来到东南亚接手并重组了印度国民军，称为第二次国民军。在这期间，日本为了自己的目的与印度国民军之间展开了短暂的合作，在英帕尔战役中，印度国民军伴随日军一起攻入印度，希望将革命的火种传回印度点燃全国的革命热情。但英帕尔战役失败，印度国民军被迫撤退回缅甸。此时，在太平洋战场，日军已节节败退，鲍斯希望能北上寻求苏联的帮助，却在途中因飞机失事而逝世，虽然印度国民军与日本的合作一度有声有色，但最终却成为日本侵略者的殉葬品而告终。对印度国民军及其领导人鲍斯的评价到现在仍有争议，本文通过对印度国民军的发展历程以及与日本之间的合作做个阐述，以望能对印度国民军的历史地位和鲍斯与日本之间关系给予合理的评价。

关键词：印度国民军；日本；鲍斯

一、第一次印度国民军的发展历程

这支有争议的部队从1941年建立到1945年鲍斯逝世而消沉，存在的时间并不长，但却对印度最后的独立做出了贡献。因拥有共同的敌人和有地理上的联系，印度国民军与日本走向了合作，但对于印度国民军来说，合作的主要目标是赢得印度的独立，将英国的统治从印度的土地上清除出去。而对于日本来说，支持印度国民军是利用他们掀起反英斗争，从而实现自己战略上的目的。印度国民军虽然依赖日本的支持，但尽可能地保持自己的独立性。印度国民军在辛格领导下逐渐在各地建立分支，但并未取得很大成就，反而内部各派系矛盾重重，最后导致解散。

（一）印度国民军的建立

1941年，大日本帝国派遣陆军少将藤原岩市（Fujiwara Iwaichi）到泰国去与东南亚的中国侨民、马来亚人和印度的独立运动取得联系。藤原建立了一个情报机构命名为F Kikan（F机关）[1]。藤原首先与印度独立秘密组织"印度独立同盟"（IIL）的领导人普里塔姆·辛格（Pritam Singh）会面，建议双方在东南亚战争爆发后进行合作，藤原建议在战俘中组建一支为解放印度而战的革命部队。

1941年10月，在日本对马来亚的亚罗士打战役中，日本俘房了一批英属印度陆军，其长官是上尉莫汉·辛格。藤原与普里塔姆·辛格一同会见了莫汉·辛格，并向他说明日本军队想帮助印度的独立运动的目的和他本人对赢取印度独立的看法。他认为太平洋战争是印度在日本帮助下赢取独立的好机会。藤原指出日本与印度有几个共同的特性：第一，共同的敌人；第二，历史渊源，印度是佛教徒信仰的归属地；第三，地理和种族联系；第四，对印度的臣服地位有共同的愤慨。[2]莫汉·辛格经过深思熟虑最后同意组建一支队伍，但提出六点建议：第一，印度人组建的必须是印度人民的军队；第二，日本必须给予全心全意的帮助；第三，印度军队与印度独立同盟从现在开始合作；第四，日本军队承认莫汉·辛格为印度俘房的领导；第五，日本军队必须把印度俘房当朋友对待，并给予愿意加入印度军队的人自由；第六，日本军队把印度军队当作友好的同盟军队。[3]最后，莫汉·辛格与藤原一起正式组建了打着"把亚洲从白人统治下解放出来"旗号的印度国民军（Indian National Army）。将总部设于马来亚怡保市。

从一开始建立，印度国民军就强烈地要求自主性，莫汉·辛格坚持印度国民军只在印缅边境作战，而不是在东南亚的任何地方，并且要求如果与日本军队一起作战，那么国民军必须能得到与日本军队一样的训练和装备。但藤原表示他个人能同意莫汉·辛格所提要求，但要日本承认国民军是同盟军队可能还有技术上的困难。事实上，由于国民军是一个由少数人新建立的并且规模很小的军队，不具备多少实力，日本对他同盟地位的认可直到战争结束都未给予正面回复。

---

[1]　F 机关以其领导藤原岩市（Fujihara Iwaichi）姓名开头字母而得名，初始成员只有10人。随后改组为岩畔机关，领导为岩畔豪雄，下设总务、情报、特务、军事、宣传、政治6个班，人数达到250人。至后来发展为光机关时人数已超过500人。该特务机关直到第二次世界大战结束时还在以军事顾问的形式持续活动。

[2]　Fujiwara, F Kikancho no Shuki［Memorandum of the Chief of the F Agency］. 转引自 Joyce Chapman Lebra: The *Indian National Army and Japan*, Singapore: Institute of Southeast Asian Studies, 2008, p.20.

[3]　Joyce Chapman Lebra: *The Indian National Army and Japan*, Singapore: Institute of Southeast Asian Studies, 2008, p.24.

(二)印度国民军的曲折发展

印度国民军与日本的第一次重要合作是在1942年2月，国民军协助日本军队攻取英国的殖民地新加坡，英国花了数百万英镑把新加坡打造成无法攻取的堡垒，英国人扬言这个堡垒不可能从海路攻取，然而这个被英国人盛赞的堡垒在经过仅一个星期的血战便投降了日本。

此次战役有5 000名英属印度士兵投降了日本，为了号召战俘加入印度国民军，莫汉·辛格和藤原在花拉公园做了演讲。莫汉·辛格首先表明了印度国民军的目的，并把成立后的活动告知同胞，谈到了印度遭奴役的悲惨状况，呼吁印度同胞抓住这个机会，为祖国的独立而战斗。藤原在演讲上表明了日本的战争目的是为了将亚洲人民从西方殖民者的手中解放出来，日本将会给予印度的独立运动最真诚的帮助。并对战俘保证，加入印度国民军的士兵将不会被当作战俘，但必须要帮助独立运动。日本军队会将印度士兵当朋友对待，并尽最大努力提高他们的军饷。[①]无疑此次演讲得到了大部分印度士兵的响应，他们报以热烈的掌声，但心中也有很多的疑问：日本帮助印度独立运动的目的；印度国民军与日本之间的关系；装备问题等。藤原承认有些问题的解决有待后一步的合作，但重申了日本帮助独立运动的真诚。经过此次演讲，许多印度军官和士兵自愿加入了印度国民军，但仍有几千人因长时间的英国训练和怀疑日本的动机而不愿加入。

花拉公园演讲结束后，印度国民军进一步把分支扩展到新加坡，自战争爆发后，很多在各地现存的组织都与印度独立联盟和印度国民军联合。莫汗·辛格渴望将印度国民的分支扩展到每个东南亚国家并与各地组织取得联系和合作。正在这时一封来自东京总部的电报给莫汉·辛格提供了与各地组织领导人会面的机会，电报上写道，1942年3月10在东京由拉希·比哈里·鲍斯（Rash Behari Bose）安排召开一次会议，邀请亚洲所有组织的印度代表出席会议。莫汉·辛格挑选了三个人陪同一起去东京会议，但此次东京会议并未向想象中发展，来自马来亚的代表，包括莫汉·辛格都对来自东南亚其他地区代表不满，而来自东南亚的代表又与居住在日本的代表有摩擦。莫汉·辛格认为拉·鲍斯是根据日本政府的指示在操纵会议，这种感觉让来自东南亚的代表决定不在东京会议上作最后的决定，希望能够在缅甸、泰国或马来亚举行更大型的会议。莫汉·辛格建议在将来举行

---

① Fujiwara, F Kikancho no Shuki［Memorandum of the Chief of the F Agency］. 转引自Joyce Chapman Lebra：The *Indian National Army and Japan*，Singapore：Institute of Southeast Asian Studies, 2008, p.37.

的大型会议上选举五个人组成行动委员会，以此指导印度的独立运动。与会代表同意这个建议并决定五月或六月的时候在仰光或曼谷举行会议。而居住日本的印度代表对来自东南亚的代表也有意见，认为他们长期忠诚于英国在印度的统治并不具备作为革命者的经验。

1942年3月28日，新一次的会议在东京的山王酒店召开。拉·鲍斯被选为会议主席，藤原和岩畔豪雄（Iwakuro）被邀请出席这次会议。为了取得印度的独立，参会代表决定把印度独立联盟当作所有在东亚的印度人的组织，这个组织的目标是为了实现印度的独立。鲍斯被选为这个组织新的领导人（因前领导人普里塔姆·辛格在飞往东京会议的途中因飞机失事已牺牲）。进一步确认五月中将会在曼谷召开一次大型会议，印度独立联盟在东亚所有分支的代表将会出席。这次会议将会确立独立运动的政策。

（三）第一次印度国民军的危机

随着印度国民军的不断发展，影响力也不断扩大，但与东南亚各地的其他组织、派系之间的矛盾也越来越明显，并且这个内部的分歧影响了与日本的进一步合作。

1942年6月15日，印度独立联盟的一百多个代表在曼谷聚集，这些代表来自马来亚、缅甸、泰国、爪哇岛、苏门答腊岛、婆罗洲、菲律宾、日本、满洲国、南京、上海、广州、香港，代表着东亚两百万的印度人民。尽管东南亚代表与日本代表之间的反感和彼此不信任已经在山王会议中展露无遗了，但来自日本的拉·鲍斯仍被选为执行主席。莫汉·辛格也提名让鲍斯做主席，因为他认为鲍斯更能影响日本对印度的政策。这个想法被许多印度代表所赞同。另外也没有其他的候选人被提名，因为全体都认可鲍斯这么多年作为革命者的经历以及他与许多日本领导人的关系。进一步来说，他看起来缺少个人野心。[①]从这点来看，让曼谷的印度代表觉得这个会议就是掌控在莫汉·辛格和N·拉加万等少数人手中，只不过是把主席的位置给了拉·鲍斯。

经过九天的讨论，会议的最后全体通过了一个决议（曼谷决议），正式宣布印度独立联盟工作的主要目标是赢得印度的独立，而印度国民军则作为这个独立运动中的军事部门，莫汉·辛格为总司令。然而在战时，最高权力属于印度独立联盟的行动委员会，指挥战斗的进行，因此国民军的成员必须效忠于联盟。在这个

---

① Joyce Chapman Lebra：The *Indian National Army and Japan*，Singapore：Institute of Southeast Asian Studies, 2008, p.75.

决议中也包括了几个对日本当局的要求，其中有：所有在日本占领区的印度士兵应该处于印度人的管理之下；印度国民军应该被当作同盟军队与日本军队有一样的平等地位，印度国民军只能为印度的独立而战斗；行动委员会时常要求日本提供经济援助，对于日本政府来说这些援助应当理解成是可偿还的贷款；日本政府应该提供行动委员会所要求的在其控制的领土内的宣传、交通、通讯所需的一切设备；在涉及印度人的地方行政管理时，日本地方机关应该和离其最近的印度联盟分支机构进行协商。①

最后，行动委员会将这份决议交给岩畔豪雄（情报机构的负责人，原来的负责人是藤原），委员会希望日本政府能支持这些特殊要求，并给予正式的声明。但日本当局陷入了困境，他们并不想给予正式的回应，并且认为在东南亚的负责人对印度人太纵容。到了1942年下半年的时候，日本当局已经没有时间一条一条的回复曼谷决议了，因为日本的军事战局已经出现恶化的信号了。而作为中间联络人的岩畔不能也不愿意满足行动委员会提出的要求，并且他了解到联盟内部存在矛盾，已经发生内讧，于是他就采取拖延的政策。

1942年7月10月，东京发来了一封信表示对曼谷决议给以一般支持，表示"日本政府决定进一步全心全意和无限制地支持印度的独立运动"，②但是对于曼谷决议中的特殊要求没有提到会具体实施。因此这使行动委员会的成员不满，也引起莫汉·辛格和其他国民军军官对日本当局动机的怀疑。

此时，印度国民军的危机除了内部矛盾重重和得不到日本当局的真正支持外，还有就是莫汉·辛格的领导权遭到了质疑。因为在印度国民军初建时，辛格是印度士兵中官阶最高的，但到了新加坡的亚罗士打战役后，一大批新的俘虏加入到国民军，很多原来官阶高于辛格的军官并不愿意受辛格的领导，并质疑辛格的政治才能。还有很多人认为辛格要求士兵个人对自己忠诚而不是对印度国民军忠诚。除了印度军官对辛格领导才能的质疑，行动委员会和印度独立联盟中的一些成员也认为辛格在与日本人合作中显得态度傲慢，做事根本不顾行动委员会和联盟的意见。

---

① Kesar Singh Giani, *Indian Independence Movement in East Asia*, *The Most Authentic Account of the I.N.A. and the Azad Hind Government*, Lahore: Singh Brother, 1947, pp.81-82.

② Letter from Iwakuro to Rash Behari Bose, IIL Documents File, National Archives, Government of India, New Delhi. 转引自Joyce Chapman Lebra: The *Indian National Army and Japan*, Singapore: Institute of Southeast Asian Studies, 2008, p.82.

另外战俘问题的处理加深了印度国民军与日本之间的不信任。亚罗士打战役后，大量的战俘不愿加入国民军，大概估计这一批人有25 000名，根据藤原的想法，是把这一批人组织成由莫汉·辛格掌管的劳工组织，并在和日军合作时使用。但是国民军理解为他们被当作国民军的预备役部队由国民军训练，并不受日本军队的管制。这些战俘与国民军分配在不同的营地，他们的身份一直是不明确的。莫汉·辛格想把这一批人训练成预备役部队而不是把他们当作劳工来使用，但是岩畔却需要这批劳工组织来为日本军队服务，因此印度国民军全体上下对日本动机的怀疑和不信任蔓延了整个部队。

1942年10月，岩畔向行动委员会施加压力，希望为了合作能把印度国民军派到印缅边界地区。但是莫汉·辛格和委员会回复说除非曼谷协议中的要求得到认可，不然不会派兵。莫汉·辛格曾经非常渴望印度国民军能向西推进，但是越来越多的怀疑让这个想法冷却了。

(四) 第一次印度国民军解散

内部的矛盾严重影响了印度国民军的进一步发展，1942年12月4日，莫汉·辛格和吉拉尼 (Gilanni, 行动委员会中一员，负责军事训练) 打算给岩畔下最后通牒，如果日本当局不能对他们的要求给予明确回复，他们将会被迫从行动委员会辞职。但拉·鲍斯并不乐意辛格这样做，因为鲍斯与日本的关系比较密切，并不想因此而使印度与日本之间的关系更恶化。很明显辛格未得到任何答复，并且在12月8日日本官员逮捕了中将吉尔 (Gill), 因为认为他是间谍。现在看来这场危机是没有解决的办法了。莫汉·辛格、吉拉尼和梅农 (Menon, 行动委会一员，负责政治宣传) 三人同时向拉·鲍斯提出辞职。很明显吉尔的逮捕让妥协和退让成为了泡影。此时，莫汉·辛格与拉·鲍斯的之间的矛盾转为公开的对骂了，印度独立联盟中的政治集团和军事集团之间仇恨和憎恶也表面化了。

与日本当局关系的恶化已经让国民军的行动陷入了停滞。辛格的强硬态度也让日本无法忍受。但岩畔还是想避免印度国民军与日本军队之间的合作直接破裂，于是让藤原去劝说辛格，但辛格对藤原说: "你可能感到奇怪，因为你觉得这对你们来说只是一个小事件，但对于我们来说这是整个组织的中心问题，如果我们不能得到满意的答复，我们全体将停止行动。"[1] 1942年12月29日，岩畔让莫

---

[1] Kesar Singh Giani, *Indian Independence Movement in East Asia, The Most Authentic Account of the I.N.A. and the Azad Hind Government*, Lahore: Singh Brother, 1947, pp.115-116.

汉·辛格到他的住处。问他是否还愿意与日本一起工作，辛格拒绝了。随后，岩畔与鲍斯合作以莫汉·辛格的反日行为破坏了印度国民军为理由将其逮捕。辛格的入狱最终导致了第一次印度国民军的瓦解，在辛格被捕之后，国民军的高级官员向Kikan情报机构发表声明，表示他们已经准备好颠覆身份再次成为战俘。事后，拉·鲍斯极力地挽救印度独立联盟和印度国民军，但是只有8 000人愿意重新加入印度国民军，与当时45 000人自愿加入第一次印度国民军的情景截然相反。

到此为止，国民军虽未完全解散，但已不具备影响力，属于瘫痪状态。从第一次国民军成立到瓦解，虽然说双方是属于合作关系，但全程完全在日本的控制下，对印度国民军的组建和活动多方限制，即使印度国民军想要获得自主权，但内部的不团结减弱了向日本争取权利的力量，领导人得不到信任加剧了情况的恶化，日本在这一时期从未真正想把印度国民军建立成有战斗力的军队，只是想通过帮助国民军从而激起他们的反英情绪，国民军的主要任务是宣传和从事间谍活动。通过利用印度人的反英活动，帮助削弱英国势力。但无论如何第一次国民军的组建为鲍斯后期的重组国民军打下了基础。

二、苏·鲍斯领导的第二次印度国民军与日本

（一）苏·鲍斯来到日本

早在第一次国民军组建初期，莫汉·辛格就跟藤原提过苏巴斯·钱德拉·鲍斯（Subhas Chandra Bose），说只要鲍斯能领导印度独立运动，东亚的印度人民一定都会加入到反对英国统治的运动中。在东京会议之前，各地组织在马来亚召开筹备会议确定参与东京会议的代表人选，在这次会议上，全体一致地要求请鲍斯到东亚来领导印度独立运动，此后向日本当局表达了这个想法。但直到1943年，鲍斯才从德国来到日本领导印度的独立运动。这主要有几个原因：

（1）鲍斯最初想获得国外势力苏联的帮助，而不是德国或日本。[1]鲍斯在1941年从印度秘密潜逃想到苏联去，但他到了阿富汗后，情况改变了，苏联已经与英国签订了互不侵犯条约，鲍斯才决定去了德国，在德国通过希特勒的支持在被俘的印度士兵中组建了一支自由印度军队，并开始在柏林通过电台开展反英鼓动。而这时东南亚的第一次印度国民军已建立，和日本的合作也正如火如荼的进行

---

① T. R. Sareen, "Subhas Chandra Bose, Japan and British Imperialism," *European Journal of East Asian Studies*, Vol. 3 Issue 1, Mar2004, p74.

着，在太平洋战争爆发之前，鲍斯没想过要到日本去寻求帮助。①

（2）德国一开始并不愿让鲍斯到日本去，鲍斯到了德国后，一直处在德国外交部的"保护"之下，日本驻柏林的陆军武官山本（Yamamoto Bin）请求德国外交部允许他去见鲍斯，但是外交部拒绝了他的请求。对于德国来说，鲍斯是有价值的同盟者：第一，鲍斯作为一个印度的爱国者，他所做的宣传对印度和英国都有很大的影响；第二，假若在与英国的战斗中不慎失败，则鲍斯可以作为有价值的谈判筹码，因为英国非常渴望抓到鲍斯。鲍斯跟其他在柏林的印度人也提到过这种可能性。

（3）日本一直没有明确的指令将鲍斯请到东南亚领导印度独立运动，即使是在太平洋战争爆发后，鲍斯向日本驻柏林的大使大岛（Oshima Hiroshi）表达了想到东南亚去，日本当局一直未给予明确的答复。因为英国势力已经包围了所有从德国到日本的路线，德国和日本都不想冒着鲍斯被英国抓捕的危险；另外，在东南亚的印度独立运动中已经有一个印度革命者拉·鲍斯与日本合作了。害怕两个鲍斯各立门户，而导致印度独立运动的分裂。

但到了1943年战争的局势开始改变了，1942年上半年，日军就已迅速占领马来亚、新加坡和缅甸，势力直达印度的大门。而英属印度的存在对它是极大的威胁。日本当局不止一次地强调，只要印度仍是英国的基地，日本在东南亚取得的胜利就不稳固，英军随时可能从印度发起反攻。从战略上考虑，它是非夺取印度不可的，但自己又没有足够的征服能力，在这种情况下，利用印度人的反英活动，帮助削弱英国势力的策略就具有了更加突出的重要性。但是第一印度国民军的瓦解让印度独立运动的影响力大打折扣，急需一个更具魄力的领导人来领导东亚的印度独立运动。且所有在东南亚的各组织领导人都表达了希望苏·鲍斯能到东亚来领导印度人的反英斗争，拉·鲍斯也同样向日本当局表示，如果苏·鲍斯被带到日本来，他会毫不犹豫的辞职。②在获得苏·鲍斯和德国当局的同意下，德国和日本的潜水艇分段把苏·鲍斯送接到马来亚的槟城，由那里飞到日本东京。

而苏·鲍斯会决定离开德国转而向日本寻求帮助也有他自己的想法，即使他知道日本接他来是有目的的。首先是因为在德国并没有获得巨大的帮助，德国对

────────────

① T. R. Sareen, "Subhas Chandra Bose, Japan and British Imperialism," *European Journal of East Asian Studie*s, Vol. 3 Issue 1, Mar2004, p76.

② Gaimusho, Ajiya Kyoku〔Foreign Ministry, Asia Office〕, Subasu Chandora Bosu to Nihon〔Subhas Chandra Bose and Japan〕, pp. 90–91.

印度的独立运动并不热衷，德国当局迟迟不愿答应他的要求：就支持和尊重印度独立愿望公开发表声明。其次，相比于德国，意大利对苏·鲍斯的态度更热忱，但鲍斯是一个现实主义者，他明白更强大的力量才更能帮助印度。所以，当日本在东南亚取得一系列的军事胜利后，他意识到日本可能更符合他想要的力量。再者，柏林离印度遥远，从事反英活动多有不便，而且东南亚差不多有三百万印度侨民，这是进行反英斗争的主要基础和力量。在东南亚建立基地和军队，开展活动，可以得到印侨支持，离印度又近便，向印度发动进攻比较容易，是理想的地点。

1943年6月10日，日本首相东条英机首次接见了鲍斯，在6月14日的再次会面中许诺"充分支持"印度争取独立的斗争。[1]6月18日，东京电台宣布，苏·鲍斯已到日本。日本接他来并虚伪地表示"充分支持"他的活动。

（二）苏·鲍斯重组第二次印度国民军

1943年7月2日，鲍斯到达新加坡，受到当地印侨的热烈欢迎。拉·鲍斯把苏·鲍斯介绍给印度独立联盟的领导人和印度国民军的军官。两位鲍斯都试图减轻印度同胞们对日本的怀疑，苏·鲍斯说日本对印度国民军抗击英国的军事援助对于日本来说是必要的，是为了保卫他们大东亚共荣圈的安全，对印度实现独立也是必须的。苏·鲍斯进一步指出英帝国是我们共同的敌人，我们将会并肩作战并终结英国对印度的殖民统治。[2]鲍斯相信东条英机不断地保证日本对印度独立运动的全力援助表明了他的真诚以及轴心国将会赢得最后的胜利。

7月4日，拉·鲍斯正式将印度独立联盟和印度国民军的领导权移交给苏·鲍斯。拉·鲍斯激动地说道："从现在起，苏巴斯·钱德拉·鲍斯就是你们的最高统帅，领导你们进行印度的独立运动，我非常自信，在他的领导下，你们一定会在战斗中推进并赢得最后的胜利。"[3]

苏·鲍斯在确认能得到日本的支持后，他彻底地重组了印度国民军。他强调，印度解放要靠自己的力量，靠印度国民军的强大、勇敢。正因为这样，他把国民军的改编、训练作为头等重要的工作来抓。鉴于第一次国民军组建中的教训，鲍斯决定组建一支新的国民军，历史上称为第二次国民军。他要求国民军的士兵是

---

[1] Gaimusho, *Subasu Chandora Bosu to Nihon*, p. 100.

[2] T. R. Sareen, "Subhas Chandra Bose, Japan and British Imperialism," *European Journal of East Asian Studies*, Vol. 3 Issue 1, Mar2004, p81.

[3] Sivaram, *Road to Delhi*, Tokyo: Charles E. Tuttle Co., 1967, pp. 122-3.

出于自愿的原因而加入部队，并决心为实现印度的独立而奉献的精神并接受鲍斯的领导。这样虽然一部分人退出了，但经过鲍斯的呼吁及他的个人影响力，许多新加坡和马来亚当地的印度侨民，不分等级、信仰和宗教，也不管是律师、商人还是种植园工人，也不管有无军事经验都纷纷加入国民军，或者向国民军捐款，这样在短时间内国民军的实力得到了加强，军队最多人时有六七万。除在印度战俘中招募外，还大量从印侨中招募为发挥妇女的作用，专门成立了女兵团队，以章西女王名字（Rani of Jhansi Regiment）命名。整个军队除直属部队外，分成三个师，每个师下设三个旅。设立了训练营地，进行严格的军事训练。苏·鲍斯经常视察部队，鼓舞士气。军队装备由日本供应。日本供给了枪炮，但不供给较先进的武器。

1943年8月，印度国民军的重组完成后，鲍斯与南方军的指挥官寺内正毅元帅会面。寺内正毅对鲍斯说，日本军队一直在准备进入印度，日本军队将肩负战斗的重任。他与鲍斯的对话中明确指出宣传是日本与印度国民军合作的主要目的。对于印度国民军角色的解释，鲍斯是完全不能接受的。鲍斯向寺内正毅明确地说："印度国民军在印度独立运动中作为前进先锋是唯一可以接受的角色。印度独立如果是靠日本人的牺牲获得，那对我来说，比维持奴隶制还坏。"[1]寺内正毅表示会考虑鲍斯的想法，但他还是不同意东京给予鲍斯的超支配权，他觉得东条英机太纵容鲍斯，给予了鲍斯太多的自由。

苏鲍斯内心其实并不想过多依赖日本的力量来解放印度。于是，他建立了Azad（独立的意思）学校，这是一所将普通志愿者培养为新兵的军事学校。另外，在国民军的年轻人中，还选择了45个印度青年人，并亲切地称他们为"东京男孩"，送他们到日本的帝国军事学院学习军事理论。

到1944年3月英帕尔战役开始前，军队人数达五万人，并且相当一部分人已经接受了正规的军事训练。同时，鲍斯向他们灌输强烈的爱国理念，号召他们为祖国的独立和解放奉献自己的一切。所以，虽然这支部队人数不多，武器也不优良，但士气高涨。

（三）英帕尔战役中的印度国民军与日军

1944年3月19日日本在缅印边境发动了代号为"乌"号的英帕尔作战计划，

---

[1] Shah Nawaz Khan, *My Memoirs of Netaji and I.N.A.* (Delhi, 1945), p. 74.转引自沙·纳瓦兹·汗：《回忆印度国民军有其伟大领袖》，德里，1946年版，第74页。

企图占领英帕尔和科希马等要地，日军的目的是想牢牢控制缅甸，这样进则可以长期保持对中国的战略包围，通过切断援华国际通道逐渐扼杀中国的抗战力量，并能始终直接威胁对英国具有极高战略价值的印度地区；退则可以以缅甸作为抵御盟军反攻的第一线，确保其后方的战略安全。日本军队以三个师团（包括国民军一个师团）近十万兵力向印度的曼尼普尔邦推进。同时国民军在苏鲍斯的号召下，决心打回祖国，把印度人民从英国的统治下解放出来。伴随日军一起越过边境，进入印度。国民军这次战斗的主要任务除了掩护日军主力部队免遭英印军队袭击外，还有一个目的是能够突破英帕尔—柯希马的防线，由印度东北山区进入恒河平原，并可以在那里设立游击区，进行游击战，同时以那里的土地为支撑，争取当地百姓的支持。后来的国民军官员，曾为苏鲍斯军事秘书的普莱姆·库马尔·萨加尔（Prem Kumar Saghal）在红堡审判中曾经解释道：他们的想法是当地百姓的革命可以确保一旦日本在战争失利的情况下，英国人仍无法再次确立对印度的殖民统治。这其实才是国民军和印度自治政府的真实想法。鲍斯希望印度国民军能对印度人民产生巨大的心理作用，一旦他们踏入印度领土将会激发国内的革命热情。即使日军失败，只要在印度一立足，国民军的士兵就会像潮水一样涌入印度的土地，使革命的火种一个接一个地燃遍印度的广大土地，解放三亿八千万同胞。

日军初期进展比较顺利，锐意突进，英帕尔守军陷于包围。但很快他们就遭到了英国的顽强抵抗，英军在补给和兵力机动方面都明显强于日军。印度国民军因为缺少空中支援而被迫停止在距离英帕尔三英里的地方，再无法向前推进一步了。而他们的敌人英帝国仍然有不断的增援部队进入到英帕尔。再以蒙巴顿爵士亲临前线不惜任何代价都要保卫英帕尔的决心，战局再未曾对日军和国民军有利了。伤亡惨重的日军决定撤退，但是当鲍斯听到撤退的命令后，他非常震惊，表示即使日军放弃了这场战役，他们还是会继续的。即使国民军在为获得祖国独立的前进中完全失败，他们也不会后悔。川边町质只好试图安慰鲍斯道：他们将会为未来的独立斗争制定计划。[1] 日军于7月13日全线撤退，印度国民军退回到缅甸。此战上万的印度国民军战死，与日本士兵一起埋葬在了印度东部的英帕尔。[2]

---

[1] Fujiwara Iwaichi, *F kikan*-Japanese Army Intelligence Operation in South East Asia during World War II, translated into English by Akashi Yoji, Hong Kong: Heinemann, 1983, p.364.

[2] Atish Sinha, Madhup Mohta, Indian foreign Policy, New Delhi: Foreign service Institute, 2007, p.811.

至此，日本想牢牢控制缅甸切断援华国际通道的目标和印度国民军企图突破英军防线进入印度进行独立运动的想法以失败而告终。

（四）苏·鲍斯的逝世与第二次国民军的瓦解

尽管这次战役失败，但鲍斯并不会就此放弃解放印度的斗争。在一个曼谷的公众集会上，他说到："我们将会继续向德里进军，那才是我们最后的战役。我们可能不能通过英帕尔进军德里了，但我们必须牢记的是：像罗马一样，我们还有很多路可以通向印度"。[1] 鲍斯又拾起旧日的想法，想与苏联使馆取得联系并渴望到苏联去，以图获得苏联的支持来继续印度独立运动。因为他认为新的国际形势有利于获得苏联的支持，在日本战败后，苏联与西方势力必然会发生分裂，而他则可以利用这个局势来完成印度的自由。

1945年8月16日，鲍斯得知日本接受了波茨坦公告，他立即拜访了寺内正毅并要求把他送到苏联。寺内正毅表示，鲍斯在得到日本如此多的帮助后与日本一笔勾销转而接近苏联，这对日本是不公平的。尽管是这样，寺内正毅仍然遵从了鲍斯的愿望，这可能出于他个人的责任或者是我们仍不了解的动机。[2] 寺内正毅给鲍斯安排了一架飞机，这架飞机将从西贡起飞到大连，然后鲍斯可以从那里去到苏联。8月17日，这架飞机秘密地从西贡机场起飞，18日飞机到达台北，在台北机场停留加油，再次起飞时失事。鲍斯受重伤，当天在医院去世，年仅49岁。

日本战败后，在东南亚的所有印度国民军军官和士兵都被遣返回了印度。这其中包括在英帕尔战役中被俘的15 000人，1945年9月在马来亚和曼谷投降于英军的7 000人，以及5月至10月陆续回到仰光的约10 000人。最迟到1946年3月所有这些士兵都被遣返回国了。[3] 而仍有上万人在红堡接受审判，这次审判吸引了许多印度人的关注。由于国民军中许多士兵并不是如日军一样的侵略者，他们有自己的爱国信念，因此获得了公众的同情。国大党和穆斯林联盟还在1945年到1946年的独立运动中将此作为政治议题要求释放所有的国民军士兵。在印度国内政局不稳以及受到印度民众的压力下，英国最终释放了所有的被告。

---

① T. R. Sareen, "Subhas Chandra Bose, Japan and British Imperialism," *European Journal of East Asian Studies*, Vol. 3 Issue 1, Mar2004, p.93.

② Gaimusho, *Subasu Chandora Bosu to Nihon*, p.227-8.

③ Joyce Chapman Lebra: *The Indian National Army and Japan*, Singapore: Institute of Southeast Asian Studies, 2008, p.200.

三、小结

印度国民军从组建开始就受到日本军队的控制，在战时，英国嘲笑苏·鲍斯是日本军队的傀儡，当谈及印度国民军时也是非常蔑视。但事实上，在英国的秘密评价中，鲍斯被认为是一个精明的印度爱国者并对英国有很深的仇恨。苏·鲍斯是否是一个傀儡？而国民军是否是一个傀儡部队？其实并不然。苏·鲍斯力图在与日本合作的框架内，在一定范围内坚持自主。他要的是联合，不希望做工具；要的是日本铁拳打击英国统治，绝不愿让日本铁蹄蹂躏印度。他对他的同事说到，如果日本在赢得战争后把印度变为大日本帝国的一部分，印度国民军将会转变他们的目标，将子弹对准在那些试图抢夺我们独立的人的身上。[1]事实证明，苏·鲍斯并不比莫汗·辛格的态度要柔软多少，在涉及印度利益的问题上也从不让步。

而日本是否真正想把印度囊括在自己的"大东亚共荣圈"中，日本并没有明说，而且现在几乎没有任何证明文件表明日本对印度有任何的领土意图。在对日本军官进行审问后，英国也承认征服印度并不是日本的野心之一。[2]但是日本愿意与印度国民军合作有其基本的两个需要：第一，他们的合作在与英国的战争中是必须的，因为无论本地人还是中国人都不值得信任，他们都同情于蒋介石政府；第二，印度人可以提供有关泰缅边境上英印驻军的有价值信息。[3]此外，日本主要想通过印度国民军的宣传从而挑起激烈的反英情绪，策反印缅边境的英属印籍士兵，从内而外的削弱英国的势力。

到最后如何来评价印度国民军和鲍斯，这仍是一个有争议的问题，这关键看站在哪个立场去看待这个问题。西方少数学者仍然认为鲍斯是叛国者，一个法西斯主义者，是日本的一个工具。而许多印度历史家认为鲍斯是一个伟大的民族主义者，但也有些印度历史家认为与轴心国联盟是一个极大的错误。虽然有不同的看法，但有一件事是无可争辩的：鲍斯的所有行动都受到一个信念的影响，那就是把英国的殖民统治从印度驱逐出去。对于他和印度国民军来说，印度独立是最

---

① Kesar Singh Giani, *Indian Independence Movement in East Asia, The Most Authentic Account of the I.N.A. and the Azad Hind Government*, Part II, Lahore: Singh Brother, 1947, pp.13-14.

② The British investigations and interrogations of the Japanese commanders led them to concede that the Japanese had no designs towards India; War Office file no. 208-925.转引自 T. R. Sareen, *Subhas Chandra Bose, Japan and British Imperialism*, p.96.

③ T. R. Sareen, "Subhas Chandra Bose, Japan and British Imperialism," *European Journal of East Asian Studies*, Vol. 3 Issue 1, Mar2004, p.78.

重要的目标，而采取什么样的方式和手段并不是最重要的，即使这些手段和方式会被许多人质疑。

而印度国民军的经验是革命性的，超越单一层面。首先，通过英国人在军事法庭上对印度人的反应的气氛可以看出，作为直接抗击英国殖民统治的国民军取得了部分的成功。其次，作为间接的革命力量，在和日本人的合作下，军事将领得到成功转型，他们变得更加官僚化和政治化，成为日后独立印度的政治精英。

大国复兴的背后——中日关系恶化简述

广东省四会市社科联委员　唐德鑫

近期，在欧美等国的支持下，安倍晋三"右翼势力"成功"修宪"，并于年前修改《防卫计划大纲》和《中期防卫力量整备计划》等条款，扩充军备，一系列危险的举动引发国际舆论哗然。

前言：对日本研究的"两个极端"

反观国内，对日本的观察和研究，学界却存在着"两个极端"。一派消极认为，当前的日本存在严重危机，无力抗衡中国；一派积极认为，当前的日本异常强大，中国很难与之抗衡。"消极派"陈述的事实，包括20世纪90年代以来日本金融危机的延续、股市的低靡、货币金融市场的丧失、日本新生代的"异化"（如对于婚姻、家庭、生育等的拒绝；对漫画、动画、游戏等"ACG产业"的迷恋；对"军国主义""右翼势力"的抗拒等）。日本著名学者加藤嘉一即认为"日本的（经济）寿命只剩下10年的时间"。举例来说，2012年，除印度尼西亚外，10个国家地区的对华出口占比均超过对日出口，1995年他们对日出口无一例外全都占绝对优势。并认为，这样的数据变化体现了日本在将近20年内迅速失去出口优势地位，以及中国的崛起。这种悲观论调在国内也引发诸多学者的"盲从"。此外，认为日本"军国主义"已无复兴的可能，并以其国内"反右翼批判运动"为例，如2004年6月，日本著名知识分子井上厦、梅原猛、大江健三郎、小田实、奥平康弘、加藤周一、泽池久枝、鹤见俊辅、三木睦子等九人创办的"九条会"，核心是反对日本政府修改《日本国宪法》第九条（即安倍晋三所努力修改的原内容：明确规定日本永远放弃战争和武力、禁止国家保有一切军事力量、不承认国家的交战权），代表了国际上的"反法西斯运动"新思潮。这些"消极派"思潮其实都存在一定的盲目性。

而"积极派"认为，当前日本，各方面发展均匀且强大。如2013年数据，世界五百强中日本即占据102个，排名前20位即有：No.9 Mitsubishi 三菱商事、No. 10 Toyota Motor 丰田汽车、No.11 Mitsui 三井物产、No.13 Itochu 伊藤忠商事、No.15

Nippon Telegraph & Telephone 日本电报电话、No.18 Sumitomo 住友商事、No.20 Marubeni 丸红商事等。此外，500强中的丰田、东芝、索尼、松下、三洋、NEC、商船三井、三井造船、新日铁、矿产能源企业等，属于半军工企业，能够在战时迅速生产大量军备品，日本俨然是一个规模庞大的"军工帝国"。中国商务部研究院研究员、日本问题专家唐淳风更是认为，除日本本土国家之外，世界上还存在"118个日本"。这"118个日本"指的即是日本的海外资产和海外产业。据日本财务省2013年统计数据，日本国海外净资产总额为325万亿日元（约3.2万亿美元，而中国2013年海外净资产总额仅为1.91万亿美元），连续23年蝉联全球最大净债权国。"积极派"的思潮，过度吹捧"数据"，忽略了对日本国的"总体性"分析。

笔者并非"国际问题领域"的专业研究人士，本文主要将从历史性的角度，来认识"消极派""积极派"的"过与不及"，并提供中日关系恶化原由的某种独立思考。回顾中日民族关系，自20世纪90年代以来发生了微妙的变化，由缓和转向紧张进而恶化。当前，在中日两国都成为世界"五大中心力量"之一的情况下，两国关系不仅会影响到亚太地区的繁荣与稳定，乃至于会牵动世界格局的走向，对于利益攸关的我们，更是有必要理性地去探讨中日关系问题的症结所在。"前事不忘，后事之师"，共同携手构筑世界的和平与发展大业。

一、中日关系两度低潮期

隋唐以降，中日两国关系密切，交往频繁，日本也恪守着中国朝贡体制及其藩属身份。1592年，丰臣秀吉侵略朝鲜，断绝与明朝关系。明朝末期，倭寇犯边事件频繁，有明一代是中日两国关系陷入僵局的前奏曲。日本明治维新以后，资本主义发展迅猛，但由于国土狭小，资源稀缺，加上畸形的民族心态，"对外扩张"开始从理论过渡到实践。中国由于明末的"海禁"和"闭关锁国"政策，国际地位悄然错位。自1840年鸦片战争后，国家形态逐渐被欧美所肢解。1894年，中日甲午战事爆发，满清整个北洋海军全军覆没。自后《马关条约》中规定了赔款、割让辽东半岛及台湾等事项，日本也开始了对华资本输出，控制中国经济命脉。随后1900年的庚子之役，1915年对华"二十一条"，1931年"九·一八"事变，1937年"卢沟桥事变"等，中日矛盾由局部逐渐升级为战略矛盾、民族矛盾。直到1972年中日建交前，中日关系经历了漫长的低潮期。20世纪90年代以来，出于仇视心态、日美战略考虑和国际反华舆论，中日关系再度恶化。基于复杂的历史纠纷，领海问题，第二次世界大战反思及经济利益冲突、大国干预等，两国再度陷入低潮。

二、内部性因素：日本国家形态

中日文明，一衣带水。日本旧的政治模式、经济体制、文化建构等都存在着被华夏文明同质化的现象。隋唐之际，日本遣隋唐使学习中华文化，开始接受中华文化圈的辐射，如二宫八省制，仿隋官位十二阶，小到宫苑建筑格式，花道、茶道、追求"和静清寂"的审美观等，这些都是在中华文化的影响下沿袭或衍生出的。但由于日本特殊的地理格局及经济模式，它也逐渐形成了自我特色的国家形态，由此也形成了其特殊的"神道教"，它原本是一种"农耕祭礼"文化，但公元7世纪"大化改新"后，它逐渐政治化。

德川幕府时期，神道教与朱熹理学相结合，形成了一套以宣传"天皇至上"的封建思想，并由此衍生成制度。神道教还与本土佛教结合提出了"本地垂迹说"，这既表明日本开始为自身的文化和血缘渲染神秘氛围，也表明日本开始从政治上力图摆脱中国文化的扎根。神道教后来孕育成为一种特有的武士道精神，开始渲染一种超优越民族主义思想，这是一种畸形的民族心态。由于日本由系列群岛组成，又位于亚洲地震带，四面环海，资源稀缺，再加上长期的藩镇割据，大和民族形成一种极高的民族忧患意识和内聚力，所以一旦危机发生，市场萎缩，他们首先想到的是向外扩张，转嫁危机，也由此产生一种极其狭隘的民族心态。以上所述日本的政治、经济、文化结构和民族意识形态，这正是影响中日关系的内部性因素所在，从历史的角度上看，这也带有一定的规律性。

三、外部性因素：国际气候及美国战略

当前中日关系恶化，外部性关系发挥了重要作用。第二次世界大战以后，美国遏制日本，但随着"冷战"来临，美国出于围堵社会主义阵营、防止社会主义"多米诺骨牌"效应、封锁制裁中国大陆、抗衡苏联等目的，美国开始调整亚洲战略，将日本作为反共桥头堡，转而扶植日本。1951年美国通过了对日媾和会议，之后构建了日美安保条约，缔结同盟，并于20世纪90年代中通过了《日美安全保障联合宣言》《日美新防卫合作指针》，并派遣军队建立旨在干涉亚洲事务的军事据点，并逐渐形成了一套集海上预警、侦察、打击的军事系统，确立了新的日

本安全体系，极力遏制中国大陆，并形成了围堵南中国海的琉球第一岛链。所以，中日关系恶化离不开美国的幕后操作（包括其全球战略意图，意识形态反扑，"冷战"思维等）。

另者，虽然20世纪90年代以后，东欧剧变，苏联解体，"冷战"阴霾消散，雅尔塔体系瓦解，而美国也因70年代布雷顿体系瓦解而进行全球战略收缩。尔后，随着"亚非不结盟运动"的展开，南南合作，南北对话，77国集团，石油输出国组织等的成立，虽然一定程度上冲击了霸权主义的淫威，但由于"冷战"掩盖的各种地区冲突愈加明显，特别是近年来朝鲜半岛核危机。随着中国崛起，国际上出现了不满与"东盟地区论坛""上海合作组织"所构建的亚太安全机制，以及日本炮制的"东南亚海域不稳定弧"的政治说法，大肆吹捧其民族主义，企图越出"非核、非准军事武装"的框架，中日关系上升为战略性危机。

四、日本地缘战略及其国家定位

"开拓万里之波涛，布国威于四方"。通过整修一条"帝国生命线"，构建"东亚共荣圈"，这是日本的基本地缘战略目标。

早在江户时代，幕府末年便出现了"海外雄飞论"。明治维新后，新天皇体制确立后，《天皇御笔信》中确立了"大陆政策"，1885年，福泽渝吉提出了"脱亚入欧论"，1887年日政府出台了《讨伐清国策略》。1889年。山县有朋首相提出了海外"主权线"和"利益线"之分，1929年还出台了臭名昭著的"田中奏折"。这表明，日本在经历了"奉还版籍""废藩置县"而建立天后专制以来就确立了"征韩服满蒙"进而"侵世界"的地缘战略构思。这就是何以日本挑衅中国而致日中关系几度恶化的历史原因。

同时，日本人的"皇国史观"，神道教下催化的"武士维权、尚武"的武士精神，以及第二次世界大战时期的天皇权威，忠君信条等，这使得日本的文化主体阶层将日本定位为一个强帝国主义和军事主义色彩的国家，这种带有人道摧毁的劣意识直到今日仍然蔓延在日本政界。

五、当代中日战略大博弈

当代世界国际新秩序正在形成。这些年来，中日角力态势白热化。

在朝鲜战争和越南战争中，日本大发横财。第二次世界大战后，由于日本确立了"科教兴国"的战略，日本经济在20世纪80年代后一跃成为世界"经济巨人"，成为世界性金融、货币、投资、贸易、债权大国。与此同时，它一方面继续与美国构筑"亚洲小北约"，一方面想冲破"不武装中立"的冷战藩篱，谋求建立新的东亚多边安全保障和经济合作机制。与此同时，中国由于改革开放所取得的重大成就，国力渐盛。因而，在历史、发展、安全等问题上势必存在并加深摩擦。

历史问题上，仅在2005年，中日双方就关于第二次世界大战"慰安妇""教科书改编"、靖国神社、钓鱼岛及其海域主权、东海汽油田开发、日方申请联合国理事会员、修改和平宪法和后来提升防卫省等问题而变得异常严峻。历史问题与现实相交织，这导致当今中日关系错综复杂。

小泉时代，小泉纯一郎就通过了三个法案，借反恐之名，开始了海外遣派军队之举。以"东京学派"为代表的右翼势力开始猖獗。

发展问题上，当前日本许多激进国粹主义者的经济学家都主张"经济雁行模式"理论，认为中日经济竞争过程中，中国会不断地超越并最后代替日本的领导地位，这引起了日本政界的极大恐惧，并因而极力渲染"中国势力膨胀论"，并从各方面竭尽所能地遏制中国的崛起。另者，中日间贸易差距巨大，中国获取了较大的利益，这尤其是日本人所不愿意看到的。

安全问题上，由于日本的岛国形态，进口资源都须通过马六甲海峡而进入本土，当前中国国防能力的增强使之惴惴不安，尤其是当今中国载人航天事业的发展、海军现代化进程、北斗星系统的建设和核威慑能力的增强，他们反对西欧对华武器禁运解除，将中国台湾划入其与美国的战区导弹防御体系（TMD军事系统），强化对中国卫星监控、间谍侦查，并借机叫嚣其拥有"集体自卫权"等。在1996年，日本当局还以中国秘密进行核试验为由，实施对华经济制裁，并冻结对华无偿贷款（ODA援助系统）。

由于日本对华的种种偏见和国际"恐华"浪潮、日本政界的错误解读和历史顽固心态下不断走向破坏乃至恶化。

结言：遏制矛盾升级，携手合作共赢

据此，无论是从历史还是现实的角度，我们都有充分的理由敲定中日关系恶化的责任在日方，其根源在于日本基于历史而形成的畸形文化形态和民族心态，国家体制及地缘战略，延续的"冷战"思维和霸权主义势力的怂恿等。作为中国政府及学者，我们也应高度关注日本"军国主义"势力抬头的情况，积极防备、研究和舆论宣传。

其实，中国的国防战略是防御性的，并向来主张"不称霸、不结盟"，自建国以来，前后经过了七次大规模的裁军，在历年的《国防白皮书》上，中国政府都将国家的军事动态、军队开支、战略防御等透明化，并自始至终承诺不对其他国家首先使用原子弹。近些年来，中国政府在积极地推动区域稳定和发展的方面得到国际社会的一致肯定，在朝核问题、苏丹问题等地区和国际事务中扮演了重要角色。中日之间，在贸易、投资、金融、科技和信息交流等方面都存在重要的合作互补关系，在环保、能源等领域都有着广泛的合作空间，在防止大规模杀伤性武器扩散、恐怖主义、跨国犯罪等非传统安全威胁等方面也有着利益性质的存在。

如今，中国国力强盛，被称为"金砖四国"之一，这正说明中日之间有更广阔的合作领域，"前事不忘，后事之师"，这依然是我们坚定的历史观和政治立场。

日本战争暴行的根源：
文化反思和历史回顾

从孔教儒家道德反思南京大屠杀与日本侵华暴行

香港孔教学院院长　汤恩佳

早在公元238年，孔教经典就传到了日本。及后，圣德太子在摄政的30年间（公元593年至622年），尊崇儒家文化，向中国派出了"遣隋使"和留学生，他亲自制定《十七条宪法》，将儒家思想作为官员必须遵守的道德规范。天智天皇（公元662年至671年在位）设置大学寮，即以儒家经典为教科书。自此，日本学校教育都在继承孔教儒学并且取得极好的发展。而说起日本的孔教儒学，更不得不提朱舜水。朱先生为明末清初之大儒，东渡日本，设立学堂，将孔教儒学的精义传播给日本学生，让孔教儒学在日本更加发扬光大。2007年12月30日，日本首相福田康夫来到曲阜参观了孔庙，并发表感言说："产生于2 500多年前的孔子思想，在当今依然具有很大的影响力，闪烁着智慧的光芒，这不能不令人感叹。儒家思想对中国和日本都产生了重要影响，是日中两国文化的共同点。"美国著名史学家赖肖尔说："公开承认自己是'孔孟之徒'的人几乎没有，但在某种意义上来说，几乎一亿日本人都是'孔孟之徒'。"但是，日本侵略者却严重地违背了儒家的道德原则，具体表现在以下诸多方面：

一、日军暴行违背了仁的精神

儒家认为，人的仁爱之心来自于天地之心，即秉承天地之间生生不息的生命精神。《周易·复卦·象传》中有"复见天地之心"之说。复卦有一阳爻出现，意味着万物萌生，显透着生生之意。"天地之心"并不是讲天地中有一个实体的"心"，而是讲天地流行变化所显透出来的生命精神，是天地之大德。《周易.系辞》说："天地之大德曰生。"天地间存在着"生生"之生命精神，万物才得以化生，造就大千世界。"生生"之精神，赋予万物，内在于万物之中，成为万物生长之推动力量。宇宙"生生"之理下贯于人，形成心灵生命中的"仁"之品性。朱子说："仁者，天地生物之心，而人物之所得以为心。"（《朱子语类》九五）

儒家认为，爱的内在根源，就是人具有的仁性。仁是爱的根本，爱是仁的发用："以仁为爱体，爱为仁用"（《论语或问》卷四）。"仁"作为内在的善本质，要通过"觉"的作用而在心灵生命中显发为"爱"。而这种"觉"，乃是心的作用，是生命主体的意识。仁是内涵，借"心"之"觉"而显发。如果没有"觉"，就没有心灵上的不忍与恻隐，"仁"就无法显现，就变成"麻木不仁"。通过"觉"，才能使自己的心灵生命同外物、他人的生命精神互相感通。"觉"还表现为人的主观努力，"仁远乎哉？我欲仁，斯仁至矣。"（《论语·述而》）"为仁由己，而由人乎哉？"（《论语·颜渊》）仁作为爱的根基，存在于爱显现之前，有此根基，爱才有不竭之源泉，若长河源远流长。朱子云："盖仁之为道乃天地生物之心，即物而在。情之未发而此体已具，情之既发，而其用不穷。"（《朱文公文集》六十七，《仁说》）这样的爱才是永恒的、无条件的，这样的爱才具有伦理价值。

"仁"向外产生"润物"的作用，根源是在内的，方向是指向外的。爱之发用，由近至远，必依一定理路，此理路便是血缘或地缘。朱熹在《论语集注》中说："仁主于爱，爱莫大于爱亲，故曰：孝悌也者，其为仁之本欤！"但仁爱并不仅仅是爱自己的亲人，把其他人都排斥在仁爱之外。孔子是把爱亲作为仁爱扩大的基础，他说："能近取譬，可谓仁之方也已。"（《论语·雍也》）孔孟并不是叫人们完全停留在爱亲上，如果仁爱被限定于此，就摧折了仁爱。仁爱的本质就决定了仁爱必然要得到无限的扩大，孟子说："老吾老以及人之老，幼吾幼以及人之幼。"（《孟子·梁惠王》）这就是"善推其所为。"（《孟子·梁惠王》）最终达到的境界是："君子之于物也，爱之而弗仁；于民也，仁之而弗亲。亲亲而仁民，仁民而爱物。"（《孟子·尽心上》）若将仁爱停留于血缘或地缘亲情上，则又会陷入小集体的自私当中。故又有"忠恕"之道，将此爱心推向全人类，推向宇宙万象万物，达到仁者与天地万物为一体的境界："仁者，以天地万物为一体，莫非己也。认得为己，何所不至？若不有诸己，自不与己相干"。（《河南程氏遗书》卷二上）

日本侵华所表现出极端的残忍性、破坏性、残暴性，对生命的罔顾和杀害，对人性、人类尊严以及正义等基本人类准则和国际法的践踏，都是空前绝后的。东京审判对"南京大屠杀"颇为重视，听取来自中国亲历目睹的中外证人十余人（包括贝德士、梅奇、威尔逊医生、许传音、伍长德、梁延芳、秦德纯等）的口头证言并接受了百余件书面证词，最后作出慎重的保守的判决："在日军占领后最初六个星期内，南京及其附近被屠杀的平民和俘虏，总数达20万以上。这种估计并不夸张，这由掩埋队及其他团体所埋尸体达15.5万人的事实就可以证明了。……这个数字还没有将被日军所烧弃了的尸体，投入到长江，或以其他方法处理的尸体在内。"

二、日军暴行违背儒家"仁智统一"

儒家主张仁智并重，仁智统一。《论语·里仁》说："里仁为美，择不处仁，焉得知?"《孟子·离娄上》也说："仁之实，事亲是也；义之实，从兄是也；智之实，知斯二者弗去是也。"孔子和孟子都将以"仁"为核心的道德精神、人文精神同理性认识、科学精神统一起来。仁与智是相互依存的，孔子说："仁者安仁，知者利仁。"《论语·里仁》)有智慧的人，能够明智地行事，能做出有利于仁道的事，同时也能看到仁道的价值。孔子又说："未知，焉得仁"《论语·公冶长》)将智作为践行仁道的重要条件。当然，孔子在这里所讲的智，主要是指道德理性与道德认识，但同时也具有认识客观规律的含义。中国古代有"医儒同道"的说法，中医是科学技术和伦理道德合一的科学，充分体现了仁智相统一的思想。宋代著名大儒范仲淹自谓"不为良相，便为良医"。所以，中国古代就有"仁心仁术"的说法。最能体现仁智相统一思想的理论是内圣外王的理论。内圣是以"仁"为核心的高尚道德品性，而外王则是生命个体对外产生的积极作用，产生利国利民的成果。在现代社会，科学与民主，都首先必须植根于人的道德质量之上，在人的善良动机之下去运用，才有正确的方向；同样，内在的道德质量如果不借助科学与民主向外发生作用，就不可能产生经世济用的效果，就会流于虚玄与空谈。

但是，在日本对华战争中，日本通过对欧美技术的学习，制造了大量的杀人武器，对中国人民进行惨无人道的屠杀。日军七三一部队的罪行，就是将知识与邪恶结合起来的典型，背离了"仁智统一"的原则。七三一部队大量繁殖鼠疫、霍乱、伤寒、炭疽和赤痢等传染细菌，应用于研制杀人武器，并以当时的爱国人士及普通老百姓为对象，采取断水、干热、电击、人血与马血互换、人的肢体互换、冻伤试验等方法，进行惨绝人寰的实验。据中国、日本以及其他国家研究机构估计。从1931年到二战结束的1945年，被731部队残害致死的中国人以及来自俄罗斯、朝鲜和蒙古的战俘多达一万人。在侵华日军进行的细菌战中，遭到屠杀和残害的人至少三十万人。

三、日军暴行背离了东亚价值观

孔子思想的光辉，超越时空，深刻地影响了全球的发展，对人类精神文明作出了不可或缺的贡献。孔子是人类历史上最伟大的思想家，儒家学说的创始人，是孔教的创教教主，是中华民族的精神导师，集中华文化之大成，整理《诗》《书》《礼》《乐》《易》《春秋》等六经，并将中华文化的精华浓缩在《论语》一书里。孔子建立起人类思想最完整的体系，主张"仁者爱人"，倡导"仁、义、礼、智、信"五种基本道德，在人类历史上首次建立了有系统的道德理论。在人际关系中主张"以德服人"，在社会生活中主张"为政以德"，在自己的生活中身体力行。

孔子是人类历史上最早的人本主义思想家。孔子尊重人的生命，重视人的价值及人伦道德。人的生存、价值、尊严、教育，以至家庭和社会组织成了儒学一贯关心的课题。儒学明确断言，管理、治理的核心是人，管理的主体和客体都是人。以性善论为基础的人性管理模式，充分体现了儒家管理思想的人本主义性质。孟子认为，人具有先天的"善端"，即善的萌芽，人的善端表现出来就有善心和善德。人所具有的这种善德是人从事一切有利于社会行为的内在依据。"仁者爱人"，是孔子关于"仁"的最本质的概括。儒家认为治国以民为本，因此，施仁政就必须"修己以安人，修己以安百姓"，孔子认为"修己"是手段，"安人"才是目的，这说明仁政的实质应为天下百姓谋求利益。

孔教儒学是人类精神文明的宝贵遗产，载负着人类最完善的精神价值体系，在经济全球化的今天，仍然是人类精神文明建设的基础。我们应当弘扬儒学，通过文明对话、交流与传播，使之成为全球人类精神文明的重要组成部分。《论语》就是全人类的圣经，《论语》中的许多至理名言，诸如："和为贵""和而不同""仁者爱人""己欲立而立人，己欲立而立人""己所不欲，勿施于人"等等，成为中国乃至全人类共同的道德信条。

《孙子兵法》将"仁"与"勇"并列为将帅的品质。但是，侵华日军的将帅背离了"仁"，极端残暴。"南京大屠杀"时期的侵华日军最高统帅松井石根大将，于战后经东京审判以"南京大屠杀"罪行责任，与东条英机等七人被处绞刑。松井于1937年12月7日发出"南京城攻略要领"之作战命令：即使守军和平开城，日军入城后也要分别"扫荡"。松井石根在东京巢鸭监狱受押待刑之际，向花山信胜教授忏悔说："南京事件，可耻之极。……在日俄战争期间，我以大尉身份参战，别说对中国人，就是对俄国人，日军在俘虏处置问题以及其他方面都处理得很好，而这次却做不到这一点。"

道德最需要"知耻"，但是，日本侵略者将却将"耻"字与邪恶的行为连结起来，完全去除了耻的道德内涵，他们竟然是以杀人少为耻，以杀人多为荣。世人多熟知的两位"杀人竞赛"日军向井敏及野田岩两少尉在入句容县城（距南京20公里）时即分别杀死我无辜平民78和89人，当两位抵达南京城外紫金山时，已分别杀至105和106人之数，但两人相约杀至150人为止。这两位"杀人魔鬼"的竞赛为东京报纸所赞扬，称之为勇士。但"杀人竞赛"之主凶为田中军吉大尉，以其"宝刀"砍死中国人300余人，惜尚未为世人所周知。

儒教就是孔子贡献给人类的精神珍品。儒教是属于全人类的，因为，儒教是最符合人性的宗教，因而可以超越国界，超越时空，超越民族，成为全人类宝贵的精神财富。孔子儒家思想"和而不同"的原则，不强求各种文化在内容上和形式上的相同，而是承认各种文化在内容上和形式上的各自具有不同的特色，只要坚持"和为贵"的原则，采取宽容的态度，就能保护和发展世界各族人民的民族文化，避免世界文化的单一化和平面化，按照"和实生物"的原理，达致世界多元文化共存共荣。

我们提倡"和而不同"的精神，目的是要解决当今世界的各种矛盾冲突，发挥它在维护民族团结，促进世界和平的重大作用。在地球村里，任何一个民族的利益都不能离开人类的共同利益。当今世界的政治、经济、生态的发展都是全球性的，人类在互爱中共存，在互仇中俱损。发达国家与发展中国家，都要互相依赖。同样道理，同一地区相近或相邻的各国各族之间，也是共同利益大于它们之间的分歧与矛盾。和则两利，斗则两伤。真正为本民族利益着想的人，必定是主张睦邻友好的人。冤家宜解不宜结，历史的纷争只能通过谈判、妥协、谅解来解决，而不能诉诸武力。历史大儒张载说过："仇必和而解"。离开此理，仇恨解决永无出路。

改革开放政策，使中国在三十多年间迅速繁荣富强起来。当今中国领导人尊重孔子儒家，尊重历史文化，是好的国家领导人。孔教是联合国十三个传统宗教之一，当前外教在大陆迅速发展，孔教仍未恢复原有的宗教地位。外教在香港的强大，正是反映了香港在软实力方面的不足，这是一个很突出的例子。只有儒释道三教联合起来，共同与外教竞争，才能取得胜利，这是当务之急。

中日全面战争初期日军的暴行与日本的侵华战略

云南红河学院人文学院　范德伟[①]

摘要：在中日全面战争初期，日军在中国的暴行累累，罄竹难书，其中最臭名昭著的就是南京大屠杀。日军的暴行，是日本的侵华战略指导下的必然结果。日本在战略上故意将对中国的侵略战争说成是"膺惩中国"，使其暴行"正义化"，又造成了日军以之逃避战争法规约束的认识。在遇到中国顽强抵抗时，日本又提出了"摧毁中国战斗意志"的战略，据此，作战之外的暴行，也顺利成了达成其战略目标的手段。

关键词：中日战争；日军暴行；日本侵华战略；"膺惩中国"；"摧毁中国战斗意志"

中日全面战争初期，是指从1937年7月7日的卢沟桥事变到1938年1月日本发表"不以国民政府为对手"声明的时期。在这一时期，日军在中国的暴行累累，罄竹难书，其中最臭名昭著的就是南京大屠杀。对于日军暴行的原因，学术界主要集中在对南京大屠杀原因的剖析，涉及日本的军事预谋、方针、命令、文化心理、精神构造、无视国际法、蔑视和憎恶中国人、军纪败坏、为保证进入南京的日本皇族安全、军官的个人野心、官兵的行为变态等诸多方面。[②]这些剖析，从不同层面为人们解读了日军暴行的诸多为什么，挖掘出了导致日军暴行中相同或不同情况的多种因素。除了这些因素，笔者以为，还需要考虑日本侵华战争与日军暴行之间存在的微妙关系。按照国际法，战争是国家的手段，也就是说战争并不

---

① 作者简介：范德伟，云南省红河学院人文学院教授，主要从事中国近现代史的教学和研究。

② 相关研究论文主要有：孙宅巍：《南京大屠杀与日军的预谋》，《江海学刊》，1994年第4期；孙宅巍：《南京大屠杀原因探索》，《东南文化》，1995年第3期；刘燕军：《侵华日军南京大屠杀暴行之文化心理分析》，《南京社会科学》，1995年第8期；王卫星：《南京大屠杀期间日军官兵心态探究》，《民国档案》，1997年第4期；姜良芹：《南京大屠杀的直接动因》，《江西师范大学学报》，1999年第2期；程兆奇：《无惧地剖析日本人的精神世界——读〈南京大屠杀与日本人的精神构造〉》，《抗日战争研究》，2000年第4期；章伯锋：《日本为什么不反省战争罪责——从两部日本学者的专著谈起》，《抗日战争研究》，2000年第4期；等。相关研究著作主要有：张宪文主编：《南京大屠杀全史》，南京大学出版社，2012年版；[日]江口圭一著，周启乾、刘锦明译：《日本帝国主义史研究：以侵华战争为中心》，北京：世界知识出版社，2002年版；[美]张纯如著，孙英春等译：《南京暴行——被遗忘的大屠杀》，北京：东方出版社，1998年；等。相关研究综述，见李蓉：《侵华日军暴行研究概述》，《南京社会科学》，1995年第6期；郭德宏、陈亚杰、胡询元：《近10年关于日军侵华罪行和遗留问题研究综述》，《安徽史学》，2006年第1期；等。

代表暴行，但日本侵华战争与日军暴行之间，却有着某种必然的关联，因为日军暴行，是在日本侵华的战略指导下的自然结果。

本文意在分析在全面战争初期，日本"膺惩中国"和"摧毁中国战斗意志"的侵华战略，是如何导致日军暴行的。不妥之处，敬请大家斧正。

一、日军暴行与日本"膺惩中国"的战略

膺惩，意思是讨伐和惩罚，这是日本军人的一个常用词，而且常用于指向他们宣扬的"暴戾的支那"，形成日本士兵中"暴支膺惩"的情结。在日本NHK制作的纪录片《日中战争扩大化的真相》中，便有日军老兵在日记中说，看到同乡战友阵亡，顿时眼圈发热，悲愤填膺，暴支膺惩的声音刻骨铭心。也就是说，膺惩有着激发日军对中国的仇视、使之满怀惩罚中国斗志的作用。

膺惩中国的意识，是日本通过长期宣传而在其军人中普遍形成的共识。从"九一八事变"前"用武力膺惩张学良"①的呼喊，到"七七事变"发生，日军膺惩之声不绝于耳。1937年7月10至11日，日本政府讨论解决卢沟桥事变决定增兵时，其欲趁机解决华北"分治"的意图，从他们悄然将"卢沟桥事变"改称"华北事变"已可管窥。但他们将出兵的借口说成是护侨，宣称在华北"各地的日本官员和日侨又经常蒙受暴行和侮辱，生命财产濒于危殆"，"因此，为了从速救援，扫除祸根，应先向华北方面派遣必要兵力。"②但在其军令部7月12日确定的对华战争秘密计划中，已提出要"根据情况采取局部战、空战、封锁战，在最短期内达到保护侨民及惩罚中国之目的。"③再次提出了出兵是为惩罚中国的说辞。到"八一三事变"后，日本政府于8月15日发表的声明称："为膺惩中国军之暴戾，促使南京政府反省，今已不得不采取断然措施。"④日本的膺惩中国的战略至此完全形成。

日本在战略上故意将对中国的侵略战争说成是"膺惩战争"，其战略的最大意义就在于将其侵略战争转义为"复仇与正义"之战。作为战争动员，此战略可以激发其军民的斗志，但"膺惩"无疑是在鼓动日军向中国军民施暴，其所导致

① 张魁堂：《张学良传》，北京：东方出版社，1991年版，第75页。
② 日本防卫厅研究所战史室编，田琪之译：《中国事变陆军作战史》第1卷第1分册，中华书局，1979年版，第142页。
③ 《中国事变陆军作战史》第1卷第1分册，第168页。
④ 天津市政协编译委员会摘译：《日本帝国主义侵华资料长编——大本营陆军部摘译》上册，成都：四川人民出版社，1987年版，第345页。

的恶果却很快显现出来。

第一个恶果是使日军的所有暴行，在膺惩之下变成了"正义"的"圣战"行为，使施暴者没有了人道上的罪恶感。虽然日本曾有过声明只是"膺惩中国军"，但到日本士兵已经变成"暴支膺惩"的情结。"暴支膺惩"，无疑是将膺惩扩大及于中国民众。再加上日军在战场上遭到中国顽强抵抗而伤亡比预期的惨重，很容易将报复行为转移到他们蔑视、仇恨的中国人身上。还有，日军侵华早已形成抢掠的传统。早在甲午战争时，被认为是"日本近代最重要的启蒙思想家"的福泽谕吉，就明目张胆地号召肆无忌惮地抢掠中国财富，让日军将"目中之所及，皆为战利品。务要刮尽北京城中金银财宝，无论是官是民"。[1] 现在"膺惩中国"，日本官兵自然也当做一次发财良机。这些因素结合在一起，日军对普通民众便多有奸淫掳掠之暴行，并可随意给受害的中国民众安上一个"抗日""仇日"的罪名。例如，据上海的名医陈传仁回忆，日军在淞沪会战中遭到了出乎意料的顽强抵抗，在攻下吴淞炮台后，即开入邻近的宝山镇，"大肆强暴、奸淫掳掠，无所不为"，"不少人被指为抗日分子，遭拘捕到监狱去，受尽拷打"，"至于在街道上，见到日军，一定要作九十度鞠躬，否则枪柄就打头上来，同时皮靴乱踢，被踢伤的人不知其数。日军奸淫掳掠，无日无之。"[2] 在"暴支膺惩"的口号中，日军将同样的暴行，加诸于他们所到的其他地方，只是程度有差异罢了。

第二个恶果是使日军借以逃避战争法规的约束。在许多日本人看来，因为没有宣战，出兵中国的"膺惩"并非真正的战争，只是为处理"事变"。假事变之名进行战争，一方面是日军"很少有人感到日本已在事实上卷入了战争"，形成"认为中国问题总是可以用恫吓的老办法来解决的错觉"[3]；另一方面也让日军认为，既然不是战争，也就不需要受国际战争法规的约束。按照他们的一贯说辞，不是辩护自己并未违反国际法，就说是国际法对其所为之行为并未限制。如此一来，日军以为可以规避国际法约束而为所欲为，施暴者没有了法理上的罪恶感，各种暴行层出不断。

第三个恶果是使日军认为膺惩战争只是短暂行为，日本参谋本部确定的"制

---

① 转引自2008年07月25日《环球时报》所载之《福泽谕吉：脱亚入欧 只为吞噬中国》一文，http://news.ifeng.com/history/special/jiawuji/news/200807/0725_4150_675003.shtml。

② 陈存仁：《抗战时代生活史》，上海人民出版社，2001年版，第24页。

③ ［日］今井武夫：《支那事变回忆录》，第97页，转引自［美］约翰·亨特·博伊尔著，陈体芳等译：《中日战争时期的通敌内幕（1937—1945）》上册，北京：商务印书馆，1978年版，第74页。

令线"，即日军作战的界线，某种程度上也强化了战争是短期行为的认识。例如，上海派遣军中的大多数人，都以为攻占上海，推进到制令线规定的嘉兴—苏州一线，战争就能够结束，他们就能够回家。如果空手而归，成何体统？因此，掳掠奸淫，以及杀害敢于反抗的中国人，成为这一时期日军主要的暴行。但华中日军能够回家的梦，随着进攻南京命令的下达而破灭。按日军士兵的说法，"历经四个月的上海之战一结束，下级军官便松了一口气。都很高兴（因此而能活着返回国内）。……可是，就在这样高兴的时候，却传说，与此情况相反，又将开始新的作战，这使坚信自己已获凯旋的士兵十分沮丧。……从这时起，士兵就显著放荡起来"，"便把愤懑发泄到比军队处在更为弱势地位的对手国的民众身上。"①这种发泄，便是在南京的大屠杀。

可以看出，日本将侵略中国的战争确定为"膺惩"，强调惩罚中国的"暴戾"，是将中国的独立自主、抗日活动、不服从不顺从日本统治当做"暴戾"，然后明目张胆的以其残暴来制所谓的中国"暴戾"。而且，日本以"膺惩"作为其武力动员的借口，宣称出兵中国只是处理"事变"，而不是战争，如此一来，日军以为可以规避国际法约束而为所欲为，各种暴行层出不断。日军暴行，是日本"膺惩中国"战略必然导致的行为。

二、日军暴行与日本"摧毁中国战斗意志"的战略

如果说"暴支膺惩"即"膺惩中国"的战略是作为其侵略中国战争的开端，那么，"摧毁中国战斗意志"的战略，即迫使中国屈服，便是其侵略中国战争的目标。

卢沟桥事变后，日本陆相杉山元大将为代表的一派主张"对华一击"，认为"大约用一个月"就可以解决事变，有的军官甚至说："国内动员的声势，或者满载兵员的列车一通过山海关，中国方面就会屈服。"②还有的说："日本一进行动员认为就必须登陆，所以采取了慎重方案，其实只要将船开到塘沽附近，即使不登陆，北京也好，天津也好，将会投降。"③他们的想法，是借卢沟桥事变使华北成为第二个"满洲国"，因此他们把华北会战作为"关键的一战"，"以平定华北主要地区促使南京政府反省，即可打开政治妥协的局面，不出两个月乃至半年，此种

---

① 转引自［日］江口圭一著，周启乾、刘锦明译：《日本帝国主义史研究：以侵华战争为中心》，北京：世界知识出版社，2002年版，第278~279页。
② 转引自［日］信夫清三郎：《日本外交史》下册，商务印书馆，1980年版，第618~619页。
③ 《日本帝国主义侵华资料长编——大本营陆军部摘译》上册，第298页。

局势可望到来"。①

但日本解决"华北事变"以蚕食华北的阴谋，被"八一三事变"所打破。中国的战略是变日本对中国的"蚕食"为"鲸吞"，以上海事变为契机发动全面抗战。这令日本决策层大感意外和不安。按他们自己的说法，一是"全面对华战争的爆发，实出于意料之外。"②二是"中国军的抗战意志和步兵的战斗力，完全超出三宅坂（即陆军省部）的预料"。③在这两方面的意料之外的情况下，摧毁中国的战斗意志、迫使中国政府屈服，就成为日本最迫切的战略目标。8月21日，日本陆海军统帅部两总长晋谒日皇时奏称："采取措施使中国丧失战斗意志，痛感坚持抗战之不利，然后光明正大地以最低条件造成和平局面。"④这是日本"摧毁中国战斗意志"战略的正式提出。那么，日本设想的摧毁中国的战斗意志要采取什么措施呢？简单说，就是制造战争恐怖，无区别的空袭，大规模的杀戮乃至不惜一切手段，为的都是造成战争恐怖。

先看日军的无区别空袭。在说明"认为能使中国丧失战斗意志的各项措施"时，晋谒日皇的日本陆海军统帅部两总长，强调了使用航空兵摧毁中国空军，"并且反复攻击其重要军事设施、军需工业中心及政治中心等，以使敌国军队及国民丧失战斗意志"的重要性⑤。在此，已把通过空袭、轰炸制造的战争暴行和恐怖，作为摧毁中国军民战斗意志的战略措施。后来，日华中派遣军参谋长在一封信中进一步明确说："陆军航空队对（中国）内地重要地点进行攻击，为的是威吓敌军及人民，使其酝酿厌战与和平的倾向。对于内地进攻作战所期望的效果，与其说为直接给与敌军及军事设施的物资损失，勿宁是给与敌军及一般民众的精神威胁。我们所期待的是他们因恐怖过甚，终至激发为反战运动。"⑥对中国城乡实施无区别的空袭、轰炸，是日军主要的暴行之一。

再看大规模的杀戮，按日本的说法是彻底消灭中国军。1937年9月5日，日本首相近卫文麿发表演说称："今日帝国可能采取之手段，只有彻底打击中国军，使之丧失战斗意志。"⑦同日，广田外相亦有演说称："我国为了使这种国家反省它

---

① 《日本帝国主义侵华资料长编——大本营陆军部摘译》上册，第354～355、356页。

② ［日］堀场一雄：《日本对华战争指导史》，北京军事科学出版社，1988年，第52页。

③ 《日本帝国主义侵华资料长编——大本营陆军部摘译》上册，第371页。

④ 日本防卫厅研究所战史室编，田琪之译：《中国事变陆军作战史》第1卷第2分册，中华书局，1979年版，第19页。

⑤ 《中国事变陆军作战史》第1卷第2分册，第19页。

⑥ 转引自张笑林译：《远东国际军事法庭判决书》，北京：群众出版社，1986年版，第480页。

⑦ 《日本帝国主义侵华资料长编——大本营陆军部摘译》上册，第357页。

的错误（应读为要求中国投降），而决心予以决定性的打击。日本帝国所能采取的唯一的出路，就是使中国军队完全丧失战斗意志，而予以上述的打击。"[1]在此，近卫提出了"彻底打击"，广田提出了"决定性打击"，但他们没有说明什么是"彻底打击"或"决定性打击"。就前方军队而言，可以想见，没有比肉体消灭更彻底的了。屠杀战俘正是肉体消灭的手段。9月24日，一个在华北的日本将官便对外国记者说：日本军队的军事目标与其说是为了占领土地，勿宁说是为了歼灭、破坏和杀戮中国军队。[2]在攻略南京时日军下达的不留战俘的命令，即"基本上不实行俘虏政策，决定采取全部消灭的方针"[3]，正与此精神相符。换句话说，近卫、广田的讲话，对日军屠杀战俘，起到了加以承认、指导和鼓励的作用。

　　第三来说说日本为达目标不惜一切手段的做法。为达到摧毁中国战斗意志的目标，日本的战争决策层很快就发展到可以不惜一切手段的程度，反映在12月1日的方针中，就是明目张胆提出的所谓"在战争指导上采取一切措施促进战争的结束"[4]。在这样情况下，无区别的空袭、屠杀战俘、屠杀平民、奸淫掳掠等诸多日军暴行，均可顺理成章地成为结束战争的措施。因为，这些暴行所造成的战争恐怖，对打击中国军民的抗战意志，均发挥着作用。在历史上，蒙古人和满人征服中国，也是使用大屠杀等暴行来完成的。南京大屠杀正是在这样的情况下发生的。

　　可以看出，"摧毁中国战斗意志"是一种以迫使中国政府屈服的目标，同时也意味着可以采取毫无节制的手段的战略手段。

三、反思与结论

　　在卢沟桥事变后，日本侵华战略，在最初的表述中，没有使用"征服"的字眼，而是反反复复强调"膺惩中国"和"挫伤敌人战斗意志"，借以掩盖其欲使华北分治成为第二个"满洲国"，"并于华北、华中和华南各方面，分别进行促使其更加分裂之施策"[5]的一贯方针。前者的表述，是做战略动员，将日军的侵华战争，转义为出于正义的复仇之战；后者的表述，是将战略目标的达成，寄希望于中国

---

[1]　张笑林译：《远东国际军事法庭判决书》，北京：群众出版社，1986年版，第339页。
[2]　张笑林译：《远东国际军事法庭判决书》，北京：群众出版社，1986年版，第339页。
[3]　《中岛今朝吾日记》，王卫星编：《日军官兵日记》，收入张宪文主编：《南京大屠杀史料集》8，南京：江苏人民出版社，2005年版，第280页。
[4]　［日］堀场一雄：《日本对华战争指导史》，北京军事科学出版社，1988年版，第83页。
[5]　《日本帝国主义侵华资料长编——大本营陆军部摘译》上册，1987年版，第229~230页。

政府的屈服。

在这样的战略下，日本用兵中国，表面上不是以攻城略地为主要目标，而是以迫使中国政府屈服、接受其条件为目标。这就造成其战略目标是直接指向他们眼中不愿意臣服的中国人，而不是一般战争中的先要争夺的天时地利。由于中日两国的国力悬殊，日本决策层是以通过武力威吓中国就会很快屈服来作出其膺惩战略的。当国民政府表示其坚决的抗日态度时，日军将作战作为膺惩的手段，同时也将作战之外的暴行也作为膺惩的手段。当日本决策层又确定摧毁中国战斗意志时，日军的这些手段也同样可以作为挫伤中国战斗意志的行动。因此，在战后审判日本战犯做出的《远东国际军事法庭判决书》中，才有这样的说法："日军的首脑者认为这个战争是'膺惩战'，因为中国人民不承认日本民族的优越性和领导地位，拒绝与日本合作，所以为惩罚中国人民而作战。由于这个战争所引起的一切结果，都是非常残酷和野蛮的，日军首脑者的意图是要摧毁中国人民的抵抗意志。"①

日本的"膺惩中国"战略和"摧毁中国战斗意志"的战略，到1938年1月开始发生转变，其标志是1月16日日本首相近卫文磨发表的第一次对华声明，宣布"不以国民政府为对手"。这是其御前会议在1月11日作出的决定，该决定称："如中国现中央政府不来求和，则今后帝国不以此政府为解决事变的对手，将扶助建立新的中国政权，与此政权签订调整两国邦交关系的协定，协助新生的中国的建设。对于中国现中央政府，帝国采取的政策是设法使其崩溃，或使它归并于新的中央政权。"②日本等于承认其"摧毁中国战斗意志"、迫使中国政府屈服的战略已经失败。1938年6月，近卫首相的智囊团昭和研究会提交的报告，更进一步提出"对国民政府，必须以击溃为根本方针，明确除此以外别无有效的解决办法"③。7月，日本五相会议正式确定了对中国的新方针为"为了使敌人丧失抗战能力，并推翻中国现中央政府，使蒋介石垮台"④。至此，日本不得不彻底放弃"膺惩"和"摧毁中国战斗意志"的旧战略。

① 张笑林译：《远东国际军事法庭判决书》，北京：群众出版社，1986年版，第479页。
② 御前会议决定：《处理中国事变的根本方针》（1938年1月11日），复旦大学历史系日本史组编译：《日本帝国主义对外侵略史料选编》，上海人民出版社，1975年版，第258页。
③ 昭和研究会中国问题研究所：《关于处理中国事变的根本办法》（1938年6月），《日本帝国主义对外侵略史料选编》，第262页。
④ 《适应时局的对中国的谋略》（1938年7月12日），《日本帝国主义对外侵略史料选编》，第269页。

海外华侨社会的抗日活动简析

暨南大学华侨华人研究院　石沧金

　　1937年"七·七事变"发生，抗日战争全面爆发后，海外华侨社会掀起了波澜壮阔的爱国救亡运动。广大海外华侨具有反帝爱国的光荣传统，他们继支援辛亥革命后掀起了以抗日救国为中心的轰轰烈烈的第二次爱国高潮。他们踊跃捐款献物，络绎不绝地回国杀敌，坚决反对妥协投降，积极开展国际援华活动，配合祖国抗战。

一、海外华侨无私捐款捐物支援祖国抗战

　　根据国民政府侨务委员会委员长陈树人统计，从1937年至1940年初，华侨为祖国抗战捐献的各种物品总数达3万批以上，平均每月100批左右。华侨的物资捐献，从飞机、坦克、各种车辆到被褥毛毯、冬夏服装，乃至各类药品、金银首饰，甚至献出自己的热血救死扶伤。可谓品种齐全，方式多样。[1]

　　早在1937年"七·七事变"发生后，马来亚华侨的抗日救国运动就冲破英国殖民当局的禁阻，迅速开展起来。7月18日，柔佛州华侨救济祖国难民总会正式成立。[2]从8月9日始，新加坡中华总商会发起抵制日货运动。"八·一三事变"爆发后，进一步激发华侨抗日救国运动的高涨，马来亚各地相继成立各级筹赈会（筹赈祖国伤兵难民大会的简称）。据不完全统计，新加坡先后设了200多个分支会[3]，马来亚其他各地的筹赈会也多达207个[4]。

　　1938年10月10日，南洋华侨筹赈祖国难民代表大会在新加坡隆重召开。出席大会的南洋各地168名代表中，新加坡、马来亚的代表97人。[5]大会决定成立"南洋华侨筹赈祖国难民总会"（简称"南侨总会"）。南侨总会的成立促进了南洋华侨在抗战时的空前大团结，"不特各属筹款机关，可密切联系，而冶于一炉，

---

①　任贵祥：《华侨与中国民族民主革命》，中央编译出版社，2006年版，第335页。
②　许云樵等编：《新马华人抗日史料1937—1945》，新加坡：文史出版私人有限公司，1984年版，第74页。
③　黄奕欢：《赤子丹心照汗青》，见中国人民政治协商会议全国委员会、文史资料研究委员会合编：《回忆 陈嘉庚》，北京：文史资料出版社，1984年版，第67～80页。
④　许秀聪："星马华族对日本的经济制裁"，柯木林等编：《新加坡华族史论集》，新加坡：南洋大学毕业生协会，1972年版。
⑤　傅无闷编：《南洋年鉴》，新加坡：南洋商报社，1939年版，辰部第166～167页。

即全南洋八百万侨胞，亦可精神团结，而化为一体"。① 正是在筹赈会的争取下，认同于居住地的海峡侨生成立了"新加坡海峡华人筹赈会"②。

总体来看，在马来亚华侨社会的努力下，筹赈活动取得了巨大的成就。从1938年10月至1940年12月，马来亚华侨原定每月认捐国币1 361 000元，但实际上每月捐款3 412 000元，合计88 743 000元，约占同期东南亚华侨捐款总数的60%，其贡献居于东南亚华侨之首。

以筹赈会为最高领导组织，在各种抗日救国组织的领导下，马来亚华侨的抗日救国运动日益高涨。

菲律宾华侨也成立了以侨领李清泉为首的，在全菲各地建立分支机构35处，会员有4 000多人。至另3年，旅菲华侨捐献购机款达300万元，购买飞机30架捐给19路军，其中李清泉自己捐献1架。卢沟桥事变后，在中国航空袭设协会马尼拉分会及各救国团体的发动下，全菲华侨掀起向祖国捐献飞机的高潮。马尼拉华侨铁商会、木商会、杂品商会、屠宰商会及其他13溜的华侨都开展捐款献机活动。华侨妇女捐"妇女号"飞机1架，小杂货店员捐机1架，屠宰业华侨献机1架，连侨校学生也捐"学生号"1架。至1941年底，全菲华侨捐机款约500万元，可购飞机50架。其爱国义举得到国民政府褒奖。③

美国、加拿大侨胞也积极为祖国抗战捐献各种车辆。加拿大温哥华侨胞曾发起"坦克车救国大运动"。1939年元旦，纽约侨胞举行"百辆救护车运动大会"，参加游行者达万余人，历时4小时，募得美金2万多元购车。至1940年，美洲侨胞捐献救护车200多辆，其中纽约华侨一次捐献百余辆。抗战胜利前夕，旧金山2万多名华侨购买公债7.5万元为祖国购买车辆。④

为祖国抗战军民捐献冬夏服装，是战时华侨物资捐献的一项重要内容。1939年9月下旬，宋美龄以全国妇女慰劳会的名义致电南侨总会主席陈嘉庚，希望南洋华侨为国内抗战将士募捐棉大衣30万件、棉背心20万件。陈嘉庚收到电报后，立即发布《南洋华侨筹赈祖国难民总会通告第二四号》，指出："值此严冬候届，将士无衣，忍冻受寒，辛勤为国，实堪轸念"，望"我各属各埠筹赈团体，

---

① 陈嘉庚：《南侨回忆录》，新加坡：怡和轩，1946年版，第56～58页。

② C.F.Yong, Tan Kah-Kee: the Making of an Overseas Chinese Legend, Singapore: Oxford University Press, 1987, p.221.

③ 华侨革命史编纂委员会编纂：《华侨革命史》（下册），台湾正中书局，1983年版，第696页。

④ 任贵祥：《华侨与中国民族民主革命》，中央编译出版社，2006年版，第335页。

热心侨胞踊跃响应。"[①]通告对南洋各侨居国华侨的捐献数额作了分配。各地华侨筹赈团体接到通告后，迅速行动起来，广泛动员，深入发动，仅月余即募捐500多万元，超额完成任务。各地捐衣数额如下：新马12万，婆罗洲2万，缅甸1万，印度尼西亚6万，菲律宾4万，越南1万，泰国2万，中国香港2万。

为救助因抗战受伤的祖国将士民众，海外侨胞一面组织医疗救护队回国救护伤员，一面在侨居地为祖国捐款购药，解决战争急需的各种药品。金鸡纳霜（即奎宁）是产于印度尼西亚治疗疟疾的特效药。印度尼西亚华侨得知国内各地疟疾流行，遂多次捐献这种药品。1937年下半年，印度尼西亚华侨即募捐金鸡纳霜1 900万粒，此后爪哇华侨又捐5 000万粒。1940年，"巴达维亚华侨捐助祖国慈善事业委员会"捐献奎宁丸1 300万大粒，并代印度尼西亚其他各地华侨慈善会购运1 900万大粒。当年春，该会致函全国慰劳总会说："荷属侨胞深知国难严重，继续捐款，努力不懈，前以祖国时届春夏之交，瘟疾流行，战区军民，需用奎宁丸为数甚巨，经发起捐购奎宁丸药品运动，各埠同侨，闻风响应，纷将寄由本会代购寄付。"[②]1941年10月，该会再捐金鸡纳霜2 895万粒，可供130万人服用。据初步统计，印度尼西亚华侨在抗战期间共捐金鸡纳霜约1亿多粒，够500万人服用。基本解除了我国抗战时治疗疟疾及防止其传播的困扰。

抗战时，海外华侨社会还进行了广泛、深入的捐款活动。华侨捐款持续的时间长，人数多，数量大，范围广。华侨为祖国抗战的捐款从"九·一八事变"时开始，一直持续到抗战胜利，长达14年。当时，全世界共有约800万华侨，其中有400万人曾为祖国抗战捐款，占华侨总人数的一半。据当时国民政府财政部统计，整个抗战期间华侨捐款总数为国币1 322 592 652元。[③]

抗日战争爆发不久，国民政府成立了战时公债劝募委员会。随后向海内外发行大批救国公债、国防公债等，号召和发动国内外各界为抗战购买公债。广大华侨积极响应祖国政府的号召，在踊跃捐款的同时，掀起了广泛的购债运动。整个抗战期间，国民政府发行6期公债，总额约达30亿元。政府每次发行公债，华侨都踊跃认购，且认购数额相当巨大。如，1937—1939年，华侨认购的各种公债包括：救国公债51 150 346元，国防公债6 265 138元，金公债2 915 880元又22 924

① 陈嘉庚：《南侨回忆录》，第128～129页。
② 《荷属侨胞捐大量奎宁丸慰劳总会复电致谢》，《中央日报》，1940年6月1日。
③ 参见《华侨革命史》（下册），第705～706页。

金镑；[①]至1942年，华侨购债总额为11亿元。[②]按1942年华侨购债额算，占国民政府发行公债总数1/3多。不难看出其数量和比重之大。

二、华侨回国投身抗日战场

在美国，旧金山、波特兰、纽约、洛杉矶、芝加哥、底特律、匹兹堡、波士顿、凤凰城等地的华侨建立了航空学校或航空组织，为祖国抗战培养一批飞行人员。仅波特兰美美洲华侨航空学校和旧金山美中华航空学校就为中国抗战培育输送了110名青年。

华侨亲身效命祖国抗战，更可歌可泣的是南侨机工的事迹。

华北、华中和东南大部分沦于日寇魔爪后，我国对外的水陆交通大部分被截断，滇缅公路成为运送援华物资的交通命脉。但当时中国国内奇缺驾驶技术熟练的司机。从1939年2月18日开始，陈嘉庚领导的南侨总会先后组织15批3 192人南洋华侨机工回国，投身在滇缅公路上为抗战运输各种物资的光荣任务。这些华侨机工为祖国抗战的胜利作出了巨大的贡献。陈嘉庚曾赞扬他们："自愿抛去原有的优美生活以及父母妻子"，"均系抱抗战热情而来，可以说没有一个是无工作无办法借此返国而求生活着"。[③]

为了永久纪念南侨机工抗日救国的光辉事迹，在1989年5月，即南侨机工回国参战五十周年之际，云南省人民政府在昆明滇池之滨竖立一座气势磅礴的"南洋华侨机工抗日纪念碑"，碑座正面撰刻着"赤子功勋"四个大字。碑文中赞颂了南洋华侨机工的丰功伟绩：

南侨机工沐雨栉风，披星戴月，历尽千难万险，确保了这条抗日生命线的畅通，被誉为"粉碎敌人封锁战略的急先锋"。在执行任务中，有一千多人因战火、车祸和疫痔为国捐躯……他们以自己的生命、鲜血和汗水，在华侨爱国史上谱写出可歌可泣的壮丽篇章，也在中国人民抗日战争史和世界人民反法西斯战争史上建立了不可磨灭的功勋……半个世纪过去了，南侨机工的伟大献身精神一直鼓舞着海内外炎黄子孙高举爱国主义的旗帜，为振兴中华、实现四化、统一祖国而努力奋斗。[④]

---

① 陈树人：《四年来的华侨爱国运动》，载《现代华侨》，第1卷8期，1940年12月15日。

② 《华侨抗战的真实写照——中国人民革命军事博物馆抗日战争侧记》，载《华声报》，1985年8月20日。

③ 林少川：《陈嘉庚与南侨机工》，中国华侨出版社，1994年版，第355页。

④ 新加坡：《南洋商报》，1939年12月4日。

另外，组织慰劳团回国考察慰劳，派遣救护队回国救死扶伤，组建各种归国服务团到前线和后方服务等等，也是抗战时华侨以人力报效祖国的内容之一。

1939年冬，南侨总会主席陈嘉庚倡议组织南洋各属筹贩会回国慰劳团。在《南洋各属华侨筹赈会回国慰劳团组织大纲》中，规定明确慰劳团的任务主要为"代表南洋各属华侨回国慰劳各省区军民，并考察战时各方面实况"；"慰劳纯为一种情感表示，必须恭敬诚恳，无敷衍简慢之态而予受者以精神上之安慰，籍以鼓励。"[①]

1940年3月6日，南洋各属华侨筹赈会回国慰劳团（简称"南侨慰劳团"）一行40多人从新加坡起程回国。3月26日，陈嘉庚借印度尼西亚侨领庄西言、南侨总会秘书兼陈嘉庚秘书翻译李铁民等5人一行抵达重庆。陈嘉庚在发表讲话时阐明了拟在重庆建立制药厂、考察西北交通状况、到各战区拜访军事长官等四项任务。同时慰劳团将320万元慰劳金献给国民政府。

5月1日，慰劳团编成华中、东南、西北三个分团分别出发到各战区考察慰劳。在其后的约半年时间里，各分团的侨领富商风尘仆仆、跋山涉水、风餐露宿，他们的足迹踏遍了祖国川、滇、黔、宁、陕、晋、绥远、青、湘、鄂、赣、闽、粤、浙、豫、桂等16个省的各大战区及所属数百个城镇和乡村。[②]南侨慰劳团回国慰劳考察，有力支援了祖国抗战，尤其是从精神上极大地鼓舞了祖国军民的抗敌斗志。他们通过慰劳考察了解到祖国抗战的真相，沟通了海内外抗日救亡的情况。国民党《中央日报》社论也评价道："侨胞归来不仅与前方将士及全国同胞一个极大的兴奋，同时也给世界视听一个极好的印象。"[③]

除南侨慰劳团外，南洋各地华侨还组建成立了其他很多各类型劳军救伤的组织。如越南华侨组织了安南华侨救护队；缅甸华侨也成立了救护队；新加坡华侨组织了决死队、圣约翰救伤队；马来亚组织了槟榔屿华侨救护队、槟华青年回国服务团、雪兰莪救伤会等；泰国华侨组织了救护队及华侨义勇队（10批）；印度尼西亚华侨组织了巴达维亚华侨救护队、棉兰华侨机师回国救护团；菲律宾成立了华侨青年战时服务团，分四批回国服务。在欧洲，英、法、德等国华侨也曾组织各种服务团回国。

---

① 《回国慰劳团之组织慰劳与考察》，载［新加坡］许云樵、蔡史君编：《新马华人抗日史料》，新加坡文史出版私人有限公司。

② 参见新加坡《南洋商报》，1941年3月6日。

③ 《南侨归来》（社论），载《中央日报》，1940年4月17日。

三、华侨在居住地的抗日武装斗争

华侨在居住地的抗日武装斗争主要以马来亚的华侨为代表。

日军统治期间，日本军政府对华侨实施残酷迫害和疯狂掠夺的政策。新加坡陷落几天之后，日军便开始对当地华侨实行"大检证"迫害，遭杀害的华侨估计在10万人以上。[①]日本人对马来亚华侨的政策是其对华政策的延续。中日战争爆发后，日军便视华侨为"敌民"，马来亚作为南洋华侨抗日筹赈运动的领导中心，以及新马华侨英勇抗击日军入侵的正义行为，更使日军对华侨恨之入骨，一再筹划对付华侨的政策。

日军入侵和对华侨的残酷迫害、疯狂掠夺，激起了广大华侨的强烈愤慨和极力反抗。早在太平洋战争爆发前，华侨就迫切要求行动起来，建立武装组织，积极备战；他们冲破英国殖民当局的阻挠，开展保卫家园，保卫马来亚的战斗。太平洋战争刚刚爆发，星华救济会等八个华侨工人团体很快发表联合声明，号召各阶层立刻动员起来，主张成立工人抗日后备队，协助英军作战。[②]

鉴于形势的转变，英国殖民当局接受马共关于联合抗日的主张，并于1941年12月18日与马共总书记莱特举行了秘密会谈。而当时马共专门开会制定了两大任务：支援英政府的抗战，打倒日本法西斯主义者；建立马来亚各民族的反法西斯统一战线，为保卫马来亚、苏联、中国而斗争，取得国际反法西斯斗争的最后胜利。[③]12月20日，英国当局释放各地被拘禁的马共党员干部和其他抗日分子，其中有马共领导人多名。同日，马共也派165人到101特别训练学校接受军训，准备潜伏敌后，开展游击战争，配合英军的反攻。[④]

从日军侵占马来亚之日起，华侨就开始武装抗日。在日本占领马来亚的三年多里，华侨开展武装斗争，积极配合盟军的反攻，争取早日实现马来亚的自由和解放。

马来亚人民抗日军（简称"马抗"）是马来亚一支以华侨为主体的最重要的抗日武装力量。1942年1月1日，马共在雪兰莪建立第一支抗日武装队伍——马抗

---

① 参见[马]何启良等编：《马来西亚华人史新编》第1册，马来西亚中华大会堂总会，1998年版，第94页。

② "新加坡八大工团联合宣言"，《新华日报》，1941年12月30日。

③ [日]原不二夫著，乔云译："日本占领下的马来亚共产党"。

④ 罗武：《马来亚的反抗》，香港：海泉出版社，1982年，第17~18页。

第一独立队，同月，马抗第二独立队、第三独立队和第四独立队也建立。[①]这四支游击队成为马来亚人民抗日武装斗争的基础。面对强大的日军，从1942年2月至1943年春，抗日军发动了20多次战斗，共打死打伤日伪官员600多名，取得初步的胜利。[②]马抗在反围剿、反扫荡中逐步壮大起来。1942年12月1日，第五独立队在霹雳宣告成立。[③]至1945年8月中旬，马抗由抗战初期的4个独立队发展成8个独立队，总人数达1万人。[④]成为马来亚最大的人民抗日武装队伍。在三年多的抗战中，马抗与敌人战斗达340多次，其中200多次是主动袭击敌人，并粉碎了敌人十多次大规模围剿，共打死打伤日伪官兵5 500多人，取得辉煌的战果。[⑤]马抗的抗日武装斗争，是马来亚人民抗日斗争最主要的组成部分，也是东南亚人民反法西斯战争的重要力量之一。

　　在马共的积极影响下，1942年1月成立的华侨群众组织马来亚抗日同盟会发动其遍布各地的组织，为马抗搜集情报，筹集资金、粮食、药品和衣服；训练群众，建立自卫队，为马抗提供兵源。马抗的英勇战斗，也得到其他民族的拥护和支持。沙盖族就经常为马抗筹集粮食，刺探情报，多次帮助马抗转危为安，有的沙盖青年还参加了马抗。[⑥]

　　马共之外，中国国民党支持下的华侨抗日力量也在积极行动。1942年下半年，中国国民党海外部与英国经济作战部马来亚支部经过磋商，决定组织一支特遣队，潜入马来亚，与抗日游击队建立联系，并搜集情报，准备配合盟军的反攻。双方议定由中国方面招募人员到印度受训，受训的内容主要是有关游击活动、爆破手段和刺探情报等方面的技术，时间半年至8个月不等；[⑦]英国方面负责人员的训练和派遣。特遣队隶属英军136部队，新加坡华侨林谋盛和庄惠泉分别担任136部队马来亚区华侨正副区长。[⑧]

　　1943年5月24日，由英国军官戴维斯和5名华侨组成的第一批先遣队，乘坐

①　马林：《马来亚人民抗日军各独立队的战斗历程》，《广东文史资料》第54辑，广东人民出版社，1988年版。
②　马来亚人民抗日军退位同志会总会：《马来亚人民军战记》，南侨筹赈总会编纂委员会编：《大战与南侨》，第27～31页。
③　马林：《马来亚人民抗口军各独立队的战斗历程》，《广东文史资料》第54辑。
④　同上。
⑤　南侨筹赈总会编纂委员会编：《大战与南侨》，第27～31页。
⑥　海上鸥：《马来亚人民抗日军》，新加坡：华侨出版社，1945年版，第20页。
⑦　张奕善：《二次大战期间中国特遣队在马来亚的敌后活动》，《东南亚史研究论集》，台北：学生书局，1980年版，第371～460页。
⑧　庄惠泉：《我与林谋盛在重庆与印度》，许云樵等编：《新马华人抗口史料》，第682～685页。

潜艇登陆马来亚。11月2日，林谋盛前往马来亚。[①]1944年1月1日，马共总书记莱特与136部队负责人戴维斯、林谋盛等在美罗山举行会谈，最后双方达成协议，英军答应向马抗提供武器、资金和军事训练，马抗则协助策应盟军反攻马来亚。[②]从1943年5月至1945年9月，136部队华侨队员共49人分20次从海上和空中潜入马来半岛。[③]他们在马抗和华侨的支持帮助下，一部分在敌占区开展情报活动，搜集有关日军的政治、经济、军事情报，另一部分则在各个抗日根据地将情报源源不断地输往印度盟军总部，为盟军制定对日作战计划提供重要直接情报来源。136部队华侨队员的地下抗日活动，是马来亚华侨抗日斗争的重要组成部分。

在马来半岛北部还有一支由中国国民党马来亚支部领导的武装队伍——华侨抗日军。华侨抗日军成立于1942年，下分四个独立队，人数约400人。[④]此外，华侨还组织了抗日同盟会、抗日自卫队、抗日别动队、锄奸会等地下抗日组织。

日据时期华侨的抗日武装斗争和地下抗日活动，粉碎了日本帝国主义企图将新马地区当作"保卫大东亚的据点"的妄想。华侨的抗日武装活动，不但大大鼓舞了当地人民起来抗日，而且对支援东南亚各国人民的抗日斗争和国际反法西斯战争的胜利起了重要的作用。

四、华侨反对汉奸的妥协投降

1938年10月，汪精卫开始投靠日寇时，陈嘉庚先生以国民参政员的名义致电正在重庆召开的第二届国民参政会："在敌寇未退出我国土以前，公务人员任何人谈和平条件者，当以汉奸国贼论。"时任参政会议长兼大会主席的汪精卫，目睹这一提案时"形容惨变，坐立不安"。陈先生的提案当时被誉为"古今中外最伟大的一个提案"。

汪精卫公开投敌叛国的消息流散后，海外华侨纷纷以各种方式痛加谴责。越南南圻华侨救国总会发出讨汪通电指出："汪逆精卫，卑鄙无耻，通敌卖国，罪不容诛，早为国人共弃，一致声讨。汪逆如天良未泯，应早自杀，以谢国人，无如近复怙恶不悛，变本加厉，与敌人签订所谓《日支新关系调整要纲》，不惜断

---

① 谭显炎：《林谋盛区长殉难前后》，许云樵等编：《新马华人抗日史料》，第656～657页。

② Cheah Boon Kheng, Red Star over Malaya: Resistance and Social Conflict During and After the Japanese Occupation, 1941–1946, Singapore: Singapore University Press, 1987, p.73.

③ 张奕善：《二次大战期间中国特遣队在马来亚的敌后活动》，《东南亚史研究论集》，第371～460页。

④ 参见谢文庆：《红星照耀马来亚》，第78～79页。《136部队档案情报第五号》，庄惠泉：《调解华侨抗日军与英军冲突经过》，许云樵等编：《新马华人抗日史料》，第725～726页、第825～827页。

送国家民族生命，沦世代子孙永为奴隶牛马，以博取伪傀儡政权之成立，丧心病狂，莫此为甚。""本会誓率四十万华侨，竭诚拥护中央抗建国策，以根本粉碎敌人阴谋，争取国家民族生存独立，尤恳中央大张挞伐，早日扑灭此獠，以免贻羞国族，而绝奸邪。"[1] 1941年3月29日，南侨总会召开第二次代表大会，大会宣言对汪精卫进行坚决的声讨，其中指出，抗战爆发后，"汪兆铭妄发和平妥协主张，继之以公然叛国降敌，又继之以组织南京伪政府，身受国父知遇，位居党政要职，丧心病狂，乃至于此！""为革命留一污点，为民族留一耻辱"。大会决议，"大义所在，不与两立，用决议通电声讨。"[2] 南侨总会第二次代表大会发表的讨汪宣言，标志着南洋华侨的讨汪斗争达到了高潮。

抗日战争时期，中日民族矛盾与国内阶级矛盾错综复杂，互相交织。总的说来，中日民族矛盾是主要矛盾。以国共合作为基础的抗日民族统一战线的建立，集中华民族全民族的力量抗击日本侵略者，就是要解决中日民族矛盾。但在某一个时期或某一个局部，抗日民族统一战线内部的阶级矛盾又表现得异常尖锐激烈。

1941年1月，国民党政府发动第二次反共高潮，制造了震惊中外的"皖南事变"。皖南事变发生后，海外华侨纷纷以各种方式谴责国民党当局破坏团结抗战的行径。美洲致公堂办的《五洲公报》、旧金山的《世界日报》、纽约华侨洗衣馆办的《美洲华侨日报》及加拿大致公堂的侨报等共10家侨报，共同发表宣言，强烈反对分裂抗战局面，呼吁团结一致，把日本侵略者驱逐出中国。新马地区的《星洲日报》《南洋商报》《星槟日报》等，纷纷就皖南事变发表社论和时论，刊登华侨的抗议通电。

1941年1月29日，马来亚槟榔屿各帮会及工、商、文化界35个侨团联衔电蒋介石，要求团结抗日，反对内战。马来亚霹雳、怡保、太平等地的一千余名华侨学生发出言词十分激烈的代电，认为轰动中外的解散新四军事件的消息传来，"如晴天霹雳"，"我们海外学生欲哭无泪，深恐内战重演，使抗战无法继续，前方将士的血白流，后方同胞的力白出，结果仍不免是亡国奴。"[3]

大多数侨胞对皖南事变抱有担心和责难的态度，不管他们的政治倾向怎样，

---

① 《侨胞讨汪》，载《中央日报》，1940年2月13日。
② ［新］许云樵、蔡史君编：《新马华人抗日史料》，第56页。
③ 中国科学院历史研究所第三所南京史料整理处选辑：《中国现代政治史资料汇编》，第3辑第24册。

都认为抗日战争处于关键时期，即使国共两党有矛盾隔阂，但国民党军队不应另亲者痛、仇者快。在如何解决皖南事变的问题上，广大华侨一致主张以和平方式合理解决事件，任何武力冲突都不能再继续下去了，迫在眉睫的任务仍是合作抗日。

五、华侨广泛争取国际援华抗战

为了向世界人民揭露日本对华战争的非正义性，海外华侨积极开展各种宣传工作。广大华侨开展援华抗日宣传的主要方式之一，就是创办报刊，宣传报道祖国抗战。德国华侨先后创办了《反帝斗争》《反帝战线》《尖哨》《海外论坛》等刊物。1935年华北事变前后，他们又创办了《抗联会刊》《抗日战线》《动员》《救亡》《呼声》《中国出路》等十几种刊物。其中《抗联会刊》是主张建立抗日民族统一战线的刊物，反映了欧洲华侨的呼声，影响较大。在东南亚地区，马来亚吉隆坡、槟榔屿、怡保等地的华侨也创办了多种报刊，宣传中国抗日。

海外华侨长期侨居世界各地，与侨居国政府有着诸多联系，尤其和侨居地民间联系非常密切。抗战期间，他们利用这种联系大力开展国际援华活动，并取得显著的成效。

抗战期间，欧美各国一些具有正义感的人士纷纷发起建立民间的援华团体，它们当中多有华侨参与并起骨干作用。1936年至1937年间，英国伦敦先后建立"英国中国人民之友社"和英国援华委员会的团体。欧洲其他援华团体如瑞典援华会、比利时中国友谊会、荷兰中华救济会等均有华侨参加。第二次世界大战时，美国民间的援华团体更多，其中最大的有：美国援华委员会、在美中国战事救济联合会、救济中国难民联合委员会、纽约中国人民之友社等。

各援华团体均以反日援华为主要任务，并开展了一系列大规模的援华活动，各国华侨均是其中最活跃的因素。1937年11月20至28日，"中国反战反法西斯同盟"在匹兹堡召开全美国和平民主大会。华盛顿、旧金山、芝加哥、纽约等地的许多华侨团体派代表与会，会议讨论了抵制日货、反对法西斯侵略、反对排华移民法等问题，并决定将"美国反战反法西斯同盟"改称"美国和平民主同盟"。这是一个"群众基础相当广"的援华组织。①1938年夏，纽约援华组织为抗议日军飞

---

① 〔美〕麦礼谦：《从华侨到华人——二十世纪美国华人社会发展史》，第307页。

机狂轰滥炸广州无辜居民的暴行，举行了多次大规模的游行活动。1941年5月18日至25日，纽约援华委员会联合全美各地援华组织，发起为中国伤兵难民募捐的"中国周运动"，响应和参加这一活动的美国各界和华侨共达一百余万人。在纽约市区，100多名华侨妇女沿街劝捐。69名美国文化界知名人士把自己的部分稿费和版税捐献给中国伤兵难民。特别是以纽约州长为首的14位州长及纽约市长为代表的约200名大中城市市长先后发表宣言，号召当地各族民众参加这次援华活动。①

遍及全球各大洲的华侨参与了当地的援华抗日活动。世界各地援华抗日活动广泛而深入地开展，使中国抗战赢得了世界爱好和平的人民和民主人士的同情和支持。

六、华侨抵制日货

海外华侨中的中下层，他们在居住地阻止战略物资输向日寇，并抵制日货，从经济上制裁、打击日本侵略者。这也是海外华侨间接援助祖国抗战的一种有效形式，也是争取国际援华活动的一个重要内容。

"九·一八事变"后，华侨抵制日货的斗争开始，全面抗战爆发后达到高潮，其标志是有组织有领导地开展抵制日活货活动，并且规模大、范围广。马来亚太平46家闽籍侨商与17家粤籍杂货商一致决定停办日货。泰国大批华侨树胶商和米商集体合作抵制日货。缅甸华侨抵制日货总会派人与缅甸人、在缅的印度人商谈合作抵制日货事宜，得到两个民族社会名流的支持配合，成立"华印缅联合抵制日货委员会"。广大华侨坚决抵制日货，取得显著成效。如南侨总会主席陈嘉庚接受《中央日报》记者采访时说："南洋抵制敌货工作成绩甚佳，市上敌货早已匿迹。"②

日寇在马来亚苦心经营数十年，将该地变为日本战略物资的重要供应地之一。侵华战争爆发时，日本每年所需钢铁原料的铁矿石有2/3生产于马来亚。马来亚各地有多所日本开采的铁矿。据1937年马来亚矿务局的报告，全马矿工总数约有10万多人，其中华侨约8.3万余人，约占矿工总数的80.3%。③而这些华侨

---

① 《新华日报》，1941年5月18日；《解放日报》，1941年5月19日。
② 《中央日报》，1940年10月6日。
③ 林水檺、骆静山：《马来西亚华人史》，马来西亚留台校友总会，1984年版，第243页。

矿工在日本铁矿中做工者约有 5 000 多人。他们长期遭受日本资本家的剥削压迫，心中充满怒火。他们更痛悔日本人利用华工为其开采铁矿石制造军火，反过来屠杀祖国同胞。日本发动全面侵华战争后，马来亚各日矿的华工掀起了声势浩大的罢工潮，其中，龙运铁矿和巴株巴辖铁矿的华侨矿工首先举义。

龙运铁矿年产铁矿石约 40 万吨，这些铁矿石若全部制造子弹，每小时即可造 4.5 亿颗。1937 年 12 月初，经秘密发动和准备后，第一批华工离矿罢工，其后华工陆续离矿罢工。日本资本家恼羞成怒，一面采取严厉措施阻挠镇压，一面收买华工中的个别败类加以监视，另一方面加倍提高工资，但这些手段均未奏效。在短时间内，龙运全矿山的 2 700 多名华工绝大部分参与罢工行列。不但如此，受华侨罢工影响，一些马来人、印度籍工人也纷纷离矿罢工，使矿山处于瘫痪状态。

马来亚日矿华工罢工后，新马其他行业华工行动起来。其中马来亚一家日营铝厂的大部分机器和生产资料一夜间被焚为灰烬。

在美国，华侨抵制日货活动的规模和影响也很大，而且成为一种国际性的抗日援华活动。1937 年 10 月 7 日，美国华侨与援华组织"纽约中国人民之友社"，与"美国反对战争和法西斯主义大会"一道联合召开大规模的抵制日货大会，与会者达 1.5 万人。不久，"纽约中国人民之友社"再次组织万人大游行，2 000 多名华侨妇女参加游行。她们呼吁美国妇女姐妹们不穿日本长统丝袜，自己则穿着棉袜或干脆赤足以示带头。芝加哥侨胞则把自家商店的日货扔到大街上，当众付之一炬。华侨的抵制日货的斗争遍及全美，深入到美国社会和侨社之中。

即使在华侨人数较少的非洲、大洋洲，侨胞们也积极开展了抵制日货活动。非洲的马达加斯加华侨救国团体鼓动华侨商店拒绝输入、销售日货。新西兰华侨纷纷签署抗敌公约，表示不用日货。

广大海外华侨开展的抵制日货运动，取得显著成效。以南洋为例，由于华侨抵货，使日本 1938 年对南洋的贸易输出，比 1937 年减少 38%，而对南洋的贸易输入减少了 30%，贸易总额减少约 39%。南洋被日本人视为其生命线，这条日寇重要依赖的"生命线"被华侨的爱国心割断了。

第二次世界大战时，华人的积极抗日活动是在他们强烈的民族主义情绪促使下发生的，而此种强烈的民族主义情绪又是 20 世纪初以来亚洲民族主义运动的结果。当时的亚洲民族主义运动既深刻影响到了华侨的祖籍国中国，也波及到东南亚地区。

　　第二次世界大战期间，华人的积极的抗日活动还更多地受到中国政府和政党的影响。比如，"南侨总会"是在国民政府外交部及南洋各使领馆的协助下成立的。全面抗战爆发后，国民党中央执行委员会颁布了《非常时期海外各地救国团体暂行办法》，中央海外部也颁布《指导海外侨民组织团体办法》，加强对海外侨团的管理；侨务委员会委员长陈树人和委员们亲赴南洋各地，对侨胞组织救国团体进行指导。第二次世界大战时马共、抗日军的部分领导人在进入马来亚之前就已加入中共，尤其是一名马共中央委员是从中共的根据地延安带着特别任务来的人物。而印度由于是英国的殖民地，英属印度政府对马来亚印度人的政治影响较为微弱，很少或者不可能对其反对甚至反抗英属马来亚殖民政府的政治活动给以帮助、支持乃至指导。印度国大党的主要精力在于努力争取印度摆脱英国的殖民统治。

　　海外华侨的抗日救国运动不但是中国人民抗日战争的一部分，也是世界反法西斯战争的一部分。为支援欧洲人民抗击德国法西斯的斗争，马来亚华侨积极开展募捐活动。单在德国大轰炸伦敦期间，华侨汇给伦敦人民的捐款即达37.5万英镑。[①]1941年9月初，马来亚多个地方的华侨还发动大规模援英宣传周，开展售花、义卖和"一杯茶"运动，喊出"援英即援华"的口号，[②]将抗日救国运动与世界反法西斯战争更紧密联结起来。

---

① Victor Purcell, The Chinese in Southeast Asia, Kuala Lumpur: Oxford University Press, p.304.
② 林之春：《南洋华侨青年运动的主流》，见蔡仁龙，郭梁编：《华侨抗日救国史料选辑》，第197～200页。

海外华侨社会与中国的抗日战争[①]

贵州师范大学 郭秋梅

摘要： 抗日战争是世界反法西斯斗争的重要组成部分，也是中国人民反抗外敌侵略争取民族解放、国家独立的自救运动。在这场关乎中华民族生死存亡的全民族抗战中，海外华侨扮演着重要角色，贡献了自己的力量。中国海外移民过程中，海外华侨社会得以形成，这为华侨援华抗日运动提供了条件。海外华侨之所以能够担负起支持、参与抗战的历史角色，有其坚实的情感心理、社会基础。充分认识并根据实际情况涵养、深化这些基础，对于当今中华民族"中国梦"的实现有着重要现实意义。

关键词： 移民；华侨；华侨社会；抗日战争

海外华侨是中华民族的支脉，是华夏炎黄的子孙，是中国历史进程的重要参与者。孙中山把华侨誉为"革命之母"，毛泽东把侨领陈嘉庚誉为"民族光辉，华侨先锋"。毋庸置疑，华侨在中国新旧民主主义革命中扮演着重要角色。1840年鸦片战争以后，中国遭受外来殖民侵略，国内生存境况愈下，中国人被迫持续性地、大量涌入国外，海外华侨社会逐步形成。海外华侨是一个特殊群体，虽身处异国，却心系祖国的存亡兴衰。从1911年辛亥革命到1949年新中国的成立，期间经历了征讨北洋军阀战争、抗日战争以及解放战争，这段时期是中国近代历史上民族民主革命的高涨时期，也是海外华侨民族意识日益觉醒的时期。如果说海外华侨在支持戊戌维新与辛亥革命过程中，还未体现广泛的群众性，主要局限于部分中上层人士，那么海外华侨对中国抗日战争的关注、支持则呈现出前所未有的态势："内容最广，程度最深，持续最久，影响最大"[②]。海外华侨社会的形成与海外侨胞参与抗日战争之间到底是怎样的关系？海外侨胞以"华侨社团、华侨媒

---

① 本文系2012年度国家社科基金一般项目"海外华侨华人与中外'共有知识'建构研究"（编号：12BGJ035）的阶段性研究成果。郭秋梅，女（1980—），河南省漯河市人，贵州师范大学副教授，国际关系学博士，主要以华侨华人、国际组织与国际关系为研究方向。

② 黄枝连：《东南亚华族社会发展论——探索走向二十一世纪的中国和东南亚的关系》，上海社会科学院出版社，1992年版，第7页。

体、华侨学校"——"华侨三宝"为载体，在抗日战争中扮演着怎样的角色？海外侨胞在抗日战争中能够发挥作用的基础是什么？这是本文探讨的主要问题。

一、中国海外移民与海外华侨社会的形成

"华侨"一词最早出现在1883年郑观应呈交李鸿章的《禀北洋通商大臣李傅相为招商局与怡和、太古订合同》[①]一文中。1906年，孙中山在海外对许多华人社团宣讲使用了"华侨"这一名词，之后许多海外华人也开始以"华侨"来称呼他们自己。[②]"华侨"在英文中被译为"Overseas Chinese"，含义为"中国旅居者"。这一词语既表示中国海外移民对中华民族的族群归属，又表明他们在海外侨居的状态。目前，国内学术界普遍认为华侨指的是定居国外而拥有中国国籍者。

据史书记载，早在1000多年前秦汉时期，中国人为了谋生和其他原因就已经通过陆路、海路与中亚、西亚、东南亚以及日本发生密切联系和交往。日本《姓氏录》等记载：南北朝时有近两万名亲人定居日本。唐宋以后，随着中国经济和文化的进一步发展繁荣，特别是造船业的发达、航海技术的进步以及海外贸易的发展，移居国外的中国人数逐年增加。由于南洋距离中国本土较近，故中国人早期主要以南洋国家为目的地，"下南洋"成为早期中国人躲避灾难的路线图。华侨移居南洋之后，由于同根同祖，故常集聚而居。

到了近代，1840年鸦片战争后中国屡遭帝国主义侵略，并且为了偿付巨额战争赔款和战费，清政府加大对人民的搜刮和剥削。双重压迫使广大劳动群众生活陷入水深火热之中。在这一推力的作用下大量中国人开始移居海外。同时，西方列强为了开发它们在东南亚、美洲、非洲和澳洲的殖民地，加快原始资本积累的步伐，亟需大量廉价劳动力。华侨在移居国从事开发劳动时所表现的勤俭耐劳和高效率给殖民者留下深刻印象，于是大力雇佣华工，"契约华工"应运而生。与此同时，北美洲西部和澳洲南部又陆续发现金矿，引起掘金狂潮，对于劳动力的需求再次激增。这一拉力因素促使中国人大量移居海外。在1851—1875年中国人出国高潮期间，出国契约华工总数估计在128 000人以上。[③]从1881年到1930年，到达英属海峡殖民地（新加坡、马来亚部分地区）的华人共约830万人，其中契

① 郑观应：《盛世危言后编》第十卷《船务》，转引自庄国土：《第二次世界大战以后东南亚华族社会地位的变化》，厦门大学出版社，2003年版，第15页。

② 蔡北华主编：《海外华侨华人发展简史》，上海社会科学院出版社，1992年3月版，第6页。

③ 陈泽宪：《十九世纪盛行的契约劳工制》，《历史研究》，1963年第1期，第177页。

约华工就占了600万名。①他们中的大多数人随后被转运到南洋各地。前往美洲的契约华工也颇具规模，在1847—1874年间，自厦门、香港、澳门到秘鲁、古巴、智利及檀香山的契约华工，即达40万～50万人。②而1851—1880年的30年间，赴美中国人移民总数达229 898人。③总体而论，仅从1840年到1941年的100年间，移居到国外的中国人多达1 000万以上。④这一阶段是中国海外移民史上最为重要的阶段，也是海外华侨社会迅速变化和发展壮大的时期。在移居海外的中国人口数量或移居地区方面，近代的中国海外移民较之古代的海外移民有很大的不同。一个人口庞大、遍布世界的中国民族（爱国）主义在海外移民聚居区产生——华侨社会得以逐渐凝聚。

经过鸦片战争和第一次世界大战，中国人大量移居海外之后，他们聚居在特定的华侨社区，保持着祖国的传统文化风俗和生活方式。华侨社团、华侨媒体以及华侨学校得以在华侨社区发展起来，形成了颇具规模的海外华侨社会。经过近一个世纪的发展，海外华侨社会在知识、经验、能力上有所长进，这为华侨参与抗日战争提供了条件。对于初到海外的华侨来说，他们总是以福建人、广府人、潮州人、客家人而介绍自己，很少涉及中国人、中国公民这些抽象概念。背井离乡之后，由于语言障碍，举目无亲，遭遇了生活和工作上的各种困难，还不时受到所在国族群的威胁，他们才第一次意识到自己是在"海外谋生寄居的中国人"。为了克服困难，保护自己，他们组建了以"地缘、血缘、业缘"为纽带的"帮会"、"会馆"等社团组织。他们建立的这些社会情境结构成为海外华侨的生存发展条件。因为基于"三缘"而组建的华侨社团能够把华侨团结在自己的周围，能够进行各种有组织、有计划的社会、政治、经济和文化活动。经历了戊戌维新和辛亥革命之后，海外华侨的中国人意识和侨民意识得以增强，这些华侨社团抗日战争时期也因此能够较容易在原有组织的基础上迅速结成抗日救国团体。

海外华侨社会除了包括华侨社团外，华侨传媒和华侨学校也成为海外华侨社会的重要组成部分。就华侨媒体而言，东南亚华侨创办的《南洋商报》《南洋总汇新报》《星洲日报》《侨声》《南洋杂志》和《胜利半月刊》等报刊杂志。美国华侨办了《中国杂志》、留美学生还出版了《抗日周刊》《一周间》等期刊。欧洲华侨先

① 彭家礼：《十九世纪开发西方殖民地的华工》，《世界历史》1980年，第1期，第6页。
② 李长傅：《中国殖民史》，台湾商务印书馆，1983年版，第258页。
③ Loren W.Fessler ed., Chinese In America: Steretyped Past,Changing Present. New York: Vantage Press, 1983,p.185.
④ 朱煜善：《海外华侨》，上海古籍出版社出版，1998年7月版，第2页。

后创办了《反帝斗争》《反帝战线》《海外论坛》《抗日战线》《中国出路》《祖国抗日情报》等报刊杂志。这些或战前或战中创办的宣传和研究抗日救亡的报刊杂志成为海外华侨支援和参加抗日战争强大的舆论媒体支持。各种宣传教育对中国人民的觉醒和自强具有极其重要的作用。就华侨学校而论，抗日战争之前，海外华侨学校纷纷建立，华文教育得以发展起来。海外华侨学校的建立和华文教育的传播从南洋地区来看，在1931—1932年，暹罗拥有华侨学校270所；1935年，荷属东印度的华侨学校为450所，英属马来亚的华侨学校更多达1091所、教员为3 561人、学生数81 350人。在美洲地区，抗战时美国已经有36所，加拿大华侨小学8所等；据国民政府侨务委员会统计，到1937年，海外侨校达3 033所。① 大多数侨校的华文教育基础薄弱，因此，开设课程、教材基本上由中国教育部审定，这对青年学生灌输民族和爱国主义的意识有着重要的意义。

二、海外华侨在中国抗日战争中扮演的角色

虽身居异国，但海外华侨结合自身特点，"各尽所能，各竭所有"支持中国的抗日战争运动，在中国抗战中扮演着重要角色并发挥着特殊作用。

第一，中国抗战物质财力的卓越贡献者。海外华侨通过捐款、购买国债、汇款、投资以及捐献物质等形式，在经济上为抗战提供了重要的财物支持。据国民党政府财政部的资料统计，抗战8年，华侨捐款共达13.2亿元②。总数之中计海峡殖民地华侨捐款最多，达2 600万元，其他日英国华侨捐25万元，美国华侨捐278.7万元，加拿大华侨捐123.8万元等。③抗战期间，国民政府共发行了6期救国公债，总额达30亿元。④据统计，每次发行公债，华侨均踊跃认购。1937—1942年华侨购买救国公债达11亿元⑤，其中国民党政府第一期发行救国公债5亿元，海外侨胞认购了半数以上⑥。此外，抗战期间，侨胞汇回祖国的赡家费约95亿元以上。⑦整个抗战时期华侨共投资18亿~19亿元左右。华侨投资企业数量众多，据

① 黄小坚、赵红英、丛月芬：《海外侨胞与抗日战争》，北京出版社，1995年版，第23~33页。
② 《华侨革命史》下册，台北正中书局，1981年版，第705~706页。
③ 海外侨胞积极声援抗日，www.xinhuanet.com，2005-05-31。
④ 陈嘉庚：《南侨回忆录》，新加坡南洋印刷社，1946年版，第91、191页。
⑤ 《华侨抗战的真实写照——中国人民革命军事博物馆抗日战争侧记》，《华声报》，1985年8月20日。
⑥ 《华侨革命史》下册，台北正中书局，1981年版，第686页。
⑦ 林金枝：《近代华侨投资国内企业史研究》，福建人民出版社，1983年版，第31页。

统计，粤闽沪的华侨企业就有1 271个。① 这些投资国内经济建设事业的行为，为增强祖国的抗战实力提供了条件。华侨对抗战的经济支持还包括捐献大量战争迫切需要的物资，例如飞机、汽车、药品、衣物等。据统计，从抗战爆发到1940年10月，海外侨胞捐献各种飞机217架，作战车辆23辆，救护车1 000余辆，医药、衣物等物品共计3.5亿元。② 这些物资一定程度上缓解了战时国内紧缺物资的需要，增强了抗击日本帝国主义的物质力量。

第二，中国抗战运动的积极参与者。日本发动侵华战争之后，许多爱国华侨毅然远涉重洋返回国内，以各种形式投身抗战之中，成为抗日战争的积极参与者。1931年，"九·一八"事变爆发后，首先是旅日华侨，他们不愿意为屠杀同胞的仇人服务，仅在事变后的两个月内，就有7千余人归国，以示对日本侵华暴行的抗议。③ 但究竟多少华侨回国参加抗日，学术界和相关档案并没有确切统计，仅据广东省侨务委员会1946年的统计显示，战时回国参战的粤籍华侨就达4万余人，其中南洋各地约4万，美洲和澳洲回国的约为1 000人。④ 华侨归国支持抗战的形式多样，主要是在原有社团基础上组建特定团体，如华侨归国杀敌义勇军、华侨飞行员战斗队、华侨机工回国服务团、回国考察慰问慰劳团、医疗救护队等救亡团体，参加各团（队）的华侨，多经过严格筛选、短期培训，其中不乏具有特长且国内紧缺的专门人才。他们回国参加抗战的行动，为抗日战争提供了一定的人才支持。其中以奋战在滇缅公路及西南各地交通线上的"南洋华侨机工回国服务团"最为出名。陈嘉庚先生动员南洋的华人华侨青年组织成一个"机工队"。这个机工队主要任务就是开车和修车，因为当时中国北方大部分地区都已经沦陷，只有面向东南亚这个方向有一个战略通道，就由南侨机工，就是南洋的华侨青年开车运输战略物资，不畏牺牲和艰险，为我们在西南这个方向保持一条非常重要的战略通道和运输大动脉。⑤

第三，抗日民族统一战线团结的坚定支持者。抗日民族统一战线是中国人民抗击日本帝国主义侵略的必要的内部条件，它对于中国抗战的成败起到了决定性的作用。海外华侨深切地感受到坚持民族大团结，尤其是坚持国共两党之间的团

---

① 林金枝：《近代华侨投资国内企业史研究》，福建人民出版社，1983年版，第12页。
② 王达夫：《购买公债是华侨光荣的任务》，《人民日报》，1950年1月5日。
③ 冷燕虎、欧阳惠：《赤子热血：环球华侨抗日行动》，解放军文艺出版社，1995年版，第3页。
④ 《华侨先锋》第9卷第1、2期合刊，第69页。
⑤ 《支持国家设抗战胜利纪念日 华人华侨感同身受》，2014-03-05。

结，是坚持抗战和取得抗战胜利的前提条件。因此，海外侨胞利用侨居地的有利条件，一方面声讨卖国求荣的汉奸，坚决反对在国共两党之间制造分裂事件。他们认为，"分裂，即国家、民族陷于万劫不复之境，谁希图分裂团结，即谁为国家、民族之罪人。"在"九一八事变"发生后，旧金山的中华总会就致电中国政府，要求"请息内争，御外侮，挽危亡，愿为后盾"。[1]著名华侨人物司徒美堂积极呼吁"取消党治，以团结各党派共组抗战政府"。[2] 1937年12月，王克敏为委员长的汉奸政权"中华民国临时政府"在北平成立。全欧华侨抗联会发表了怒斥这一行径的声明。1938年之后，汪精卫展开了一系列卖国投降活动。在陈嘉庚的带动下，大规模的声讨汪精卫的运动在南洋各地开展起来。越南堤岸几家华文报纸纷纷登载讨汪报道，《越南日报》还编辑了一期《讨汪专号》。另一方面，广大华侨还坚决反对国民党反共顽固派的错误政策。以陈嘉庚领导下的南洋华侨慰劳团为例，1940年4月，陈嘉庚领导下的南洋华侨慰劳团在重庆活动期间，国民党顽固派正在策划新的反共高潮。以蒋介石为首的国民党政要不断地向陈嘉庚灌输反共言论，企图拉拢广大华侨和他们一起反共。陈嘉庚在给蒋介石的信中回答说："若欲消灭共产党，此系两党破裂内战，南洋千万华侨必不同情。盖自抗战以来，欣庆一致团结枪口对外。若不幸内战发生，华侨必大失望，爱国热情必大降减，外汇金钱亦必缩减。"[3]

第四，争取外部援助的舆论宣传者。海外华侨通过海外华文媒体等各种宣传形式向所在国居民和知名人士开展民间外交，广泛进行中国抗日的宣传活动，为中国抗战提供舆论支持。华侨对祖国抗战的宣传报道，从"九一八事变"发生后就已开始。如美国华侨办的《中国杂志》详细报道了马占山英勇抗击日本的事件，使东北义勇军抗日的事迹在海外华侨社会及所在国得以传播开来。在整个抗日战争期间，海外华侨一方面通过创办抗日刊物、散发传单和小册子、进行街头演出和演讲、举办图片展览等多种多样的形式进行抗日宣传。其中华侨报刊成为海外华侨宣传祖国抗战的主要舆论阵地。据国民政府侨务委员会的统计，1935年世界各地的侨报有84种，到了1940年则增加到128种，到太平洋战争爆发前夕多达135种。[4]这样既向广大海外侨胞报道抗战的消息，鼓舞并坚定他们对祖国抗战必

---

[1]　朱杰勤主编：《美国华侨史》，广东高等教育出版社，1989年版，第495页。

[2]　《欢迎司徒美堂》，《华商报》，1941年11月12日。

[3]　陈嘉庚：《南侨回忆录》，新加坡南洋印刷社，1946年版，第91、191页。

[4]　《现代华侨专号》第3卷第3期，1942年。

胜的信心，同时也向所在国老百姓揭露日本侵略军在中国的暴行，呼吁普通民众对中国的同情与支持。另一方面，海外华侨还通过走访、游说所在国主要的政治家、企业家以及宗教人士等国际友人，向他们阐述中国人民的抗日斗争与保卫世界和平的关系，希望他们通过自身影响力，推动本国政府和人民能够积极支援中国抗战。如1938年6月，旧金山市华侨联合会发起援华抗日的"一碗饭运动"，获得美国知名人士的支持，如美国前总统胡佛参加了运动。曾担任过国务卿的史汀生，哈佛大学名誉教授罗威尔、美前任驻汉口总领事格林、耶稣教会联合会前任主席斯皮尔等美国有识之士，于1939年1月29日在纽约成立的"不参加日本侵略行动委员会"，督促国会成立法案，禁止废铁、钢、军火输入日本。①

三、海外华侨投身中国抗日战争的基础

自辛亥革命以来，海外华侨同国内人民一道前赴后继地参加祖国历次反帝反封建的革命斗争，成为新旧民主主义革命的动力之一。在这些革命实践中，海外华侨的民族意识和爱国精神得到展示和升华。海外华侨形成了一系列与祖国命运休戚相关的历史情怀和社会行动，海外华侨大规模地支援和参加祖国抗战是这一爱国主义为核心的民族精神的继承和发扬。

第一，爱护桑梓的亲情及对祖国的政治认同是其投身抗战的情感与心理基础。这一情感与心理基础渊源于共同的血缘、文化和强大的"集体记忆"（正在遭受外来侵略的是具有五千年灿烂文明的中华民族）。战前海外绝大多数的华侨，是从中国过去的第一代移民群体。自鸦片战争到抗战爆发前，占华侨社会构成总数的50%左右为第一代移民。他们在祖国家乡有父母、子女、兄弟、姐妹、亲戚、朋友，存在着牢固的血缘纽带和社会关系。华侨与祖国之间存在的这种天然的、千丝万缕的联系，使得他们对发生在中国和家乡的一切都特别敏感，在情感上、道义上和利害关系上都与亲人息息相通。在他们的影响下，第二代、第三代华裔群体对中国亦怀有浓厚的感情。在这种亲情纽带的影响下，海外华侨无时不怀念着自己的家乡，家眷。这种与国内同胞血溶于水的亲情，使其认识到祖国的存亡关系着"大家"的命运。华文学校在战前大批创建，使华侨的后裔大都通过侨学接受了华文教育，而且使很多原本不识字的华侨提高了文化水平。在大量华文报

---

① 海外侨胞积极声援抗日，www.xinhuanet.com, 2005-05-31。

刊大范围报道祖国抗日战争情况并积极呼吁的情况下，广大华侨看到这些信息之后均能积极支持抗日战争，这正是爱国、爱家情感得以激发的直接反应。

中华大地自古以来形成的以爱国主义为核心的民族精神成为中华儿女"天下兴亡，匹夫有责"爱国之思想基础。19世纪末以来，海外华侨社会兴起了中华民族主义的核心，即政治认同。海外华侨对孙中山领导的辛亥革命的大力支持，使得海外华侨对祖国的政治认同较之前更为深切。19世纪末期至20世纪中期以前，在东南亚地区，华侨所居住的地区尚未形成独立的民族国家，现代意义上的主权—民族国家的概念在当地亦未成形；在北美地区，由于华侨在这些国家大多处于社会底层，且基本上被视为"他者"，身份地位未获得居住国完整的接纳。因而，华侨在上述两大板块中的政治法律身份大体上维持的仍是侨民的身份，其政治认同自然以认同祖国而非居留地和居住国。[1]这一对祖国的政治认同成为中国人民和海外华侨共同的精神支柱和凝聚力，到了抗日战争，这种认同情感得以继承和发扬。与此同时，祖国的兴衰、民族的荣辱，直接或间接地影响着海外侨胞的生存和发展。"他们虽远居异地，绝不会一刻忘了祖国。相反地正因为他们远居异地，时受外人的欺侮与嘲笑，因此希望祖国强盛的欲念，更要来得急切，对于救国的事业也更加来得努力。"[2]

第二，海外华侨社会的形成是其投身抗战的群众基础。从上文可以看出随着中国人海外移民的规模日益增加，在抗日战争时期已达相当规模，华侨社会逐渐形成。根据有关统计资料显示，抗日战争时期（1931—1945年）国外华侨人口数量达757余万人，80%侨居在南洋，即现今的东南亚各国。华侨华人研究著名专家王赓武教授指出，海外华侨社会大致可分为"商"和"工"两大群体，前者包括商人和小店主，后者则包括手工艺工人、书记文员、教员等。[3]据有关资料显示，从人数来看：商人约390万人，占52%；工人约170万人，占总数的23%；农民约130万人，占总数的17%；其他各业者约60多万人，占总数的8%。[4]如果我们用阶级分析的观点来看，广大的工人则为无产阶级；商人中的小型进口商、中间商等则为民族资产阶级；零售商、小店主等即为小资产阶级。对于早期的华侨社

---

[1] 吴前进：《孙中山与海外华侨民族主义》，《华侨华人历史研究》，2011年第3期，第2~3页。

[2] 蔡仁龙、郭梁主编：《华侨抗日救国史料选辑》，中共福建省委党史工作委员会、中国华侨历史学会，1987年版，第133页。

[3] Wang Gungwu, "Traditiaonal Leadership in a New Nation: the Chinese in Malaya and Singapore", "Leadership and Authority", Singapore Universtity of Malaya Press, 1968, pp.210-213.

[4] 任贵祥：《华夏向心力：华侨对祖国抗战的支援》，广西师范大学出版社，1993年版，第9页。

会而言，商人中绝大多数是由小资产阶级组成，他们所经营的产业不过是小型轻工业、中小种植园、零售业、服务业等，无论资金、设备和市场条件等方面无法同西方资本竞争，他们大多只能处于移居国社会的低层，事实上，仍是被剥削的对象。①对于众多的在侨居海外的工人、农民而言，更是政治上无权，经济上受压制，社会地位极其低下。这些特征，使得海外华侨具有极强的反帝、反殖的革命热情，对民族解放和民主自由的自觉和要求也很坚决。如此众多的华侨队伍和如此的革命热情，为海外华侨抗日救亡运动提供了强大的群众基础。

第三，海外华侨具有的经济实力是其投身抗战的经济基础。华侨资本在居住国虽然处于次要、从属的地位，但由于华侨秉承了中华民族吃苦耐劳、省吃俭用的传统美德，使得无论是资产阶级还是普通工人、农民都积累了一定财富，华侨资本也在时间的累积中得以发展。据有关数据显示，华侨具备的经济实力，以抗战前期估算，全世界华侨的资本总数约达国币500亿～700亿元。其中以南洋华侨资本最为雄厚。据统计，南洋华侨资本大约占到350亿元。②如果把华侨在中国沿海都市及内地投资一并计算在内，应该占中国民族资本中一个极大百分比。③美国华侨抗战期间约有21万人，抗战八年期间的总收入近25.5亿美元。④欧洲、大洋洲、非洲华侨也占有一定数量的资金。如此数量众多的华侨，具有雄厚的经济基础，这为他们能够从经济上大力支持中国的抗日战争奠定基础。

第四，海外华侨社团是其投身抗战的组织基础。华人移居国外后，组建的"帮会"、"会馆"，成为团结海外华侨的平台和纽带。20世纪后，在移居国因地缘而组建的江苏、广东、福建、安徽、客家、海南等同乡会或会馆，加强了华侨社会的团结，组织调动其大量的人力、财力和物力参加抗战，无疑是十分便利的。还有一些全国性的华商总会或商会，如新加坡的中华总商会、美国中华总会馆、澳大利的中华商务总会等，它们是连接华侨社会与殖民当局或中国政府的桥梁纽带，协调因地缘而组建的各种同乡会或会馆。侨居海外的中国人也因为共同的宗族亲情关系为纽带组织建立社团，如新加坡曹家馆、菲律宾的四知堂、龙岗公所等。宗亲社团内部较为稳定，它们与祖国家乡的宗族集团存在牢固的血缘纽带联

---

① 李国卿著，郭梁、金家励译：《华侨资本的形成和发展》，福建人民出版社，1984年版，第123～129页。

② 任贵祥：《华夏向心力：华侨对祖国抗战的支援》，广西师范大学出版社，1993年版，第9～10页。

③ 黄枝连：《东南亚华族社会发展论——探索走向二十一世纪的中国和东南亚的关系》，上海社会科学院出版社，1992年版，第10页。

④ 《华侨革命史》下册，台北正中书局，1981年版，第683～684页。

系，在团结海外侨胞方面发挥着特有的作用。除以上两类型社团外，还有一种基于业缘而组建的职业社团。华侨从事的职业多种多样。为团结各行业的侨众，维护行业利益，便于职业发展和互助合作，各类"同业会""工会""公会"等纷纷建立。如美国洗衣业的东庆堂、西福堂等，新加坡有鱼商公益所、酒业公会、橡胶公会等，俄国的旅俄华工联合会等。①尽管华侨的社团组织较为庞杂，层次不同、性质迥异，但均通过不同形式把海外华侨团结起来，进行各种有组织、有领导的社会、政治、经济和文化活动。到了抗日战争爆发的时候，各类华侨社团组织水平或在移居国的活跃程度已经达到一个较高的发展阶段，在国家生死存亡的关键时刻，华侨社会很容易在原有的组织基础上组织和发动海外华侨参与抗日救亡的宣传、捐款、捐物等行动中来，同时也能迅速组建成新的抗日救国团体。

相关启示

抗日战争是中国反对外来侵略实现民族解放和国家独立的伟大战争，海外华侨为这场战争的胜利作出巨大贡献。与此同时，这场战争也调动了侨居国外的华侨积极声援和支持中国抗战的爱国热情和民族意识的高度觉醒，促进了以"三宝"为基础海外华侨社会进一步的发展与完善。通过对抗战中海外华侨扮演的角色及其投身抗战的基础考察，可以得出以下相关启示：

第一，从历史来看，海外华侨的爱国情感通过实际报国行为得以践行，在当代社会呵护与涵养这种情感具有重要现实意义。海外华侨爱护桑梓、爱国之情揉进其投身中国抗日战争的爱国实践，在践行这一爱国之情、报国之志的过程中，彰显了中华民族自古以来形成的以爱国主义为核心的民族精神，这一情感依旧是今天海外华侨华人关心中国之发展的情感基础。1950年代之前，海外华侨在政治上认同中国、在文化上认同中华文化、在民族情感上认同中华民族。这些情况在第二次世界大战后发生了很大变化。1950年代后中国政府放弃"双重国籍"政策，鼓励华侨归化于当地。大部分华侨相继加入当地国籍，成为移居国的公民。于是华侨社会开始向华人社会转化。华侨最初的政治认同从政治上效忠于中国转为效忠于移居国的民族国家，但在保留和继承中华传统文化上的行为实践上来看，他们在政治认同转换之后，主要认同的是中华文化。由于文化所承载的民族情感使

---

① 黄小坚、赵红英、丛月芬：《海外侨胞与抗日战争》，北京出版社，1995年版，第23～33页。

华侨转为华人之后，亦能与祖籍国——中国有着"千丝万缕"的情感。因此，中国侨务政策应牢牢把握这一点，使海外华侨华人在当代爱国统一战线的指引下，维护祖国的统一，同圆共享"中国梦"。

第二，从历史来看，海外华侨在抗日战争中能够发挥巨大作用源于一定的社会基础，在当代社会关注并千方百计夯实这种基础是华侨社会能对中华民族伟大复兴起到何种作用的关键。伴随着海外华侨社会转变为华人社会，在新的时代条件下，海外华人融入主流社会的步伐日渐深入。海外华人群体结构呈现多元化（各领域的精英人数趋增，如美国国家科学院和工程院就有100多位华裔院士），海外华人新移民中趋向于受教育程度较高；华人资本在全球的实力日渐凸显（据估计，全球华商总资产已近4万亿美元，华人经济成为世界经济一支重要力量）；华人社团（遍布世界的2万多个华人社团）的影响力日益明显（如成立于1990年的百人会，它是一个非政治团体，对促进美国与中国以及两岸之间的政治、经济交流起到了特殊的促进作用）、2万多所华文学校以及数百家华文媒体①日益展示其在讲好"中国故事"、传递"中国声音"的海外载体上的作用。与此同时，随着中国综合国力的提升，海外华侨华人在居住国更能体会到中国实力提升后在国际社会的影响力和渗透力，对母国的情感承载着愿意、乐意在国际社会中听到中国声音的更多丰富内容。在他们愿意、乐意的情况下，中国政府只有加大与海外华侨华人的联系，充分借重海外华侨华人的财力，关心海外华人社会的变化与发展，关注华人"三宝"的发展和完善，才能使其既能为华侨华人做好"代言人"，为中国开展对外交往提供媒介支持，亦为中华民族伟大复兴做出特殊贡献。

第三，从历史来看，海外华侨在促进中外交流与塑造中国形象上仍然可以发挥巨大作用，在当代社会的公共外交舞台仍然具有发挥作用的巨大潜力。中国抗日战争期间，海外华侨作为一支独立于中国政府之外的抗日力量在推动国际社会认知、理解乃至认同与支持中国正义事业方面起到积极作用，海外华人宣传抗日战争的这种民间色彩的社会活动塑造了立体的中国形象，对于中国与国际社会的交流起到桥梁纽带作用。公共外交虽然在1960年代成为一个具有特定含义的术语②，但在抗战时期，海外华侨社会已经在实践着这一新型外交模式，抗战时期海

---

① 何亚非：《释放侨务公共外交巨能量》，《人民日报海外版》，2013年10月16日。

② What is Public Diplomacy?, http://fletcher.tufts.edu/murrow/public-diplomacy.Html; 转引自郑华：《新公共外交内涵对中国外交的启示》，《当代世界经济与政治》，2011年第4期，第145页。

外华侨开展公共外交的经验，为当下中国对外展开公共外交实践提供历史经验和借鉴。公共外交更加重视民间力量，把民间力量作为公共外交的主体，把一国的公众作为外交对象，采取一些公众更为容易接受的形式开展外交，可以更直接、更广泛地面对外国公众和主流社会人士。在抗日战争中，无论是海外侨领还是海外华文媒体，均以居住国政府、国会议员、普通民众为公共外交的对象，向他们宣传中国抗日战争的情况、呼吁他们对抗日战争的各方面支持，通过上文看到取得了一定成效。因此，当下在公共外交逐步成为国际社会的普遍采取的模式的情况下，中国应该采取相关政策助推海外华侨华人利用华人社会的"三宝"开展公共外交，这样有助于潜移默化中纠正一国公众对中国的错误认知，使其了解真实的中国国家形象；更有效地增强中国的文化吸引力和政治影响力，改善国际舆论环境，维护国家利益。

国难教育即精神教育：1930年代中国基督教教育界的集体反思[①]

暨南大学社会科学部　张龙平

"九一八事变"后，国难教育思潮兴起，教育救国论调高涨，作为中国教育界的重要组成部分——中国基督教教育界也积极地参与到这场国难教育大讨论之中，并付诸于实际行动。然而，出于基督教界对于战争与和平的不同理解以及基督教教育的特殊使命，中国基督教教育界对于"国难"的应对则并未完全建立于民族主义立场之上的感性表达，而更多集中于反省自身，并开出以增进宗教教育为核心的精神教育作为其共度国难的药方。本文以1930年代中国基督教教育界的相关言论为中心，将之置诸中国教育界的国难教育背景之下，以考察他们对于国难的应对策略。

一、国难教育问题的提出

近代中国，多灾多难，国难接踵而至，而真正将其与教育问题联系起来，则主要从"九一八事变"之后。事实上，自"九一八事变"后不久，中国教育界对于国难与教育的关系已经开始反思了。"中国之国难，一般人都认为是自"九一八"以来开始的，其实中国自鸦片战后，没有一年不是受帝国主义者之压迫，如战败、赔款、割地以及其他丧权辱国的条约，不可胜纪。考其原因，虽由于政治之腐败，军阀之横暴，成年累月的作无谓内战，但其实还是因为国家教育上之缺陷，以至酿成今日不可收拾之状态。"[②]"自前年"九一八"国难发生以来，我国东北辽吉黑三省被蹂躏，去年一二八江苏上海宝山等处，又被屠杀，今一月三日山海关又告失守，并被将有历史意义的明代严嵩所书'天下第一关'的匾额，运东京献俘陈列，以夸耀其侵略我国之武功。最近三月四日热河又被侵占，平津动摇，全国震惊，国家灭亡之祸，迫于眉睫。而所谓国际正谊，国际公约，有成为不兑现的支票之势，国家与民族存亡问题，时时刺激国人的心目中；但抗日救国，唤醒民众，须

---

① 本文系教育部人文社会科学研究青年基金项目："国家、教育与宗教：社会变迁中的近代中国基督教教育会研究"的阶段性成果。(项目号：11YJCZH231)

② 吴自强：《中学校实施国难教育之我见》，《江西教育旬刊》，第五卷三四期合刊，1933年，第10页。

赖教育，因此国难教育之呼声不霁时而充满全国了。"[1]潘光旦在《国难与教育的忏悔》一文中也谈到："国难的形成，自有它的内因外缘，若就其内因而论，我始终认为教育要负很大的责任。教育没有教一般人做人，更没有教一些有聪明智慧的人做事，没有教大家见利思义，安不忘危，没有教我们择善固执，矢志不渝，也没有教我们谅解别人的立场而收分工合作之效。我以为近代的教育不知做人做事为何物，是错了的，错了，应知忏悔。"[2]

既然国难的形成跟教育有莫大的关联，那么中国教育界对于国难的应对自然会落到教育上，于是"国难教育"便成为1930年代教育救国的主要声音。所谓国难教育，即指"用教育这一武器挽救国难"，"要用教育的力量启发大众，训练大众，组织大众，使大众参加救国工作，挽救中华民族危机，争取中华民族的自由平等"。[3]在此前后，中国教育界提出了各种各样的国难教育方案，其中最为著名的是教育家陶行知代表上海文化界救国会提出的国难教育方案，该方案对于国难教育的目标、对象、教师、课程、组织、文字工具、方法、以及从事国难教育工作者应有的认识等八个方面进行了系统的介绍，该方案提出："中国已到生死关头，我们要认识只有民族解放的实际行动才是救国的教育，为读书而读书，为教书而教书乃是亡国的教育。"因此，要"在行动上取得解决国难真知识，立刻把它传给大众，使它在解决国难上发生力量。甲，推动报纸杂志戏剧电影说书人无线电波音积极针对民族解放之宣传。乙，变通各校功课内容，使适合于解决国难之需要。丙、运用县市乡现有组织及集会，宣传民族危机及解决国难的路线。丁，推动家庭店铺组织国难讨论会、读书会。戊，开办或参加识字学校，使此种学校对解决国难发生效力。己，长途旅行唤起民众组织起来救国。庚，必要时进行示威。"[4]该方案在中国教育界引起了较大反响。此后，上海的生活教育社出版《国难教育实施法与指导》成为中国教育界践行国难教育的主要指南。[5]

二、中国基督教教育界对于国难教育的回应

对于中国教育界的国难教育主张，中国基督教教育界予以了积极的回应。事

---

[1] 熊寿文：《国难教育与救国》，《江西教育旬刊》，第五卷三四期合刊，1933年，第6页。
[2] 潘光旦：《国难与教育的忏悔》(1936)，《政学罪言》，观察社，1948年，第151页。
[3] 王正：《救国阵线与国难教育》，《国难教育》，第一卷第一期，1936年7月，第2版。
[4] 陶行知：《上海文化界救国会国难教育方案》，《大众生活》，第一卷第九期，1935年，第218页。
[5] 生活教育社：《国难教育实施法与指导》，生活书店，1937年版。

实上，自"九一八事变"后不久，中国的基督教教育家无论是出于国际公义、宗教精神还是民族立场，已对于日本侵华的罪恶表达过自己的主张，并号召广大基督徒参加救国运动。如燕京大学宗教学院院长赵紫宸认为："一、将此次事实之真相，宣告于世界信众，并联合世界信众，特别是日本的信众，一致反抗日本帝国主义侵犯中国、扰乱世界的罪恶。二、为中国政府与人民恳切祈祷，求上帝赐予团结的勇猛，同心的智慧，以对付国家当前的危难，也为世界一切主持公理者祈祷。三、彻底觉悟基督教对于中国民族精神上的贡献，因此而加深信众人格的训练，以备国家的需用。四、本耶稣的精神，提倡对于日本经济绝交及国民绝交。中国基督徒要主张凡是中国人民，在此压迫与耻辱之下，绝对的不与日本人民有任何的合作。我们并不恨恶日本人民；但我们要日本人民知道我们对于日本帝国之罪痛心疾首，深愿日本有觉悟的分子也起来主张公道，使其国家表示诚确的悔改。五、本耶稣的精神及信徒自己的理解参加救国运动。"①

然而，基督教追求国际和平的精神对于广大信徒采取何种方式救国产生了不少的困惑，上海沪江大学校长刘湛恩认为日本侵华给中国基督教学校造成严重的精神与物质上的影响，但基督教教育必须坚持国际和平与正义，不能随便憎恨外国与外国人。一方面，要自我反省，要认识到内战和内部问题是中国遭受诅咒和外来侵略的原因，建议发起"和平主义运动"，抵制内战。另一方面，要鼓励学生加入自强运动，做好为国牺牲的准备。②于是，"基督教救国主义"与"基督教和平主义"便成为当时中国基督教界应对国难的两大主张，这两种不同主张在教会内部的长期存在不可避免的对于中国基督徒的抉择产生影响，所以时人才会指出："基督教里的团体和个人对于国难的问题，一般来说，向来是持着一种不大清楚的态度的。"③

国难当前，中国基督徒却"不大清楚"，这无论是对于中国基督教界的整体形象，还是中华民族的抗战大业都会产生负面效果，特别是1935年华北危机后，中华民族已经到了亡国灭种的关键时刻，各种各样的救国主张纷纷提出，中国基督教界不可能无动于衷。吴耀宗便激烈地批评了这种"不大清楚"的态度，他认为造成这种现象的主要原因是中国基督徒对于"基督教与政治的关系问题"、"基

① 赵紫宸：《基督徒对于日本侵占中国国土应当持什么态度》，《真理与生命》，第六卷第一期，1931年10月。

② Herman C.E. Liu, "Christian Education and The National Crisis", The Educational Review, Vol. XXIV, No.3, July, 1932, p.225.

③ 吴耀宗：《基督教教育与国难教育》，《中华基督教教育季刊》，第十二卷第二期，1936年6月，第42页。

督教与救国手段的问题"认识不清，以及基督徒自身的"畏惧与惰性"。他认为："一、宗教与政治是绝对分不开的。基督徒个人不但可以参加救国运动，也可以参加直接的政治工作，至于基督教团体，它不应当变成一个政党，也不必与某一政党达成一片，但它可以从超然的立场，去参加一切对于政治有直接关系的工作。二、我们对于别人提倡的运动，除了那些我们认为是绝对反动的以外，都应当积极的参加。三、畏惧与惰性都是由于认识的不清楚和修养的缺乏。"① 王治心认为："基督教是主张世界和平的，然而应该知道要求和平的实现，必先要扫除和平的障碍。同时要积极地谋求自强，有抵抗侵略的力量与决心。对于扰乱世界和平的帝国主义，不怕牺牲，期望真正和平的实现，这便是我们基督教教育界所应担负的责任。"② 张仕章认为："我们要实施这种非常时期的基督教教育，就非先打破基督教中遗传的成见不可。这种成见就是说耶稣基督是一个绝对无抵抗主义者或不参战主义者；而基督教也是绝对不干涉政治问题的或不赞成社会革命的。"③ 童润之认为："中国的问题不是如何图强以侵略他人，而是如何自卫以防他人的侵略。基督教固然反对战争，但不反对维持正义与救护同胞。牺牲一己的幸运而谋大众的福利与安全，这是自卫教育的理想！也就是基督教教育的真谛！"④ 经过了这场基督教"救国"与"和平"的大讨论，广大的中国基督徒非常清楚的知晓中国基督教界并不是一般意义上的反对救国，其分歧的焦点在于救国的方式。

陶行知等人的国难教育方案发表后在中国教育界引起热议，作为在中国同样从事教育工作的中国基督教教育家们也积极的参与进来，反思国难及其与教育的关系。林景润认为："国难所以到这严重地步，一方是因为帝国主义者的急迫侵略，一方是因为我本身过于懦弱无能。帝国主义者受政治经济欲的驱使，用武力来威胁我们。我们的守土者斤斤于名位地盘的保持，或不能临难不苟，或竟流为汉奸，以致国土日蹙，国命垂危。国内则因政治不修，百事不振，经济崩破，灾乱频仍；加以民族意识薄弱，社会精神溃散，外患愈深，丧志堕落愈甚。而归结在于国人营私心重，为善胆小的病根。""现在帝国主义者所以致长驱直进中国的，并不是全因我们战争的机械不坚，倒是以为国人肯为正义公道奋斗牺牲的人太少。"⑤ 王

① 吴耀宗：《基督教教育与国难教育》，《中华基督教教育季刊》，第十二卷第二期，1936年6月，第42～44页。
② 王治心：《我对于国难教育的意见》，《中华基督教教育季刊》，第十二卷第二期，1936年6月，第40页。
③ 张仕章：《基督教教育对于国难教育的贡献》，《中华基督教教育季刊》，第十二卷第二期，1936年6月，第36～37页。
④ 童润之：《非常时期的基督教教育》，《中华基督教教育季刊》，第十二卷第二期，1936年6月，第46～47页。
⑤ 林景润：《基督教教育与国难教育》，《中华基督教教育季刊》，第十二卷第二期，1936年6月，第35页。

治心认为"要谋如何实施国难教育，先须知道国难所以造成的原因。一、中国人的个人自由太多，团结的力量非常缺乏，所以一遇外患便无力抵抗。二、中国人对于学问的研究，向来注重形而上的义理，看轻科学为形容下的技术，是以科学落后，不能与世界各国抗衡。三、中国人自私自利之心太重，读书人只知道谋自己的升官发财，图丰富的享受，所以弄到读书人不肯劳苦，劳力人不会读书，形成了只知有己不知有国的毛病。"①徐宝谦也持类似看法，他认为要"使受教育者明白国难之所以构成，一方面固然由于各国的侵略，然我国人之不振作，不合作，自私，实为其主要因素。所以，救国当从自救自强着手。"②

　　既然国难的造成跟中国人，尤其是跟中国人的精神世界出现问题有关，那么教育，特别是基督教教育便能充分的发挥其历史使命。事实上，在"九一八事变"后赵紫宸就已提出过类似观点："我们认定中国的病态心理——中国的罪孽——是由精神物质双重原因所致使；所以我们也认定中国今日的急务在于改造心理与环境两事同时进行。但基督教的使命则在建设心理，脱度人生，创造人生。""我们因鉴于教育对于建设新中国心理的重要，不能不怀疑现在教会教育的不切实不深邃，而思有以补救之。我们可以断言，基督教能否为中国创造新心理新精神，全视乎基督教教育的能否感化人格，栽培人格，联络学校与社会的实际生活，以为断。"③此次国难当头，陈子初也同样认为："吾国民族占全世界民族之大多数，然以力量而论，则萎靡不振，精神涣散，此实因过去之教育对于民族的真实力量少有切实的训练。即以吾基督教教育而论，平素以勇于牺牲，乐于服务，忠于国家为教育之中心，而成效未能特著，即在乎少下切实工夫。现在国难教育之实施，即应以全力积极灌输吾中华民族最需要的根本力量。此种根本力量是内心的，不是物质的；是潜藏的，不是浮表的；是磨而不磷，涅而不缁的；放之则弥六合，卷之则退藏于密。而吾基督教教育对于此种民族根本力量的培植，实负有重大的使命。果能根据基督教教育的特色，即勇于牺牲，乐于服务，忠于爱国三点上努力，切实的做去，我深知吾基督教教育对于国难教育——中华民族复兴的教育，必有极大的贡献。"④

---

① 王治心：《我对于国难教育的意见》，《中华基督教教育季刊》，第十二卷第二期，1936年6月，第40页。

② 徐宝谦：《基督教教育与国难教育》，《中华基督教教育季刊》，第十二卷第二期，1936年6月，第41～42页。

③ 赵紫宸：《基督教与中国的心理建设》，《真理与生命》，1932年，见《赵紫宸文集》（第三卷），商务印书馆，2003年，第468～469页。

④ 陈子初：《基督教教育对于国难教育之贡献》，《中华基督教教育季刊》，第十二卷第二期，1936年6月，第38页。

三、精神教育：中国基督教教育家的国难教育之道

既然基督教教育对于国难教育有极大的贡献，那么如何加强与改进中国的基督教教育便成为中国基督教界应对国难的关键所在。赵紫宸认为："我们今日必须要改革基督教教育，第一要精选教员；第二要缩小范围，缩短战线，有关门的、合并的学校，然后可以有精神而刻励的教育；第三要使教育与宗教在精神上打成一片，要使学校与社会在生活上冶在一炉，如此则组织可严密，精神可专一，团契可深刻，人格可造就，而青年们可以得活泼而纪律化的引导。此是根本之论。"[①]由此可见，赵紫宸认为改革基督教教育的关键在精神教育。

1936年3月南京政府教育部颁布《特种教育方案》，提出："一注重体格训练；二改进精神训练；三在知识与技能方面注重生产能力与特种教材。"[②]对此，张仕章认为："基督教教育对于国难教育只有一种特殊的贡献，那就是《特种教育方案》内所提的第二种基本目标：'改进精神训练'。我乃为现在全中国的基督教学校——自小学至大学——都应当特别认真地训练学生，使他们具有为世界和平而奋斗的精神，为人类正义而牺牲的精神，又为民族生存而团结的精神。""这种团结精神的教育可以指导民众认清世界的公敌，分辨国家的友人，消除党派的纷争，结成联合的战线以促进反帝反战的运动，而完成救国救世的使命。所以我确信基督教教育在国难时期中的贡献也仅在这种精神教育。"[③]

因此，改进精神训练便成为中国教育界以及中国基督教教育家的共同主张，那么提倡什么样的精神及如何改进精神便成为他们面对的新问题。徐宝谦认为："就国难讲，基督教教育应当提倡、表彰下列几种态度与精神：一、使受教育者明白国难之所以构成，一方面固然由于各国的侵略，然我国人之不振作，不合作，自私，实为其主要因素。所以，救国当从自救自强着手。二、使受教育者认识本国文化之伟大，历史之悠久，遗产之丰富，借以恢复民族固有的自信力。使之急起直追，担任艰巨。不但从事救国运动，且将发挥中国民族对于世界和平固有的使命。三、使受教者知道一个民族要图自强，要恢复其自信力，不必以损害他国仇视他族为条件。使他们知道世界，所以纷纭扰乱，正是因为人们不明白这个道

---

① 赵紫宸：《基督教与中国的心理建设》，《真理与生命》，1932年，见《赵紫宸文集》（第三卷），北京：商务印书馆，2003年版，第469页。

② 童润之：《非常时期的基督教教育》，《中华基督教教育季刊》，第十二卷第二期，1936年6月，第46页。

③ 张仕章：《基督教教育对于国难教育的贡献》，《中华基督教教育季刊》，第十二卷第二期，1936年6月，第36~37页。

理。四、使受教者知道我们不但不应仇恨别人损害他国，遇有相当机会时，反而应当帮助我们所谓之敌国敌人，使他们也能走上公义、友爱、和平的道路。五、使受教者知道自卫的战争，在理论上固然可以成立，然在实际上，纯粹自卫的战争，历史中例子甚少甚少。况且凡是战争，没有不与仇恨报复的心理，虚伪的宣传，及杀戮的行为相连的。

因此，以战止战是绝不可能之事。六、使受教者知道仇恨报复的心理，既然不能救国，我们应当于战争制度之外，另找救国的途径，以期打破国家的难关，根本解决国际间的难题。据作者个人的信念，深觉联合各国同志（包括所谓敌国），作成国际阵线，共同反对恶势力，扶植善势力，是今日一种切要之图。七、使受教者深知救国的任务，各标语口号及一时的兴奋努力所能胜。必须平日对于人格、志愿，及学问、能力有长期的修养与准备，然后才能为国家社会造福，尤须胜过私欲，终能为民服务为国牺牲。"①江文汉认为："基督教教育在此非常时期中，除了尽量采用一般国难教育的内容以外，还要注重三点：第一，基督教教育要将一向所提倡的人格教育，作更大的发扬，基督教的精髓，就是服务和牺牲两点，国难期中，正需要养成一班能为大众服务能为正义牺牲的青年。第二，基督教教育要格外看重思想自由与独立的训练，根据各国的经验，施行国难教育时，最不可避免的危险，就是思想统制，基督教教育原是建立在信仰自由的原则上的，我们绝对不可让统制的狂热，断伤了青年思想自由发展。第三，基督教教育，要努力培养民族的信心，现在中国的国难，如此严重，许多没有志气的青年，容易走上颓废和灰心的路，基督教应该运用他所特具的希望与喜乐的福音，去抬高民族自救的情绪。"②可见，中国基督教教育们提倡的精神主要有侧重于国际层面的公义、友爱、和平精神；侧重于国家层面的自救、自强、自信精神；侧重于个人层面的自由、独立、人格精神。

对于如何增进以上精神的训练，有人提出："一、宜注重团结合作的训练，养成有纪律有秩序的精神。实行军事管理，俾一班青年，进能执干戈以卫社稷，退能操劳役以服务社会。二、宜努力研究科学，迎头学上去，不但希望在科学能有相当的准备，而且能够生活科学化。三、宜普遍地灌输国家意识，有牺牲小我的决心，谋大我的发展。"③也有人提出："基督教是富有社会性的，所以基督教学

─────────

① 徐宝谦：《基督教教育与国难教育》，《中华基督教教育季刊》，第十二卷第二期，1936年6月，第41～42页。
② 江文汉：《基督教教育与国难》，《中华基督教教育季刊》，第十二卷第二期，1936年6月，第39页。
③ 王治心：《我对于国难教育的意见》，《中华基督教教育季刊》，第十二卷第二期，1936年6月，第40页。

校也当社会化。以往的学校大都是寺院式的，与社会不发生关系，久已失却学校的主要功能。非常时期的教会学校，除训练在校学生外，应负起推进一地社会事业之责；如组织民众，训练民众，改善民众的生活！提高社会文化等工作，均应努力进行。"[1] 还有人提出："青年有社会的意识、集团生活、特种训练"，要让他们"认识时事、到民间去、战时训练。"[2] 所以，基督教教育社会化便成为增进精神训练的主要途径。

结　论

自1922年巴敦调查团提出基督教教育要"更有效率、更中国化、更基督化"以来，特别是经历1920年代的非基督教运动，中国的基督教教育社会化进程已经全面开启，并在各国方面加速与中国社会的融合，而1930年代日本侵华更是进一步加深了这一进程。当国难来临，举国讨论救国之际，中国基督教教育界转而反省自身，并提出以精神教育作为应对国难的主要策略，这种行为本身就是基督教教育社会化。正如时人所言："基督教教育以培养博爱、牺牲、服务的人格为中心工作。其教义是以建设天国为目标，以人类一家，做出发点。所以反对弱肉强食，和互相残害的战争事件而勉励信徒为正义真理奋斗，虽至牺牲个己生命亦所乐为。对于穷苦受迫负重的民家则必扶助救援使得丰富的生命。三千年来基督徒所以能负此济世使命的，则在其根本信仰宇宙间惟一主宰的存在，而且这个主宰是公义、仁爱、大公无私。乐善厌恶的。所以善必终胜，恶必终败。凡人从这原则立身行事即是与上帝同工，共参天地化育于无穷。这种信仰，和能应用这信仰于社会国家问题上的人格，不但是解除国难的最急需条件，也是理想世界所能造成的要素。"[3]

"更基督化"是基督教入华的主要目的，"更中国化"是实现"更基督化"的有效途径，而"社会化"则是实现"更中国化"的主要途径，这一逻辑链条是自1920年代以来中国基督教界解决自己困境的主要方式，1930年代的"精神救国"也没有脱离其轨道。从某种程度上说，从精神思想层面解决中国人的问题是共度国难的最长效的办法，然而国难毕竟是短暂的，而精神教育却要付出长久的努力不可，这或许是人们诟病中国基督教界抗战保守的主要原因。

① 童润之：《非常时期的基督教教育》，《中华基督教教育季刊》，第十二卷第二期，1936年6月，第46～47页。
② 沈体兰：《非常时期之基督教学校》，《中华基督教教育季刊》，第十二卷第三期，1936年9月，第42～43页。
③ 林景润：《基督教教育与国难教育》，《中华基督教教育季刊》，第十二卷第二期，1936年6月，第35页。

历史记忆与民众教育——从公众史学的角度解读抗战史的普及教育

暨南大学社会科学部　吴　昱

摘要：抗日战争史的研究不仅事关学术认识的不断推进，也涉及如何在培育民众理性认识抗战历史及中日关系的角度与视野。如何在史学研究与史学教育中取得平衡，尤其是在带有深厚民族情感的抗战史研究中获得研究与教育的双赢，借鉴与采纳"公众史学"的理念，可以为我们开拓一条新的思路，为抗战史的持续研究教育，提供新的途径和办法。

关键词：历史记忆；公众史学；历史教育

在学科专门化越发精细的今天，历史学不可避免地走上了同样的道路。除了学科内部不断细分的朝代史、专门史的研究范畴外，专业化的研究术语与跨学科的理论运用，虽然使得历史学不断朝着"科学"的方向发展，却也使得其本身固有的民众教育功能被相对忽视和弱化。尤其是学院内部的研究成果并不为民众所熟知，而通俗化的史学著作又面临市场热销与口碑参差不齐的尴尬。如何在学术成果与公众教育中寻找一个平衡点，应该是历史学研究者的职责之一。

中国具有悠长的史学传统，"究天人之际，通古今之变"的"资治"功能，一直是中国史学的特色之一。与近代欧洲的"为学术而学术"有所不同，中国传统史学强调研究与教化的功能兼备，学者并非生存于象牙塔之内，而是将所学所得付之于民，以期民智的开化与民心的凝聚。对于中国近代史的研究者而言，这样的任务无疑更为紧迫与紧密：如何将百年的屈辱史和抗争史，以更贴近民众的方式呈现出来，而不仅仅是局限于少数研究者的范围之中，值得我们从理论和实践上去进行努力。

兴起于20世纪70年代中叶的"公众史学"（public history），或许可以成为我们保存集体记忆、进行公众史学教育的手段与方向。值得留意的是，公众史学最早在美国出现时，主要是为了思考史学专业学生的就业方向与社会需求的，因此在培养学生掌握传统的史学技能外，还特别训练学生在运用历史知识思考和解决现实问题上的能力，尤其是培养学生的多重公众服务意识，是公众史学在训练过程中始终强调的问题。由于公众史学强调"要与公众建立专业关系"，因此无论是教师还是学生，都能够以史学工作者的专业知识与职业敏感，处理与公众史学知识的相关事务①。而公众所感兴趣的史料保存、记录管理、展览陈列、集体记忆等问题，都可以通过公众史学的工作来进行，因此对于中国近现代历史来说，这无疑是一个很好的普及做法。

日本侵华与中国人民的抗争历史，既是一段不可忘却的集体民族记忆，又是警示后人的重要历史鉴证。但与此同时，民众对于抗战史的基本史实认知不足，以简单的民族主义情感取代理性的历史与现实思考，则是值得我们关注和持续改进的抗战史教育问题。在这样的背景下，借鉴公众史学的教育理念，推动抗战史的研究与教育的不断深入，应该是我们付诸努力的方向。

一、是什么：公众史学的现实意义

公众史学的学科训练，不同于旧有的历史学专业学科的培养，它更强调将传统史学的资料搜集、研究、解释和写作的技能运用于公共领域，使历史知识和历史阐释有助于思考现实问题，并力图准确理解原始历史材料。而这些课程的设置与教学，是为了服务公众对历史的兴趣与需要，因此与公众建立起密切的专业关系，是公众史学的训练的重要目标。根据服务对象的需要，调整历史知识的深度、难度及解读角度方法，是公众史学的重要特点。简而言之，它是一门以大众的历史趣味为引导取向的学科，重点就是解决公众对历史学的理性与需要。

在美国日渐成熟的"公众史学"运动当中，受到后现代理论及新社会史的影响，"人人都是自己的史学家"、"人民创造自己的历史"逐渐深入人心，通过公众史学工作者的努力，帮助民众"建构自己的历史，让他们明了在塑造和理解事件中自己的角色"，并让历史更容易被人们接受，让历史学科"完成其社会道德责任的方式"②，成为公众史学在实践过程中的认识。有美国的历史学家指出，公众史学培养出来的史学工作者，应该"学习如何为公众作专业水平的口头演讲，如何写专业的报告或者项目提要以满足不同公众需要，如何制定研究计划，包括预算和时间表，了解如何向客户提供有偿的服务，学习如何在项目组或者研究队伍

---

① 韩俐彦：《美国公共史学的研究领域与理论方法》，首都师范大学硕士学位论文，2012年。
② 郎需颖：《美国公众史学运动简论》，复旦大学硕士学位论文，2010年。

中处理关系，而不要只是做一名'与世隔绝'的历史学家"等等①。

值得留意的是，公众史学并不等同于流行或者通俗史学，公众史学其中一个使命，便是分析流行史学中的"低俗"领域，即与公众接近、而且公众喜闻乐见的历史表达的内容。由于公众史学不同于学院中研究型的史学成果，它必须要更多地关注公众的喜好，通过分析公众的关注点来联系学科的研究成果，由此也可以发掘出更多不为学院史学所关注的内容，例如画报作品、历史小说、演义传奇之类。

对于中国来说，公众史学的意义在于，既可以培育民族主义的爱国情感，又不会走上极端的仇恨主义的方向。这一新兴学科根基于严谨的历史学研究和理性的研究态度，在这一基础上采取各种平易近人的方式，推动历史学知识的普及。从根本上来说，公众史学不是通俗史学也不是流行史学，但它可以借鉴前者的形式，在这个传播媒体日渐丰富的时代，推动历史学知识的传播，改变历史学在公众心中的固有印象，同时促进公众对历史学的兴趣，更多地参与到学习、思考和传播的实践中来。

从目前抗战史的研究及普及程度来看，研究成果与民众生活之前依然存在不小的距离，其矛盾突出表现在研究程度的深入与民众抗战知识的匮乏。由于研究成果与民众生活的隔阂，容易造成两方面的问题：一是对待抗战历史的理性态度的培养，特别是如何正确对待和处理中日关系，不少民众尤其是年青一代缺乏理性和科学的态度；二是对待抗战的遗迹遗物的态度与思路需要进一步改善，尤其是国民党军队抗击日寇的遗迹、遗物及相关的文字、图片记录，有待进一步系统地整理、恢复及向公众开放，普及教育②。

二、怎么做：公众史学与抗战史的普及

理解了公众史学的本身用意，便可根据这一新兴学科的特点，结合我国目前在抗战史教育中的特点，来进行相关的教学安排。具体而言，大概可以从以下几个方面着手：

---

① G. Wesley Johnson, "Professionalism: Foundation of Public History Instruction", *The Public Historian*, Vol.9, No.3, p.108.

② 如孙立人将军率领入缅作战的国民党新一军，在抗战胜利后于广州建有新一军公墓，然而由于历史原因及城市建设的需要，公墓的原貌已经遭到明显破坏，而不少新一军的战士均奔走呼吁，重新恢复公墓的原貌（http://epaper.oeeee.com/G/html/2014-03/15/content_2036496.htm）。

第一，在专业院系中开设相关课程，培养公众史学的专业人才。从目前我国历史学的培养人才方式来看，基本仍是以专业型人才的培养思路进行教学，未来可以借鉴公众史学的概念，与校外相关的单位、机构开展公众史学的研究合作，尤其在档案整理、口述历史的挖掘、历史文物遗迹的开发保护、历史知识的普及传播方面进行有针对性的教学部署。

第二，重视多层次多手段的史料收集、整理和普及方式，尤其注重使用现代的科技手段，开发与保存相关的史料。在互联网时代以及大数据技术的运用下，可以通过个体的上传共享，形成一批可供使用的民间抗战史材料，进一步开发与深入对抗战史的认识。当然，与此同时，学界也应当逐步建立对网络资料库建设的统一标准，以便于研究者的引用与研究。

第三，公众史学的目的，在于以更加有效和平易近人的方式，向民众普及历史知识。不同于学院式研究的严肃，也不同于通俗史学的戏说，公众史学需要以更加多样化（例如图片、视频）等手段，吸收专业研究的最新成果，使用新式的传播技术对民众进行普及，包括使用纪录片、网站、网络数据库、论坛、慕课（MOOC）等方式，推动公众史学的普及与教育。

著名历史学家钱穆先生在其名著《国史大纲》中曾称，"当信任何一国之国民，尤其是自称知识在水平线以上之国民，对其本国已往历史，应该略有所知"，而对本国历史知识略有所知者，"尤必附随一种对其本国已往历史之温情与敬意"，方不至于"对其本国历史抱一种偏激的虚无主义"，"而将我们当身种种罪恶与弱点，一切诿卸于古人。"惟有国民具备了对待本国历史的正确观念，"其国家乃再有向前发展之希望。"[①] 可见历史素质的提升，对于国民素质的养成与提高，具有不可磨灭的作用。但在目前我国的教育体系当中，历史学的教育显然不是主体内容，而大部分国民的历史知识，却又是在学校（尤其是中小学中）获得。如此一来，匮乏的历史知识与国家社会发展的需要显然有着不小的距离，因此对于学院中的研究者来说，提高学术研究的深度固然重要，但普及研究成果与提高国民的历史知识水平，同样也是迫不及待的问题。

三、小结：携手努力，推动公众史学的发展

学术研究的深度，是推动公众认识的基础；而公众历史知识与历史理念的增

---

① 钱穆：《国史大纲·序》，北京：商务印书馆，2013年版。

加与提升，又能引导研究的兴趣与民族素质的提高。从根本上而言，两者是相辅相成、互相促进的作用。通过公众史学作为两者的中介平台，既能将具有现实意义的历史教育赋予民众，又能加强与推动学院中的专门研究的深入，更可以培养一批具备理性历史思维的历史从业者，并在正规教育体系之外不断推进民众的历史认知水平，可谓一举多得。

诚然，抗战史凝结了中国人的深厚的民族情感，因此在宣传教育上，尤其需要注重史事本身的真实准确，以及教育普及过程中的实际效果。"公众史学"的概念引入，无疑为我们在正规的史学研究与对民众的史学普及中取得一个相对的平衡，是一个值得我们付诸探索的课题与领域。

抗战时期正面战场所展现的中华民族凝聚力

华南农业大学人文学院　何方耀

8月15日是一个令中华民族永世难忘的日子，七十年前的这一天日本宣布无条件投降，进行了13年艰苦卓绝抗战的中华民族终于取得了最后胜利，这也是自鸦片战争以来中华民族在反抗列强侵略中取得的第一次完全胜利，它标志着近代以来中华民族在反抗外敌侵略中每战必败的屈辱历史的结束，宣告了一个新时代的到来。七十年后的今天，当我们反思这场战争时常常发现，对于这场关乎整个民族命运的伟大战争总体进程和构成战争每一个方面并非总是得到了全面而又客观真实的理解和解读，比如说对正面战场国军将士的表现和作用，尽管有了越来越客观的记述和评价，但仍然有进一步讨论的地方。本文不准备讨论整个正面战场，仅仅拟就正面战场国军将士所表现的中华民族凝聚力做一简单评述，以就正于方家并以此纪念那些在战争以身殉国的先烈和将士。

一、"内战外行，外战内行"的国军将士

新中国成立后，特别在改革开放前，对抗战中由国军将士主导的正面战场的评价一直是一个敏感的话题，即使是研究中国近现代史的专门教课书往往都一笔带过，语焉不详。改革开放以来，随着两岸三地交流的日益频繁和深入，对抗战正面战场的研究也逐步走向深入，全面和客观地研究正面战场的专门论著日益增多，描述正面战场的影视作品也趋于客观平实。

的确，在正面战场上许多国军将领立下了赫赫战功，许多将领更是战死疆场、以身殉国，如张自忠、赦梦龄、冯安邦、王铭章就是其中的重要代表。但有一个矛盾的现象就是许多在抗战中屡立战功的国军将领和著名部队在以后三年国共内战中却被解放军打得丢盔弃甲、溃不成军，如张灵甫及其率领的七十四师就是典型代表；也有一些在抗战前国共内战中表现平平的将士和部队，在抗日战场上却英勇无比、大放异彩，如谢晋元所率领的"八百壮士"坚守上海四行仓库的壮举就让世人称羡不已，因此，一些人认为国军将领是"外战内行，内战外行"。

1. 内战使军魂武德暗然失色

就抗战前的国民政府而言，虽然有一个南京中央政府，但实际上中国并未取得真正意义的统一，云南、贵州、四川、山西、广东、广西，更不用说东北三省实际处于半独立状态。军队被分成中央军和地方军，中央军中又有嫡系和非嫡系之分，因此，拉帮结派、相互拆台，有时甚至相互火拼便成了国军的家常便饭。1927年南京中央政府建立之前，主要是不同军阀之间的武装冲突，1927年之后，除了中央军与不同地方派系军阀之间的战争外，主要是国共两党之间的武装斗争。由于连绵不绝的内战，不同派系之间你死我活的斗争，拥有军队则存，失去军队则亡；兵多则地盘多，兵少则地盘少；对多数国军高级将领而言，失去军队就意味着失去了一切。因此，他们不把军队看成是国家抵御外侮的工作，而是将其看成自己谋取权利地位的私产。这种观念本是近代军阀混战的"遗产"之一，国民党军队也完全继承了这一遗产，视自己的部队为自己飞黄腾达的本钱，一事当前，不是相互合作，而是相互推诿，保存实力，牺牲对方，因为踩倒对方自己就多了一分机会。因此，长久的内战使中华民族传统的同仇敌忾、抵御外侮的军魂武德丧失殆尽。而日本帝国主义对中国的全面进攻、亡国灭种的空前危险却逐渐唤醒了这种传统的军魂武德。

2. 抗战的烽火唤醒了国军将士共御外侮的军魂武德

抗日战争的全面爆发终于将所有国军将士推到了民族战争的最前线，面对亡国灭种的危险，面对残酷而疯狂的日军，国军将士心中久违的军魂武德逐渐恢复，从下层将士到高级将领，逐渐抛弃前嫌，奔向战场，在敌强我弱的环境下不畏强暴，奋起抵抗，谱写了一出出感天地、泣鬼神的英雄篇章，用自己的血肉之躯铺平了通向最后胜利的道路。

谢晋元率领的八百壮士在上海四行仓库的坚守和张自忠在台儿庄战役中的表现就是这种转变最为典型的例子。

淞沪抗战中的谢晋元团在孤岛般的四行仓库抗击数十倍于自己的日军，坚守四天四夜，最后成功撤入英租界，这就是人们耳熟能详的"八百壮士"。其实所谓的八百壮士只有420人，是国民革命军第88师262旅524团第一营的官兵，他们最初的任务是掩护大军撤退，在完成任务后，于1937年10月26日，在谢晋元团长的带领下来到第88师原来的指挥部四行仓库。为了迷惑敌人，用524团的番号，对外宣称800人，创造了举世震惊的军事奇迹，重塑了中国军人的光辉形象，获得了各国军人的尊敬。当他们最后撤退到英租界时，一向瞧不起中国军队的英军对这些创造了奇迹的中国普通军人表示了由衷的敬佩和友好，上海英国驻军总司令史摩荣将军亲自指挥英军压制日军火力，掩护中国壮士撤退，并赞叹说："我们都是经过欧战的军人，但从来没有看到比中国'敢死队'最后保卫闸北更英勇、更壮烈的事了。"[1]

实际上"八百壮士"既非行伍世家，也非国军的嫡系部队，他们大部分是湖北保安大队的士兵，这支部队在抗战前主要用于对付湘鄂西的红十六师，在与红军的冲突中屡吃败仗，士兵开小差成风。直到1937年10月，他们才从武汉出发，到上海参加抗战。何以当他们走上抗日战场之后却一扫往日的萎靡之风，做出了让世人刮目相看的惊人壮举呢？个中的原因当然是复杂的，但最重要的一点就是，他们找到了中国军人的真正归宿和方向，抗战的烽火唤醒了他们心中传统的军魂武德。内战使他们萎靡不振、灵性尽失，那是因为他们的行动违背了中国军人的传统天职，对国家民族起到了离散作用，而当他们走向抗日战场之后，找到了军人应有的用武之地，顺应了具有悠久历史的中华民族凝聚力的发展方向，中华军人固有的爱国热情、固有的勇气和力量、固有的智慧和信心，像火山一样爆发出来，警醒了的灵性使他们一展中国军人的雄姿，谱写了一出中华民族的英雄史诗。

如果说八百壮士代表了国军的下层将士的话，那么张自忠在台儿庄中的表现则代表了上层将领的转变。

张自忠是抗日战场上以身殉国的最高级别的国军将领。1938年3月，在著名的台儿庄战役中，日军为进行台儿庄争夺战，进逼山东临沂城下，以优势兵力围攻庞炳勋第40军的五个团。临城告急，而当时周围各部都在与日军苦战，第五战区司令长官李宗仁只好请求刚刚调到该战区的张自忠部火速驰援庞部。而张自忠与庞炳勋素有私仇，他俩曾经同是冯玉祥的部下，1930年蒋冯阎大战时，庞被蒋介石收买，阵前倒戈，突击张自忠师指挥部，张只身逃脱，险遭不测。张自忠直到参加临沂会战前还说，在任何战场上皆可拼死一战，唯独不愿与庞炳勋一起作战。可是在李宗仁讲明情况、晓以大义之后，张当即表示，"绝对服从命令，请长官放心"。并立即率领部队以每日180里的急行军驰援庞部，经过浴血血战，终于解了临沂之危，彻底粉碎了日军坂垣、矶谷两师在台儿庄会师的企图，造成台儿庄血战时矶谷师团孤军深入的局面，为台儿庄围歼战的胜利打下了坚实的基

---

[1] 秦人、晓卜：《东方帝国梦》，北京：光明日报出版社，1994年版，第231页。

础。如果张自忠公报私仇，或拒不出兵，或只是做出一种姿态而无实际行动，那么庞炳勋部很可能全军覆灭，这在历次的内战或军阀混战中是常有的现象，但在面对日寇这样一个全民族共同的敌人时，张自忠以及其他大多数国军将领做到了捐弃前嫌，一致对外，共御外侮。

当然，即使在抗日战场上，国军部队之间，嫡系与非嫡系部队、中央军与地方军之间互不配合、互不买账以致贻误战机的事也时有发生，但终观整个正面战场，特别是与抗战前和抗战后的内战相比，抗战时期国民党军队高级将领间的合作关系是最好的。这当然不是日军想要看到的结果，他们希望中国军队相互内斗，相互火拼，从而达成各个击破，进而迅速征服中国的目的。但他们没有想到的是其全面的侵略战争，其卑劣而又残酷的战争手段不仅没有使中国军队更加内斗冲突，不仅没有使中华民族的离散力加强，相反，日本帝国主义的侵略作为一个逆增上缘，激活了中华民族固有的凝聚力，激活了中国军人，特别是国军将士同仇敌忾、共御外侮的军魂武德，各民族、各党派、各部队之间呈现了更大的凝聚力，使一直内耗不已、离心离德的国军将士团结在抗日救亡的旗帜之下，创造出了许多战争奇迹，直到夺取抗战的最后胜利。

二、抗战所催生出国军共御外侮的民族凝聚力

日本帝国主义的侵略对中华民族来说既是一场空前的灾难，也是一次难得的机会，是中华民族也是中国军人一次浴火重生的机会。正如写下《论持久战》的毛泽东所指出的那样，"中日战争将改造中日两国：只要中国坚持抗战和坚持统一战线，就一定能把旧日本化为新日本，把旧中国化为新中国，中日两国的人和物都将在这次战争中和战争后获得改造。"[①]抗日战争不仅给国军将士带了生与死的考验，也带了重铸军魂武德的机遇。抗战的烽火促使国军上下对自己的存在进行重新定位，从萎靡不振中警醒过来，进而形成了一致对外，共御外侮的强大民族凝聚力。

1. 浴血奋战的下层将士

如果说战争把军人推到了冲突的最前沿，那么站在前沿阵地第一线的则是广大的士兵和下层将士，是他们用自己的鲜血和生命筑起了一道道抵抗侵略、保家卫国的长城，是他们用自己的牺牲换取了战争的最后胜利。在正面战场上，在敌

---

① 《毛泽东选集》(四卷合订本)，第425页。

强我弱的情况下，战争的残酷和惨烈，绝大多数落在了他们身上。落后就要挨打，没有谁比抗战前线的将士更能体验这一真理的深刻与残酷了。

敌强我弱是抗日战争最大的特点之一，面对飞机、大炮、坦克和毒气武装起来的日本侵略者，许多国军战士手中拿的还是落后的"汉阳造"。在武器装备、训练水平和技术水平远远落后于敌人的情况下，毫不畏惧地与敌人拼死搏斗，用自己的血肉之躯铺平通向胜利的道路。在抗战正面战场上，在通常的战斗中，5个中国士兵才能换得一个日本士兵的性命。台儿庄战役歼敌近万，国军牺牲3万人；淞沪抗战，日军死伤近4万人，国军的伤亡则数倍于敌人；在武汉保卫战期间的万家岭战役中，薛岳将军指挥的第一兵团官兵歼敌1万余人，而自己的伤亡在3万以上；在1940年张自忠将军以身殉国的枣（阳）宜（昌）会战中，第五战区第33集团军和第11集团军重创敌人，自己的伤亡人数已不是5倍，而是7倍于敌人。敌强我弱的残酷现实使中国将士别无选择，在亡国灭种的危机面前，中国将士除了以死相拼外，别无他途。他们不能等到我们的国家和民族强盛之后再来进行民族自卫战，野蛮的侵略者处心积虑地要把亡国奴的厄运强加到每个中国人头上，作为保卫国土的军人，抵抗到底便成了绝大多数中国军人的唯一选择。

从白山黑水的东北，到岭海之间的东江河畔，从现代都市上海到莽莽丛林的滇缅战场，到处都流淌着中国将士的鲜血，到处都是他们为国捐躯之所，他们中的大多数生前没有留下什么豪言壮语，死后连姓名也不为人知，但正是在他们身上展现了中国军人的顽强与勇敢，展示了中华民族强大的民族凝聚力。

2. 国难当头的高级将领

在当前情况下，对国军高级将领进行全面公正的评价仍然是一件困难的事，他们处在一个特殊的历史时期，有着特殊的复杂经历。他们绝大多数在战前都参与了军阀混战，都曾是大大小小的军阀，许多人都参加了对中国共产党所领导的红军的围剿；抗战胜利后，他们又马上参与了对抗中国人民解放军的内战，并被彻底打败。但仅就其抗日战争中的总体表现而论，八年抗战中他们是有功之臣，基本上做到了枪口一致对外，他们绝大多数亲自参加、指挥了正面战场的大小战役，顺应了历史的潮流，体现了强大的民族凝聚力，这主要表现在下面几个方面：

首先，当日本帝国主义发动了全面的侵华战场之后，绝大多数国军高级将领反对妥协投降，主张奋起抵抗。综观整个抗日战争，叛国投敌的国军将领虽然不少，但绝大多数国军将领没有投降，并坚持抵抗到战争的最后胜利。其次，在抗战时期，国军将领表现出比其他时期更好的合作共事关系。虽然派系之争一直是国军一个不能解开的死结，但在抗战时期，在空前的民族危机面前，国军高级将领之间这种矛盾和冲突得到了较好的调节和控制，大多数高级将领能摒弃前嫌，相互配合，共同抵抗日军的侵略，前文提到的张自忠支援庞炳勋就是一个具体的例子。这说明在抗战烽火的警醒下，在民族危急存亡的紧急关头，国军将领之间的向心力和凝聚力呈增长趋势。最后，抗战时期，许多国军高级将领充分发挥了他们的军事才能，打了许多漂亮仗。正面战场尽管是败多胜少，但还是有许多战役指挥得相当漂亮，即使战斗的最后结果仍然是失败和退却，但却消耗了日军的有生力量，为最后的胜利奠定了基础，如李宗仁、宋希濂、薛岳、吴奇伟、张发奎、宋哲元、孙仲连、俞济时、王耀武、张灵甫都因成功指挥了一场或数场重要战役而名噪一时，抗战成为他们一生中最为辉煌的时期。

三、正面战场抗战活动对全民族的鼓舞和凝聚作用

正面战场的抵抗活动主要是由国军全体将士承担和进行的，下层将士的拼死抵抗和上层将领的团结一致是战争胜利的保障，正如前文所述，虽然国军将领中不乏动摇投敌者，但绝大多数将领坚持到了战争的最后一刻；虽然正面战场总体上是败多胜少，一年之间兵败如山倒，丢掉了大半个中国的领土。但是，我们绝对不能因为其失败而抹杀其应有的历史地位，也不能将正面战场的失败简单地归结为片面抗战路线。正面战场所显示出的不屈不挠的抗争精神，所体现出的前所未有的民族凝聚力，都为战争的最后胜利，为中国军人的浴火重生，为中华民族的振兴奠定了坚实的精神和物质基础。

1. 铸造了全民抗战的良好基础

希望中国军队散沙一盘，进而相互争斗以获渔人之利一直是日本帝国主义的既定目的，他们利用各种手段拉拢、扶持国民政府投降派，挑拨国、共之间，国军派系和将领之间的关系，扶持亲日势力以分化中国反抗力量，而且也取得了一定的成功，各地不断出现的汉奸伪军以及汪精卫的投敌就是这种挑拨、分化的成果之一。但是以蒋介石为首的国民政府，国军的绝大多数高级将领没有为日军的挑拨、拉拢所动，坚持抵抗，即使明知最后的结果是失败，也坚持抵抗到底，淞沪抗战、南京保卫战、武汉保卫战、长沙会战，长德保卫战无不以失败而告终，但是坚持抗争，决不投降就是对日寇挑拨、分化之策最为有力的回击，就是对全

国人民抗战决心的最大鼓舞。特别是在抗战的初期阶段，正面战场的拼死抵抗使中国军队赢得了国际社会的认可和同情，鼓舞了全国人民的势气，为抗战的最后胜利铸造了良好的思想基础。

2. 粉碎了日军快速征服中国的企图

正面战场的多数战役虽然以失败而告终，但却消耗了日军的有生力量，遏制了日军的疯狂进攻势态，粉碎了日本侵略者"三个月灭亡中国"的狂妄叫嚣，为中华民族最后战胜日本侵略者、为雪洗近代以来对外战争每战必败的屈辱奠定了坚实的基础。敌强我弱，中日之间的战争为持久战，这基本是国共两党的共识，国民政府制定的抗战总方针也是"积小胜为大胜，以空间换时间"持久消耗战略，这与毛泽东《论持久战》中的思想异曲同工。因此，从战争的总体进程而论，战争初期由国军主导的正面战场一系列失败的战役就有了它特别的价值和意义。

从上海到南京、从南京到武汉、从武汉到重庆，国军节节败退，日寇则步步紧逼，占领了中国的过半国土，但这些国土却不是没有代价即唾手可得的，每一寸土地，每一座城池，国军都进行了拼死的抵抗，虽然总体伤亡数量上，国军远高于日军，但日军却也是在付出了惨重代价之后才得到这些国土。因此，日军得到的是土地城池，失去的却是自己的有生力量。对处于小国地位的日本来说，这是致使的，它在贪婪地占领了中国大片土地的同时也消耗了自己有限的力量，直到它精疲力尽，直到最后走向失败的深渊。

3. 促进了相持阶段的提前到来

能否将中日间的战争变成一场持久战，让战争进入相持阶段是其中的关键一步，亦即正面战场的国军如果不能抵抗住日军的进攻势态，就无法转入相持阶段，也就无法取得战争的最后胜利。而这个相持阶段决不是自然而然地到来的，它是消耗日军的有生力量直到它无力发起大规模的进攻为止。一般认为1938年10月武汉、广州失陷之后，中日间的战争开始进入相持阶段，而这一相持局面的形成是双方都倾尽全力拼死较量，而双方都无法一下子将对方置于死地之后形成的平衡状态。

正面战场一年多的较量双方都付出了惨重的代价，而国军更是惨不忍睹。当武汉保卫战结束，日军占领武汉三镇，国民政府被迫迁移到重庆时，数以百万的普通士兵、数以万计的下层将士、数以千计的高级将领牺牲在战场上了，国军的海军和空军更是消耗殆尽。当海军总司令陈绍宽登上他的最后一艘战舰"江犀号"

从武汉向重庆撤退时，他身后已没有一艘军舰了，它们不是被炸沉就是为了阻敌而自沉了；而当空军退抵重庆时则已没有办法组成一个飞行大队了，曾经在苏杭上空重创日本空军的年轻的中国空军只剩下几架破旧的教练机停在重庆的沙坪坝机场。

但国军这种惨重的牺牲并没有白费，它让日寇也精疲力尽，深陷战争泥潭而无力发动战略性的进攻，战争被迫转入相持阶段，日寇迅速灭亡中国的美梦也成为泡影。中华民族则从国军的誓死抵抗中凝聚起信心和力量，整个民族呈现出共御外侮、救亡图存的强大凝聚力。

4. 赢得国际社会正义力量的同情和支持

正面战场虽然在节节败退，但是在步步抵抗，从淞沪抗战到滇缅战役，正面战场虽然是败多胜少，但国军始终没有投降，即使汪精卫叛国投敌了，重庆国民政府仍然誓言抵抗到底，这向全世界显示了中华民族血战到底、决不屈服的勇气和信心，从而也赢得了国际正义力量的同情和支持。

早在武汉保卫战时，苏联就派出航空志愿队与中国空军将士并肩作战，后来美国航空志愿队也来华参加抗战。太平洋战场爆发后，美国的援华物质更是源源不断地运往中国，在滇缅公路被切断后，在中国被彻底封锁的艰难岁月，美国以损失3000多架飞机为代价，从危险的"驼峰"航线运来的援华物质使中国的抗战度过了最为艰难的时期。而正面战场的不屈抵抗和英勇斗争则是赢得这些国际援助不可或缺的基础。

四、结语

抗战的烽火已经过去了近七十个春秋，但这场战争对中华民族的影响却从未缩小和淡去，它如警钟一样长鸣在整个民族的耳畔，它如镜子一样反映出我们当下的民情国策，它如战鼓一样敲击着中国军人的心灵。无论何时何地，我们都有重新审视这场战争的必要，无论哪个方面，当我们重新审视这场战争时都会有新的发现和解读。对抗日战争中正面战场的研究和解读远未透彻，正面战场所展现的民族凝聚力、正面战场所显示出的军魂武德、正面战场所反映的经验和教训永远都是一个历久弥新的话题，这是中国军人要重塑自己，中华民族要超越自己都应不断反思、研究的重要课题。

武学使命：反思第二次世界大战民族苦难 重塑中华尚武精神

陈家沟太极拳国术馆　祁俊平

中华文明史源远流长，中华武术史人才辈出。中华文明之所以能够如同江河之水滔滔不绝，依然勃发着生机与活力，令世界感觉到神奇，这有赖于古代先哲创造的伟大智慧，有赖于王侯将相的文韬武略，更有赖于志士仁人的奋不顾身。每次想起第二次世界大战，就会想到遭遇残酷迫害的四处流散的犹太人，他们虽拥有巨大财富，却因长期失去故土而任人宰割。犹太人在第二次世界大战的经历提醒我们"富而不强"必然遭致掠夺和迫害，而清朝末年，中国不断被欧洲列强侵占的国土逐渐变得"贫病交加"，内外交困，为了寻求救国之道，许多青年才俊去我们的邻国日本寻求富国强兵的救国之道。

接受日本明治维新思想影响的中国思想家、教育家、政治家体现出激烈的斗争精神，他们不约而同地开始注重培养国人的"尚武精神"。鲁迅强调要医治改造软弱奴化的民族性格，秋瑾与陶成章和徐锡麟在绍兴创办大通师范学堂，召集江南各府会党成员到校进行军事训练，而孙中山在1919年精武体育会在上海举行成立十周年纪念活动时亲自题赠匾额，书写了"尚武精神"四个大字。西方列强的掠夺使中国经济和军事都受到打击，邻国的突然强大令有识之士感受到危机，当中华文明昔日的学生日本也公然入侵中国，屡屡做出种种暴行，中国人才意识到必须自强不息、全力抗争。

前者之鉴，后事之师，距离抗日战争结束接近70年了，中国的电影电视、文学作品，不断上演这段历史以反思民族的苦难，我认为仅仅只有反思还只是停留在思想层面，必须落实到行动，做出改变去改变国人的思想意识和身体素质，这样才能有实力保证不再让历史重演。

追溯历史，中华文明曾经是强悍的、健壮的，充满激情、斗志昂扬的。现代人可以通过诵读《汉乐府》民歌、初唐诗歌感受到汉唐时代的精神面貌。在南北朝时期的民歌也出现"花木兰替父从军"的故事，表达出自强不息、保家卫国人人有责的民族品质。此外，民间流传的"杨家将"、"岳家军"、"戚继光抗倭寇"等英雄故事也通过弘扬英雄故事而培养一代代中国人的骨气和正义感。而汉唐诗歌的"边塞风景"，民间故事的英雄传奇，都离不开中华文明的"尚武精神"和"武术传统"。

国防大学刘明福教授认为"中华民族的尚武精神，在奠基时代和高峰时代，有三个英雄人物对于中华民族尚武精神的形成和尚武文化的创造，具有标志性作用。"首先秦始皇以武力实现中国统一，他的成功实践说明了一个道理：没有尚武精神，就没有中国的统一。汉武帝所表现出来的民族性格，不只是热爱和平，而且是不怕战争。汉武帝以武力以进攻根除匈奴带来的隐患，证明了一个道理：也就是说没有进攻精神，就难以从根本上消除民族生存的忧患，就难以使国家赢得持久生存和稳定发展的战略主动权。第三个人是唐太宗李世民，他创造了大唐时代的辉煌，证明了一个道理：尚武必须尚强，一个尚武的民族必定是一个"尚强"的民族，而不只是一个"尚富"的民族。

我出身于武术世家，后来有幸师从陈氏太极传人王西安大师习练太极拳，耳濡目染，身心交融，武学如同一门学问，如同一种修行，在不断塑造着我的人格。处于对这种武学精神的喜爱，我也投身武术教学，与儿童、成人武术爱好者打交道，同时我关注武术学习者的成长，特别是他们精神面貌的变化。

我认为，中华武术是"贵族的运动"，特别是太极拳，它是一门动态的哲学。一边习练太极，一边感悟人生，我们可以动静自如，感受到与自然的和谐，同时也感受到自身的强大。中国创造了众多武术流派，又出现许多精通医学的大家，然而中国人在20个世纪曾经被称作"东亚病夫"，这才是值得令人反思的问题。为何我们守着金山银山而贫穷不堪，为何我们拥有武术传统而虚弱不堪，我觉得首先是我们的民族精神弱了，让国人忘记了自己的传统，忘记了自己的"宝藏"，我们在学习西方先进科学技术的同时，也不能把自己的优秀传统一下子给失落了。学习我们的邻居日本，他们用大量人力物力保存古代建筑，他们用大量时间物资保护传统手艺，然后在儿童教育中不断融入"民族文化"的营养，让儿童感受到古代文化的智慧，以自己的国家为荣。

空手道、合气道、剑道，这些日本武术已经普及到日本的中小学，根据我对留学生的访问调查，日本儿童在小学期间必须选择传承民族文化的课程，比如茶道、花道、剑道、空手道，其重点首先是"礼"，学习师徒之礼，学习同门之礼；其次是"心"，学习专注，学习坚持。在此基础上，小学生经常要练习集体行动能力，比如一群孩子站成一排，与其他的群体比赛整体的奔跑速度，比如一群孩子在学习的空余时间排练本地的民间舞蹈，每天在同一时间集合训练，在表演的那天感受到合作的成果，也同时传承了本民族的文化。这些做法都值得我们的教育家，也值得包括我在内的武术教育者借鉴学习。

孙中山先生是一个善于学习的伟人，他之所以提出"尚武精神"，是受到西方文化和日本文化的影响，也是来自对民族命运的忧患。1919 年 10 月 20 日，他在《精武本纪》序言中说到："我国民族，平和之民族也。吾人初不以黩武善战，策我同胞；然处竞争剧烈之时代，不知求自卫之道，则不适于生存。且吾观近代战争之起，恒以弱国为问题。倘以平和之民族，善于自卫，则斯世初无弱肉强食之说。"他认为在竞争激烈的时代，国人要互相鞭策，自强自立从而善于保护自己。

现在这个时代，中国不再贫穷，第二次世界大战时候中国任人宰割的历史似乎已经远去，幸好中国的国歌一直提醒我们"中华民族到了最危险的时候"，我们不忘历史，就必须强悍中国人的精神人格。

第二次世界大战中国民遭遇集体屠杀却无力反抗，体现了中华民族反抗精神的缺失，中华文化曾经的强悍气质荡然无存。我们的武学典籍，我们的中国功夫，被这些苦难震动了，陈式太极拳逐渐突破了传统的束缚，愿意将传统的武术文化传播到全国，甚至全世界，因为它是中华文化的精华：体现着自强不息的尚武精神以及自利利他的生命哲学。

根据我学习和教授武术的经验，太极不只是强调技术的武术，而且是一门跨学科的学问，包含了哲学、兵法、医学、运动学、管理学的丰富内涵，从小练习武术的孩子在学校学习中表现出良好的专注力、好奇心、平衡感、团队精神和勇于挑战的气魄，他们的父母感觉到孩子体质增强了，而且精神也更加强大了。这样的强大是内在的信念的强大，他们懂得不断完善自我，追求卓越，称为优秀的人，可见习练武术与学习能力是有相互推动的效果。我在教学中一直提醒习练太极的武术爱好者：太极不只是搏击术，我们要学习太极哲学，做人做事"要欲劲不顶，顺势而为"。

我认为太极在这个时代的意义就是让中国人变得强大，带着强大的心灵去过健康幸福的生活。太极拳是典型的中华武术，符合中国传统文化的精神，它不仅仅强调与自然和谐，而且教会我们"战斗的艺术"，也就是在习拳过程中学习"敌不动我不动，敌未动我先动，后发先至"。国民素质的提高有赖于身体素质的发展，习练太极，内可修心养性，强身健体，外可防身自卫 保家卫国。

"敌不动我不动，敌不动我已至"，太极的动感和速度会逐渐改变国人对它的偏见，尽管太极拳顺应传统文化理念，强调和谐，但是在遇到不和谐时候，会表现出强大的力量。所以，首先正确的理解是习拳的过程本身是一个修炼过程，在和谐状态下，保护自己。此外，太极拳包含辩证关系，练习过程中似乎强调缓慢放松，但是太极拳的慢是为了追求更快，不是为了追求慢而慢。

最后，我想表达的是请大家不忘记历史，我们作为教育者需要的是帮助大家落实到行动，落实到生活，如何去强大国人的内心和体质。强大国家不仅仅有经济的强盛，还要谨慎精神的萎靡不振和身体的虚弱不堪。只有大家都身心健康，积极向上，才能真正的实践敬老爱幼、关注他人和社会的美德。如果人人自顾不暇，人人病弱不堪，那就难以造就社会强健的精神面貌。

正义感、秩序感的缺失会造成恐怖势力的强大，武术的核心思想包含了正义、正气。日本的强大首先是教育的成果，在日本亚运会六万人离场后，一点垃圾都没有留下，这真的让人觉得可怕。而我们对孩子太溺爱，无法培养他们不怕苦、不惧怕的精神，那么他们再次遇到压迫的时候有能力、有勇气反抗吗？

练习武术就是要锻炼勇气和毅力，真正爱孩子，就要让他们的身体和内心强大起来，真的爱国，就让国人的身体和内心强大起来。我们反思第二次世界大战时中国遭遇的苦难历史，就要携手努力重塑中华传统的自强不息、团结奋进、伸张正义的尚武精神。而太极是中华武术的精华，将会引导现代的中国人寻找到生命的平和。

参考文献：

[1]刘明福.弘扬中华民族"尚武精神".决策与信息.2013年第02期.第20~24页.

[2]刘桂海.历史学审视：尚武思想的历程和启迪体育科技.体育科技.2004年第2期.第1~4页.

抗日"神剧"贻害无穷——从《举起手来》说起

东莞理工学院师范学院副教授　郑陶玲

摘要：从电影《举起手来》的热播到"抗日神剧"扎堆的现象，这些故事离奇、内容荒唐的抗战题材的电视剧，由于过度消费历史而造成意义混乱的现象已经蔓延到了日常生活领域，对社会造成不良影响，长此以往，必然贻害无穷。

关键词：神剧；历史；娱乐

记得几年前孩子的同学来家玩，他们围着电视看得津津有味，不时传来阵阵笑声，引得我也加入了他们的行列。电视上正播放2003年冯小宁编导的电影《举起手来》。冯小宁是有名的导演，以拍战争题材影片著称，在此之前导演过《红河谷》《黄河绝恋》《紫日》这些表现抗日的优秀影片，他的电影多表现中华民族的多难、战争的残酷、人们在战争阴霾下的痛苦挣扎，以及文明形态的差异，人性的善恶与扭曲等等。表现的主题是多元的，能唤起观众对惨痛历史的记忆、对残酷战争的痛恨和对人性的反思。而这部电影《举起手来》却一改过去对历史的严肃态度，以恶搞色彩的喜剧化呈现形式，来表现抗日斗争。既无法提供有价值的美学经验，又扭曲大众对抗战的认知并消解民族的历史记忆。这种娱乐化、媚俗化的表现，不得不说是导演的一次大退步。

《举起手来》讲的是一个抗日后期的故事。日军就要败退了，他们想最后捞一把，准备将一尊金佛运回国去，故事就是讲在一个山村里，几个中国人怎样运用智慧保护金佛。遗憾的是，表现中国人智慧的办法，不在于提高自己人的谋略和技术，而在于把日本鬼子弄得出奇愚蠢。所以，故事给人的感觉是，中国人很蠢，但是很幸运，遇上了更加愚蠢的日本人。当然，还有无时不在的老天襄助，比如说，两个五六岁的小屁孩的弹弓真是厉害，不仅百发百中，凭小孩的力气，竟能射出跟枪炮一般远的射程；公鸡叨蛐蛐扣动板机打死鬼子，杀鬼子的方式简单得近乎恶搞。片中潘长江演的日本兵，罗圈腿、外八字脚、斗鸡眼，其丑无比。整个剧中他只有"花姑娘"这一句台词。这个人物出现得实在没头没脑，既没有人物性格，也没有具体身份和任务，纯粹就是出来扮扮小丑，而且扮得极端令人恶心。片中的其他日本军官也都长得歪瓜裂枣、愚蠢至极，甚至连猪食与面条都分不清楚。真搞不懂，日本鬼子是来侵略中国的呢，还是专门来中国出丑的。再说几个奇妙的情节：一个从未开过枪的文弱女学生，非但拿得动、扣得动机关枪，还能闭着眼睛射死十多个日本兵（包括一个埋伏在屋顶的），自己却一点伤也没有受，转着圈子打，也没有误伤到自己人；更奇妙的是，总共就十多个日本兵，其中好些人，大概都死了五六回，不然早就被那个女学生射光了……

从《举起手来》的喜剧化简单化的演绎中，不禁想到建国初期的那些抗战电影。该片中人物脸谱化、日军弱智化，以及抗战的简单易胜的处理，跟过去同类题材电影叙事的固定模式相类似。如《地道战》《地雷战》《小兵张嘎》《铁道游击队》等对抗战的展现简单化、直线型，胜利轻而易举，战争的残酷和非理性状态被英雄主义与乐观主义所取代。问题是，解放初期由于时代和历史的原因，那样来表现作品尚有可理解之处；但到了21世纪了，还那样拍，就不可思议了。

而更不可思议的是，这样的电影却有相当高的收视率，得到了年轻人和普通观众的喜爱，以至于后来拍成系列影片，且在各电视台不断重播。在这种收视率和娱乐导向之下，此类电影和电视剧不但没有得到控制，反而愈演愈烈。这种以娱乐、搞笑为目的的抗战片越来越多，尤其是电视剧以其题材安全、收视率高又有保障的优势导致出现了"抗日扎堆"的现象。比如近年来的《抗日奇侠》《箭在弦上》《永不磨灭的番号》《向着炮火前进》《满山打鬼子》等等。据统计，2012年，全国主要电视频道黄金档共播出200多部电视剧，其中涉及抗战及谍战题材的超过70部。2013年前3个月，即将或已经投入拍摄的抗日剧就有30多部。浙江横店90%的剧组在拍摄抗日题材的电视剧，拥有的30万群众演员，当中就有60%出演过鬼子。

这些抗日剧中也许不乏好的作品，但大多跟《举起手来》都有共同之处，一是把残酷的战争游戏化、娱乐化；二是把日军弱智化、丑陋化。其奇特搞笑荒唐的情节，更是有过之而无不及。在这些剧情中，中国士兵受伤倒下前可以用手榴弹炸毁日军飞行的飞机；中国勇士徒手对付成群荷枪实弹的日军士兵，像撕鱿鱼片一样可以将日军活体撕成两半（网友戏称"手撕鬼子"乃横店一道名菜）；抗日女侠可以在受辱后能量积聚，飞身以弓箭射杀数十名日伪军；还有发射比子弹还快的绣花针；凌波微步、刀枪不入的武林高手等等，真是无奇不有！这种荒唐的剧情里面，显然"抗日"已成为一种背景，各种雷人镜头成为博取观众眼球的"看家本领"。虽以"抗日"为主线，但言情、武打、时尚、科幻、偶像等元素"暗渡陈仓"，借助武侠的路数，辅之各路编剧丰富的想象力，成就了网友们纷纷吐槽遣责的"抗日神剧"！

这种现象也引起了广电部门的重视。央视2013年4月10日的《新闻1+1》节目中盘点、批评了这一系列的抗日神剧。国家新闻出版广电总局在2013年5月16日对全国36家卫视提出相关整改的要求。这种过度消费历史而造成意义混乱的现象引起广大民众的反感，同时也会对社会造成极坏的影响，长此以往必然贻害无穷！

一、忘掉抗战的残酷和雪耻，是对历史的最大不敬

在时下流行的抗日神剧中，神功盖世的"中国人民"玩弄日军如虐杀蚂蚁。而日军愚蠢猥琐，无能弱智。人们不禁要问，如果是这样，抗战居然还要打八年，还能让日军占领半个中国？被他们侵略的中国人该是什么形象？这样来丑化敌人，实际上是羞辱自己，只能表现自己的无能。

战争都是非常残酷的。尤其是中国人民以落后的武器装备来面对训练有素，装备精良、穷凶极恶的日本军人，其悲壮与惨烈是不言而喻的。据记载，淞沪会战是抗日战争时期中日军队之间的首次主力会战，是抗战八年规模最大、持续时间最久的战役之一，震惊世界，可是淞沪战役国军75万不敌28万，国军损失达日军三倍仍失败。[①]

一位老红军谈到与日本兵作战的感受时说：日军不仅单兵作战能力很强，而且部队之间的协同配合也很好，不管是步炮配合，还是小范围的组、班、小队的内部配合，都是训练有素的。不夸张地说，新四军与日军作战，比起与国民党军队作战，真是要难上一百倍。[②]

据统计，整个抗日战争期间，中国军队共进行大规模和较大规模的会战22次，重要战役200余次，大小战斗近20万次，总计歼灭日军150余万人、伪军118万人。而我国付出的代价更为惊人，经过中国历史学家多年研究考证、计算得出，在抗日战争中，中国军民伤亡共3500多万人。[③]

---

① 葛业文：《淞沪会战中国75万军队被28万日军击败》，2013年02月07日，凤凰网历史。
② 姚天成：《看看我军抗日老战士怎样对付日军的"高效作战"》，2013年02月07日。
③ 余承周：《从精神生态视角批判抗日神剧》，《传媒观察》，2014-02。

战争是残酷的，不是游戏，不是喜剧，不是肆无忌惮的夸张和无厘头的嬉笑怒骂。历史是神圣的，不是科幻，不是神话，不是任意想象的"梦工厂"。历史的灵魂是真实，过度的演绎只会让历史"失真"。我们在娱乐至死的"抗日神剧"中看不清历史的真实面貌，又如何看得清未来的路径？"抗日神剧"撕碎的，是历史的神圣感，更是现实的真实感，以及未来的清晰感。

列宁说过"忘记了历史意味着背叛"。一个人忘记了自己的过去会失去前进的方向，一个民族和国家忘记了自己的过去，将会迷失自己民族的根性。而作为大众文化传播手段的影视剧，"抗日神剧"却引导民众逃避历史、忘记历史！这样过多地为了追求搞笑而抱着对历史不负责任的态度去演绎戏说战争史，或许真的会有那么一天，在面临战争灾难重来的时候，我们的那些被这种喜剧战争所影响的年轻一代，会否以一种喜剧的心态去抗争呢？当战争真的来临时，他们是否真的有勇气去拿枪上前线呢？这种回避正史的喜剧化战争史，不但会造成年轻人"游戏战争"的心态，也完全不利于他们身心的发展和世界和平的建设和维护。因此可以这样说："悲壮的历史变成充满喜剧的闹剧，这是对历史的最大不敬，也是对未来的不负责任！"①

二、传播错误的价值观

随着时代的变迁，人们获取知识的来源已经更多地从纸质文字转向了网络和电视，尤其是现在中国电视剧的受众主体，已经集中于青少年和一般知识水准的普通百姓。如果电视剧创作者不能以严肃的态度对待历史，那么作品所呈现的影像及其表达的主题就会误导观众，对他们产生不容小觑的消极影响。据报载，微山湖抗日英烈纪念园内的照相摊使用日本侵华时的"鬼子"装束招揽生意。一些青少年纷纷掏钱过一把"鬼子"瘾，要"享受"一下作为"鬼子"作威作福的乐趣。据凤凰网2011年7月30日报导，黄山市黄山区谭家桥镇的普仁滩景区，为了招揽更多游客，旅游项目中有让游客穿着日本军装，拿着刀枪上演一场"鬼子进村"的大戏。更荒唐的是，2013年18日上午9时许，有网友在微博爆料并附上照片。照片中的多名年轻女子，涂上小胡子，身着侵华日军的黄色服取乐。这些照片在微博上不断被转发，影响很坏。上述的种种行为，就是像抗日神剧那样拿中国人

---

① 陈国恩：《抗日神剧传播的错误价值观》，《文学教育上》，2013-10。

民抵抗日本侵略者的悲壮历史开涮，不再有我们民族遭受侵略的屈辱记忆，也不再有反抗侵略者的悲壮精神。在这些人眼中，历史是空洞的、无价值的，仅是供消费的一个对象，可以抛弃原则和立场，任凭想像装进去各种各样的东西，获得所期待的感官刺激——离奇、血腥、玄幻等。这也说明，一些人在生活富裕起来后缺乏更高人生的目标，内心空虚仅仅渴望刺激。只要能取乐就行，哪怕过后内心留不下任何有价值的痕迹；只要好笑就行，哪怕这笑要通过揭开中华民族记忆中的伤疤。此种电视剧的泛滥，势必将民众、尤其是年轻人导向错误的价值观。变成缺乏使命感，缺乏历史责任感，没有灵魂、没有精神追求的空壳！

三、过度娱乐化商业化带来的精神缺失

传播学者赖斯提出媒介的四个基本功能：监控环境、协调社会、传递文化、娱乐。大众对娱乐的追求本无可厚非，因为人们需要借娱乐来放松身心，满足精神上愉悦，但是作为艺术创造者提供给大众什么样的娱乐，确是值得认真考虑的问题。如果仅仅突出单方面娱乐功能，必然会损害媒介对协调社会、传递文化的功能。文艺作品更具有不可推卸的传递文化的媒介责任。[3]"特别是在处理"抗日战争这样的"民族之痛"时，如果仅仅是为娱乐而娱乐，以感官满足代替了历史思考，那就是对那段惨痛历史的亵渎了，那么战争历史题材所具有的珍贵启示意义也就荡然无存。并且，这种依靠虚假化、恶搞等方式创作的作品，产生的也只能是伪娱乐化的东西，并不能获得心灵上的深层满足及价值取向上的正向引导，难免"贻笑于大方之家"，更不可能获得长期关注。文艺作品虽然有其自身的独特性，它不可能像历史文献一样具体而细微地描述战争，但是文艺作品在虚构的同时必须在深层精神上符合历史的事实。①

同时，急功近利的心态，追求利益最大化。这也是"抗日神剧"泛滥的原因。为了收视率和经济利益，不惜忽视或放弃了影视作品的教育引导作用；管他历史真实、公众感受，总之做足商业元素、暴力元素，甚至情色元素，先赚个盆满钵满最要紧。在这里，抗日成了一门"生意"，正如军事战略学者赵楚认为："这就是大家经常讲的商业民族主义，鸡血也可以是一门买卖，激情、爱国，在很多人的眼中被视为很珍贵价值的这样一份情感，但是对于有一些人，有一些媒体而言

---

① 苏奎：《娱乐·历史·记忆——冯小宁编导〈举起手来〉系列》，《文艺争鸣》，2011-4。

它是一个买卖，他们都可以从运动的扩展和升级过程中获取利益。"毫不夸张的说，这正是民族主义商业化的结果，而这种商业民族主义通常又带着很强的投机心态，只要能赚钱，煽动民族主义也是在所不惜。

对商业利益和娱乐精神的过度追求，必然会导致整个社会带来极大的负面影响。道德为何沦陷，价值缘何迷失，精神为何缺失空虚，这不得不令人深思和反省。更为可怕的是，这股狂潮甚至改变着我们下一代的文化基因，在这个意义上，抗日剧成为谋利利器，是商业伦理上的不道德。

总之，抗日神剧的存在不仅是亵渎文艺创作、侮辱观众智商，更是在贬低自己的民族，使先烈们的流血抗争变得毫无意义，必须得到抑制和整治。而好剧本需要沉淀，在创作战争题材的影视剧时，必须公正、客观地还原真实历史，发掘和刻画中国军人当时在极为恶劣的条件下，付出的巨大牺牲、代价和努力，并以此来表现出战争对生活的破坏、对人性的摧残、付出的各种沉重代价等，最终表达追求和平、幸福的全人类反战主题。

认识日本：道德评判及其他

小议日本人的素质

暨南大学历史系　贾海涛

事实上，从这个话题入手评论日本或日本人本身就是为了应对一些朋友或学生提出的日本人的素质问题或是他们的关于日本人素质的观点。尽管他们的观点我不赞同，他们提出的一些问题令我大不以为然，但既然有这么多人提出来，还是有一个正面、正式的应对为好。对某些观点或困惑，尤其是某种谬见和怪异言论，我们不能视而不见，否则只会让谬见、错觉流传。因此，我决心以此为题，谈点看法，同时破解这个话题或命题，将它搅个底朝天，解构关于日本人素质的神话。实事上，本文的主旨还在于讨论中国人的所谓"素质"。不过，这里所发表的只是此前所写文字的一部分，并不是全文，甚至不是一篇完整的文章。毕竟，这篇文章太长了，不适合全文发表于此。

请勿美化日本：散布仇日情绪不好，为日本辩护更不可取

需要注意的是，在中国人围绕着日本和中日关系的争论或争吵中，一个显著的话题就是关于日本人素质的讨论。这似乎成了某一方，姑且命之为"挺日派"吧，手中的王牌或法宝，似乎这招一亮，对方立马软了，哑口无言似的。而对方似乎也真的感到还击无力，理屈词穷起来。于是，这些"挺日派"洋洋得意，一副真理在握、真相在我的样子，对他们的中国论敌们充满了不屑和轻蔑；而"爱国者"们则更加撇开日本或置日本于不顾，专心致志地破口大骂那些与之唱反调的"汉奸"们了。一些人甚至对所谓"汉奸"起了杀心！一时，神州上下，四海之内，杀机四起！

这个关于日本人素质的神话是颗混淆是非、扰乱视听的老鼠屎，没什么意义，败坏人们的口味和兴致，坏掉了中国民间关于中日历史问题和当前关系大讨论的基调。

有人不理解或不赞成中国人对日本的不满情绪固然有令人困惑之处，但从理论和言辞上击败他们并不难。那些言论会有什么危害或威胁呢？用得着对他们打打杀杀吗？那些对"反日"舆论唱反调的人有不少不着调的东西，甚至有不少更

荒谬的观点，浅薄得很呢。他们借谈"素质"而"媚日"、"挺日"就是一例。本文的主要目的就是剖析并驳斥这种谬论，以正视听。

在一些人看来，中国的一切问题都怪国民素质；中日之间的问题怪中国人素质差；中国人的某些爱国行为也是素质差的表现。这就是那些"挺日派"和"素质论"者的荒谬逻辑！这种观念能不让人反感么！

一些热血义士，如冯锦华在海外做了一些正义的壮举，中国像他这种人太少了，而不是太多。某些暴力的民族主义者和伪爱国者与他们相比是不可同日而语的。中国如果有千千万万的冯锦华们，岂容日本今日如此猖狂！没有冯锦华们，中国人是不是显得太老实，太怯懦，太窝囊了！冯锦华等人所展示的素质让人感佩、钦敬。他们的出现及其英雄壮举让国人热血沸腾。与之相比，肉食者，衣冠之士，其责任感、良知与胆略安在？洞察力又何在？

中国无人了吗？不，义士在民间！草根有真人！

冯锦华等是真正的英雄。英雄起于微末！豪杰出自布衣！这是中国自古的历史铁律。

然而，某些以骂为主的极端的仇日、反日言论和行为则是让人难以接受、难以恭维的。某些在示威游行之际发生的打砸烧暴力行为更是让人痛心。这些骂人者和参与打砸烧行为的人绝对不是冯锦华等爱国义士的同道。让人难以接受的是，那些粗暴的骂人者常常骂错对象，往往将自己的无辜同胞作为发泄的对象和打击的靶子。更荒唐的是，他们习惯于将国内持不同意见者或对其言论不买账的人统统斥为"汉奸"。他们的基本主张是以武器的批判取代批判的武器。他们根本没有批判的武器，甚至也没有掌握任何武器，只会乱起哄、瞎起劲。个别人自编、自导、自演了对日的讨伐，也自我欣赏，动静很大，其实没有几个热心听众和观众，对日本和国际社会也没有产生什么效果。他们的表演和发表的观点令人失望。

对中日关系，某些言行过激的国人其实缺乏真知灼见和反思能力，也不见得有多少爱国热情，尽管他们伪装得很爱国。缺乏理智者是不懂什么是爱国的。他们不明大义，不明就里，不懂历史，不知现实，不清楚未来，也没有什么思路和办法。关于中日关系的危局和困境以及日本右翼的挑衅，他们没有任何破解的高招，也不明白问题所在。不少人根本就没有战略思维与外交常识，关于国际问题的知识不甚了了，或一知半解，关于日本本身更是一窍不通，但他们却非常武断，俨然行家离手，张牙舞爪地指手画脚。某些业余的战略家或分析家似乎占据了舆论的上风，霸占了话语权，颇有一呼万应的威风。实际上，他们只是绑架了舆论，其真实影响力并不大，也并不能真正服众。中国不少人或多或少地附和他们是出于爱国心或义愤，出于对日本的强盗逻辑和强盗行径的特别不满，也是出于对那些"挺日派"的不满，但未必真的完全赞成那些"反日言论"。仇日、反日在中国其实也不一定有多大市场，他们的国际影响力几乎等于零。他们也没法在国际上宣传自己，更没有与日本进行论战的能力和经历。这些人缺乏深度的言论和非理性的宣泄只能降低国人反思历史和反击日本嚣张行为的热情，更会混淆视听，授人以柄，进而坏了国家与民族的大事。某些极端的反日、仇日人士，因其不着调的宣泄暴力和战争的言论，似乎给人以不真实、不诚实、不负责任的感觉，更会降低中国人在与日本外交与舆论较量中的影响力。不得不说，他们的言行并不能很好地代表中国人的声音。某些舆论制造者或许也不乏演戏的动机和色彩。

其实，中国可能也并无多少反日、仇日人士；大部分国人也并非抓住历史问题不放。说句悲观的话，关于中日历史旧账和当前日本的威胁与挑衅，在中国人中，麻木不仁或是事不关己的态度也是相当普遍的。当然，很多人对这些话题的冷漠源于对国事、外交的失望，仍是恨铁不成钢，也不全是对骂战不感兴趣或骂战使其反感所致。

中国关于对日政策和中日关系的讨论已经落入了一种简单化的窠臼和内部对抗的模式，舆论上的对立和骂战让不少人迷惘而失望。论战双方都展示出了足够的偏激、偏执和自以为是。但一些"仇日派"兼"爱国人士"对其国内论敌的咒骂和攻击却坏掉了辩论的基本规则，超出了论战的基本道德底线。一些人动不动扣对手以"汉奸"的大帽子让人震惊且沮丧，更加毁坏掉了辩论的气氛和正常讨论问题的可能性。这样岂不是会引向暴力倾向？实际上，在网络世界，中国人关于很多重大话题的讨论或辩论已经非常暴力化，关于中日关系和历史问题的讨论也是如此。一些人提供了十分简单而粗暴的解决争端或争论的药方：中日之间的问题靠武力或战争解决，中国民间因此产生的分歧也要靠暴力解决。前一段时间，网络讨论中"对日开战"和国内杀所谓"汉奸"的说法不是一直甚嚣尘上吗？这是要干什么呢？能行得通吗？谁是汉奸？那些被他们指控为汉奸的人可能比他们都更不像汉奸。这种情绪非常危险。这样的姿态怎能以理服人呢？对了，他们可能并不是为了说理，也不是为了团结国人，更不是为了解决问题。反正他们的目标也不一定是日本或日本人。骂个痛快，拼命宣泄再说。但他们也骂不倒、吓不住那些跟他们唱反调的人，反倒可能使之产生更大的逆反心理，激起更大的反弹。还有，他们的宣泄也很难伤及日本人的一根毫毛。日本人可能在冷眼旁观并借此污蔑中国人呢！

道义、正义、法律的武器并没有被中国人拿起并充分运用。思辨、理性、思想、学术、媒体、舆论和外交的力量也没有得到展现。日本人并没有被这些"仇日派"击中要害并在道德、法律和国际舆论上被打垮，其反华群体的"士气"也未受挫，照样很嚣张。

如今的中国，"汉奸"的帽子满天飞，"汉奸"这个概念也被用得太烂、太泛，沦为了一些人辱骂对手、压制正常辩论的工具了。事实上，"汉奸"成了一个当下某些人攻击和打击自己论敌的最顺手、最方便、最简便、杀伤力最大的武器了。但是，那些喜欢送人这类大帽子的人知道不知道这个名词的内涵？又有何权利和资格如此辱人？

现代汉语词典对"汉奸"的定义是："原指汉族的败类，后泛指投靠侵略者、出卖国家民族利益的中华民族的败类。"[1]百度百科据此有所发挥，但也没有走得太远、太偏。[2]和平时期，国泰民安，国力正处于上升势头，又无敌国入侵，偶遇外国挑衅和挤压，中国人何至于紧张到还没有做好与对手的斗争与论战的准备就开始以"锄奸"的名义收拾自己人[3]了呢？这是很不负责任的说法和做法。个别对外示好的言论其实乱不了阵脚，乱不了人心，反倒是这种暴力言论会导致民族分裂和国家的真正危机。我仿佛看到一些人抡起了大棒，或是在磨刀霍霍。试问，谁是汉奸呢？除了对付所谓的"内贼"和"汉奸"，对付你所认定的"外敌"或"外部威胁"，你有何高招？

和平时期，如果不是大奸大恶或手握重权的腐败分子，谁能出卖什么国家利益。其他犯罪，自有法律依法裁定和惩罚，轮得着谁来私设公堂、动用私刑，或发起暴力运动进行清洗？一般小民，辛辛苦苦，累死累活，没什么资源和权力，能当什么汉奸啊？略微管束一下，他还不得屁滚尿流，肝胆俱裂！手指点他一下，化为齑粉矣！当汉奸？竖子敢尔！

---

[1] 中国社会科学院语言研究所词典编辑室（编）：《现代汉语词典》，北京：商务印书馆，1997年，第496页。

[2] 百度百科："汉奸"条，http://baike.baidu.com/view/18620.htm?fr=aladdin。

[3] 天下为公123：《杀汉奸！！杀汉奸！！杀汉奸！！》，"中华网""中华论坛"，http://club.china.com/data/thread/1011/2772/86/58/3_1.html。

　　"汉奸"是个特定的历史概念，曾流行于特定的历史时期，形成于特定的历史背景，特指中国历史上某一批背叛国家、出卖国家和民族利益、与敌为伍、与敌合作而残害自己人民的卖国者或叛徒。但是，这种现象主要出现在国家危亡之际，甚至是在大片国土沦丧的情况下，汉人或中国人或被迫或主动地勾通、勾结敌国或敌军，或出任敌占区的伪职，为敌服务，为虎作伥，与自己的国家和人民为敌，危害自己国家的安全和自己的同胞。现在的背景下，将某一批人定为汉奸，有何法律依据呢？这种定性，又不是国家行为，既无法律权威，又不走法律程序，谁给他们的权力？关键是，法律上有没有"汉奸"或"汉奸罪"这个概念。立法或制定某种条例，又有何依据和理由？某些人声称要定别人"汉奸罪"或以"汉奸罪"处置某些人，从哪个角度来讲都是不合适的。这危害了言论自由和正常的社会讨论，也挑战了国家的权威和法律的尊严，更扰乱了民心，制造了紧张和恐怖。这是暴民和暴乱的言行。毫无疑问，这也是中国的政治文化出现扭曲和混乱的表现。个别民间野心家的暴力倾向和阴谋行为对此起到了怂恿、扶持和培植作用。

　　如果有人出卖国家利益，替外国收集情报，泄露国家机密，危害国家安全，或是做出了损害国家和民众利益的事情，自当按照有关的法律起诉、审判和定罪。一切要有法律依据，而不是凭一批伪装爱国的愤怒人群说了算。因言治罪、打压论敌、压制舆论是很不文明的行为，也是违法的。惩治所谓"汉奸"的呼吁是开历史倒车，也是危险的。这种腔调无异于内战言论，应该被禁止。中国民间很多大讨论的严重对立情绪，以及立场的二元分化或敌视，包括关于中日关系问题的分歧，很大程度上与这种粗暴的作风或辩论的暴力倾向有关。个别人的粗暴和蛮横绑架了舆论，也绑架了民众。有些人祭起声讨汉奸的法宝，竖起讨伐、杀戮汉奸的大旗看似高明，表面上似乎很爱国，其实是在破坏国民的团结和国家的安稳，也是置现成的法律于不顾。爱国，是需要理性的；爱国是要分清楚敌友的，也是要搞清楚对象的。你不能将不是敌人的人看做敌人，更不能将同胞甚至真心爱国的人看做敌人并打为"汉奸"。这样会事与愿违，适得其反。或许，这是资敌，为亲者痛、仇者快！爱国首先是爱国家和同胞。你对同胞宣泄仇恨，将国人视为仇寇，肯定不符合爱国的标准。如此便不是爱国，反倒是爱国的反面。"爱国反害国"说其实并非一无是处，有时还是有一定道理的。但"爱国贼"一说不合逻辑，我不赞成这种荒谬的说法。要么真爱国，要么假爱国。没听说过爱国成贼的，莫名其妙的说法。你不能骂爱国者是贼。什么是爱国难道都看不出来吗？昏聩如此，有何资格评判是非、臧否人物，或是指点江山、妄议兴亡、谈论国事？老于世故，老气横秋，黑白不分，是非莫辨，且贼头贼脑、偷偷摸摸地恶毒咒骂对手的人才是贼。

爱国言辞或爱国招牌不是某些高喊爱国口号的人的专利，也不能被人用来沽名钓誉、谋取利益并以此自重，更不能作为某些危险的暴力分子的万能通行证、护身符和保护伞。

当然，这里的主要任务不是讨论关于"汉奸"的问题或现象，或是围绕着这个概念或论战做文章，也不是要讨论这些所谓的"反日"、"仇日"人士或多数人普遍的麻木不仁状态，而要说的是他们的对手，那些主张"对日新思维"、被日本人的"素质"迷住了双眼或是迷信日本的强大和日本人的所谓"优良素质"的人。这里将主要讨论那些美化日本的"挺日派"的某种观点或谬见。

其实，大多数中国人对日的负面情绪或许只能定位为对日本"不满"或"反感"。持这种"不满"或"反感"情绪的多数人还是基于正义和公理的原因对日本否认侵略历史、霸占钓鱼岛难以接受。这难道是什么"不理性"或"不理智"？这有什么错？难道该改弦易辙，完全听日本人的，或是接受某些中国人主张的"对日新思维"，最后换来天下太平和他们一厢情愿的中国的"美好前景"？难道当前中日关系的危机和太平洋地区的不稳都怪中国？

毋庸置疑，在中国人中，对日的不满情绪是普遍存在的，也是可以理解的，同时也是值得珍惜的。但这种情绪没那么强烈，至少在可控的范围之内吧。我们不应也不易夸大民众的爱国热情和"仇日情绪"。说句悲观的话，与中国面临的日本挑战和威胁相比，中国人被激发的爱国热情、"民族主义情绪"和"反日情绪"其实是微不足道的。因此，某些担心中国"民族主义"的国内外人士大可不必那么紧张或夸张。难道因历史问题和钓鱼岛现状引起的起码的对日反感和微弱的抗议都不应该，都不允许？中国人难道还得因历史问题和当前的日本压力感恩日本，佩服日本，对日道歉不成？如果是这样，那么中国人真的没救了。日本的历史罪恶和当前行径没有激起百倍的反弹是它的幸运。它应该感激中国，而不是相反！

中国人有充足的理由愤怒和不满。任何其他的原因或别样的愤怒都不该取代或冲淡这种正当的愤怒和不满。这是理性或理智的愤怒和不满。理性或理智并不意味着高唱友谊、一团和气。只照顾对方的情绪的所谓"友谊"和"和气"是愚昧、愚蠢和奴性的表现。所谓理性或理智的关键在于要搞清楚中国在处理中日关系和处理中日纷争时的最大利益所在，明确方向和目标，进而找到解决问题的出路，获得破解对方挑衅和威胁的招数，最终保护自己的利益和安全。这种出路和招法，并不一定要走某些人提倡的"对日新思维"。我们可以有"中日关系新思维"和"对外关系新思维"，而不一定需要对日新思维，尤其是某些人提倡的那种"对日新思维"。当今中日关系的问题不在于中国人对日本的"思维"不"新"，更不在于看错了日本或看歪了日本，不是因为低估了日本的"先进性"，忽略了它"美好先进的"一面，或是没看到日本人的"优秀素质"，而在于日本否认侵略历史、颠倒黑白地美化自己的罪恶，更在于日本当前对中国利益的无视和对中国的挑衅和欺凌。

经某些名人或学人提出的、有学术包装的"对日新思维"也属于这种赞美日本人"素质"和欣赏日本人"文化"的范围。"对日新思维"是学术化、系统化、最高端的"日本素质优越论"。让我们先拿它"开刀"。

"对日新思维"是荒谬的，极其弱智，其基本目的和效果就是为日本辩护，改变日本在中国人眼中的形象，说白了就是美化日本，将日本的"优越"和优势及日本人的所谓"素质"视为中日亲善的理由，也变成中国对日屈服、忍让的理由。"对日新思维"是"日本人素质高"、"日本优秀"的温和改良版，也是最具系统性和理论性，动机最高、最冠冕堂皇的，领军人物也是比较积极正面的思想解放的自由派，其他的相关理论其实更庸俗不堪，不堪卒读或令人作呕。

所谓"对日新思维"有不少逻辑混乱之处，并没有形成一个稳定、系统且有说服力的表述，反倒是破绽外出，缺乏洞见。从表面来看，此说提倡重新估价日本，要高看日本或积极评估它，或者说主张将日本看得比较积极、正面、对中国无害。但剖开其表面理由，深入其深层表述，你不难发现所谓"对日新思维"与日本的本质、现状和其对华态度或政策几乎无关，根本没有涉及中日关系的要害，而完全是基于某些人自己所理解的"中国国家利益"或"国家需要"给中国开出的一剂同时兼治中国所谓"不理性民族主义"的"狂热汹涌的民间潮流"[①]和中日关系僵局的药方。如此，此说便显得特别脱离现实，表现出一厢情愿的天真，不仅没有读懂日本，而且没有搞清楚中日关系或中日关系僵局的症结所在，更是严重

---

① 马立诚：《对日关系新思维》，《战略与管理》，2002年第6期。

忽视了中国的国家利益。

"对日思维"或对日政策如果不建立在中国的国家利益之上，没有日本的对华政策做背景，是没有实际意义的。而探讨中国的国家利益，既不能脱离中国国家发展的需要，也不能脱离国内发展的现状和国际环境的现实，既不能不能脱离国际斗争、国际竞争的现实和需要，也不能背离国际关系的实质和基本原则。

"对日新思维"这个概念大约是《人民日报》前记者马立诚率先提出的，他本人也算得上是这种观点的代表人物。关于这一流派的演变发展和主要代表人物，有记者早在10年前就曾经总结道："早在1990年代中期，中国著名国际问题专家何方就曾提出过要'根据形势的变化，在对日关系的看法和做法上作一些调整'。尽管那时已经有了'新思维'的内涵，但'对日关系新思维'一词却是由《人民日报》原评论员马立诚在《战略与管理》杂志2002年第6期一篇题为《对日关系新思维——中日民间之忧》的文章中首先明确提出的。"[1] 这种观点提出之后，不断遭到批驳，但也有人或明或暗地附和赞成他，其中不乏一些外交官、领导干部和学者。他们中的一些人不仅在某些场合公开挺他，给予他道义上的支持，有人还专门发文，支持这种观点，其中的代表人物是中国人民大学国际关系学院的时殷弘教授。有云："国际问题专家出身的时殷弘为这场大讨论树立了新的'标杆'。此后，马文和时文一并成为'对日关系新思维'的代名词。"[2] 于是，所谓"对日新思维"也形成了一个汇集了不少知识精英的流派，大约成为"挺日"或替日本辩解群体中最具代表性的派别，也是表述最系统、动机和目标最"高尚"的。

在马立诚本人那里，"对日新思维"也有一个发展演变过程。关于所谓"对日新思维"马立诚开始也没说出所以然来，而是在批评中国民众躁动的民族主义情绪时提出这个说法的。他隐隐约约将中国外交环境的需要列为此说的最大原因或最大的理论基础，对中日关系的核心问题和日本对华的错误做法完全避而不谈。他的文中充满了对日本的赞美和欣赏，而对中国人对日本的不满情绪（所谓"反日情绪"）却大加挞伐。尽管他的用意是好的，也的确切中了中国的所谓"民族主义"的某些要害，但问题的关键是，他的这一标题太过刺激，所以在中国媒体和公众中间引起不小的骚动。而且，他文中表现出的对日赔小心、赔笑脸的那份猥琐也的确让人不爽。一时，马立诚，包括力挺他的时殷弘等，显得非常孤立，

① 刘小彪：《重审对日关系新思维》，《外滩画报》，2004年8月12日。
② 刘小彪：《重审对日关系新思维》，《外滩画报》，2004年8月12日。

被广大网民骂作"汉奸"和"卖国贼"①，位列一些好事者公布的网络版"中国九大现代汉奸排行榜"的榜首和次席②。其他还有一些排行榜，他们二人也几乎都赫然在列。马立诚因受此刺激而情绪反弹，继续更加专注地扮演为日本说项、辩护或开脱的角色，同时一边忙于为自己辩护，一边累加和发展自己的"对日新思维"理论。他后来又激烈主张"中国不应再要求日本道歉"③，更加深了其"汉奸"印象，也更强化了其"汉奸"形象。时殷弘教授则给人以背了黑锅的感觉。

　　马立诚等的说法当然算不上是汉奸言论，也谈不上是卖国或叛国，更构不成犯罪或不道德。他们的观点尽管有误，逻辑和实事上均破绽百出，有不少硬伤，但动机或许并不坏。他们的爱国心可能并不比那些责骂他们的人少，尽管马立诚的某些言行有替人当说客之嫌。因此，他们惨遭唾骂的境遇倒也让人同情，但其标榜为了国家或"国家长远的利益"而甘冒万人唾骂的风险则是做作、作态④。这算不上什么预判性的"有勇气"或"牺牲"，而是没想到。马立诚没想到民众敢于如此挑战他的权威和名望，没想到民众会如此不买他的账。他一直因写了影响甚大的《交锋》《呼喊》等畅销书⑤而孤芳自赏、感觉良好呢。他没想到有人根本不拿他当回事，或是压根儿不知道他的存在。他实际上是因失言而"闯祸"了。他没有因主张"思想解放"和"改革开放"而名扬天下，反倒以"汉奸思想"和"汉奸"污名而尽人皆知！真够窝囊的。但从某种程度上来说，他的挨骂也不是太冤枉他呢！他的确有不少胡言乱语，混淆了视听，扰乱了人心。他的言论基本上没有起到什么积极的作用。但他始终执迷不悟，自以为高明呢！

　　姑且认为马立诚们是出于民族大义或国家利益而主张"对日新思维"的，但他们的基本主张的荒谬的确让人难以接受，甚至难以忍受。从马立诚的首篇提出"对日新思维"的游记风格的文章里不难看出，通过十几天的日本游，他的确是为日本表面的繁荣和良好秩序所吸引或震慑，不由自主地表现出一种佩服和敬意，并进而将自己的这种被征服感转化为提出新思维的理由，赞美日本，但又包装上自己缝制的所谓的中国"国家利益"的虚假外衣，表面上显得冠冕堂皇。在受到批判和攻击之后，他又拉大旗作虎皮，提到一些老干部或国内外著名学者，

① 刘小彪：《何者爱国，何者害国?》，《外滩画报》，2003年8月13日。

② 《中国九大现代汉奸排行榜》，《天涯论坛-国际观察》，http://bbs.tianya.cn/post-worldlook-139065-1.shtml。

③ 洪松：《马立诚：被误读的政治理性》，《mangzine·名牌》，2007年第8期。

④ 洪松：《马立诚：被误读的政治理性》，《mangzine·名牌》，2007年第8期。

⑤ 关于马立诚生平和主要成就，参见"搜狗百科"，"马立诚"条，http://baike.sogou.com/v7675556.htm。

如何方、傅高义、余英时等所谓"智者"，为自己撑腰壮胆，甚至还引用袁伟时、李泽厚、易中天、徐友渔等，为自己打气①；还曾在2013年试图模糊地将发生在2012年的中外民间人士联名的中文公开信《让中日关系回归理性——我们的呼吁》②说成是"中国800名知识界人士"对他的"新思维"的间接响应，并说"很多年以前骂我个人，现在70%的年轻人是支持我的"③。他甚至拉邓小平为其"对日新思维"背书，说什么"我思考的根本出发点是基于邓小平的思想"④。这些做法显得荒唐，让人发笑。有何效果？这不是打自己耳巴子么，等于否定其思维之"新"。如果邓公一直这样主张，岂不是等于说中国有一个针对日本的一以贯之且至今未变的长期国策？如此，他的对日思维"新"从何来呢？"新思维"还能轮到你马立诚"发明"？

他还一直追溯到毛泽东、周恩来、邓小平、胡耀邦、胡锦涛等党和国家领导人，搬出他们的言论，引为自己的理论渊源⑤。

他真是昏招迭出，昏话连篇。这种生拉硬扯恐怕是对上面的污蔑，也是瞎揣摩上意的表现。到底有没有独立见解？真要是挺直了腰板，理直气壮地宣称"新思维"就是自己的独家发明，倒还真让人佩服些。他企图用别人为自己补漏呢。如此断章取义，必然会歪曲、污蔑他人。

不客气的说，关于中日关系，他的确说了一些莫名其妙的话，甚至说了一些不着边际的错话和胡话。他把中日矛盾的根源和责任方搞错了，将保障中国国家利益的药方开错了，更将中日关系的发展方向指错了，将中日和解的药方也开错了。中日关系出现危机的原因不在中方，解决问题不能主要靠中国的态度，中日关系的维持中国也不像他说的那样是居于所谓主要矛盾方，占据主导地位。

其他主张"对日新思维"的认识，除了个别人还有自己系统的逻辑并显现出一定的说服力之外，其他人的说法的确漏洞百出，一戳就倒。关于其说的荒谬之处，将会在下后面花一定的篇幅一总地系统批驳，这里暂且打住，存而不论。下面先转入另一话题，再转到"对日新思维"的话题上来。

---

① 马立诚：《坚持对日新思维提出的和解之路》，http://www.21ccom.net/articles/qqsw/zlwj/article_20140411104247.html。

② 该"呼吁书"及签名名单见崔卫平的新浪博客，http://blog.sina.com.cn/s/blog_473d066b0101b69b.html。

③ 马立诚：《中日关系何去何从？》，"共识网"，http://www.21ccom.net/articles/qqsw/zlwj/article_2013030678458.html。

④ 郭宇宽：《马立诚：再谈"对日新思维"》，《南风窗》，2004年第3期。

⑤ 马立诚：《仇恨没有未来》，"马立诚的共识网博客"，http://malicheng.blog.21ccom.net/?p=24。

关于日本人的素质的神话

这里先谈谈日本人的素质问题。

素质是中国人早已用烂的字眼，但也是最空洞、被严重庸俗化的词汇。中国人张口、闭口就是什么什么素质，动不动就套用素质概念，任何事都喜欢上升到素质，或是习惯于从素质角度看问题。但什么是素质，不少人则根本说不清楚。何为素质，尤其是何为国民素质乃至国家素质？不得不说，对此中国人是不得要领的，缺乏深层而系统的认知和表述，有限的口语化表达存在着极大的认识误区。对此，限于篇幅，也没必要做系统的考辨和研讨。

关于日本人的素质，不少国人，尤其是那些"素质派"，更是不着边际，有不少谬论。他们看中日之间的一切，包括历史上的冲突和现今的纠纷，似乎一切都是素质问题，都是素质差异导致的；把中日关系的历史、现状和未来也都跟素质挂钩，颇有点"素质万能论"和"素质决定论"的意思。

"对日新思维"的鼓吹者马立诚说过："中国人恨日本人，日本人厌恶中国人，中国没素质，怎么这么任意胡来、毫无法治。"还有："整体来看，日本对中国人比较厌恶，中国人也确实良莠不齐，加上中国本身没有法治，民众出来也是没有法治的。"[1]他的想法似乎与澳大利亚总理阿博特之流如出一辙呢。他就差说当初侵华日军也是因为厌恶中国人的素质而大肆烧杀淫掠呢。在他那里，似乎日本人的素质从来不是个问题似的，好像日本根本没毛病，也没什么错似的。真是不可思议的逻辑！

关于日本人的素质，以及中日国民素质的比较，这里有几个问题提出来供思考，同时也是那些"素质派"或赞美日本人素质的人士必须认真思考、明白或明确回答的。

日本人素质真的有那么好吗？或者说日本人真的很优秀吗？他们的素质高在哪里？何处优秀呢？

如果说日本人真的非常优秀或素质很高，那么他们又比中国人优越或优秀在哪里？日本人的优势在哪里？

还有，假使日本人素质真的很高，难道中国人就不该、不配或没脸跟日本清

---

① 马立诚：《中日关系何去何从》，"共识网"，http://www.21ccom.net/articles/qqsw/zlwj/article_2013030678458.html。

算历史问题和在钓鱼岛问题上较真、较劲了？就该立马服软，任日本为所欲为？或是唯有举起"对日友好"的大旗，望风纳降，忍气吞声，别无他法？

更重要的是，如果日本人素质高，那么，其"素质"能成为为其侵略寻求开脱的理由并为其今日蛮横和霸占我钓鱼岛提供合法性吗？所谓素质与中国人今天检讨历史、讨还公道、实现和解、维护和平的依据有何关联？中国人清算历史，谴责日本，难道不符合素质说，或者说是没素质、素质低下的表现？难道一说历史问题，就是传播仇恨或在教育上灌输仇恨？

另外，日本历史上侵略中国，是因为其国民素质高？而中国的被动挨打是因为中国人的素质低下吗？素质与侵略和被侵略有何必然的联系？或者说，当初中国被日本侵略，以及今日被日本欺负，一切都源于中国人素质的缺陷吗？中日之间的问题，从历史到现在，到底是日本人的毛病，还是中国人的问题？

这个问题是一切问题的关键。它既是理解中日历史问题和当前关系的钥匙，也是破解关于日本人"素质高"怪论的关键。

最后，中日两国关系的维持和未来走向都将取决于所谓的"素质"或素质的高下（部分反日人士和主战派的主张是"实力"或实力的较量）吗？

在中国人内部围绕着中日关系和历史问题的争论中，"实力"决定论（还有实力万能论）和"素质"决定论（还有素质万能论）是压倒一切的决定性的理论工具。中国人可谓普遍有着"实力万能论"与"素质万能论"的怪异通病。这是一种非常浅薄、庸俗的观念，反映了当前中国人理论贫困和细想贫乏的通病。这是对中国时代精神的真实写照！

庸俗的实用主义和浅薄的宣传灌输导致中国人思维无深度，缺乏理论厚度，论辩乏力，言辞没分量，击不中论敌的要害。

关于中国人可笑的"实力说"和"实力万能论"，限于篇幅，这里姑且放过不论。这里只批"素质论"和"素质万能论"。毕竟，本文的核心是谈所谓的"素质"。

如何认识日本人的素质呢？

我写这个题目其实还有一个非常直接的原因，那就是前些天看到的一篇很热的帖子，题目大致叫"我爱日本"。该贴似出自一个与日本有广泛接触的中国女性，讲了不少关于日本和日本人的好话，主要是说日本人素质高、日本如何美好之类，流露出不可抑制的对日崇拜。该贴后面有不少跟帖，附和者有之，当然也有批评者，更不乏对其破口大骂的[①]。这类帖子我早看到过不少，这类观点我更是亲耳听到很多。然而，日本人真的素质很高吗？我觉得这是一个迷信和误区。中国人有这个迷信和崇拜特别荒唐可笑。我这样说不是出于什么"爱国主义感情"，或因"非理性的民族主义"而滋生的偏见。我觉得日本人素质高的神话特别容易识破，是个根本都不存在的伪命题或伪问题，为傻瓜所提出或创立。但不少人，甚至包括一些"爱国志士"碰到这类挑战也心里发虚，不由得也人云亦云，不假思索地在某些方面狂夸日本，对日本产生一种发自心底的恐惧和迷信。如果不破除这个迷信，中国人就不可能产生降服或战胜日本反动势力的自信，道义的或道德的优越感也会被摧毁到荡然无存，清算历史旧账也似乎缺乏底气了，就像今日之马立诚等之谄媚一样。

当然，我认为不少人在欣赏当代日本、夸赞日本方面也说到了点子上，用意也是好的，比如夸日本的秩序与纪律，清洁与环保，知礼守法，敬业与勤奋，认真与执着，高效与完美主义，行政效率与清廉等等。这些都没错。但这些都没有涉及最核心、最关键的部分。这些都是表皮的东西，不足以说明问题。更重要的是，你不能以偏概全，更不能为其表面所迷惑。

很多人夸日本是恨中国人不争气，企图通过长他人志气、灭自己威风来刺激国人、激励国人。但不否认，也有相当一批人蔑视国人而仰慕日本。他们夸赞日本人根本就是出于对强者的崇拜，没有国家、民族观念和感情，也没有自尊和理性，以至于不能正确认识日本，更不用提批判日本并弄清楚中日关系的问题所在了。在他们看来，曾经的强者或一时的强盛与霸道，哪怕是灭绝人性的残忍也是素质的表现，值得欣赏或模仿。在有些人看来，日本人最大的优点或最杰出的素质就是其凶狠，甚至是所谓残忍的"狼性"呢。他们欣赏还特别羡慕日本人所展现的兽性和残忍。

令人不无忧虑的是，不少中国人常常谈及的或者非常羡慕的日本人的那些"素质"是人类最危险、最邪恶的东西，是名副其实的反素质的东西。如果这个狼性或兽性被某些国人认为是素质的本质或顶点，那么在这些国人眼中，日本的侵略和对中国人的杀戮根本就不是问题，只能怪中国人没本事、没狼性或兽性了，因而被侵略和烧杀淫掠也是活该了。这就是某些中国人的逻辑。在他们看来，中

---

① 臭霜臭：《我爱日本，我喜欢日本，我讨厌中国的虚伪！》，"中华论坛" http://club.china.com/data/thread/1011/2771/77/29/5_1.html。2014年7月6日访问。

国人早已丧失了兽性或狼性，因而天生的该做奴才，该被那些狼性侵略者奴役。畅销书《狼图腾》堪称这种恶毒观点的代表作。但该书的作者倒也没敢名目张胆地夸日本人的素质。但他与今日中国的"素质论者"是一脉相通的。他们都是逆向的奴性种族主义和血统论（为自己的种族自惭形秽并嫌自己的血统低劣）的余孽。

某些国人的不分香臭、不辨善恶、主张强权和残忍的无良言行以及对日本的盲目赞美真让人恶心。不少人的观点粗鄙、低俗不堪，逻辑非常混乱，自相矛盾处甚多。引用这些文章的丑陋的文句和邪恶的观点，简直会污染我的文本。[①]不得不说，那些帖子或文章几不成章，病句连篇，逻辑混乱，从文法到用词上都很垃圾。制造这些垃圾的作者在精神上和文化上也不会有什么优秀之处，更不可能有什么启迪人的思想供我们学习。这些"素质论"的言论都是些庸俗、浅薄之见而已。

一言以蔽之，"素质论"有明显的"血统论"倾向，更不乏种族主义色彩。中国人应该欣赏害人特别是使自己深受其害的某些敌人的"素质"吗？

国际社会也有关于日本人素质的迷信，但并没有中国人那么强烈，还不至于达到崇拜的程度。外国人似乎并没有对日本人的素质那么当回事，言及此点时显得轻松、随意而不负责任。如果说别的国家没心没肺地夸赞日本人的这种邪恶或作恶的所谓"素质"倒也罢了，而吃过日本人"素质"的大亏，深受其"素质"之害的中国人，反倒欣赏这种"素质"，真是不可思议。是不是脑残了？这种行为背后究竟蕴藏着怎样一种"素质"？那些喜欢谈论素质的中国人到底具有何种"素质"？

其实，关于日本人的素质和对它的赞美，外国第三方的一些言行对中国人似乎更有杀伤力，无论从哪个方面对中国来讲都构成了极大的挑战和伤害。但对于中国的那些喜欢赞美日本人素质的人来说，或许他们会将此看做强有力的论据或例证，甚至被引为声援呢。最近有一个国际事件似乎与日本人的素质有点关系，不知它是否在某些认同日本人素质高的中国人那里得到了呼应或是相反。无论如何，此事对中国人敏感的神经是个极大的刺痛。

---

① 此类观点网上到处可见，现举一例供参考：北安：《日本大和民族比中华民族优秀10000倍！——这是事实！》，"中华论坛_中华网社区"，<www.China.com>。此贴观点并不算最恶、最狠的，但还算有代表性，包括思维之混乱与不合逻辑。

　　2014年7月8日，现任澳大利亚总理阿博特在欢迎来访的日本首相安倍晋三的仪式上展现出了异乎寻常的近乎于献媚的热情，用极其夸张的语气送上或许会令安倍相当感动的欢迎词。阿博特毫不掩饰自己对日本的好感，公然声称"即使在第二次世界大战期间，即使我们不认同日本的作为，澳大利亚人对日本人战争中的技能与使命必达的荣誉感相当钦佩"。他还称，"战争中最激烈的对手也能变成最好的朋友。第二次世界大战后日本一直是国际公民典范，考虑到它是国际一等公民，我欢迎日本全面参与国际大家庭，欢迎日本解禁集体自卫权，成为地区更有能力的战略伙伴"。①澳大利亚总理的言辞令中国人作何感想？其实，阿博特此举与其说是发自肺腑的赞美，不如说外交的需要，更是故意对中国的羞辱和挑衅。即便是外交辞令他也做过头了！他在中日关系出现危机之际明显地力挺日本，罔顾历史正义，不惜颠倒是非并严重伤害中国人民的感情，说出如此肉麻的言辞以讨好日本，真可谓昏昧无耻至极。中国人应该集体抗议这个阿博特才是。然而，中国人在震惊之余集体失语了。是不是没有判断力和批判的武器啊？

　　那些中国的"挺日派"有没有失声叫好？或是暗地里舒了一口气？他们有没有偷偷地笑出声来？

　　不是有外国总理站出来替他们的言论背书了吗？他们在中国受到批评和委屈是否已一扫而空，进而扬眉吐气、神采飞扬？

　　阿博特的言行是对中国的严重挑衅和冒犯，是一起严重的外交事件。中国应该向澳大利亚严正交涉并迫使其道歉才是。

　　这等昏话和失言，阿博特应该收回。

　　我们做不到吗？不，我们没有做，也不知如何做。

　　澳大利亚总理阿博特的言辞是不值得一驳的，而且在这个场合由一个曾经与日本交战过的国家的政府首脑说出来更不合适。

　　日军在侵略战争中的凶恶、残暴是世所公认的，其战争罪行的规模和严重程度是任何一个现代化国家都不敢犯下的，超过了近代帝国主义国家所犯罪恶的总和。这是日本作为一个现代的民族国家缺乏道德、国际道义和国际法约束的结果，突破了人类良知和道德的底线，也突破了国际法和国际准则的底线。别的帝国主义国家在凶残、邪恶方面比不过日本或许是还有残存的理智和道义约束的缘

---

① 李景卫、鲍捷、蓝雅歌、李珍、卢长银：《澳总理称日本是最好朋友 力挺安倍解禁自卫权》，《环球时报》，2014年7月9日。

故。如果一个国家或一个民族将自己降低为野兽，以杀人、侵略和灭绝他国为理所当然，那当然是可怕的，但绝非值得欣赏或自豪的事情。或许从军事的角度上来看，可以认为这个国家及其军队的战斗力很强。那又怎样呢？它最终也被打败了，败于人性和正义，败于人道主义和和平主义！公理定将战胜邪恶！这正是时代进步的体现，也是时代精神的核心！日本的败落正是因为它反人类，反文明，反公理和正义，开历史倒车！中国人难道要理解、羡慕、欣赏日本这种残暴加愚昧不成？

一个现代化走在前面的民族国家，在战争罪行和对平民的侵害和杀戮方面超过中世纪国家，展现了人类凶残和野蛮的极致和最高效率，这怎么能体现一种现代民族、现代国家和现代人的"素质"呢？怎么该得到中国这个受害国国民的赞赏、佩服和羡慕呢？中国的这些"挺日派"的灵魂和思维究竟都是些什么货色呢？如此相较，谁还敢说他们比中国的"爱国愤青"或"民族主义者"更理智或是更高明呢？

对于日本军队的凶残，或者说是战斗力，没有比中国人更清楚的了。中国人和中国军队过去是承认的，现在也是承认的。那曾经是中国人的噩梦。但承认并不使中国人羞愧或自惭形秽。承认并不等于欣赏，也不等于值得学习。这毕竟是一种邪恶的素质，是杀人为恶的素质。这难道是日本人素质的代表？

或许日本侵略军的军事素质并不等于日本人的素质。即便它是日本人整体的素质和基本素质的代表，也不值得称道和欣赏。这种军事素质或"战争素质"使世界深受其害，日本也跟着倒了霉，战败了，这种军事素质对谁都不是好事，不值得骄傲和赞赏，应该摒弃、抛弃。将其看作肯定日本过去和现在的依据是荒唐的。总之，它绝非日本的历史荣耀。相反，日本人应该以它为耻。那么，中国人呢？难道还要替日本人珍惜它？

至于日本现在是不是所谓的"一等国际公民"更值得商榷，澳大利亚总理说的不算。甚至，它是否称得上是合格的国际公民，都是值得怀疑的。对此，我们在下一部分将系统论述，这里暂不展开。

实际上，澳大利亚人的粗鲁和是非不分应该是给中国人上了一课，应该使我们某些执迷不悟的国人幡然醒悟了。由此，日本人素质的真正短板和极大缺陷也刚好醒目地暴露了。澳大利亚总理的帮凶行径实际上有助于我们认清历史上的日本和当前的日本。看看这个阿博特在欣赏日本什么？他与安倍合演的丑陋一幕恰恰暴露了日本的丑陋和澳大利亚人的丑陋加无知！

阿博特的言论真乃小儿之见！其无耻和谄媚令人作呕！真该有人站出来给他两记响亮的耳光！啊哈，中国的爱国者，你们都在哪儿呢？

关于日本人素质的短板或致命缺陷，我们这里暂时不展开讨论，而将会在下一部分系统论及。

中国极度流行的那些关于国民素质的讨论使我感到厌倦。那些关于素质的言论实际上是爱国主义的大敌，对国家认同、国民凝聚和爱国主义具有极大的破坏力。然而，非常滑稽且让人感到悲哀的是，有时候很多表面的"爱国主义者"也竭力与之套近乎，非常笨拙地从中借用某种观点武装自己，以壮声色，或干脆以其作为自己的分析工具和理论基础，以显示自己的"思想深度"。如此，你的"爱国思想"或"民族主义"岂不是与自己一直反对的"汉奸思想"或"卖国思想"同流合污了吗？大家拥有相同的"理论基础"，岂不是在思想根源上如出一辙或完全一致？最后都得走向庸俗的"血统论"和种族主义，尽管表现不同，但结论一样，都是痛恨、贬低、蔑视、咒骂中国人自己。这样他们就会一起走向民族虚无主义或中华文化的否定论，进而否定中华民族的优秀品质、优良传统，更会无视中华文化的优越和优秀。只是，"爱国者"表现为弱智的"痛心疾首"或"恨铁不成钢"，而"挺日派"或"崇洋派"则表现出毫无心理负担的邪恶快意。到底谁更好些？哪个更高明些？

或许这里我们该问，哪个更荒谬些？哪个更愚蠢些？哪个更可恨些？

其实，看出来没有，这对立的两派看似水火不容，你死我活，但从骨子里，他们简直就是同志，铁杆兄弟啊！

我不得不指出，他们都愚蠢到了极点。哪里有什么理论素养和起码的见识！这种思维方法和分析工具是错误的，也是危险的！

他们从根子上就错了，错在了价值取向和价值判断上，也错在思维方法和分析工具上。价值判断的能力的问题可能是没办法的，关乎他们最喜欢的词儿，"素质"。套用他们的思路，或许这是其"先天的缺陷"。也就是说，他们没有什么"素质"在最重要的价值判断和价值取向问题上做出正确的选择。他们只能走向理论的迷途和解析的谬误。这是不可避免的。然而，跳出素质论或种族主义的误区及"血统论"的窠臼就这么难吗？避开这些思维的泥潭、理论的深坑和逻辑的陷阱应该是非常容易的啊！为什么看见这些深坑张着血盆大口吞噬无数的生命还一个个接着往下跳，前赴后继，一往无前，乐此不疲，好像登圣坛献祭并升天成仙似的？难道我们的理论训练和学术习惯就是自寻陷阱然后做些无用的垂死挣扎，并以此为快，从痛苦中体验所谓悲惨的成就感，抑或寻找灭亡的神圣与庄严？

"素质论"实际上是一种变相的"血统论"，也是一种典型的种族主义理论，特别是那些关乎某些民族优越的理论。中国何时成了种族主义理论的热土了呢？像《狼图腾》这类垃圾书如此受热捧真是中国文化和中国文学的悲哀，也是中国民族精神的悲哀，同时也是中国国民性的悲哀。讽刺的是，中国的种族主义理论和言论，以及血统论，都是丑化和贬低中国人自己的，试图论证中国人低等和侵略者与征服者的优越和优秀，比中国传统的"胜者为王败者为寇"还恶劣、低贱万倍。这等于说"侵略有理"。某些持有和平主义者和自由主义主张的人也试图以此为其理论工具，论证其言论的合理性。某些温和的民族主义者和爱国人士也莫名其妙地不能抵挡这种垃圾，也在其炮制的爱国主义和民族主义言论的蛋糕里混入这种粪便。

香臭不分如此！

种族主义理论和血统论在中国如此盛行并难以抵挡真是咄咄怪事。一切都是理论贫乏、大道不行的缘故。在中国，对粗鄙而庸俗的强盗逻辑、强权政治、实用主义的普遍迷信导致这些谬种流传、盛行。

某些国人谈民族性或国民性必谈血性、狼性（实为兽性）、征服和霸道。其实他们根本不知道何为好的民族性或国民性，也不明白国民性发展壮大的根本因素，更不知道国民素质提高的关键。

狼性（兽性）？血性？开错药方了，同胞！

日本人的素质有重大缺陷

我之所以看低日本和日本人的素质，不仅仅是出于爱国感情那么简单，或是基于不愿"长别人志气，灭自己威风"之类的原因，而是出自真正的客观判断。

我并不否认日本和日本人所展示出的某种所谓品质，而且，对于日本这些优点的认识我自认为比一般人更加系统，也具有一定的学术基础和专业视角。这种考察，无论在国际竞争力、战略与外交、政治、法制、经济、军队（军事）、文化、科技、教育、企业精神、职业训练、国民凝聚力和对政府的支持力度诸多方面，还是从行政管理、军事管理和经济管理的角度来看，都应该有认真而细致的观察和了解，而不能感情用事，以至于对某种铁的事实避而不谈、视而不见。但总的来说，关于这些方面的判断基本上应该与国民性无关。对日本进行学术性的研究不能将国民性理论或分析框架当做万能工具，不能用国民性或国民素质解释一切。可以说，日本的国际地位和国际竞争力不是由其所谓的国民性决定的，更不是由其产生的，历史上不是，现在也不是。

国与国的较量首先是体制或制度的较量，是行政效率和管理模式的较量，其次才牵涉到人的素质的较量。即便说制度本身是国民素质的体现或国民集体的创造，但也主要是精英层的事情。关于国民整体素质的较量或曰国民素质的较量，首先是决策层的较量或国家管理层的较量，其次是精英层的较量，然后才是军队的较量，最后才可能轮到一般民众进行比对或比拼。历史上如此，恐怕今天仍是如此。从民众说起，拿国民性说事，将这种比对看做中日差异的关键或决定因素刚好本末倒置，没说到点子上，就像把脉抓脚踝一样，或是判断一个人的气质、长相主要凭借观察脚掌的模样一样。

总之，不能将中日关系存在的一切问题都归结为人的素质或国民素质，更不能鼓吹强者有理或是崇拜强者。日本历史上曾经通过战争赢过中国，但这只是暂时的，而且是非正义的，是极其残暴的罪恶。日本侵略中国并犯下滔天罪行绝不是什么国民性或素质优势的证明，也不是因为什么民族基因的优越，反倒是其劣根性的表现。而且，他们最终失败了。他们的失败绝不是偶然的，恐怕素质的缺陷和国民的劣根性也起到了相当大的作用。

在对国民性话题的局限和日本的优势表达了我的基本看法之后，我想现在可以就日本的劣势和日本人的民族性问题发表更进一步的看法了。这样才不至于引起较大的误解。否则有人会更加偏激地指责我偏激了。

首先，日本内部，无论从文化的角度还是从政治的角度，一直缺乏自由精神或自由主义传统，也没有较成熟的个人主义（Individualism）的观念。如果没有美国的占领和改造，日本的制度和文化精神不会有系统性的转变，并且会因其自身巨大的缺陷而走向毁灭。但是，日本虽然侥幸逃脱灭亡，但当今的日本文化并未脱胎换骨，致命的缺陷仍在。所以，它虽貌似有些竞争力，但实际上并没有多少创造力，同时还很危险，对国际社会非常有害。

其次，日本无论是政治哲学、政治传统、文化传统，还是道德观、价值观，都缺乏人道主义传统。这方面在对外时表现得特别明显。日本的文化或价值观一直缺乏仁爱和人性至善的观念和价值。这种缺陷造成日本人对人性、人的生命的漠视和对外扩张过程中的凶残杀戮，以及对世界和平和人类尊严的严重践踏。

第三，日本是民族主义或国家主义最为盛行和表现最为典型的国家，其民族主义或国家主义曾发展到了登峰造极的地步，表现为极端的民族利己主义和排外主义。在这个方面几乎没有任何国家可以与之相比。日本人的所谓团结是极端的民族主义的表现，非世界和平和人类发展之福，亦非日本文化的骄傲。日本过去进行军事侵略和武力掠夺，今天的经济扩张也同样贪婪。日本应该懂得让利给其他国家，也应该考虑帮助其他国家的发展，更应该接受国际社会的监督，针对历史上自己所犯罪恶赎罪。不思悔改、缺乏负罪感、不接受历史判决和国际社会裁决的日本是不能被国际大家庭宽恕并接受的。

当然，日本还有其他文化方面或组织结构上的大问题，限于篇幅，这里就不一一罗列了。上面所提到的几个方面都是日本存在的严重问题。无论从文化、民族性或国民素质的角度，还是在制度与气质上，这些都是致命缺陷。在发达国家里，或是在完成了政治现代化转型的国家里，在这些方面日本存在的问题几乎是独有的，或者说是最严重的，因而是非常典型的，也是最致命的。

面对那些夸赞日本或对日本抱有幻想和好感的中国人及"挺日派"或"亲日派"，还有民族主义情绪高涨的日本国民，我们当然首先要问"日本在历史上和当今时代为国际社会贡献了什么"的问题。国际贡献和历史贡献是衡量一个国家本质和国民素质的关键，也是判断其当前国家行为和国际地位的重要依据。

日本过去曾是邪恶、危险的。那么它现在痛改前非、改邪归正了吗？或者用澳大利亚总理阿博特的话来说，它现在是"杰出的国际公民"吗？它是国际社会合格的成员吗？在澳大利亚人眼中，或许日本挺规矩的，也是一个极有秩序的国家，有着勤劳、忠诚、尊纪、守法的国民。但是，对于中国人来说，不但没有感受到日本人足够的友好、文明和支持，却体验着他们当前所有的蛮横、自私和霸道。作为一个战败国，日本是怎样对待曾遭受它侵略和残害并在最后饶恕了它的战胜国中国的呢？中国的教训也是世界的教训。日本对中国的挑衅也是对世界和平、国际正义和国际秩序的挑战和破坏。它怎能算一个合格的国际公民呢？

更重要的是，日本缺乏人道主义传统。过去它曾经是一台发疯而可怕的战争机器，现在也是冷血的经济动物。日本文明并不独立，也不成熟，亨廷顿不该给其独特的待遇，将其单列为当今世界的几大文明之一，将其与中华文明、西方文明、伊斯兰教文明等相提并论①。这是错看它、高抬它，也主要是因为中国目前的衰落和文化输出的落后导致这些西方人眼中只有日本。很多西方人都是从目前日本的繁荣和辉煌来倒推日本过去的历史的，想当然地认为它应该有一个非凡的历史积累。这些人似乎非常相信日本历史和文化的独特性或出色的品质，包括亨利·基辛格的论著也有这种错觉②。很多西方人从内心深处恐怕很不愿意相信历史上的中国是多么的伟大和先进，也不愿意接受中华文化曾经辉煌并领先世界的历史事实。因此，他们抑中扬日或是贬中挺日也就不足为奇了。但奇怪的是不少中国人也跟着这些老外鹦鹉学舌，随着外国人骂自己的祖宗，贬低自己的历史，恨不得把中国大卸八块。他们在历史中国和中国人的素质问题上习惯于跟外国人统一口径，紧跟着他们的步调，或是干脆挟洋自重，自以为得了真传，动不动还引经据典一番。真是太不可思议了。这些中国人，究竟具有怎样的"素质"？！他们懂不懂历史？有没有学问啊？

还有，不少中国人还试图在日本和日本文化那里找到归属感呢？不是有什么"宋亡之后无中国，明亡之后无华夏，清亡之后无汉人"、"中国文化在日本"或"日本继承了唐文化"的昏昧说法吗？其实，不少不学无术而又无自尊的中国人是在自觉或不自觉地抄袭当初日本人为侵华而炮制的扩张主义或帝国主义的历史观和中国史观，在日本战败投降半个多世纪之后，仍不断地重复和贩卖日本当初的侵华言论和理论，为日本的侵华罪恶寻求开脱，或提供"历史证据"和"理论根据"，真是比当初的汉奸文人还可笑、可恶。这些人有没有廉耻和自尊？不过，这些荒谬言论的贩卖者都是些缺乏学术根基的半瓶子醋或业余历史学家，与国内学界那些正宗的历史学家无关。而且，这种言论大都出自一些商业化的企业培训、"国学课堂"、国学EMBA或是其他EMBA课程。有些言论还是直接从台湾转销过来的呢。

关于日本比中国更具有代表中华文化资格的谬论就是这样出笼的，也已经流行数年。这类流行于网络的充满了胡言乱语的毫无学术根基的烂贴我真不屑于引用哪怕一个字。最近一些批驳性的帖子也陆续出现，但仍未能从根上清除它们的影响。而且，这些批判性的帖子也有其自身的问题，正如前面所说，也主要贩卖

① Samuel P. Huntington, "The Clash of Civilizations?", *Foreign Affairs*, Summer, 1993.
② 参见Henry Kissinger, On China（Penguin Books 2011）, pp.77-80.

不同版本的庸俗的"血性论"或"血统论"，挺无聊的。这些帖子观点浅薄，史实不清，缺乏理论，逻辑混乱，学术性不够，全无美感和深度，都称不上是什么文章，也不值得引用。我这里只想说，将日本视为中华文化的继承者和领导者并试图在日本和日本文化那里寻求皈依和归宿的想法和做法是可耻的，也是毫无历史根据的，也根本行不通。

噫！中国学术不振，以至于斯！中国的文化人竟然没有文化到了如此的地步！中国的文化精英和商界俊彦竟然廉耻丧尽到了如此的地步！中国教育竟然开始大规模造假和贩卖垃圾！真让人痛心疾首！更让人痛心的是，这些冒牌文人和商界精英竟然通过歪曲历史、篡改文化来贬低中国人和中国文化，反过来美化日本、向日本献媚。这不是病态幽默（sick humor）是什么？

日本绝对没能得到中华文化的真传。时至今日，日本文化恐怕也无法与中华文化相提并论。中国目前文化不发达，教育与学术很弱。但日本以如此强大的经济作支撑，而且一贯重视教育与科技，但其文化、教育与学术力并不算强，其科技能力也无法与美欧相提并论。在文化发展方面，日本如此高效的管理制度和惊人的文化吸纳消化能力都没能起到作用，是不是很值得深思或是很耐人寻味呢？文化、教育、知识、学术、科技牵涉到一个国家或国民最深层次的东西或者说最核心的东西，关乎一个国家的良心、精神气质、国家人格和民族的灵魂，其创新能力也在于此。在这方面，日本还有欠缺。这是它无法达到一流国家的最大障碍。它通过战争没有达到成为霸权国家的目标，通过经济也没有达到。而军事与经济实力都是会衰落的，强盛时期的日本没能实现其大国梦，现在的相对衰落更使它与大国地位渐行渐远。

只有文化的兴盛才能达到成为大国的目标，一流的文化大国必然是综合国力一流的强国或大国。日本的文化或国民性存在着痼疾或致命缺陷。这限制了它的文化、教育和学术以及创新能力的高度，同时也阻碍了日本文化和日本国民性的突破与成熟。

日本这个国家和日本的国民多少还是缺乏一个现代大国的国民应该具备的应有良知的，其文化也是缺乏正气和健康的魂魄的。也就是说，日本人尚不具备一个成熟大国应该具备的国民素质和气质。

我不得不说，日本是从中华文明和西方文明中学到了不少东西，但惟独没有学到这两大文化体系中最珍贵的东西，那就是人道主义。中国的孔孟之道的仁义与西方的自由、平等、博爱精神它都没学到，至少是没有学好。

简单地说，日本在文化、制度和价值观上，以及国家行为方面，一直没有为这个世界贡献什么。泰戈尔尽管对日本人在崛起过程中的民族主义有所告诫，后来也谴责和批判日本的侵华罪恶，但他开始对日本的崛起及其对西方的挑战还是蛮开心、蛮欣赏的，也对日本有所期待，甚至有误解和高看。[①]亨廷顿和基辛格之流对日本或日本文化高看一等是因为他们并不了解东方文化，也不太了解东亚的历史。他们只看到了日本当前的辉煌。日本的崛起和随后的扩张加剧了世界的竞争，导致了国际秩序严重的动荡。从国际关系的角度，理解日本只能从利益和权力的角度解读其国家职能、国家行为、国家战略目标甚至这个国家的性质。所以，我们不但要看到日本没有为这个世界贡献什么，还要看到其典型的民族主义（国家主义）和利己主义造成了自身严重的文化和国民性的缺陷，要注意到它一直缺乏国际道义和和平主义的传统并进而对世界秩序和世界和平造成了持久的挑战和威胁的事实。

日本文化和日本的国民性中至今都没能体现出足够的独立与自由精神，也没有明显的个人主义的概念，在人道主义和对人性的关爱方面差很远，其民众很容易被政权和强权操纵。"日本人酷爱限定"[②]。日本有的是纪律性和集团性的自私、蚂蚁王国的形式上的完美主义，但独立自由精神的缺乏限制了这个文化和民族的活力与创造性，可谓文明动力不足，或曰文化供血不足。更可怕的是，缺乏人道主义精神与和平主义的指导，不仅限制了其文化的高度，而且造成了对其新兴民族主义（国家主义）的约束力的匮乏。这使得日本在从一个落后、闭塞、偏僻的农业国家向现代工业国家转型的过程中，表现得兽性十足、侵略成性、毫无理性，最后侵害他国，本身也自取灭亡。日本文化在整体性、统一性、一致性、纪律性方面以非人性、侵略性和对他国人民残酷的杀戮和毁灭的方式表现出来，是现代国家和现代文明中罪恶的最大暴露和最失败的个案。日本的所谓"出色"不足法，不足取，不值得羡慕，也没什么可怕的。

日本将为全世界贡献什么？美国、西方或许需要日本当打手、当鹰犬以对付中国和俄国？所以他们姑息养奸，纵容日本。他们或许会养虎遗患呢。然而，欧美国家实际上并不一定欣赏日本人的"素质"或日本人的文化。他们绝没有像中

---

① Rabindranath Tagore, "Nationalism in Japan", in *Nationalism*（Penguin Books, 2010）, pp.1–33.
② 鲁思·本尼迪克特：《菊与刀》，北京：商务印书馆，2001年，第167页。

国的民族虚无主义者那样仰视和崇拜日本。西方在日本人面前恐怕是相当自信和骄傲的。然而，他们是不是因自信过头而低估了日本文化中大量的野蛮残留和日本人国民素质中固有的劣根性了呢？

评价一个国家和国民的实力，以及它未来的潜力，不能只看其一时的辉煌，看中日两国的较量和关系的发展，也不能只看一时的势头和输赢。评价日本的历史地位、现实实力和未来角色，不能光看表面，也不能光看现在，需要看其实质和力量源，需要看历史，从历史作用说起，需要从其文明的地位和实力做出分析。

关于中华文化的对世界文明的杰出贡献和中国历史的伟大成就，应该是有目共睹的，也是举世公认的。这里毋须多说。中国的落后和失败都是暂时的，也是短暂的，与中国数千年的辉煌和领先相比不值一提。风物长宜放眼量！中国人的后劲很足！我们文化的底蕴很厚。中国有着数千年人道主义与和平主义的积累。中国的古典的历史文化遗产是任何一个国家都难以相提并论的。中国对世界文化和世界历史发展的贡献是任何一个国家都难以企及的。从历史上看，中国在国际社会没有负资产，没有欠债，几乎所有的影响都是积极、正面的。中国可以理直气壮、极其自豪地在国际社会发挥作用并扮演重要角色。中国赢得世界的支持应该不难，因为中国人有很好的历史信用、国际威望和文化影响力。这方面日本怎么能与中国相比！

日本现在的确经济强大，管理优良，经济上有着较强的国际竞争力，但它不仅在文化方面有着致命的短板，整体的文化实力和综合国力也并不强，并没有发展成为独立的文明体，尽管欧美人士对它另眼相看。

还有，日本不认罪、不服罪、不伏法就无法对历史做出交代，因而就无法续写历史，也无法获得新生，更无法得到国际社会的尊重，获得它所期望的国际地位和国际角色就会比较困难。日本过去所犯下的战争罪行是任何一个现代化国家都不该有的，突破了现代国家和现代民族的道德与法律底线。不伏法认罪并进行自救，它将仍然被看做一个中世纪野蛮国家或野蛮民族，将不能真正融入国际大家庭。它必须完成对自己的救赎，否则它可能败于自己的再次失德、毁于自己的无道或道德亏欠。总之，一意孤行，难善其身，日本必然将吃大亏，将遭天谴，被严重惩罚，最后应了咎由自取、自取灭亡的道理。

中国不怕日本，中国人也不弱于日本人，中国也不必仿效日本。中日之间的竞争、较量还在于文明、文化的高度与深度。那才是实力之源。日本自身社会层面的文化现象，或在细微的文化方面，还不错，但在人性、大道、大仁、大义、大德、大爱等人类最高价值和人性关爱方面比中华还落后，也没有得到西方文化的真传。

日本不可怕，日本非常自私、狭隘、目光短浅，也胸无大志，不可能征服中国，也不可能征服世界或领导世界。它过去没做到，现在和将来恐怕也做不到。

日本其实在国际社会仍被列为不文明国家。它虽然有了很先进的政治制度和很发达的经济都不能去掉其固有的兽性和野蛮本性，好像属于器质性的不健全。

中国历史上一直是东亚的领袖，现在也只有中国有资格领导东亚。中国是东亚文化的创立者和主要载体。中华文明是东亚文明的主体，也是世界文明的主要组成部分。从历史贡献、历史作用和历史地位来看，中国是最适合成为世界的领导者或领袖的（不是霸权）的，但中国首先要恢复为世界上最发达、最先进的文化体或文明体才行。中国最具有这个资格、资质和潜力，但现在还差很远。中国当今忽略了文化建设，甚至破坏了不少文化。中国文化建设和文化发展一旦进入正常轨道，20~30年后成为世界领袖和最强大的国家应该是顺理成章的事，而且无人能撼动，无人能挑战。以GDP及某些经济标准与物质生活标准、甚至完全的物质标准来衡量发展和发达是错误的。文化爆发的奇迹是很难用物质来衡量的，用物质标准来衡量也是不对的。文化的爆发是核裂变式的能量爆发，信息时代与知识经济的到来足以说明一切。

没有学术的支撑，文化必然衰落；而文化的衰落，必然导致国势的不振和国力的虚弱。没有文化的繁荣，经济、军事和国际竞争力都不会强，综合国力和经济发展想有大的提高恐怕也难。当然，没有文化，国民素质和国民性也无从谈起。中国人的素质和国民性的改善，在于提高文化。而这种文化并非简单的国民教育那么简单，也不能等同于普通教育或基础教育的普及。事实上，高文化（high culture）及学术的发达与成熟才是文化实力的关键。没有系统而强大的高文化，缺乏学术与思想，没有成熟的政治文化与领先的道德伦理，一个国家不可能建立理性的秩序和长治久安的政治—法律制度，也不会有良性的竞争与经济的活力，社会的公平与正义也难以保障。

中国人的素质有数千年的积淀或持续沉淀，有着世界上最丰厚、最悠长、最优良的文化传统，让我们充分地、更好地展示它吧，而且要通过制度、文明和文化系统、整体地的以进步、和平、人性、仁爱的方式进行展示。如此，整个国际社会，哪个国家还会不拥护中国？

中国是数千年的礼仪之邦，曾经与其他发达文明一道，带领人类走出蒙昧和野蛮。在人类物质文明和精神文明高度发达的今天，中国岂能甘居人后！

还有，关于20世纪30—40年代中日战争的较量和胜败，以及关于中日当今关系的定位，一些中国人说中国不配当战胜国纯属胡说八道，说日本没有被中国打败也不对。这没有什么好客气、好谦虚的，也没什么好自卑的。真是咄咄怪事。难道中国战败了？第二次世界大战期间对抗日本，中国是绝对的主力，美苏英等国都把主力和主要精力放在欧洲战场，用来对付德国了，只是在德国被打败后才腾出手来对付日本。没有中国的苦苦支撑，第二次世界大战的形势和最后的结果怎样还很难讲呢。即便没有珍珠港事件和后来的盟国参战，中国也终将战胜日本。这是历史大趋势所决定的，也是中国巨大的潜力和后劲所决定的。中国最终成为胜利者并站在第二次世界大战胜利国一方绝不是偶然的。中国应该理直气壮地宣称自己胜利了，显示战胜国的风采，更应该坚持捍卫和品尝胜利果实。而中国最后没能捍卫住自己的胜利果实和对日本的监管权力才是真正的失败和遗憾。胜利的果实，就像煮熟的鸭子还没来得及品尝，就突然飞走了。这真够荒唐的，也真够窝囊的。这才是中国人最值得反省和检讨的，而不是不辨是非、没心没肺、不明就里、不清不楚而又幸灾乐祸地骂中国人素质差。

谁在贬低中国人的素质

贪官、恶霸、伪君子、不干正事还喜欢夸夸其谈的人喜欢谈论中国人的素质，不，是贬低中国人的素质。他们展现着最恶劣的品质，养尊处优，不劳而获，却在贬低那些流血流汗为生计拼搏并供养着他们的人。他们哪儿来的那份自信？谁给他们这份权力和权威？来自于权势还是知识霸权？他们有何道德优越感或素质的优势？

我常常发现那些拼命诋毁中国人、贬低中国人素质的人其素质是最差的。贪官、恶霸、坏人、伪君子、下流胚、发不义之财的暴发户和不学无术的骗子口碑那么差，民怨沸腾，人见人恨，但他们浑然不觉，自以为自己超性感、超帅、超可爱、超能干、水平超高，人见人爱呢。不然他们怎么会有那么多二奶或追求者？为什么会有那么多的人围着他们团团转？对于那些不会巴结、逢迎他们的人，他们以素质低下斥之；对于那些他们明显感觉到素质、能力比他们强的人，他们拼命毁坏或浪费掉人家的素质和能力，断了人家的出路，封住人家的机会，让人家无所发挥、走投无路、走上绝路，最后他们裁定这些人是最危险的人，比素质差还糟。等到他们把中国的人才都赶尽杀绝了，把中国的好机会都毁得精光，然后又说中国人素质差，好像就他们不差，具有世界竞争力似的。他们自封人才，自命天才，各种头衔和冠冕随便带，且互赠、互封，反正天下是他们的。但他们在国际上又心虚得很，毫无竞争力，见了老外跟孙子似的，被人当猴耍。然后他们一边自己媚外，一边教老百姓仇外、排外，玩两面派的把戏，国家利益和老百姓都被他们出卖得干干净净。

他们听过老外和中国的老百姓评论过他们的素质吗？倒嫌老百姓素质差了。真好意思啊。谁的素质最差？处在社会风气不好、道德沦丧、世风不淳的时代，古代的批评家，包括谏官和皇帝之流，都怪精英层，怪士大夫，甚至怪朝廷本身，没有怪普通百姓的。我们这个时代倒好，本末倒置，怪最下层。世风、国民道德水准都是精英、权贵身体力行带起来的，绝不可能是下层人拖垮的。古人都知道这个理，今人怎么这么糊涂呢？是在装糊涂吧？反正要混淆视听，将水搅浑，忽悠你个晕头转向。

贪官素质那么差，路人皆知，怎么没人批判？当代官僚集团和士人群体之无耻、贪婪、愚蠢、无知和无能及大规模集团犯罪恐怕是前无古人后无来者吧。他们简直是毫无人性，没有一点良心。他们降低了中国人的总体素质和国际声誉。从历史上来看，中国精英集团的国际声誉和国际竞争力从来没这么差过，应该是历史最低点。

中国的老百姓从来不怀疑自己的素质，也从来没有丧失自己的良心，也没有丧失自己的自信。但他们一直对那些权贵相当客气，相当忍耐，相当手下留情。讽刺的是，权贵们并不感激，反而讥笑他们奴隶成性，怪他们没种、没血性，不知反抗。于是他们愈发起劲地用国民性或国民素质的话题来论证自己特权的必要性和高高在上的必然性。碰到这些不知感恩又缺乏体恤之心的上流社会，中国的老百姓真的很无奈。

在我看来，中国的老百姓是可以代表中国的，是拿得出手的，无论哪方面都具有一流的国际竞争力，而那些所谓的精英、有权有势的人却未必。到底谁的素质差呢？他们是中国人总体素质和国际竞争力的最大破坏者，也是最无能的人。中国的问题主要怪他们，但他们却带着最大的恶意和厌恶，把责任推到普通百姓身上。他们有没有照照镜子，反省自己？不，他们是一群最自恋自爱的人，孤芳自赏、顾影自怜到极点。他们没有任何判断能力和是非心，一点都不清楚自己有什么能耐。这是一群没有灵魂的行尸走肉而已。他们是一群寄生虫，附在百姓身上吸血；吃饱喝足了，抹抹嘴，然后有抱怨血的质量差，不够营养，味道也不好。

日本神社文化与靖国神社问题

福州大学当代闽台文化研究所　甘满堂[①]

内容提要：日本国民具有全民信教的特征，近90%的国民都信仰神道教，神社文化具有很广泛的社会信仰基础。日本明治政府利用神社的广泛民众性、鲜明民族性和与皇室的紧密关联逐步确立起国家神道体制。靖国神社原属于国家神道，在第二次世界大战前是为日本军国主义与对外侵略服务。我们需要警惕日本的右翼势力企图利用靖国神社来复活国家神道的政治野心。

关键词：神社文化；靖国神社；国家神道；军国主义

一、日本宗教信仰概况

据日本内阁下属的文化厅统计，截至2000年12月31日，日本共有神道教信徒10 523万人，佛教信徒9419万人，基督教信徒174.5万人，其他宗教的信徒1021万人，合计共有各类宗教信徒2.09亿多人，同年日本的人口总数为1.2亿人。宗教信徒的总数是人口总数的近两倍。另据日本总务省统计研修所编辑的《第56次日本统计年鉴2007》的统计数字显示，截至2004年的宗教团体（包含宗教法人）有224 540家，神社80 000多座，佛寺75 000多座，共有信教人数约为21 383万人，与之相对，同年日本的总人口为12 778万人。[②]日本信教人数比全国人口总数多出一倍，说明每个日本人平均信仰近两种宗教。

但最近也有国际调查认为，日本人多数不信仰宗教，这是受调查方法的影响。有的日本人虽然表示自己不是宗教徒，但问其有没有到神社或佛寺参拜，却说自己每年要多次参拜神社寺庙。因此，也有学者认为日本人以及中国人，对于宗教的信仰，是重实践轻归属；重功用轻信仰的，即口头声称不是佛教徒（或道教徒），但还是偶尔烧香拜佛（或神）。对于日本人与中国人的宗教信仰的测量，需要从归属（宗教徒）、信仰（相信有超自然的力量）与实践（去宗教场所参拜）等三个维度去考察，这三个维度百分比通常呈由低到高分布。

---

① 甘满堂，福州大学社会学系主任、教授；福州大学当代闽台文化研究所所长，主要从事劳工社会学与宗教社会学研究。
② 张建立：《日本国民宗教信仰的现状、特点及其影响》，《外国问题研究》，2009年第1期。

通过分析近20年关于日本国民宗教信仰的统计数据，可以得出当代日本人宗教信仰的三个极为显著的特点：一是日本国民具有全民信教的特点，尊崇神道教与佛教，两者信仰人数占绝对多数。二是宗教信仰具有兼容并收的特点，即日本人信仰非排它性宗教神道教与佛教，但也会到基督教堂举行婚礼仪式。三是宗教信仰具有功利主义特征，日本人到佛寺与神社都有所求，祈求现世有关怀。日本佛寺与神社前都挂着无数写着祈愿的小木板，主要是关生老病死、生育、婚姻、上学、就业、事业发达与发财等，表达很强烈的功利主义倾向。

日本佛教是由中国经朝鲜传入，属大乘佛教，现有佛教徒9000多万人，占日本总人口的75%。全国共有75 000多座寺院。日本的佛教大半属于镰仓佛教，净土宗系（含净土真宗）的宗派和日莲宗系的宗派占绝大比例。在明治维新前，佛教在日本拥有"国教"的地位。

神道教是日本的土著宗教，最先是对自然界万物的崇拜，后与天皇传说相结合，再吸收了中国儒家与佛教思想，形成以"忠"为代表的教义。明治维新后，由于它提倡对国家、天皇的绝对忠诚而被指定为国教，对日本近代影响非常大。神道教是一种多神教，除崇拜天照大神外，还有很多各具功能的神明，即日本人所说的崇拜"八百万神"。神社是神道教存在的空间载体。一般的神社与社区相对应，如同福建与台湾的乡村村庙，基本上是"一村一街一神社"。因此，日本神社非常多，总数在8万座以上。神社具有社区整合的功能，在日常信仰中，神社是人们祈福的地方，祈求神明保佑，如生育、学业、经济生产、婚姻等都可以请神保佑。①因此，神社的功能是"养生"，而寺庙的功能就是"送死"。日本的寺庙也具有社区性质，日本人的葬礼都要请寺庙和尚主持，最后葬在寺庙旁边的墓地里。寺庙与墓地相邻，是乡村重要景色。日本寺庙和尚不用出家修行，可以结婚生子，如同中国乡村道士，寺产也可以传给子孙。佛教对于葬礼仪式和墓地的控制使它在人们的日常生活中的影响力非常显著。

基督教在近代传入日本，但发展并不顺利。它受到过政府排斥，也受到政府过的扶持（第二次世界大战结束初期），但并没有呈显著性的增长。现代越来越多的青年人愿意在基督教的教堂举行婚礼，但是，正式接受洗礼加入基督教的信徒却不见增加，其信徒总数一直在总人口的2%以下。基督教在日本传播几乎停止

① 张佳梅：《日本地方神社的社会文化功能研究》，《江汉学术》，2013年第6期。

工作，这与日本发达的神道教与佛教信仰有关，也与日本人追求现世功利有关系。

二、日本的神道教与神社文化

神道教简称神道，是日本的传统民族宗教，已有两千余年的历史。神道是崇拜自然界"八百万神"的多神教，它起源于原始的自然精灵崇拜和祖先崇拜。日本在明治维新之前，自然村落基本上是围绕当地的神社形成的，每一自然村有一座神社，神社经常用佛教礼仪，佛教在明治维新前具有国教的地位。明治维新后，日本确立了以德国为榜样的近代化改革道路，新政府为了强化天皇的权威，就把神道教改造为国家的宗教，强调与佛教的区别，将神道从先前的"弥散型"局面梳理成一整套体制化的宗教，并给予财政支持和政治保护。在日本对外战争中，国家神道与军国主义相结合，通过对人民进行敬神爱国、崇祖忠皇的所谓"忠君爱国"教育，通过宣扬以日本为世界中心的"神国思想"而促发狭隘的民族主义和狂热的军事扩张主义。

作为宗教系统的日本神道大体上可以区分出以下四种主要形式：皇室神道、神社神道、教派神道以及民间神道。皇室神社：在以神道教为国教的时代，直接由政府建立或是管理的神社，如伊势神宫、出云大社、势田神宫等，另外还有于明治时代所建的皇家神社，如東京的明治神宫、京都的平安神宫。日本皇室神社都有象征日本皇室的菊花纹，其名称为"神宫"而非"神社"。所谓"教派神道"，指自江户后期开始在民间陆续形成的以神道信仰为主要特色的宗教组织，它们有自己的教祖和教义。"教派神道"主要有13派：神道大教、黑住教、神道修成派、出云大社教、扶桑教、实行教、神道大成教、神习教、御岳教、神理教、禊教、金光教和天理教。在第二次世界大战前，它们与"神社神道"相比均处于较次的地位。日本的各行各业都会祭祀保佑自己行业的主神。如农业和工商业信奉宇迦之御魂神，医药业信奉神农和少彦名神，教师和学生信奉学问神菅原道真等。日本很多名企都有自己的神社，参拜神社和参加祭祀仪式成为一种独特的企业文化。比如日立制作所日立工厂信仰熊野神社，马自达汽车公司信仰伏见稻荷神社，东芝公司信仰出云神社等。就连航空、船舶、核电等高科技领域，日本人也依然保持着参拜神社、敬神祈愿的仪式。据说每次火箭发射时，日本的航天人员都会到神社去祈愿

神社神道是日本的神道的主体。所谓"神社神道"，是指以神社为中心的神

道。换言之，是指没有宗教理论或宗教教派基础的、以族缘或地缘为基础、以神社为中心的崇敬祖先神、氏神、地域神的信仰。日本几乎每个人口聚集地都至少有一个神社。这些神社有的祭祀祖先（氏神），有的祭祀地域神，有的祭祀专门保佑人们某一方面利益的神祇，如农业丰收的稻荷神、保佑身体健康、生子繁衍后代的神等。日本自古有"八百万神"的说法。日本众多的神社中的神明属于社区神，名不见经传，如同福建村庙中守土大王之类的村落神。当然日本也有一些神区名神，供奉它们的神社可以达到数千座，如稻荷神（农业丰收神）、八幡神（战神）、天神（文神，可保入学考试顺利）、浅间神（生育女神）等。这四类神社也有首社与子社之分，首社就是第一座供奉名神的神社，历史悠久，通常都建得非常豪华壮观，如同福建神明信仰圈中的祖庙，子社就是后来供奉社区名神的神社。①

在日本有许多望族为供奉其家族的祖先而建立的神社。最有名的就是供奉德川家康的东照宫，日本很多地方都有东照宫。位于金泽的尾山神社是供奉金泽当地望族前田初代家主——前田利家。京都的下鸭神社为日本古代豪族贺茂氏的氏族神社。奈良最知名的春日大社供奉的是保护本城的神祇，它同时也是藤原氏家族的守护神社（藤原家族是奈良和平安时期多数时候最具影响力的家族）。

神社的原初形态是神篱与磐境，神篱是用常青树围成的祭神场所，磐境是用天然的大岩石垒成的祭祀场所，后来才开始建造非常考究的社殿。神社的主体建筑有"鸟居"（牌坊）、正殿、拜殿、宝物殿等。鸟居是神社最典型的标志物，它是一种由三根巨木搭成的门型牌坊，造型很简练，是神界和人界的门，走过鸟居，就是进入了神界。正殿里面供奉着神体，一般是不能进入的，参拜的人只能在正殿前面的拜殿里朝着正殿而拜。所谓的神体（Shintai，又称御灵代），只是一些象征物，如神镜、木偶、丛云剑等。神社的拜殿里，看不见祭拜的对象，既没有神像，也没有牌位。宝物殿里收藏着很多珍贵的文物。神社的建筑庄严古朴，油漆色彩多用鲜艳明亮的橘黄色，给人以隆重华丽的感觉。神社占有的土地称为"社地"，出于对"镇守之森"和"神体山"的敬畏，社地保留了较为原始的生态，体现了神、人与自然和谐统一的关系。

祭祀仪式是神社神道的核心内容，它是在与神相关的活动中被制度化了的宗教的行为体系，主要包括祈愿仪式、通过仪式、年中行事、地方性节日等。个人

---

① 甘满堂：《村庙与社区公共生活》，北京：社会科学文献出版社，2007年版。

参拜拜仪式统一是"两拜—两拍手—再一拜"。据说"两拜"表示对"神"的拜谒，"两拍手"表示接受"神"的回应，"再一拜"表示对"神"的感谢。神社不设香火，这与中国民间村庙有着显著区别。人们到神社去，一般是先在神社前的水池边用一个长柄木勺净手，然后到屋脊两边翘起的神社拜殿前，往带木条格的善款箱里扔点零钱，把手拍两下，合十祈祷。有的拜殿前还挂有很粗的麻绳，祈祷者摇动几下，撞得麻绳上的风铃发出响声，也是拜神的重要仪式。

　　日本人多同时信奉神、佛两教，婚礼多从神道教习俗，而丧殡则多从佛教葬仪。传统日宅兼有神道神龛与佛教祀位，神道神龛多是供奉保护神与天照大神，佛教祀位则是敬拜祖先亡灵。严格说来，神道教并没有经典可寻，若要列出具代表性的经典，《古事记》与《日本书记》两部古书可勉强称为神道教经典。祭祀主要内容有三部份：行禊祓、奏神乐、向神祈祷。禊祓乃指在某一时期内要洁净身心与各种饮食器皿，是为斋戒；神乐又称神游，是一种祭神的宗教音乐；祈祷则和一般宗教祈祷相似，祈求国泰民安与个人蒙福。①

　　明治维新时期，在政府的作用下，一种新的神道得以形成，即所谓"国家神道"。该神道是在整合皇室神道与神社神道基础上形成的。在许多学者眼里，它并不属于"宗教"的范畴，而是一种作为政治手段的"祭祀体系"，目的在于强化天皇的权威。明治元年（1868年），相继公布的明治"三大宗教政策"，即再兴神祇官、禁止天主教和"神佛分离"，其目的在于消除传统佛教与新兴外来宗教——天主教的影响，以确立神道教为国教地位，宣扬天皇神圣不可侵犯的地位。同年，明治政府对全国神社级别分为敕祭社（中央级别的神社，大中小共二十九社）和府、藩、县各级神社。明治四年（1871年），又进一步将神社分级为神宫、官币社（国营神社）、国币社（国家拨款经营之神社）、府县社、乡社、村社及无资格社七等。"社格"基本上可分为"官社"和"诸社"，即皇家神社与民间神社。官社有"官币社"、"国币社"两种，官币社的财源是由皇室奉献，国币社则是由政府的国库支付。祭祀皇祖天照大神的伊势神宫，因被定为"国家总镇守"而具有超越一般社格的地位。"诸社"可分为府、县、市、町等层级，由各府、县、市、町提供财源。此外，还有一些神社属于不具社格的"无格社"，属于私人神社，不具备有公共神社的资格。另外，政府又废除了神官的世袭制，改为神职任命制。

① 津田左右吉：《日本的神道》，邓红译，北京：商务印书馆，2011年。

神官之生活来源和社会地位由官方保障。1906年，明治政府发动"神社合祀运动"，实行"一村一社"制度，规定每一行政村有一座神社。这样一来，神社同国家行政体系结合得十分紧密。1895年到1945年，日本在殖民中国台湾期间，为了推进台湾"皇民化"进程，将本国的神社文化带进台湾，以"一街一庄一神社"为目标，广建神社，先后共建造了200多座大大小小的神社。台湾光复后，神社多被拆除或改为它用，但有几座被保留下来，如桃园神社，它们现在成为日本侵占台湾的重要见证物。日本在殖民中国东北期间，也建过日式神社，在日本投降后，这些神社都被拆毁。

日本明治政府通过一系列改革，将全国各地的神社统一编制到以伊势神宫为本宗的中央集权体系中来。进而，通过赋予各神社以教化之职能，神道体系就完全取代了幕藩制下佛教所承担的教育功能。明治政府利用神社的广泛民众性、鲜明民族性和与皇室的紧密关联逐步确立起国家神道体制，将天皇制国家的意识形态成功嫁接到传统神社文化体系中，达到了预期中"加强国家认同""提升国民凝聚力""形成'我是日本人'的意识"等目的。但是这种人为的将神道教由"弥散型"改造为崇拜天皇为核心的制度型宗教，并将其确定"国教"后，天皇的权威得到了神圣与世俗的双重维护。由于神道教宣扬天皇是主宰天下的日照大神的后裔，引发日本帝国想要统治东方，乃至世界的狂妄梦想，从而不可避免地将日本引向了军国主义道路的深渊。

三、靖国神社是国家层面的"英灵崇拜"场所

靖国神社是祭祀为国战死的亡灵而创立的国家神社，在日本神道教神社系统中属于国家神道系列，是一所具有特殊意义的神社。日本人对于亡灵祭祀大体可分为两类：一类是出自"镇魂"的"御灵信仰"，即担心亡灵作祟带来灾祸，为转祸为福而设立的"镇魂"祭奠场所。第二类是出自"慰灵"目的"英灵崇拜"，即为追悼和表彰有功业的先祖或"为国捐躯"的将士而设立的祭奠场所。靖国神社便属于第二类，它是国家层面的"英灵崇拜"场所，与日本军国主义思想紧密相连。

日本于明治维新后的第二年（1869年）建立了东京招魂社，主要用来祭祀推翻幕府统计战争中死亡的将士。1874年日本首次出兵台湾，开始走向扩张路线，海外死亡的军人也被放在招魂神祭祀。1879年日本霸占琉球后，在明治天皇倡议下，东京招魂社改称靖国神社。从此，靖国神社中祭祀的主要是日本对外战争中

的阵亡者，成为日本军部动员侵略战争最重要的精神支柱之一。当时，日本的神道被升格为凌驾一切其他宗教之上的所谓国家神道。靖国神社作为"以天皇为中心的国家"所特有的宗教设施，其宗旨是将"为国捐躯之人"集体供奉为"靖国之神"和"英灵"，永久祭祀，"万代显彰"。①

靖国神社现占地总面积约十万平方米，主要建筑物是"三座鸟居，三座大殿"。靖国神社进口处是第一鸟居，高约25米，钢材建造，建于1974年，鸟居前有两对石狮子（日语叫"狛犬"）。进入第一鸟居后，左边是国旗塔（悬挂日本国旗），右边是慰灵泉，正面是日本陆军创立者大村益次郎铜像，该铜像建于1893年，是日本最早的西洋式铜像。通过大村铜像后是第二牌楼，青铜铸造，高15米，建于1887年。第二牌楼后是神门，桧木建造，建于1934年。每天早上6点拜殿的大鼓敲21响后，神门打开。神门之后是第三牌楼，用树龄2000年以上的桧木建造，建于1975年。第三牌楼旁边有"书信揭示板"，展示奔赴战场将士的遗书等，内容每月一换。第三牌楼之后是拜殿，建于1901年，是参拜本殿前的预拜场所。拜殿之后的本殿，建于1872年，是靖国神社最主要的建筑物。本殿内奉有明治维新以来为日本军国主义战死的240余万"烈士"的牌位（只供有一个牌位，并非一个亡灵一个）。本殿之后是灵玺簿奉安殿，放置有祭神（烈士）姓名的灵玺簿2000余册。在"三牌三殿"的主建筑群右侧，建有靖国会馆，里面陈列战史军事资料，靖国会馆旁建有母子像、特攻勇士像、军马慰灵像、军犬慰灵像等塑像，还安置有日军曾经用过的大炮、炮弹等各种兵器的实物。靖国会馆旁边是游就馆，即军事博物馆，里面陈列有各战役的纪念品、武器、烈士的遗物等。

截至2002年10月，靖国神社合祀着2466427个亡灵（注：靖国神社内没有亡者的骨灰或牌位。所谓合祀，是把新亡灵的名字载入"靈璽簿（灵玺簿）"，进行招魂后，使亡灵统一到靖国神社正殿，即完成入灵合祀仪式。合祀仪式通常在每年秋季大祭（10月17—20日）的第一天举行。"灵玺簿"平时存放在靖国神社正殿后面的"灵玺簿泰安殿"内。，其中死于第二次世界大战期间的占94.8%，包括日本殖民统治时期的部分台湾原住民和韩国人，而大多是侵华日军亡灵。②

第二次世界大战期间，靖国神社曾作为军部设施直接隶属日本陆军省和海军省管辖。日本发动全面侵华战争期间，靖国神社的主持人——"宫司"曾由陆军

---

① 步平：《日本靖国神社问题的历史考察》，《抗日战争研究》，2005第4期，第163～183页。

② 刘江永：《从日本宗教文化角度看靖国神社问题》，《清华大学学报》（哲学社会科学版），2005年第5期。

大将铃木孝雄亲自担任。当时，靖国神社作为军国神社发挥过麻醉和刺激日本国民参战的精神鸦片作用。1941年太平洋战争爆发后，美国人对于日本军人不怕死亡的"勇敢精神"印象深刻，美国开始研究日本军国主义的根源。1945年，美国陆军部下令拍摄了一部名为《认识你的敌人日本》的影片。影片中解说道："天皇对于日本人来说是最神圣的神，他一人独掌政治、宗教大权。日本人相信战死之后灵魂可以被供奉于靖国神社，对于日本人，最高的荣誉就是战死后被供奉在靖国神社，因为连天皇也会去俯首参拜，所以日本人与其投降不如选择战死。"① 由此来看，第二次世界大战前的神道教与靖国神社就是日本军国主义的帮凶。

第二次世界大战后，随着日本政教分离制度的确立，神道教由制度型宗教又退回为弥散型宗教，靖国神社的性质发生变化。1945年11月，占领日本的盟军总部发出第448号指令，即所谓的"神道指令"，宣布废止国家神道，实行政教分离。在1946年底日本颁布的新宪法中，政教分离原则有两方面的规定，一是国家在保障公民信教自由的同时不得参与宗教教育或其他宗教活动，更不得以公款资助宗教组织或宗教活动；二是一切宗教团体不论其教义如何，都可以按法律程序申请成为宗教法人，但任何宗教团体都不得谋取政治特权，更不得强制任何人参与宗教仪式等活动。在将日本神社神道改造为与国家无直接关联的民间宗教的同时，日本天皇的神性也遭到否定。1946年元旦，裕仁天皇发表了《关于建设新日本》的诏书，即所谓《人间宣言》，承认天皇制神话是虚构的观念，以委婉的方式否定自身具有神性的特殊身份。根据新宪法，靖国神社在第二次世界大战后脱离国家管理成为宗教法人，并与其他宗教团体享受同等待遇，但其供奉的战争亡灵的灵位并没有撤除。随着1952年美军占领时代的结束，各种祭拜靖国神社的活动相继"死灰复燃"。靖国神社摇身一变成为右翼势力为军国主义招魂、为侵略战争翻案的政治舞台。后随着全球冷战时代的到来，美国大幅度改变了占对日政策，停止清算日本的战争罪行，并试图将日本打造成"反共防波堤"。在这种情况下，美国人对于靖国神社问题采取纵容的立场。1978年10月17日，东条英机、广田弘毅、平沼骐一郎、小矶国昭、板垣征四郎、梅津美治郎、土肥原贤二、松井石根、永野修身、木村兵太郎、武藤章、松冈洋右、东乡茂德、白鸟敏夫等14名日本甲级战犯，经厚生省批准被作为"昭和殉难者"载入"灵玺簿"，秘密合祀于

---

① 乔林生：《当年靖国神社为何未被烧毁》，《人民文摘》，2013年第11期。

靖国神社。此后，日本首相参拜靖国神社便引起日本国内更大争议和邻国强烈反对。以上便是所谓靖国神社问题的本质和由来。[①]

据日本官方统计，每年到靖国神社参拜的人约600万人次，很多日本人是抱着观光与参拜的双重目标来的。与日本1.2亿国民相比较，人数还是相当可观的。需要注意的是，这些参拜的人多是自发的，并没有人组织。因此，我们不能说参拜靖国神社的都是"一小撮军国主义分子和右翼分子"。对中国人来说，靖国神社供奉的战犯，但他们在日本人心目中却是国家和民族英雄。日本政府高官参拜靖国神社具有顺应民意的性质。当然，普通日本人参拜靖国神社也可以祭祀"先人"来解释，他们中的大多数对过去的战争是持反省的态度。但作为日本政府最高行政长官的首相参拜供奉有甲级战犯的靖国神社，则不是"祭祀先人，反省战争"能解释得通的。过去被日本侵略过的国家有理由相信，日本政府高官参拜靖国神社是从国家场面肯定对外侵略战争。日本社会具有深厚的神道教信仰传统，这种信仰传统很容易被军国主义分子所利用——用神社文化为侵略战争服务。因此，我们必须时刻警惕日本的右翼势力企图利用靖国神社来复活国家神道的政治野心。

---

① 翟新：《日本自民党执意参拜靖国神社的国内政治背景分析》，《社会科学》，2004年第10期。

论日本佛教界在近代对外侵略活动中的作用

南京理工大学人文学院　　陈　橹

提要：本文回顾了日本佛教界在近代鼓吹民族扩张主义的表现，分析了日本佛教通过对外传教以支持和参与侵略战争中恶劣作用。

关键词：日本；佛教；侵略；军国主义

1947年5月，日本佛教、神道、基督教三教领导人发表联合声明，对于他们在战争中的行为表示忏悔。声明说："我等未能阻止昭和六年（1931年）9月满洲事变以来的军国主义思潮，卷入了这场悲惨的战祸之中。对神、佛，对祖国、人民，对世界全人类惭愧不已。今日静思，我等应在一切悲惨战争爆发之前，不惜生命地发起维护和平之运动，努力发挥宗教之职能。"本来，以慈悲为怀的佛教与血腥杀戮的侵略战争应该是水火不相容的，然而，日本佛教界却在事实上成了日本军国主义对外进行侵略战争的帮凶。回顾佛教在日本被军国主义扭曲利用的历史，对于今天我们深化对日本军国主义的认识是不无意义的。

一、积极配合政府，大肆宣扬军国主义

明治维新以后，日本当局把宗教当作"战斗力量"的一部分，非常重视宗教动员社会、激励民众的作用。为了迎合对外扩张国策，日本佛教沿袭了历史上"护持国家"、"王法为本"的传统，成为了"皇国佛教"，佛教界大力提倡"忠皇爱国"，宣扬"皇国国体"和"护国"精神，甚至把佛教与国粹主义杂糅在一起，倡导"尊皇即奉佛"的论调。各宗当局和上层头面人物积极配合政府的侵略政策，在日本近现代对外侵略的过程中，佛教界起了推波助澜的作用。

当时许多日本佛教界人士借助于教义和佛教词语进行"皇国国体"宣传，如佛教界名人大内青峦荒谬地论证和宣扬天皇制度与佛教的一致性，声称："我大日本帝国古来精神的政教的基本，是我皇室和我佛教，如对此加以丝毫损毁，则决不能保我大日本帝国的独立安宁。"田中智学等人则通过宣扬日莲主义和日本民族优越论，认为日本应该也有能力统治世界。他主张用日莲宗"统一人类的思

想和目的"，而由作为"统一的机轴"的日本国家来充当日莲宗的"原动力"是必要的。他狂妄地叫嚣："日本国具有正当的统一宇内的灵的天职。法虽不问日本非日本的，但教必须承认是日本的。必须让日本去统一宇内，让日本最终地成为宇宙人类的灵的巨镇。"他叫嚣由日本来统一和统治世界，即所谓"以大道征服不道，建立天所任的国家"。1914年他又建立了"国柱会"，发行报刊，宣扬以所谓的"王佛冥合"理想去建立以日本为中心的世界秩序。甲午战争爆发后，他发起"报国运动"，举办战事胜利法会。日俄战争发生后，他把自己鼓吹民族扩张的书籍寄送给出征的士兵。"九一八事变"发生后，"国柱会"发表声明，要求"彻底解决，实现国运兴隆"。随着侵略战争的扩大，"国柱会"强调"内巩固祖庙中心的宗门统一，外开启王佛一如，法国冥合的猷运"，并向军队派遣了慰问使，举行国体讲座，开展大规模的宣传活动。田中智学还亲自到中国东北和内蒙古游说，会见傀儡皇帝溥仪，宣讲所谓的"王道本义"。日俄战争进行时，佛教与神道、基督教代表一起在东京召开"战时宗教恳谈会"，发表宣言支持战争。有些佛教界著名人物竟然声称："无论杀死多少敌人也一点不违背佛意。"1913年佛教各宗恳谈会举行全国佛教徒大会，申明"发挥稳健的国民精神"、"明了国家与佛教的历史关系"的必要性。第一次世界大战爆发后，日本政府在对德宣战后下谕佛教各宗管长，要求教化信徒为国"灭私奉公"，这一要求被迅速地传达到僧侣。翌年在京都举行的13宗56派管长会议表达了对政府的热烈拥护，全国各地"佛教护国团"纷纷成立。一次大战后，佛教界积极支持政府的所谓"培养健全的国家观念"、"涵养公共心"、"发扬牺牲精神"的"涵养民力"政纲，敦促民众形成"帝国国民自觉性"，还与神道、基督教一起大量建立教化团体，配合政府的政策。"九一八事变"后，日本绝大多数佛教宗团采取支持迎合态度，赞美"满洲的独立"。全面侵华战争爆发后，日本佛教界密切配合国家神道的"神国"观念进行教化，大肆鼓吹"天皇至上"、"大亚洲主义"、"忠君报国"，各宗纷纷删改教典中"不稳妥"、"不合时宜"的词句，以迎合政府。各宗还相继集会，贯彻政府"国民精神总动员"的宗旨，"振作国民殉国精神"。日莲宗系的灵友会称赞侵略战争是"圣上的大御心，皇国的使命"，"也是大日本灵友会的使命"。太平洋战争爆发后，佛教与神道、基督教一起召开"完成大东亚战争宗教翼赞大会"，通过了"发挥皇国宗教之真谛，通力奉戴宣战圣旨"的决议。担任东本愿寺教化研究院领导的著名布教家河崎显了述的名为《佛教经典战争观》的小册子（1942年6月由真宗大谷派教化研究院出版，虽由作者个人署名，但实际上代表了真宗大谷派的观点）竟宣扬说佛教经典肯定战争，并把侵华战争称之为佛的大慈悲，是破邪显正的菩萨行，书中说："自我祖先以来，一直企盼的'八纮一宇'的大理想，将由我们使之开花结果。我们参加带给我们实为无限喜悦的圣战，使吾身能尽臣民之本分而无不欢欣鼓舞。思念及此，即觉满腔欢喜，眼前的生活苦难，也会突然消失而不留痕迹。至此，始能显扬'以报恩的至诚尽力于国家'的宗风，而宗祖所教示的'为朝廷、为国民念佛'的箴训也能实现。我衷心企望我宗门人士，奋起于此一念之下，效力于国家，发挥我宗教义之真精神。"这些宣传，显然是对军国主义的侵略战争的推波助澜。

二、积极支持和参与策划侵略活动

近代日本佛教界不仅在思想上配合政府积极宣扬民族扩张主义，而且大力进行各种支持对外侵略的活动。在甲午战争时期，佛教各宗极力迎合和讨好政府，除向战场派遣僧侣随军传法、进行追悼战死官兵、慰问军人等活动外，还在后方医院慰问负伤者，捐赠医疗用品，组织对出战军人家属的慰问与救济等活动。日俄战争爆发后，除人数很少的"新佛教徒同志会"基于人道思想对战争持消极态度外，佛教界基本上都陷入了战争狂热之中，各宗组织派遣随军僧，使他们在战场传教，慰问官兵，为战死者安葬和举行"招魂法会"。到1905年随军僧达60人，各宗组织了对出战军人家庭、战死者家人的慰问与援助，对伤残士兵进行救护。净土真宗在此过程中最为积极，开战伊始，真宗本愿寺派与大谷派就分别设立"临时奖义局"和"临时部"，并在各地设置临时机构，募集战争经费，动员信众买"军事公债"与国债券，组织慰问、援助和救护，进行安葬与悼念活动。真宗本愿寺派的法主大谷光瑞因大力支持政府的侵略政策而在战争期间受到天皇嘉奖。1932年上海日军进行侵华战争时，东本愿寺屡屡进行慰劳侵略军的活动。卢沟桥事变后，在"振兴国民意识，培养国力"的口号下，文部省通令各宗教支持政府的侵略政策，并要求佛教各宗"随着战局的推移，考虑适当的活动"。为此，1938年佛教联合会决定每月15日举行报国托钵修行，各宗相继成立"兴亚部"，派传教师随军传教，宣扬日本民族的优越感和侵略战争的正义性，号召"报国""殉国"，举行祈祷战争胜利法会，为侵略军"鼓舞"士气，赠送慰问物品，为阵亡官兵举行"慰灵法会"，还搞所谓"奉献"活动，有些寺院甚至把佛具、梵钟也献出来作为军工原料。太平洋战争爆发后，佛教与神道、基督教一起，在召开"完成大东亚战争宗教翼赞大会"的同时成立"宗教团体战时中央委员会"，规定了每月的"兴亚奉公日"。1944年"大日本战时宗教报国会"成立，从中央到地方层层设立"战时宗教指导员"，仅1944年6月，被动员的宗教教师和僧侣就达970人。这些组织频繁举行"佛教徒后方为国效劳大会"、"强化军队救援事业大会"。在为支援侵略战争而进行的"灭私奉公"活动中，寺庙成为军队的驻地，大量佛教用品被捐献出来作为军工原料，甚至连铸造于1914年、高达17米，被称为"日本第一青铜大佛"的酒田大佛也被军队征用（1992年重铸）。在此，日本佛教已经完全丧失了它的慈悲精神，在对外加害于人的同时，自身也蒙受了耻辱和损害。

受佛教界民族扩张主义思想的影响，到了20世纪30年代，在日本出现了利用佛教进行法西斯活动的人物，井上日召和石原莞尔是其中的代表。日莲宗僧侣井上日召倾心于田中智学的日莲主义，决心做一名"日本改造运动的兵卒"，企图建立狂热的军国主义国家。但他又不满足于"日莲主义偏重于口头议论，缺乏具体的实行面"，因此亲自到中国东北进行谍报活动。1927年他以建立"日本天皇国"为目标，组织农民敢死队"血盟团"，提出了"一人一杀主义"，梦想以武力手段和恐怖活动来改造日本。1932年他领导制造了著名的"血盟团事件"，想通过政变来建立法西斯体制。此举虽然失败，却大大毒化了日本的政治气氛，为法西斯体制的确立准备了条件。与此同时，为了实现政治野心，他还指派门徒进入中国。在日本军事特务机关指使策划下，这些门徒在1932年日军挑起的"一二八"事变中，充当了点火肇事者的不光彩角色。另一位日莲宗信徒石原莞尔也深受日莲主义的影响，尤其是日莲在其著作中宣扬的"末法之世将在人间世界爆发前代未闻的大斗争，其结果，一天四海皆归妙法，世界将被法华经之真理所统一"的观点，对他的世界观起了决定性的影响，他因此认为"未来的第二次世界大战是为统治世界而进行的人类最后一次大战，它将采用歼灭战、总体战的形式达到世界的统一。为此，有必要在以日本为中心的亚洲首先实现"。在1928年10月担任关东军要职后，他极力主张侵占中国东北以作为统治全中国的据点，在"九一八事变"和成立伪"满洲国"的过程中，他都扮演了主要策划者的角色。凡此种种，足以显示日本佛教界在军国主义兴起和发展的过程中所起的作用。

三、对外传教渗透，服务于侵略政策

甲午战争后，具有悠久历史和深厚社会基础的日本佛教，也以"皇国佛教"的形式大举对外传教，通过"借教伸权"以服务于侵略政策。

在中国，与欧美在华僧侣主要服务于教会间接服务于政府不同的是，近代日本佛教界的在华活动完全是受政府的支使并直接服务于政府的。19世纪末日本政府曾为派僧侣来华传教问题与中国进行了数次交涉，但均未获得中国允准。日俄战争期间日本又重提此议，再遭拒绝。针对日僧的在华活动，中国1899年就有士绅张贴檄文指出其"入境布教，而煽惑愚氓……以渐谋不轨"，面对日僧"至各直省眈地方官以传教，又或内眈我外务部以传佛教为说"，改良派人士汪康年曾经在《京报》著文《论日本僧人至中国传教之非》，敏感地发出疑问："吾不知日本屡以在吾国宣播佛教为要求，果何意也？"1915年日本在对华提出"二十一条"时再提此请，而当时中国北洋政府外交次长曹汝霖说："佛教来自天竺，至中国后乃传入日本，焉有由日本布入中国之理？广树势力而已。"对日本的真实意图袁世凯也很清楚，他说："自日俄战后，日在东亚势力日增。然彼国地狭民贫，垂涎中土，殆非一日。"日僧在中国"设堂传教，可在内地长住，以考察中国各行省民情风土。其用心殊为叵测。将来必至以该国通人学士，或隐受政府之命，群托名于僧侣，而分布中国内地，煽惑愚民，阴行其殖民政策"。尽管从来没有获得过中国政府的允准，日本佛教界依然进行非法传教。尤其是在日俄战争后和发动全面侵华战争后，在这两段时期这种非法活动非常活跃。当时大批日僧在华开堂布道教，招揽信徒，以配合军事侵略。

20世纪30年代后，随着日本向亚洲各地的扩张，日本佛教各宗纷纷设立"别院"、"布教所"、"布教监督部"、"支部"等，派僧侣从军，到各个占领区"传教"。日本侵占中国东北后，大批日本僧侣在东北各地活动，1936年，仅仅哈尔滨一地就有日本各种宗教的布教场所24处，其中佛寺9座。1937年后日本各种宗教的布教场所遍布华北和东南各地，仅佛教东本愿寺就在中国各地设立近40处布教所。在军部授意下，1936年各宗联合成立"日满佛教协会"，目的是"加强两国佛教徒的亲密合作，为在新兴满洲国建设王道乐土施与文化工作。"卢沟桥事变后，各宗相继成立"兴亚部"，派传教师随军传教，宣扬日本民族的优越感，号召"报国""殉国"，举行祈祷战争胜利法会，为侵略军"鼓舞"士气，赠送慰问物品，

为阵亡官兵举行"慰灵法会"，同时对占领区人民进行奴化教育，为侵略军刺探情报。1934年前后日本佛教界联合建立或参与组织了"东亚佛教会"、"佛教兴亚会"、"国际佛教协会"等机构，以表示其对"东方文化"的尊重。"东亚佛教会"的宗旨称"发扬佛教真理，团结佛教信徒，铲除共产邪说，恢复东方文化"。还有"对支布教宗教团体协议会"，以及以支持战争为宗旨的"中日密宗救援会"、"北支日本佛教联合会"、"兴亚宗教同盟"、"兴亚佛教会"等名目繁多的机关，宣称"以向支那佛教徒输入日本佛教大乘精神，使其与日本大乘的东亚政策产生共鸣，并与之合作"为宗旨，并且认为"这是当今赋予日本佛教徒恰如其分的神圣任务"。当时，净土宗、净土真宗、临济宗、曹洞宗、天台宗、日莲宗等主要派别纷纷来华扩建寺院，进行所谓的"共存共荣"、"建立大东亚新秩序"教化活动。其中，净土真宗两派最积极，真宗本愿寺派原管长大谷光照率先巡回华北各地，"慰问"侵略军，并在北京开设"支那布教总监部"，作为本派"支那开教，从军布教，宣抚工作"的联络统制机构。此后不久，真宗大谷派以及其他各宗派也先后在北京建立别院，北京成为日本佛教各宗派"对华传教总监部"的集中地。1939年2月年日本侵略军上海特务部在虹口成立"中支宗教同盟"，1943年6月又成立了"大东亚佛教总会"，以协调各派教徒配合侵略政策的实施。日本佛教各宗建立的寺院、传教所遍布广大的中国沦陷区，实际上是日本军国主义的侵略机构和前哨据点。这些佛教团体和布教场所，许多受日本间谍机关控制，为其搜集情报，从事破坏中国抗战的活动。比如在济南，日本间谍机关控制的中国未来和平宗教会和中日同愿佛教会，都是利用佛教和其他宗教人士进行间谍活动的团体。在广州，日本间谍矢崎勘什接近和控制了"国际佛教协会"的首脑人物，利用他们以佛教为掩护搜集了大量军政情报。在青岛，日本东本愿寺僧侣则进行了搜集有关中国军事情况的活动，而在上海的中国入教者则为日方提供了中国经济情况的文书。

为了控制和占领东南亚，日本佛教界也大力协助军部，太平洋战争爆发之前，日本先后向东南亚诸国派遣大量间谍僧侣，利用宗教感情和民族思想，诱骗东南亚各国人民为日本的侵略战争卖命。缅甸历史上著名的昂山等"三十志士"在日本进攻东南亚初期曾经积极配合日军作战，在很大程度上就是由日军间谍佛教僧侣策动和欺骗的结果。

由于日本佛教与中国和东亚诸国佛教同宗同源，尤其是与中国佛教之间在原始教义、组织、礼仪方面都很相似，因此其在中国和东亚国家的间谍侵略活动就带有很大的欺骗性和隐蔽性。日本佛教间谍就利用其与中国和东亚国家佛教的相似性蛊惑人心，掩盖其侵略意图，并迎合了近代中国和东亚诸国部分僧侣试图借助日本力量以"振兴佛门"的愿望，这大大减少了其在中国和东亚诸国遭遇的抵触和反感，尤其是在其进行侵略活动的初期。比如，来华的日本佛教僧侣一般都能够很快在各地的寺院栖息，中国民众对其信从者也比较多，日僧还能够找到中国僧侣和信徒协助其活动。1902年日本本愿寺派在福建泉州开教后，仅其某处的一个传教所在不到两年的时间中就吸收了3200余人入教，在这方面西方基督教的传教活动根本难望其项背。本愿寺派僧侣高田栖岸在香港传教时宣称"痛中国佛教衰微，思有以振起而光大之。欲调查各地佛教之现状，改良各地佛教之规则，以佛言勇猛精进，舍身救人为救中国之不二法门。"当时许多广东民众听后对其产生崇拜心理，1904年不少信徒以其"德行高深，人心倾向"而联名请其去广州传教。

1905年前后数年中，日本佛教迅速在福建、广东、浙江传播开来，而且在江苏、湖南、北京、上海以及东北三省和海南岛等地设立了据点。日本佛教在中国的活动得到了西方基督教根本无法获得的群众基础，这为日本帝国主义搜集情报、扩张侵略势力提供了条件。许多日僧以佛教事业的代表自居，在中国各地诋毁中国政府的佛教政策，欺骗性地宣称日本是为了保护中国佛教才与中国政府作战，通过战争可以建立类似于古代印度佛教最盛时代的"新摩揭陀帝国"。通过蛊惑欺骗，日本军国主义利用佛教曾经一度蒙蔽了一些中国和东南亚地区民众，对于这些国家的抗日民族解放运动产生了很大的破坏性作用。

尽管在历史上，日本也有少数佛教徒依据宗教的人道主义思想抵制、反对过邪恶、杀伐和对外侵略，然而从整体上来说，日本佛教界在军国主义的形成发展和对外侵略战争中都起到了推波助澜和帮凶的作用。在其他民族和国家的传播发展中，佛教基本上都表现出了对生命的慈悲情怀与和平主义倾向，可见军国主义与佛教本身没有必然的联系。但面对前述历史事实，民族化了的日本佛教和佛教界人士不能回避自己的责任。值得人们思考的是，以不杀生为首戒，以超越国家民族界限去实现博爱平等的佛教徒，对于野蛮残暴的侵略战争本应挺身而出坚决反对，然而，恰恰相反，战争时期的日本佛教徒竟无人挺身反对侵略战争，反而普遍狂热地支持和投身于不义之战，正如同道端良秀先生所说："战时日本佛教简直好象发了疯一般"。若是作为被政府控制或利用的某一宗一派及其个别人士，进行某些违背教义而支持战争的活动还好理解，但整个佛教界都积极投入战争，甚至连具有强烈非政治化倾向的净土真宗也同样大力支持侵略政策，号召人们高高兴兴地去参加侵略战争，这不能不令人深思。通过关于日本佛教在近代军国主义发展和侵略战争中所发挥作用的考察，可以看到，日本在近代走上军国主义道路并且对外发动疯狂的侵略战争，绝不是历史的偶然和个别人物或团体、阶层的冲动，而是有着深厚的社会文化背景和群众基础。由于战后这种社会文化基础没有能够得到充分的清理，才造成了在日本与中国和亚洲国家之间关系中不时出现的历史问题，也使人们不断地对日本军国主义幽灵复活的迹象感到担忧。

试论中世纪日本的武神崇拜

南开大学历史学院　陈文博

暨南大学历史系　徐　林

摘要：佛教传入日本之后，通过神佛习合，日本神道教得以进化与完善。随着中世武士阶层的崛起，由原始神道祖先神演进而来的八幡神渐成为武士群体的保护神，武神神祇在宗教体系中地位不断上升，为武士阶层所尊崇。室町时代后期佛教武神也成为武士阶层信仰的对象，武神信仰开始呈现多元化的特点。研究中世纪日本的武神崇拜，对于了解日本民族的宗教伦理文化与民族性格具有重要的现实意义。

关键词：武士；八幡；神道；佛教

在多神教信仰中，几乎都有"战神"神祇存在，这是一个族群的军事功能在意识形态领域的反应，对于战神的信仰程度则彰显了这一族群的群体性格。对于武力的热崇是日本宗教文化的一个重要特点，在日本神道教所供奉的开国"三神器"中即将剑这一武器作为崇拜的神体，在战争神祇方面最早可于追溯到神话时代为大和国开疆拓土、四处杀伐的小碓尊，其也被奉为"日本武尊"，但是其在原始神道体系中的位置甚为微渺，律令制国家时期"日本武尊"也只是大和朝廷崇拜祖先神、追溯建构开国史的一小块构件而已，并不具备普遍的、明晰的信仰功能。武神的地位是随着武士阶层的崛起而逐渐提升的，对于武神的崇拜也随着武士成为日本的主体统治阶级而日益兴盛起来。这一时期输入的大陆文化包括佛教，塑造了日本中世纪的社会形态，因而日本中世纪武神不可避免的具有鲜明的佛教色彩。

一、神佛习合背景下的日本神祇

六世纪佛教传入之前，由于社会发展水平较低，日本人的精神世界为原始蒙昧的宗教意识所控制，信仰以天照大神为主神的"八百万"神祇群体，被称之为神道。原始的日本神道并不是真正意义上的宗教，它既没有经典也没有教义教理，只是由原始神话演进而成的模糊的神祇体系框架，大和朝廷利用杂糅了氏族祖先神信仰、"万物有灵"信仰而成的神道作为其维护统治的工具。最初的神道形态是在氏族神职人员带领下为求五谷丰登、氏族昌盛以及祈福免灾而进行的祭祀活动，只是一种祈求满足现世关怀的祈求仪式。其他构成宗教要素的缺乏使得原始神道成为一个开放的体系，而输入型的日本古代文化又赋予日本人富于宽容、宥和的精神、赞同文化的多层性的思维特性，为以"神道设教"准备了条件。日本神道与佛教在经过早起的冲突、博弈之后，逐渐走向相互调和，自奈良时代始，"神佛习合"成为日本宗教信仰领域的主题，日本本土的原始宗教在面对教义精深、内涵丰富、制度严密、建筑华丽的佛教时，将其原始、简陋暴露无遗，受外来宗教的强烈冲击，神道试图通过"习合"这一过程来寻找在日本中世信仰版图中的位置，佛教也为适应日本的社会发展情况，做出应变，因而"神佛习合"是日本佛教化与佛教本地化的双向互动过程。

这一过程具体表现在神宫寺的建立、神道神祇佛教化以及大量佛教元素引入祭祀仪式等方面。奈良时代的佛教繁盛且凌驾于神道之上，这一时期人们认为佛为高于神的存在，本土神因为宿业而被授予神位，须于神前念佛经籍佛力才能助其超脱轮回，为襄助本土神进入六道中的天部，于神社之中建立的神宫寺大量出现，如多度神宫寺、若狭比古神愿寺、鹿岛神宫寺等；另一方面，为了更好的适应日本社会并掌握信仰的主动权，佛教也积极的将本土神祇纳入佛教护法神的行列，在寺院附近建立神社，将本土神纳入佛法的管理之下，其中较著者有法隆寺的龙田神社、比睿山延历寺的日吉神社、高野山金刚峰寺的丹生都比卖神社等，伴随着神社与佛寺在地缘上的接近、交融，使得神道教受到佛教仪轨的的深刻影响，神前诵经、献经奉纳等成为神社重要的仪式内容，这些经书主要有《法华经》、《般若经》、《大安乐经》、《金光明经》等。平安时代中期以后，由于遣唐使的终止，日本进入"国风文化"的大发展时期，本土意识开始觉醒，神道神祇的地位开始抬升。这一时期本地垂迹说广泛流行，用以诠释神佛关系，这种思想源于《法华经》，认为作为根本的佛、菩萨为度化日本的芸芸众生来到日本，本土神即为佛、菩萨在日本的实相法身，佛、菩萨为本地，本土神被称为权现，这一情形被称之为垂迹。贞愿元年（859年）延历寺慧亮向贺茂、春日两社申请天台宗年分度者的上表文，中书"大士垂迹，或王或神"之语，将森列日本全境的大小神祇以及天皇看做是佛、菩萨的显化，平安时代末期，逐渐开始将神道诸神都有与之相对应的原本佛身，神道之中位阶最高的伊势神宫即为大日如来之垂迹之所，京畿地区的二十一所大社几乎都有了与之对应的佛，如鹿宫岛神的本地是不空罥索观音，香取神的本地为药师佛，平冈神的本地为地藏菩萨，而姬神的本地则为十一面观音，若宫神的本地则对应文殊菩萨。

进入中世的镰仓时代，伴随佛教兴盛，神道教也迎来大发展时期，在本地垂迹说的基础上，"神佛习合"朝着更为精密、系统的方向发展，"兴起了各种各样的神道学说。尤其是以真言宗教理为基础的两部神道和以天台宗教理为基础的山王神道是其主要代表。"真言宗的两部神道论形成于镰仓中期，它从真言宗的教义出发，用胎藏、金刚两部理论来诠释神道，将佛神关系比喻为"水"与"波"的关系，大日如来为世间万有之本体和本源，诸神为如来所化，以伊势神宫为例，这一理论比附内宫所奉的天照大神为胎藏界的大日如来，外宫祭祀的奉受大神为金刚界的大日如来，并把天照大神置在"一切众生父母神"的最尊神地位，强化了伊势神宫最高阶神社的地位。延历寺所在的比叡山为日本天台宗的本山，其所奉日吉神在神统中也具有较高的位置，山王神道论中运用天台宗空、中、假三谛圆融、"一念三千"的教理以及其宗教理论框架，对神统进行重构，认为日吉神为释迦法身佛的垂迹显化，镰仓初《耀天记》中谓其"为日本无双之灵神，天下第一之名神，乃诸神中之根本"，套用佛教的体系将日吉神抬高到神统中最尊贵神的位置，意在强化其在诸佛教宗派中的主流地位，增加天台宗寺社势力在与公家朝廷、幕府政权以及与其他佛教宗派博弈的筹码。两大宗派所持神道论同出于本地垂迹说，于神佛关系上并无多大差别，但就其所奉不同神祇来看，各神祇被动的成为了不同佛教宗派之间斗争的工具。与此同时还存在着反本地垂迹说、"根叶花实说"等思想，反应了日本文化输入型、复合型的特点。

二、镰仓时期武士阶层崛起与八幡神信仰

平安时代后期，公家朝廷的权威走向衰弱，律令制国家的崩解，被称为"侍"的武士阶层开始兴起，武士最初只是贵族、庄园主豢养的私人武装，后逐渐充任各地国衙的搜捕使、押令使等职役，逐渐形成源氏、平氏两大武士集团，"源平合战"之后源赖朝建立镰仓幕府，独立的武士阶层开始形成。镰仓幕府作为一个政治实体代表了武士阶层尤其是关东武士集团的利益，幕府将军也成为武士阶层的代言人，被尊为武家栋梁，武士阶层的自觉意识日益强烈。镰仓初期，统治阶

层存在着朝廷公方、大寺社、幕府政权三足鼎立的权力格局，三者之间存在着错综复杂的关系，武士集团为谋求建立对于整个日本的统治权，不但要建立独立于公家朝廷之外的行政机构，还需要摆脱京畿寺社的影响，进而保持武士集团精神层面的稳定与忠诚，因而急需扩大幕府的宗教话语权，源氏三代主要是信仰天台宗、真言宗。"而北条时上台后，虽然已经名实俱符地掌握着军政大权，但并未掌握全国的宗教权。当时天台宗、真言宗各大寺云集京畿，与京都皇家贵族相结纳。北条氏虽然也信仰天台、真言宗等其他教派，但大部分力量放在提倡镰仓新佛教上，特别是提倡禅宗，于是，拟建立新的宗教中心。"镰仓幕府一方面大力扶植新佛教的发展，在关东地区兴建了建长寺、圆觉寺等一批巨刹；另一方面，颁布《禁制条条事》等约束僧人行为，加强对于寺院的控制。

在神道教方面，幕府要求武士必须敬神、修缮神社、重视祭祀，利用对于祖先神的崇拜来建构武士阶层的道德伦理体系，武士对于领主的服从、忠诚和武士追逐荣誉的个体价值是这一体系的两大支柱。"忠"是武士道价值体系中最为核心的部分，一方面维系上下级武士的封建主从关系，另一方面维护整个武士团内部的团结。在个体实践上武士要为领主提供军役，对集体和其首长的无私奉献，甚至为之献出生命，在战斗中死是武士的最终归宿。而武士的荣誉感主要来自于家族，其家系大概可分为源、平两系，而这两大姓氏都属于将为臣籍的"天皇苗裔"，而武士个体荣誉在道德上正是源于对于祖先的崇拜之情。"通过集体参加的祭祀仪式，通过崇拜共同的神，强化了个人与家族、家族与地域之间的凝聚力。"通过祭祀祖先神祇这一共同信仰而形成的道德意识要比通过说教或利害关系更加坚固，是一种糅合了血缘的更强的契约关系，"中世武士团是以氏神信仰为中心保持了其团结。"幕府建政之后于镰仓扩建鹤冈八幡宫，奉八幡大菩萨为武士政权的保护神，将其作为武士阶层要敬畏与荣耀的对象，使之成为幕府这一世俗政权在神道中的代表，"如果背叛集团将会受到非常恐怖的神罚"，籍于八幡神的神佛两重属性，这种惩罚是贯穿来世，永无止境的。

而八幡神是何方神圣呢？八幡神最早为丰前宇佐当地豪族的氏族神，被奉为丰前国地区稻作神、铜产神，在大和朝廷扩张的过程中被纳入神道体系之中。在构建开国神话的过程中，神龟二年（725）神社更建之后成为供奉应神天皇、比壳神、神功皇后这三位神之处，八幡神主指应神天皇的神体，成为即为大和皇室的祖先神，完成了从地方神到国家神的转变。在神佛习合的进程中，八幡神也被佛教化了，天平胜宝元年（749年）宇佐八幡神祇被请至东大寺，在寺旁建手向山八幡宫，成为佛教护法神，同时为朝廷所尊奉。延历二年（783年），授八幡神"护国灵验威力神通"号，另据弘仁十二年（821年）的官符中将其称为"大自在菩萨"，附之以救助终生、护持国家的佛力，八幡大菩萨之谓由此而起。贞观二年（860年），大安寺僧行教将八幡神从宇佐奉请至京都南郊，建石清水八幡宫。此宫被尊为王城镇护神，为日本第二宗庙，地位仅次于伊势神宫。这一时期八幡神还被赋予镇护国家、保佑生产、除灾去厄、育儿等各种各样的功德，八幡信仰遂渐普及。

武士与八幡神之间的渊源可以追溯到镰仓幕府建立之前，平安后期著名武士源义家的元服之礼即在石清水八幡宫举行，故被称为"八幡太郎义家"、"八幡太郎"，而源义家即为坂东武士团的创建者。康平六年（1063），源赖义向石清水八幡宫提出劝请，于镰仓由比乡鹤冈建八幡宫。治承四年（1180）源赖朝入主镰仓，将神社迁往今所在地，称鹤冈若宫，八幡神成为源氏的守护神。建久二年（1191）八幡宫失火，幕府新建本宫于旧址之后，又复建若宫，增其规制，之后八幡神作为源氏乃至整个坂东武士团的守护神而备受尊崇，当时有"弓矢八幡"的称谓出现，八幡神的武神属性被大大加强。由最初的原始神道教神祇逐渐演变成镰仓时期武士阶层所信仰的神佛合体的武神。镰仓时代，每逢发生天变、灾异等情形事，幕府都要举行"御祈"的仪式，而鹤冈八幡宫则是举行这一活动的主要场所，其中要举办奉币、神乐等神事，也包括诵经等佛事。镰仓时代是八幡信仰全面展开的时期，八幡大菩萨作为幕府的保护神为各大佛教派别所重视，真言宗其将八幡神，以期为其提供权力庇佑与支持。真言宗的两部神道论中，称释尊为八幡大菩萨的本地，又指其为护持正法者及守护一国的诸天善神，还有些宗派则主张八幡大菩萨应为阿弥陀佛的化身，日莲和尚批判此论时云："世间众人言八幡大菩萨是阿弥陀佛化身，此乃中世人所言，诚其然乎？"这从侧面反映出这一说法的普及程度。各宗派对于八幡大菩萨的态度反应了各自与幕府政权之前的互动关系。

三、室町时代的武神信仰

建立室町幕府的足利尊氏是清和源氏义家的嫡系子孙，因而八幡菩萨也是足利一族的氏神。尊氏受后醍醐天皇旨意起兵倒幕之时即于丹波国篠村八幡宫向全军檄文讨伐镰仓幕府，借助于八幡菩萨的"神威"来证明其夺取政权的合法性，足利尊氏建幕京都之后，鹤冈八幡宫继续作为关东最重要的武士祈祷所而存在，受到镰仓公方的崇拜，将军家以及幕府仍奉八幡大菩萨为其保护神。足利一族中对于鹤冈八幡的尊奉最为著名的是镰仓公方的足利持氏，尊氏欲谋求将军之位而不得，遂于永享六年（1434年）三月十八日，于鹤冈八幡宫奉纳打倒室町将军足利义教的"血书愿文"，祈愿八幡菩萨襄助功成。康正元年（1455年）持氏之子足利成氏移座至古河御所，洪盛数百年的镰仓鹤冈八幡宫日渐衰微。八幡菩萨信仰在下层武士中间也非常盛行，室町幕府建立之后，统治并不稳固，时有叛乱，长期的战争产生大量浪人武士，他们正是倭寇中日本人的主要来源，他们长期肆虐于明王朝的东南沿海，"旗号、船只题八幡大菩萨五字"，因而倭船也被称为"八幡船"，在明人眼中"八幡"几乎成为日本倭寇的代号。应仁之乱之后，幕府权威一落千丈，在长期战争中重新组合的武士团，血缘关系、家族关系愈来愈弱，地缘关系愈来愈强，主从关系演变为暂时的实力平衡关系，拥有实权的地方守护大名割据一方，互相攻伐，"下克上"成为常态。如果说在此之前两代幕府政权是一个凝聚力极强的组织群体的话，室町后期的战国时代则缺乏一个统一的权威，武士阶层的武神崇拜也变得更加多元化，且具有鲜明的区域特色。

八幡神崇拜仍然是这一时期武神崇拜的主流，武士们通常在出征时都会前往八幡神社祈祷武运长久。如北条纲成每月15日都要沐浴更衣并向八幡大菩萨祈求战斗胜利，而且在合战中经常担任北条军先锋，又因其使用枯叶色旗，故被称为"地黄八幡"，武士们则因其勇猛异常，战功卓著，犹如武神，称之为"八幡殿"，能将"八幡"神号冠于名前对于武士来说是无上的荣耀。此外，武士还将虚无缥缈的神灵符号化，镌刻"八幡大菩萨"于武士刀上，更为醒目的军旗也是武士表达其信仰的重要载体，战国时代著名武将中持有"八幡大菩萨"军旗的就有武田信玄、北条氏纲、岛左近、本多忠胜、九鬼隆嘉等。

室町时代后期，随着瑜伽密教的流行，具有印度特色的佛教护法神开始被一些武士所崇拜，其中最著者为毗沙门天。毗沙门天又称多闻天，法华经典中谓其为佛教四大护法神之一。弘法、圆行分别于大同元年（806年）和承和六年（839年）将兜跋毗沙门天的经典、法像传入日本，前者传入的是《摩诃吠罗末那野提婆罗阇陀罗仪规》，后者传入的是《北方毗沙门天王随军护法真言》，其造像多身穿甲胄，面呈忿怒畏怖之相，一手托塔，一手持稍拄地，或一手持戟，一手托腰，身色青黑，足踩二夜叉鬼，为武神之像。唐代传入日本，后作为镇护国土、拒退怨敌的神将而受尊奉，也是日本七福神之一。日本中世诸武将中奉之最力者是有着"军神"和"越后之龙"之称的上杉谦信。受其母亲影响，谦信自幼笃信佛教，曾从高野山金刚峰寺清胤法师学习密宗，天文二十二年（1553年）在紫野大德寺受戒，法号"宗心"，元龟元年（1570年）改法号"谦信"，与天台宗、净土真宗僧人交往密切。天正二年（1574年）正月剃发而为密宗法印大和尚，四年（1576年）又任阿阇梨权大僧都，其一生可谓半在战场，半在佛门。上杉谦信有着极深毗沙门天信仰，因毗沙门天有妻带禁制，故而上杉谦信终身未娶。上杉谦信以"毘"一字作成旗，此即随其卓越战功而名扬日本战国时代的刀八毘沙门旗。上杉谦信的例子表明：武神崇拜不只是功利主义的信仰，还是指导武士战斗、生活的精神坐标。

除毗沙门天外，摩利支天也一些武士所深崇。因其为阳炎女神，武士们相信摩利支天能够给他们带来武运。日本忍者也因经常进行密教修行，故将摩利支天作为其守护本尊。

总而言之，伴随着武士阶层的崛起、各派宗教势力的消长，武神崇拜成为武士阶层信仰追求的一个重要方面，在神道教体系中的地位也日渐重要，一方面反映了中世纪日本社会组织结构的变迁；另一方面，神道教体系中武神地位的显赫以及佛教战神神祇在日本也较其他佛教流行地区更为尊崇的情况，体现了中世日本"武治"特色以及大和民族崇尚武力的民族特质。

浅论日本军国主义的思想渊源

松田学院思想政治理论部　　陈　婷

摘要：日本军国主义有着深远的思想文化渊源。其主要包括：神道教，它是日本传统侵略意识的根源；日本佛教，尤其禅宗，为日本侵略者提供了精神动力；日本儒学则帮助日本军国主义完成了理论建构；而武士道，体现了日本军国主义传统集大成的发展成果。这些思想文化体系的理论支援，是日本军国主义思想具有强大生命力的关键。

关键词：岛国意识；神道教；佛教禅宗；儒学；武士道

日本军国主义曾在历史上带给人类巨大的灾难，其思想遗毒也延续至今。一直以来，日本政府否认战争罪行的倒行逆施不断提醒我们日本军国主义的顽固。而随着近年来日本政坛右翼抬头和中日关系的持续走低，警惕日本军国主义复活又成为现实话题。

第二次世界大战已经过去了大半个世纪，为什么日本军国主义仍然具有如此强大的生命力？

追本溯源，日本军国主义极端强化的侵略扩张思想，根源于日本民族固有的"岛国意识"——即由于国土狭窄、资源贫乏和环境不安全，日本民族形成的深入骨髓的孤立感和危机感。正是在此不安之上，催生了对外侵略扩张的思想，把突破地缘局限、拓展生存空间作为解决危机的终极途径。这种思想，已成为日本民族无法割裂的潜意识。

更重要的是，在漫长的历史中，潜藏的侵略意识得到了众多思想文化资源的滋养和灌溉，深深扎根于日本文化之中，不断壮大，理论化、体系化，成长为近代真正意义的军国主义理论。惟有这样，日本军国主义才会千年不灭，拥有巨大的破坏性且难以根除。

汤重南先生把日本军国主义称为"庞杂的精神糟粕"。确实，日本军国主义思想的构成融汇了众多的思想理论，虽然东拼西凑但也自成一体，不问理论深度也已极具破坏力。那么，是哪些思想资源为日本军国主义的成长提供了营养呢？

本文旨在对其中主要的思想理论进行梳理，以浅析日本军国主义强大生命力所在。

一、神道教与军国主义

所谓"神道教"，意即"敬神之道"，是日本固有的宗教，日本文化之根。

原始的神道教属于泛灵论的多神信仰，以自然崇拜、祖先崇拜、天皇崇拜等为主，是日本人自然形成的精神信仰。进入平安时代后，为了适应国家统治，神道教从"原始神道"进化为"皇室神道"。从此，神道教脱离了朴实的自然宗教范畴，演化为以天皇崇拜为中心，作为国家统治的宗教和思想工具而存在。

作为神道经典的《古事记》、《日本书纪》等古籍明显反映了天皇崇拜的思想。其主要记载日本肇国的神话。根据神话所说，天照大神（太阳神）是天界的主宰。她的的孙子琼琼杵尊降临尘世娶妻生子，经三代传到神武天皇，在日本列岛的大和地方建立了最早的国家。也就是说，天皇是太阳神的子孙，是现世中太阳神的化身，日本是神创的国家。这些神话被作为国家正史对待而获得神圣化、正统化。

显然，这样的神话不是自然神话。极强的政治功利性和阶级性说明这是统治者对原始神话传说进行所谓"削伪定实"而编造而成的。《记》、《纪》神话不是民族的神话，而是被神化的天皇家谱。[①]

神道神话在神化天皇的同时，也宣泄了潜藏的扩张意识，把侵略梦想作为天皇的丰功伟绩来记述。如《汗美须乍到神统》、《秘府录》等史书中描述的"远古日本人祖先建立'东大国'，以亚洲为中心，将非洲、澳大利亚、美洲大陆的广大土地分五原而治，而日本神祖乘坐宇宙船巡视天空"的神话故事。著名的"八纮一宇"则记载于《记》和《纪》：首代天皇——神武天皇在他的"诏敕"中提出"掩八纮而为宇"（意即要将五洲四海置于天皇一人统治之下）。因此"八纮一宇"就成了日本帝国理想的象征，直到近代仍被日本军国主义直接用作指导思想和宣传口号。

这些夸张、荒诞，白日梦呓般的神道教"历史记载"，不断强化着天皇崇拜和侵略意识。神话中先祖的伟大功绩，刺激着后人效仿，丰臣秀吉的侵朝实践，扩张的梦想在历史中蠢蠢欲动。可以说，正是由于神道教的支持，原初的军国主义思想一直蛰伏在日本文化之中。

---

① 赵亚夫：《日本的军国民教育（1986——1945）》，中国优秀硕论文数据库。

进入近代，日本在外忧内患之下，将神道教进一步发展成了以皇室和国家为核心、服务于强权政治、完全为军国主义战争服务的神道形式——"国家神道"。

一方面，幕末思想家为了应对外来文化的冲击，再次强调根源于《纪》《记》的"真正的日本精神"。[①]无疑，这当然是指神道中渊源已久的神国观念、天皇崇拜和扩张梦想。他们从古代神话中找到日本是"神国"的依据，并加以发展。如："世界上有许多国家，但由神直接生出的，只有我日本国"，"我国是天照大神的本国"，"其他诸国则皆……卑贱之邦。"平田笃撒建立了以"皇国乃真神本域之所"，"皇孙嗣世终古而不易"等思想为内核的敬神尊皇的观念。

另一方面，国家神道直接宣扬"圣战"，论证侵略战争的"合理性"和"必要性"。"圣战"是为了将"天照大神"的神威和天皇的权威普及全世界。根据《竹内文献》、《竹内文书》之类的记载，日本民众也会相信，他们侵略中国，只是为收复古代天皇的失地；他们发动太平洋战争，仅是因为那些岛屿本为上古日本天皇巡回的过地。

充斥着这些内容的国家神道被明治政府一手推上了宗教和文化的统治地位。1870 年明治政府颁布《大教宣布诏书》，正式建立国家神道，强调天皇的神圣性和神权权威。1882 年颁布的《军人敕语》，使神道尊皇思想染指军队。1889 年颁布的《大日本帝国宪法》确立了近代天皇制，以法律形式确定了日本神道思想所宣扬"大日本帝国由万世一系之天皇统治"等内容。《教育敕语》则规定了教育的根本目的在于使国民"效忠天皇"。为了天皇和"神国"而完全否定了身体"私有性"的臣民们，生命的最高价值就在于为天皇捐躯后进入靖国神社，成为国家的保护神。[②]至此，国家神道对国民军国主义的教化效果，也登峰造极了。

总之，作为日本独有的宗教，神道教为日本军国主义提供了深植于文化的天皇崇拜、神国观念以及扩张思想。近代日本政府利用国家神道，确立国民对"万世一系"的天皇的绝对信仰，向整个民族灌输对天皇的狂热敬仰，通过"皇国论"和"天皇至上"而强调对外战争的"正义性"和"合理性"。神道思想成为了建构日本军国主义理论的主要思想渊源之一。

---

① 李鹏程主编：《跳跃与沉重——20世纪的日本文化》，东方出版社，1999 版，第176、177 页。

② ［日］井上清：《国史批判》，商务印书馆，1985 年版，第 90 页。

二、佛教、儒学与军国主义

仍与"岛国意识"相关。孤立而条件贫乏的日本民族基本没有自己独立孕育的文化。而相对的，危机感赋予了他们强大的"拿来主义"学习精神，擅长吸纳和接受其他文明的精髓，并转化为自己的文化内涵。佛教和中国儒学都是传入日本并促进日本思想文化极大发展的泊来文化，无一例外的被改装成了"日本的东西"，并在被改装的前提下给日本军国主义传统意识发展带来了理论支援。

（一）佛教与军国主义

佛教是在"大化改新"时期作为新的统治的工具而被迎入日本的。日本佛教为政治而生，自然先天具有强烈的政治性和现实性。在所有日本佛教宗派中，尤其禅宗教义最符合日本政治和社会需要，可说是佛教日本化的"精华"。因此也对日本军国主义传统产生了深远的影响。

禅宗教义宣称所有人内心都有"佛性"，只要去除内心的"妄念"，达到空心境界，便可"成佛"。禅宗对军国主义意识发展的影响主要在两方面：

第一，在修行方面，禅宗推行通过自己力量的"自力悟道"或"坐禅悟道"的方式。后来，慧能创建的南宗禅将之进化为"直指本心"、"顿悟成佛"的思想体系。所谓顿悟，就是指"放下屠刀、立地成佛"。认为成佛在于一念顿悟的瞬息之间，无须背诵佛经、累世修行和大量布施财物，只要体会佛经的精神和主观上的觉悟，就可以成佛。这种抛弃追寻佛理，简便易行的修行方式，适应了武家社会出生入死，无暇经研的武士阶层的生存和心理状态。

第二，在理念方面，所谓禅，是一种不为任何东西所羁绊，没有丝毫烦恼，没有任何执着的一种绝对自由之心。绝对的自由包括不畏生死，"死生如一"，否定生死两元对立。而且，日本禅从抛弃生死执念出发，发展到抛弃对善恶及世间一切人伦道德的认知。"禅实属'非情'之物。"[①]不在乎生死、无分是非善恶的"无想无念"、"无分别之分别"、"无心"的精神状态，就是日本所推崇的"禅"的境界。日本禅这种将人伦道德所不允许的"非"、"恶"、"邪"等排除的同时，也将人伦所必须的"是"、"善"、"正"等加以否定，即抹杀善恶、是非、正邪等所有一切二元对立。由此产生的"无比勇猛之心"，不仅是对自身生命的漠视，更是对是非善恶对错绝对不会有丝毫分别之心的、什么也不顾、什么也不想的一种疯狂状态。

---

① ［日］镰田茂雄：《正法眼藏随闻记讲话》，讲谈社学术文库，1996年版，第284页。

　　可想而知，武士在战斗时执此禅的理念，就会排除一切道德之约束而变得完全丧失理智，成为只知杀戮而无自觉的战争工具，犹如"无心"之机器，比野兽还野蛮还残暴。即所谓武士道所说的"狂死"之境。

　　到了近代，日本禅无分是非善恶对错之"无分别性"之奥义，迎合了日本军国主义者愚弄欺骗国民之政策；由此而获得的"狂死"之"无比勇猛之心"，也正切合了日本军国主义战斗精神之需要。军国主义者正需要这样一种"无心"的机器去替它效忠赴死，禅宗提供的这种无比切合的、不畏死的、彻底的、绝对的"狂死"理念，终于演化成军国主义之"军魂"，制造出第二次世界大战中最为兽性的日本军队。

（二）儒学与军国主义

　　儒学是中华文化的精华，是一整套融伦理、道德和政治于一体的思想体系。作为先进文化体系传入日本的儒学，对日本军国主义的思想的发展起到了强大的理论建构作用。

　　从圣德太子开始，儒学一直被日本统治阶级和改革家当作政治理念和统治理论，作为施政手段和政令、道德依据。日本政府利用儒学的方式，是将儒学与本土的思想体系融合，用儒学的语言描述和证明本土理念，把儒学作为本土思想体系理论建构的工具。

　　如前所述，神道教是日本固有的宗教。但事实上，早期的原始神道仅仅是人民朴素的信仰，并没有明确的理论和教义。在神道教理论化的过程中，儒学功不可没。江户时代，江户幕府为了统治需要，大力借用儒家观点解释传统神道教义。日本儒学家藤原惺窝说："日本神道在中国叫儒道，在日本则称神道，名异而心一。"吉川惟足宣扬儒神一致论，强调"君臣之道"、"天人合一"等。神道与儒学的结合进一步强调了大义名分、敬慎等思想，成为皇统连绵无穷的根据，强调了天皇不可动摇的地位，为日本神道的国教化奠定了基础。

　　日本对儒学的学习利用，还体现在对其进行了适应日本国情的改造，形成日本化的"儒教"。中日儒学的差异，关键在于儒学充满融合性的内核——"仁"，在日本被体现武士气概的"忠"所取代，"使得在日本是忠诚而不是仁义被看作是最重要的美德"。同时，"忠"在日本强调的是一种绝对的、无条件的献身精神，缺乏理性并带有强烈的感情主义色彩，这使中日儒学在本质上明显地划清界限。正如森岛通夫所言："中国的儒教无论怎样说都是人道主义的，而日本的儒教显然是民族主义的"。[①]

正是这样的本土化儒学在日本扎下根来，对日本社会的政治、经济、思想文化、伦理道德以及人生观、教育观等方方面面产生了巨大的影响，但本质上是日本本土文化、价值观念、思想体系的发扬。儒学终究只是工具。

18 世纪，儒学开始服务于近代日本军国主义的理论建构。当日本面临殖民危机之时，正是有着深厚儒学素养的一系列思想家，提出了儒学色彩浓厚的治国之策和侵略理论。此时，儒学思想中"华夷之辨"、"族类自固"、"大义名分"含有民族主义倾向的因素被大力弘扬，与日本的民族主义思潮一起，推动思想的变革和明智改革的进行。日本"儒教"甚至被直接认作是明治维新的原动力。[②]

同样在儒学的"协助"下，日本军国主义奠定了广泛而坚实的思想基础。1882 年颁布的《军人敕谕》，使得"过去只占日本人少数的武士阶级的生活方式成了日本全体国民的理想。"[③]武士的军国主义道德成了全体国民的道德理想。值得注意的是，敕谕的发起人山县有朋就是儒学大师，他的思想根基就是深植于儒学的沃土。[④]而《军人敕谕》体现的是日本军国主义式儒学精神。其对军人精神提出五条标准，即"忠节""礼仪""武勇""信义"和"质朴"，都是明显的儒学语言。1890 年颁布的《教育敕语》具有更浓的儒学色彩。由于进一步地将儒学精神融入"国体精华"，《教育敕语》的教化大大加强了天皇的权威，使天皇的绝对权威在军事、政治、道德、宗教方面都更加坚实、牢不可破。

总之，同样作为优秀泊来文化的佛教和儒学，被日本政府改造和利用。一则发展了无分是非的禅宗理念，最大限度地为日本侵略军提供战斗的精神动力，培养出近代史上臭名昭著的"不要命"和"非人性"的日本侵略军；一则被篡改、被恶用、被强化糟粕，作为理论建构的工具，为军国主义思想体系的发展和完善服务。佛教和儒学都不可避免地成为壮大日本军国主义理论的思想资源。

三、武士道与军国主义

与之前的思想理论相比，武士道与日本军国主义直接相连。或者说，武士道是日本军国主义真正意义上的精神支柱。"道、释、儒"三大理论融汇一起，与日

---

① 汤晓黎：《儒学日本化的现代诠释——对日本近代军国主义思想的剖析》，《广西社会科学》，2002 年第2期。

② ［日］宇野精一：《明治以后的儒教》，东京大学出版会，1967 年版，第 59 页。

③ ［日］鹤见俊辅：《战时日本精神史 1931—1945》，东京大学出版会，1969 年版，第 150、151 页。

④ 王家骅：《儒家思想与日本的现代化》，浙江人民出版社，1995 年版。

本中世纪武家社会背景、武士阶层的生存方式相结合，诞生了名叫"武士道"的恶果，深蕴于日本文化之中，成为近代日本军国主义最重要的思想渊源。

武士道是"忠"的宗教。如果说神道教给军国主义提供"天皇崇拜"、"皇国史观"和"侵略有理"；佛教禅宗制造不畏生死、不分善恶的战争工具；儒学做理论军国主义建构的工具。那么，最重要的——"教化军国主义军人的绝对忠诚"这一点，则由武士道完成。

武士道产生于日本中世纪特殊的武家社会。在这个由武士统治、战争不断的社会中，武士与主君的"主从关系"是社会结构的基础。武士通过为主君征战杀伐，帮主君获取政治、经济、军事等各方面利益；以交换主君赋予武士粮食等生活资料。当这种利益调节关系用道德手段来表达和实现的时候，武士道就产生了。

武士道的核心是忠诚和武勇。"忠"是指武士对给予自己"恩赏"的唯一的主君的绝对的、无条件的、以死完成的忠诚。无论主人命令为何，是否违背伦理道德、是对是错，都绝对无条件服从；以及必须献出自己的一切，直至为主人征战而死，才完成了尽忠的义务。正是这种"愚忠"，把人异化成只知服从命令的工具。"武勇"则是强调战争技能，推崇战斗精神。"忠"规定了思想，"武勇"规定了行为，两者结合，驱使武士通过征战杀伐的"武勇"，实践着极端的"愚忠"。武士道以道德的名义，高调崇尚战争和杀戮，赤裸赞美杀戮和掠夺，成为日本军国主义传统的精神支柱。

值得注意的是，"道、释、儒"三大理论内容也深刻融汇在武士道之中。儒教培养武士以"忠诚"为最高原则的"仁""义""名誉""勇气"；佛教给予武士"以平静地听凭命运的意识，对不可避免的事情恬静地服从，面监险和灾祸像禁欲主义者那样沉着，卑生再亲死的心境。"；而"由神道的教义所刻骨铭心的对主君的忠诚、对祖先的尊重以及对父母的孝行，是其他任何宗教所没有教导过的东西，靠这些对武士的傲慢性格赋予了服从性。"[①]

从明治时代开始，适应日本对外扩张的需要，武士道进一步进化，主要的特征包括：

第一，武士道显现"忠君爱国"的核心思想。武士道将以前武士分别效忠各自主君的规定舍弃，强调全体日本人只效忠天皇个人，即由效忠对象的多元转为

---

① ［日］服部真长：《武士道——文武两道的思想》，大东出版社，1997年版，第49页。

一元。神权并总揽国家大权的天皇，君临万民之上，构筑了"一君万民"体制，天皇成为举国唯一的效忠对象。《军人敕谕》宣称"日本军队世世代代由天皇统率"，军人的责任在于"保证国家，维护国权"。

第二，武士道成为全民的道德。1890 年颁布的《教育敕语》，把国民道德规范总结为"孝悌忠信"与"共同爱国"两大纲目，将军人的基本信条与精神变成国民道德生活的一般准则。这样，武士道被成功地嫁接在要求日本国民忠君爱国的所谓"日本精神"上，从而建构起以武士道精神为核心，以忠君爱国为内容的近代国民道德。

第三，武士道进一步的极端化。日本政府把武士道中的奴性、愚昧和野蛮的兽性、恶性发展到极端，崇拜残忍，歌颂殉死"玉碎"，使之完全成为侵略之道和杀人之道，成为日本对外侵略的精神武器。

至此，武士道完全成为军国主义的精神工具，不断毒化和控制日本国民的思想，在近现代日本军国主义的外侵历史中，扮演了至关重要的恶劣角色。

综上所述，日本军国主义之所以有着强大的生命力，是因为其根植于深层日本文化，经历漫长的发展历程，有着深远而丰富的思想渊源。从岛国意识中发芽的侵略意识，经过"道、释、儒"三大理论体系的灌溉与发扬，以及结出武士道之恶果，最终在国家政治系列的推动下，进化为近代完整的军国主义理论，指导了一系列侵略战争，给人类社会带来巨大的灾难。第二次世界大战之后，虽然军国主义政治体制、军事体制等外在制度都已消亡，但是，以文化、宗教等为存在方式的军国主义思想渊源不会消失。这既为我们揭示了日本军国主义至今不死、日本不能彻底反思历史的深刻原因，同时也提示我们，必须从防止作为军国主义思想渊源的众多思想文化极端化的方向出发，才能找到防止日本军国主义复活的方法。

一个惹事生非的近邻——日本人的性格透视

广州海军陆战学院政工系　郭继民

摘要：日本这个民族，作为中国一衣带水的近邻，历史上一直给中国带来麻烦。近代以来，尤其甲午海战之后，日本对中国的侵略每况愈烈。总体看来，从历史上看，日本的民族特征具有愚忠、嗜战、嗜杀，顽固、自卑且自傲等特点。正确认识这个民族的性格特征对于恰适地处理中日关系有着重要的意义。

关键词：日本；民族性格；透视；

美国文化人类学家本尼迪克特在其所著的《菊与刀》一书中，准确地勾勒出了日本人充满矛盾的性格特征："是自卑和自负的双重变奏，没有哪个民族像日本人那样既彬彬有礼又蛮横据傲，既忠诚宽厚又心存叛逆，既热衷革新又顽固保守。"这个定位可谓一语中的，以至于日本女学者中根千枝亦坦言承认，"我们的文化具有外人难以理解的内涵"。

日本人性格的特殊性、复杂性同其历史及地理位置有着密切的关系。我们知道日本古代长期处于落后状态，而四面环海的地理特征加上地震、火山等恶劣的自然条件，使其始终怀有很强的危机感。为了"救亡图存"，他们博采众长，对一切有用的"舶来品"都乐于学习、接纳，但又非简单照搬照抄的"拿来主义"，而是经过不断融合、变形，使之打上深刻的本土烙印。正是得益于这种文化特质，近代日本在亚洲首先摆脱了沦为西方殖民地的危险，随后又历经剧烈变革，最终走上了富国强兵的现代化道路。无疑，此善于虚心学习的品行颇有称道之处的。但是，在这个光鲜的背后，日本的民族性格尚有阴暗乃至"残忍"的一面。譬如，以中国汉字在东亚的影响为例，至今，中国原藩属国越南、朝鲜半岛俱已废除汉字，唯日本对汉字珍视如初。地理、生理、心理，使日本与中国纠结出复杂的"血缘关系"。相当程度上，受这种"血缘关系"的支配，日本始终有一种登陆靠岸、西进中国的莫名动力。

对于日本这个民族的性格，笔者姑且从历史出发，进行粗略概括，偏颇、失妥之处，亦请方家指正。

愚忠成疾。"忠"在日本武士道那里，是一个重要的德目。遗憾的是，脱离"仁"的忠将导致顽固不化的愚忠，从而导致忠"于"的滥用。当然，在真正的日本武士道那里，"忠"是附属于"仁"的。然而遗憾的是，随着真正"武士道"精神的衰败，与正义、仁爱相"关联"的"忠"便蜕化为对天皇的绝对服从——即愚忠。尊奉儒学的日本人将"忠"视为极其重要的原则性问题，要求国民无条件地忠于天皇、服从命令，从而最终将整个民族拖上了侵略扩张的不归路。譬如，日本侵略者每每用效忠天皇作为借口去侵略他民族的利益。即便在战后的经济复兴中，人们依然可以看到日本企业文化中所延续的"忠"的理念。而今天，被视为"国粹"的神道教无时无刻不在用"忠"来影响着日本的发展轨迹，日本右翼分子矢口否认东条英机等人是战犯，并将之吹嘘为"民族英雄"。何为民族英雄？"忠"于天皇者也。当然，今天的"忠"在日本右翼分子那里，则不仅仅是愚"忠"——当下日本政府对靖国神社里甲级战犯灵位的推崇、崇拜、祭奠，并不是一个简单的历史问题和民族感情问题，其本质是鼓励当今及以后的日本军人和国民继承军国主义精神对外扩张。

嗜杀成性。日本武士道信奉"主之命则亲之一首亦取之"，完全断绝生死羁绊，具有好狠斗勇、穷兵黩武，嗜杀成性的特点。也许作为武士，应该具有一种不怕死的精神。然而，遗憾的是，日本这个民族被"武士道"精神所感化，以至于成为军国主义效法的典范，甚至普通的百姓都再潜移默化中接受这个"缺乏人性的信条"。譬如，日本人认为：在非常时期，该谁死谁就得死，不能去救，死亡本身就是精神的胜利，对病者的救疗实际上是对英雄主义的干扰，在敌人就要打来或占领阵地的时候，日军医院负责人要执行所谓"撤退计划"，即在临走时先将伤员全部杀掉，或是让伤病员自己用手榴弹自杀。

当然，比日军这种不计较伤亡人数思想更极端的就是他们的不投降主义。在塞班岛战役中，残存的几千日本伤兵向约7万美军发起了冲锋，那些没有力气冲锋的重伤员，引爆了身上的手榴弹。同时，塞班岛的日本百姓也开始了大规模的自杀，他们或从崖上跳下，或父母抱着孩子，一家一家走向海里……"整个海面漂满了日本人的尸体"。整体玉碎的"壮举"令人震撼也令人惊恐，电影《紫日》中就曾表现了这一点。一个对自己的生命毫不留恋的民族，对其他民族的生命更会视若草芥。在南京大屠杀中，许多中国平民就是在日军的杀人比赛中受害的。

日本人嗜杀的"兽性"，有其背后的民族文化心理——樱花情结。日本人酷爱樱花，然而爱的不是团团簇簇的自然美。他们认为，"樱花真正的魅力不在于开放而在于凋零。一阵清风吹过，刚刚完美绽放的樱花瞬间从枝头随风飘逝，这在日本人看来是何等地悲壮，何等地富有诗意！"[①]樱花既是日本人感伤的集团主义民族性格的最好写照，亦造就了一个嗜杀成性的军国主义集团。

嗜战成癖。日本是个好战的民族。从19世纪90年代到20世纪40年代的半个世纪，日本与中国、俄国（及苏联）、德国、法国、英国、荷兰、美国、澳大利亚几乎全世界主要国家都交过战，将战火烧向整个亚太地区，其疯狂程度在人类历史中亦为少见。

他们认为战争是个好东西。他们认为战争不但可以磨砺民族的意志，战争还可以使国家变得强大。确实的，日本从战争中得到大量的好处，盘点日本近代战争史，当知此言不虚。如，1868年明治维新之后的日本，就是通过一场又一场的对外战争，快速崛起为身居亚洲的"西方国家"。1894年通过甲午战争打败中国，获得天价的赔偿，两亿三千万两白银造就了工业化的日本。1904年通过日俄战争打败俄国，攫取了沙俄在中国东北的诸多特权，跻身西方强国之列；1914年通过对德国宣战，攫取了德国在中国山东半岛的势力范围，进一步壮大了日本实力；1931年又通过炮制"九一八事变"，全面占领了中国东北三省……

正是在这个"好处"的强烈刺激下，才使得包括许多普通日本人在内都觉得战争是个好东西，每打一仗国家就能强大一次，这很可能是日本国内至今始终有一股军国主义狂热的原因。其国内右翼的军国主义分子绝对不是"一小撮"，而是"一大拨"。据最新的日本媒体民调数据显示，约有六成的日本民众支持安倍首相参拜靖国神社，这是非常少见的，不能不引起世人的高度警惕。

嗜谎成瘾。日本这个民族，尤善于欺骗且口蜜腹剑。它侵略成性，却又想把自己打扮成和平天使，于是学会了欺骗，从其对中国的侵略所用的词汇来看，我们便可知晓一二。日本对华所有的侵略战争都用中性词"战争"或"事变"来定位，如日本1931年9月18日发动战争，侵占中国东三省，却称为"九一八事变"；1937年的7月7日，日本发动全面入侵中国的战争，进攻北京卢沟桥，称为"七七事变"；侵略中国却声称什么"东亚共荣"，等等，总之，一句话，它总是企图混淆人们的思想认识，掩盖其侵略罪行。

---

① 刁纬（编）：《迷茫的国度》，《世界军事》，2011年第24期。

事实上，绝非仅中国人领教了其撒谎成性、口蜜腹剑的本领，美国人亦有同感。有一个美国学者曾经说过：日本作为一个民族，从来就没有讲过信用。纵观日本政府处理钓鱼岛事件上的方式、方法，足见日本这个民族，为了利益就必须不择手段言而无信，口蜜腹剑。刘德勤先生在凤凰网接受记者采访时，对日本人善于"欺诈"的伎俩给予严厉的批评。他认为，当面一套背后一套，这是日本在利益之争时的必然手段。①然而，遗憾的是，日本人不认为这是"耻"，反将其视为成功的智慧。

更何况，其欺诈之传统渊源有自：战国时代德川家康欺骗织田信长、丰臣秀吉；明治维新期间萨摩、长州欺骗德川幕府，为了成功就可以不择手段，必须不择手段，这已经成为了日本的"信仰"。同样，德川家康本身也是一个不讲信用的人，德川家康就先后跟随过多个领主。他不停地（有）效忠、背叛、伪装忠诚，再效忠、再背叛。明治维新后，开启了新时代。可日本人并不因为穿了西装、戴了领带，骨子就发生了变化。1868年之后不断找人"联盟"。要与李鸿章一起瓜分琉球、朝鲜。李鸿章不同意，结果日本后来对中国动武。甲午战争之后，日本要与沙俄结盟，要共同瓜分朝鲜、瓜分中国，沙俄不理睬日本；日本转向与英国结盟，1904年发动日俄战争。此后日本说要与德国结盟，1914年一战爆发，日本首先针对德国在中国青岛的租借地动手。此后再次要与沙俄强化同盟，支持沙俄在欧洲战场彻底收拾德国。当俄国发生革命时，日本第一个瞄准的就是西伯利亚。……到了第二次世界大战之前，看到德国在欧洲战场上拖住了英国、法国、荷兰，日本立刻与这个对手结盟，要重新建立世界新秩序，也就是要与德国重新瓜分世界，这次终于对英、美用兵了。

要不是美国足够强大，能在大西洋、太平洋同时支撑两个战场，不可想象日本最后将如何收拾美国。第二次世界大战后美国在资金、技术、市场上扶植日本，可到了20世纪80年代末，日本恨不得将美国吞下去，日本随时想报第二次世界大战战败之仇，美国此时才意识到自己养痈遗患，而且美国的盟友英国、澳大利亚等都希望美国要看管好自己养的恶犬，不咬美国也会咬其他国家，因为历史已经证明日本是个专门杀恩人的国家，是个言而无信，口是心非的国家。所以说，这个民族就有不讲信用、口蜜腹剑的传统。今天，日本右翼分子继续"撒谎"，

---

① 参阅刘德勤：《日本钓鱼岛事件处理与其民族性格有关》，《军事信息参考特辑》，2010年3月。

继续信口雌黄，篡改历史、篡改教科书，蒙蔽下一代……同时这种对历史不负责任的"谎言"更是深深地伤害了亚洲人民的心。

贪婪若蛇。日本的特殊而贫瘠的地理环境、其自卑而又狂傲的性格，表现在利益的获取上，就是贪婪若蛇。一个弹丸中国，从未放弃过吞并东亚乃至毒霸全球的狂妄梦想。自然，其妄图吞并东亚的第一步就是侵略中国。

从古至今，中日两国之间发生过近百次战争，其中持续8年以上的战争就有3次，但每一次战争都是日本主动进攻中国，每一次的目的都是试图占领中国版图，称霸亚洲。古代的暂且不说，因为当时的日本即便有此妄念，但还不具备实力。但是到了16世纪始，日本蠢蠢欲动的贪婪本性便逐步得到实施。

日本战略家丰臣秀吉就计划以武力在亚洲建立以日本为中心的大帝国。他制定征服朝鲜、占领中国，进而夺取印度的侵略蓝图，并于1592年和1597年两次发动侵略朝鲜的战争。丰臣秀吉虽未如愿，但他的思想成为日本近现代战略文化的根源。此后四百余年，日本处心积虑"谋华"。

1823年佐藤信渊写了《宇内混同秘策》，明确把侵略中国的东北作为第一目标。明治维新后，每发动一次侵略战争，日本军方就把佐藤信渊的书重印散发，作为军人的必读教材。

188年，被称为"旧本的伏尔泰"福泽谕吉，其晚年成为一个狂热的军国主义者，主张侵略朝鲜，进攻中国。他说："自己去压迫他人，可以说是人生最大的愉快"，要"直陷北京城"，并提出"脱亚入欧"论，认为"现在的支那（中国）、朝鲜于我日本无丝毫帮助，反而沾污我名，当今之计，我日本已不可坐待邻国开明，共兴亚洲，毋宁脱其伍，与西洋文明国共进退，对待邻国支那、朝鲜，亦无须特别客气，竟可效仿西洋人处之"。[1]

1894年，日本人精心筹划的"甲午战争"爆发，而之前日本间谍已深入中国湖南湖北云南广西，为日本搜集中国全面情报，并对大清国的国情进行分析。如间谍荒尾精[2]和宗方小太郎[3]向日本参谋本部递交的分析报告促使日本决心向中国开战。

---

[1]　参阅戴旭：《日本由来已久的灭华梦想》，《国防大学学报》，2013年，第3期。

[2]　谍荒尾精的分析报告称"（大清国）上下腐败已达极点，纲纪松弛，官吏逼私，祖宗基业殆尽倾颓"，认为西方必将瓜分中国，这样又将会牵连日本。他建议日本"先改造中国"，然后"团结中国"对抗西方。

[3]　宗方小太郎的报告称"犹如老屋废厦加以粉饰"，经不起大风地震之灾"，早则十年，迟则只十年，中国"必将支离破碎。

1927年的臭名昭著的《田中奏折》写道："吾人如欲征服中国，则必先征服满蒙；吾人如欲征服世界，则必先征服中国；吾人如欲能征服中国，则其余所有亚洲国家及西洋诸国，均将畏惧于我，臣服于我。"此奏折终导致日本1931年9月18日发动侵占中国东三省战争，嗣后六年1937年的7月7日，日本发动全面入侵中国的战争……

日本的贪婪之所以能沿袭下来，乃是其将侵略他国的思想"国民教育"的结果。譬如，日本国第一部军事地理志的内容几乎全部来自日本间谍——日本参谋本部陆军大尉日野强——在新疆、甘肃等地所搜集的中国情报[1]。在该书（即《兵要日本地理小志》）的序言中，有这样一句话："此书本为陆军军人课本，而今为小学课本。""今也兵农一途，举海内皆兵。小学生徒能读此书，详山势水脉险夷广狭，则他日或从兵事，攻守进退之划策，有思过半矣。然则此书名为地志，实兵家之要典，而小学生徒不可阙书也。"可想而知，读着《兵要日本地理小志》长大的日本儿童，很快就成为日本侵华战争和太平洋战争的急先锋。

不思悔过。1945年8月15日，日本人递交投降书嗣后，并接受了"东京审判"。但是他们的投降并非"心服口服"。这当然有历史的原因，譬如美国学者道尔在《拥抱战败》一书中，通过东京审判资料的选取和剪裁，给世人提示了非常复杂的图景，他认为这场审判是一个就连美国当事者也承认的表演[2]。天皇被免罪、亚洲被殖民国家代表的缺席，使得这场审判从根本上失掉了法律的公正性[3]。当然，日本人之所以不思悔过，根源在于其民族的"欺软怕硬"之"劣根"性，他们只是向当时拥有原子弹的美国屈服，并没有真正向中国认输。以中日战争为例，在他们眼里，中国根本就没有能力打败他们，打败他们的是美国，所以他们服从美国，向美国学习。骨子里，他们是不承认中国人的胜利。更谈不上什么忏悔和反思了。此缺乏悔过与反思的顽固恶习造成恶劣后果。最明显的例证是今天日本年

---

[1] 1906年，日本参谋本部陆军大尉日野强，接前往中国新疆搜集谍报。日野强坐车、骑马、徒步、乘船，自河北经河南、甘肃，入新疆，沿哈密、吐鲁番，翻越天山进入乌鲁木齐，足迹几遍整个新疆。1907年9月离开新疆进入印度，由海路返回日本。历时一年零四个月，日野强写下厚厚两卷的《伊犁纪行》，分为地势、风土、居民、风俗、宗教、教育、产业、交通、行政、兵备、历史概要等。其中"地势"一章又分地理位置、广袤、山脉、河流、湖泽、沙漠、居民点等等；在"行政""兵备"等章中介绍行政体系、财政、军备的状况、气候、人情、政治、历史、物产、户口以及战史、战场等。其曾言："其如攻守要害，以古人胜败明辨其地势，使古今之沿革战斗详然如指掌"。

[2] 美国道尔在《拥抱战败》中，他主要是告诉美国人，1945年占领日本，美国缺少正义、缺少道德。他认为，美国以正义之名，占尽便宜。更重要的是，美国在占尽便宜的同时，并没有真正审判日本，造成了多种后遗症。

[3] 当然，给审判使用了纽伦堡审判中也使用的、后来得到国际法认可的罪名，比如反人类罪和战争罪：这个标准今天仍有价值。

很多年轻人根本不知道8月15日是什么日子。[①]即便知道的，也是将其作为"战争结束的开始"之日。这一点，远远不如德国，对于第二次世界大战，德国人记住了两个刻骨铭心的日子，一个是1月27日——解放奥斯维辛的日子；一个是1月30日——希特勒政权开始的日子。德国人的纪念日是"加害的记忆"和"战争开始的日子"，而日本记住的则是"受害日"（广岛长崎原子弹爆炸日）和"战争结束的日子：（8.15）"。德国人反省的是"德国为什么发动战争"，"德国的近代史包括纳粹"。这一点德国肯定进行了十分深刻的反省[②]。然而不少日本人的历史认识是，日本侵略过其他国家，也遭受了重大的损失，但那都是甲级战犯欺骗的结果。这种推卸责任的看法势必缺乏反省的动力[③]。更令人遗憾的是，即便持上述看法的人还得是有"正义感"的人，至于日本右翼分子，压根就不承认侵略，甚至认为他们的侵略是英雄壮举。这种不思悔过、顽固若石的心态终将导致其"搬石头砸自己的脚"的结局。

还应提及的是，日本不但不反思、不悔过，甚至恩将仇报。尽管近代以来日本给我们中华民族造成了巨大伤害，但宽容的中国人民为了中日人民的长期友好，不计前嫌，以德报怨，取消了冷热日本第二次世界大战的赔偿，。可是，我们对日本人的宽厚仁慈，换来的却是日本人对历史问题的错觉，就像2012年日本名古屋市市长居然认为"不存在南京大屠杀"，原因是因为当年中国人友好善待其作为战俘的爷爷，他没法理解中国人居然能够善待犯下滔天罪行的对手，因此他认为"历史有问题"，甚至认为压根就没有对中国进行侵略、没有制造南京大屠杀。种种怪论，凸显出这个民族的忘恩负义和厚颜无耻。同时，也提醒我们，对待日本人不能一味地怀柔，我们固然要做到有理有节，同时还要"有力"。

顽冥不化。战败后的日本，虽然在一定时期做到了"低调做人"，然而其内心深处却依然顽冥不化，其暂时的"隐忍"乃是"卧薪尝胆式"地储备野心。当其经济恢复并取得亚洲的霸权地位时，其试图控制亚洲的野心便开始暴露出来。其要对付的第一个目标仍然是中国。1997年，当时名列世界五百强第一的日本财团"三井物产"，旗下战略研究所研究员市川周出版了一本书，名叫《战胜中国》。此人提出日本对中国要有"竞争对手意识"，要充当"战斗的（东亚）家长"。随着

---

① 注：今年8月15日，更是特殊的日子，因为是甲午海战一百二十周年。东亚各自记忆甲午战争。七月二十六日的《环球日报》头版头条，醒目标题：中国凭吊牺牲将士，韩国分析受辱历史，日本避谈侵略罪行。耐人寻味。

② 马晓云：《一个日本作家眼中的德日第二次世界大战教育》，《国际先驱导报》，2014-7-18。

③ 注：此种认识与美国人的审判定论有关，美国将日本的侵略战争竟然归结为天皇对某些人的偏信而蒙蔽。

中国经济的腾飞及综合国力的提升，日本军方开始以"小人之心度君子之腹"，并以侵略式的思维鼓动美国来制衡中国。如，石原慎太郎在2012年7月27日的《纽约时报》做广告说："如果不支持与中国对峙的亚洲国家，美国将会在太平洋失去一切"。① 又如，2012年2月，日本前联合舰队司令五位睦佳海军中将发表文章，制造"中国威胁论"，凭空断言中国的国家目标就是称霸世界，并且按照日本侵略式的思维来规划中国的"战略路线图"：第一阶段先"吞并台湾，完全控制东海和南海"，第二阶段"恢复鸦片战争之前中华帝国版图，走出第二岛链"，第三阶段是"取代美国成为世界领导者"。② 此种侵略式思维，不但在于大肆宣扬中国威胁论，来为其大力发展军事提供理由；还在于背后隐藏着一个阴谋，那就是通过宣扬"中国威胁论"藉此加剧美国的恐惧，鼓励美国对抗中国。然后，日本可以躲在美国的背后继续韬光养晦，大力发展军事力量，并诱惑美国解开身上的束缚，成为梦寐以求的"正常国家"。在五位睦佳发表这篇言论前后，日本四个海空自卫队的将官还详细解读了美国空海一体战构想，提出了日本的国家战略和安全战略。他们不仅公开主张武力对付中国，还提出"继续支援台湾的自由民主主义体制，为阻止中国统一与台湾展开外交及军事活动""积极参与中国、朝鲜、缅甸等近邻各国的民族、人权、环境等问题，支援对于非法政治高压的改良。特别要支援西藏、新疆等地少数民族运动等"公开干涉中国内政的主张。日本军事情报研究会的一个研究员，还提出了"自卫队的网络战、太空信息战与海外派遣作战"，非常明确地主张日本要在未来战争中取得制信息权、增强远洋投送能力等。由此可见，日本借助美国的力量瞒天过海，在钓鱼岛事件背后有多大的战略野心。

简短结语： 当然日本人先天复杂的性格在当今更是纠结难耐。正如美国《外交政策》所说的那样，"目前中日局势反映了日本当下更深层次的身份危机，即日本人的心灵在种族优越感和自卑心理的两极发展中被撕裂，无所适从"。③ 在历史上，日本这个民族一直向中国学习，一直具有自卑的心理；到甲午海战，由于中国的积贫积弱，才渐次有了优越感，并看不起"东亚病夫"。然而，随着"睡狮觉醒"，随着近几年中国重新崛起，日本的自卑情结又开始增长。上文，笔者所分

---

① 戴旭：《日本由来已久的灭华妄想》，国防大学学报，2013年第3期。
② 戴旭：《日本由来已久的灭华妄想》，国防大学学报，2013年第3期。
③ 蓝雅歌、金惠真、路锋等：东亚各自记忆甲午战争，《环球时报》，2014年7月26日，第8版。

析的日本人的种种表现，实乃其骨子里的自卑在作祟。因此，对于这样一个比较"麻烦"的近邻，我们要斗智斗勇。面对其如此阴招和狠手，中方在克制中针锋相对、文攻武备。我们深知，这是一场耐力的比拼，更是一场智慧的决斗。

一言难尽话日本

华南农业大学　魏露苓

2015年是"甲午战争"120周年。钓鱼岛又起风波，让我们不能不再次关注我们的邻国日本。这是一个文雅与野性共存的国度。它有一群善于学习、坚韧不拔而又非常守纪律的国民。它属于"汉字文化圈"但又与中国在性格和气质上很不相同。它是"恶邻"？它是"一衣带水"的友邦？无论我们怎样评价，它都是客观存在，是我们无法选择、无法回避的邻居。笔者长期研究中外关系史，也曾经踏上过日本土地、亲眼观察过其国其民。现将笔者所了解的日本予以评介。

一、简言东邻

1. 从远古到天皇

日本在远古的冰河时期曾经与亚洲大陆以冰连在一起。来自欧亚大陆东北部的原始人，沿着这冰河期的陆桥、追猎物而来。但是，列岛多火山、地震，土壤酸性，不利遗物保存，所以旧石器时代的物证不多。能够被承认的遗址是距今1万至3万年前的。"岩宿文化"人身材矮小、粗眉、双眼皮、厚唇、方脸。新石器时代开始时，海平面上升、大陆桥消失。日本列岛的原始居民形成，称"绳纹人"。

日本的新石器时代距今12000年，称"绳纹时代"，有磨制石器、陶器、原始农业。日本的"绳纹时代"的陶器上有用绳勒出的纹。"绳纹"不是装饰花纹，而是防滑的手段。

日本的"弥生时代"始于公元前3世纪左右。此时的文明水平有明显提高，表现在水稻普及、铁器出现，人种也发生了变化。这是因为秦朝战乱，有中国人经朝鲜半岛迁到日本。他们就是"渡来人"，带入先进技术。徐福的传说，实际上与中国人迁入有关。

在大约中国的三国时代，日本形成早期国家，叫"邪马台国"，有30多个小国。大和政权形成的时代，又叫"古坟时代"。起初没有文字记载。"大王"占支配地位，具统治者身份的贵族才有姓，平民百姓没有姓氏。日本于公元6世纪开始强化天皇政权。到相当于中国隋朝时，日本派使臣到中国并开始修国史。中国唐代时，日本"大化革新"，派大量留学生、留学僧向中国学习。后来，唐朝变弱、覆亡，日本文化走上独特的发展道路。

日本的最高统治者为"天皇"，被认为是"天照大神"的儿子而且"千古一系"。虽然皇太子们会争夺皇位，但没有改朝换代。当然，这是表像，在相当长的历史时期，天皇做稳了傀儡，幕府将军成为真正的统治者。

2. 武家政权——幕府

日本的"武士"伴随庄园制而来。后来贵族弱化、武士阶层壮大，日本的贵族社会向武家社会过渡。号称"日本《红楼梦》"的《源氏物语》就是过渡期的产物。"武家政权"具有压倒性的军事力量，但其统治的合法性仍然需要借助天皇的精神权威——天皇任命。镰仓幕府（1192—1333年）曾经与中国的元朝对抗。室町幕府（1336—1573年）动乱比较多。1467年，日本进入"战国时代"。"战国大名"不受幕府制约，将管辖变成独立王国。"室町幕府"灭亡后，上层农民出身的羽柴秀吉（丰臣秀吉）重新统一日本（1582）。刚刚结束战乱，丰臣秀吉便率兵入侵朝鲜。朝鲜名将李舜臣、中国援将李如松率兵反击，丰臣秀吉败回国内，郁闷而死。

3. 从闭关锁国到开港、维新、强国

与明朝后期西方传教士叩开中国的大门的时间差不多，葡萄牙人也到日本传教。德川幕府时的1603年，也就是"江户时代"，荷兰人、英国人也到日本来传教。日本在1624—1641年间也曾经闭关锁国。19世纪初，西方列强派使要求开港通商，遭日本拒绝。1856年后，日本被迫开港。日本锁国与开港的时间，与中国相似。[①]

1868年，日本开始"明治维新"。与中国的"戊戌变法"相比，他们的维新是何等的成功！实际上，在日本的"明治维新"开始之前，有过"幕末改革"，包括充实武备、实施军制改革，设置研修洋学机构、培养洋学人才，建立新式陆海军，推行殖产兴业方针、振兴对外贸易、坚持对外开放等。"幕末改革"为"明治维新"作了很好的铺垫。在这一点上，中国的"戊戌变法"就无法相比。

在"明治维新"最初的时间，文明开化的风潮铺天盖地而来，欧风美雨浸润日本社会。1871年颁发《断发令》，男性剪掉发髻改为短发。1873年改为公历纪年，同年，鞠躬礼取代了过去的磕头跪拜。1876年8月，发布《废刀令》，规定除军人、警察外，贵族一律不许佩腰刀。寺庙、佛塔被毁、字画、古董廉价处理、

---

① 参见王新生著：《日本简史》，北京大学出版社，2005年版。

相扑、茶道也几乎绝迹。①此时的日本文化面临脱胎换骨式的大改造。在向西方学习的时候，日本也不是只学一个国家。伊藤博文是英国留学生，无疑沾染英国文化应该多些。但是，日本还心向普鲁士，学到了"军国"的真经，这使日本成了继它的老师德国之后，第二个意图征服世界的国家。②

自19世纪80年代起，欧风美雨的风潮逐渐远去。以1811年明治十四年政变为转折点，维新进入形成日本特色的民族化时期。形成具有日本特色的资本主义体制。近代天皇制以政阀、军阀、财阀为支柱，支配了近代日本国家的命运。源自武士道的"忠节""礼仪""武勇""信义""质朴"等5条军人精神，经过"皇化"而成为金科玉律，并被捧读和执行。这样，日本军队就成为用现代化武器和武士道精神武装起来的军事力量，并在军阀刻意制造的"忠君爱国"旗号下，成为对内镇压、对外侵略的得力工具。③

4. 恶性膨胀与疯狂和崩溃

日本的综合国力提高之后，民族主义恶性膨胀，思想界出现了许多变化。对内，从鼓吹人权自由转向尊崇皇权至上。日本优越论、侵略思想冒了出来。有人出书，说日本的景致具有潇洒、优美、跌宕等三大独特之美，而将中国、朝鲜的景物尽情加以贬斥，借以论证日本天然环境和国民性的无比优越。证明他们侵略扩张有理。还有人宣扬弱肉强食、强权政治。说百卷万国公法不如数门大炮，几册友好条约不如一筐子弹。把他们历来的老师——中国当成潜在的敌人，还竭尽漫骂、贬损之能事，用"乌合草贼"、"半死的病人"、"狂暴的土匪"、"豚尾小儿"、"辫子佬"、"脓包"、"豚尾奴"等肮脏词汇来形容中国人。④

日本1894年对发动"甲午战争"、1904年发动日俄战争、1910年从大清手中夺走朝鲜。它还把中国的台湾和东北据为殖民地。当时的日本国内举国狂热，国民节衣缩食也要慰问侵略军。曾经是民主旗帜高树的学校，也成了军国主义畅行无阻的场所。就连以温柔著称的日本妇女也开始歇斯底里，搞起"妇女报国"。"统制派"独揽权力，法西斯政权登台。侵华战争开始后的日本，再也逃不出侵华战争和法西斯化的怪圈，直到挑起太平洋战争而遭世界反法西斯的人民的共同反

---

① 参见宋成有著：《新编日本近代史》，北京大学出版社，2006年版。

② 参见程万军著：《看透日本——一衣带水向何方》，中国经济出版社，2013年版。

③ 参见宋成有著：《新编日本近代史》，北京大学出版社，2006年版。

④ 参见宋成有著：《新编日本近代史》，北京大学出版社，2006年版。

击，最终日本帝国崩溃。[①]

但是，第二次世界大战的战败国日本，在战败的废墟上重新站起。昔日的军事强国又成了经济强国。这是日本民族最不能小瞧和最值得研究的东西。

二、生不肖师

中、日、韩，还有法国接管之前的越南，曾经被称"汉字文化圈"。这四个国家中，韩国和越南都使用汉字作为书写符号达千余年。日本至今还在用"当用汉字"。尤其是"音读"的汉字，那是中国的唐音。且不说这四个国家都受儒家文化影响、都长着东亚的、黄种人的脸，似乎有很多相似之处。但是，这些相似的地方都是表面现象。从唐代到清代后半叶，中国可以说是日本的老师，但是，日本这个学生并不是我们想像的那样像它的老师。日本的"唐风文化"无疑是从唐朝学来。但是，11世纪以来，"国风文化"占了主流。日本的历史、文化、民性上有很多不同于它的老师——中国人的地方。

封建时代日本的政权组织形式，天皇是最高统治者。千古一系，与中国的改朝换代形成鲜明对比。中国历史上有很长时间是科举取士和文官管理国家。而日本没有学习中国的科举制。日本有近千年的时间是幕府将军掌握实权，明治维新前夕，日本人还在佩刀。日本也没有将中国的太监制和缠小脚的陋习学到手。这也许是造成日本民族比中华民族更加尚武的原因之一。

日本的国教，实际上是神道教，而不是他们宣称的佛教。神道教是大和民族骨子里真正信奉的宗教。日本国内有数以万计的"神社"，就是神道教的寺庙。寺庙的正门是"开"字形的大木栏杆，叫"鸟居"。臭名昭著的"靖国神社"只是其中之一。日本人办理红白事，都要进神社。面临重要的事情的时候，日本人会到神社去拜神和许愿。有手掌大小的小木牌，叫"绘马"，日本人在"绘马"上写祝亲友的话语，挂在神社内。笔者大致计算过一个普通小神社内的"绘马"上的祝福语，以和升学有关内容的为最多，其次是健康，祝朋友找到合适工作的排在第三位，和婚姻有关的祝词占第四位。而中国人面临以上事情的时候，去的是佛寺。

日本人骨子里有一种野气和忠诚。有一位近距离接触过日本兵的抗日老兵这样对笔者说——"抓不到活的"。日本军人对自己的战友中丧失战斗力的人，没有

---

① 参见宋成有著：《新编日本近代史》，北京大学出版社，2006年版。

美式的"拯救大兵瑞恩"，他们会毫不犹豫地处死他们！自己逃命无望时，毫不犹豫地自杀。"神风敢死队"曾经让欧美军队闻风丧胆。他们为什么这样狠？这样的武士道精神，来自这个民族文化中的忠诚——对天皇的忠诚。天皇下令，就好不犹豫地战斗，天皇下令停战，立刻停止战斗。中国文化中也讲"忠"，此中无法与彼"忠"相提并论。

"第二次世界大战"中日本投降后，怎样进入日本，怎样管理？美国女作家鲁思·本尼迪克特著《菊与刀》告诉美国政府，不要废他们的天皇，这样会节省管理成本。因为日本人的"忠诚"是从小教育的。对天皇效忠，是忠的最高境界。天皇是日本民族统一体的最高象征，而不是负责的国家元首。由于天皇在约7个世纪里都不是作为一个实际的统治者，没必要废他。明治时代的政治家们只需要让所有日本人在心中都把那无条件的最高之德——"忠"系于天皇。日本战败，你废了他们的天皇，日本全国会乱。①制服了政界与天皇，全民没话可讲。这样的令行禁止，在中国是没有的。

日本人注重尊严与名声，以自杀洗刷污名。他们将与场合、身份不相符的言行看作失礼、失态，是十分丢人的事。日本军队内的恶习是，老兵戏要新兵，让自尊心强的年青人倍感受伤害。等他们成为老兵后，再欺负新兵。如此恶性循环，这种心理阴影代代相传。所以，天皇下令打到哪里，他们就打到哪里。"忠"生勇。当逃兵和战俘要失尊严，那就自杀！在非战争年代，他们也有为尊严而自杀的。闹禽流感的时候，有个日本农场主动了个小心眼，把不太靠谱的鸡送到屠宰场。后来，这对夫妇自杀了，被发现吊死在农场内的树上。两棵树相距几十米。原来，武士道的精髓是重名轻死。武士把名誉看得重于生命。那出了丑的农场主夫妇因卖病鸡丑闻而自杀，是武士道精神的遗风。也有人把它说成"耻文化"。②中国人也有自杀者，但是，自杀的原因与日本人不太相同。

日本士兵全部都在当兵之初有过受虐经历，留下心理阴影，甚至变态。没有心理医生代为疏导，那就在战争中残害平民来发泄！无冤无仇，纯是出于虐待狂。日本人这样认真和较真，如果表现在对规章制度的遵守和对技术的苛求上，就会表现为非凡的敬业精神。天安门广场一个升旗仪式过后，可以扫出成吨的垃圾。东京奥运会闭幕式后，现场整整齐齐，彰显出这个民族的严明的纪律。但是，如

---

① ［美］鲁思·本尼迪克特著，谭杉杉、肖徐彧译：《菊与刀》，长江文艺出版社，2007年版。
② 李涛：《罪与耻——日本的岛国属性》，中国友谊出版公司，2007年版。

果引导不当，就会在错误的道路上走得很远。①第二次世界大战中，他们的罪恶也就证明了这一点。中国在历史上多少次可以征服别国，可是从来都没有这样做。

柏杨《丑陋的中国人》中批评中国人团队精神欠缺的时候，说："每个单独的日本人，看起来都像一条猪，可是三个日本加起来就是一条龙。日本人的团队精神使日本所向无敌。"②柏杨认为每一个中国人都是一条龙，但是，三个中国人加在一起，就成一条虫。此话有些偏激，但是，也反映了日本人的团队精神。

可以说，日本虽然使用着汉字、受着儒家文化影响，但是，在宗教信仰、国民的性格、精神风貌、价值观念、思维方式等许多方面与曾经做过他们的老师的中国人有很大的不同，说他们"不肖"他们的老师，一点也不为过。也可以说，中国人和日本人"不是一样的坏子"。就文明程度而言，日本文明的历史比中国短，从唐代才开始大力学习中国文化。在近代史上学习西方的时候，它又用了几十年的时间走过了西方花了200多年才走出的工业化之路。他们的文明进步，总给人感觉有点"夹生"。他们在"第二次世界大战"中的野蛮行为，或许与这种文明进步中的"夹生饭"不无关系。

三、国小心大

走下国际航班，走进日本大阪的国际空港，向四周一张望才发现，与北京的首都国际机场相比，它真小！机场外的高速路真窄！进入宾馆后发现，宾馆的房间只能容下一桌、一椅、一床，稍大的行李箱就无法平放在地上。房间内的卫生间中仅容马桶、洗脸池和浴缸，再无转身之地。走在日本的街上一路看去，笔者确实发现日本的街道、房屋、商店、广告牌、车辆、机关、学校、博物馆、寺庙都是小号的。日本的单据、门票、餐具、水杯、茶壶……所有看得到的东西，通常都比中国的同类东西小上一到三号，有的甚至小一半。初看很不习惯、不顺眼。但是，当笔者动手使用他们这些袖珍设施的时候，就发现，它们的设计非常科学、合理。在日本，同类的东西，能小，就不做成大的。只要不影响功能，那就能小且小。"小"，就是日本给笔者留下的第一印象。日本领土狭小，是由太平洋中一组岛组成，加起来的面积只相当于中国诸省中不太大的省。日本山地多，平原少，使得可利用的土地少而又少。日本是个贫矿、贫油的国家，所有工业原料都是进

---

① ［美］鲁思·本尼迪克特著，谭杉杉、肖徐彧译《菊与刀》，长江文艺出版社，2007年版。
② 柏杨：《丑陋的中国人》，吉吴轩出版社，2004年版，第8页。

口的。日本人把所有东西尽量做小，为的是节省材料和空间。"小"就可以节省资源和空间，这是它的生存之道。

通常而论，一个国家要想成为世界强国，"先天"条件非常重要。这先天条件包括疆域、矿产资源、物产等。一般来说，"大"比"小"好。如果大俄罗斯停止天然气外销，欧洲慌神；如果大美国搞小麦禁运，地球的另一个地方就有人没有面包吃。中国猪肉减产就会引起世界猪肉提价。日本根本无法与这些大国同日而语。它当大者小——领土小；当多者少——资源少；当少者多——灾难多。贫矿、贫油、少土地、多山、多台风、多地震、多火山，这就是大自然"恩赐"给日本的先天条件。日本这种先天不足的"小"，逼着这个民族产生危机感。造就出这个民族国小心大的性格。历史上，它稍有资本就开始企图扩张，在唐朝和明朝，两次把侵略的魔爪伸到朝鲜半岛，均被当时中国的统治者派兵打了回去。明治维新之后的日本走上了强国之路。落伍的大清帝国再也无力保护朝鲜的时候，它终于将朝鲜半岛抢去作了自己的殖民地。再后来，扩张之心恶性膨胀的日本走向军国主义的邪恶之路。就其邪恶而言，它"一战"教训了新师傅德国，在日俄战争中教训了连拿破仑都为之头痛的北极熊。贪心不足蛇吞象，恶性膨胀的日本给中国、亚洲和世界人民带来空前灾难。

第二次世界大战结束后，吃了两颗原子弹的日本民族没有躺倒在战争的废墟上。它靠着不屈的精神重新站起来，又成了世界经济强国。可见这个民族有多么强大的内心。

四、"精细"、自律

严重先天不足的日本靠什么生存和发展、靠什么成为世界经济强国？靠学习、靠拼搏、靠素质，外加靠节俭。这就是叫你不能小瞧的"小"日本。从民族感情上来说，甲午海战和抗日战争给中国人的心灵投上了无法抹去的阴影。我们怎么恨它、骂它都不为过。但是，在世界民族之林，是靠实力和素质说话的。恨与骂没有作用。日本人畏惧的不是整天喊打喊杀的中国人，而是高素质、善于学习和自律的中国人。日本能够成为发达国家，肯定有可以学习和借鉴的地方。学到他们的长处，提高自己的竞争力才是根本。

中国人向日本人学习，是在晚清开始的。当时从日本人手中学到的，实际上是"西学"，是当时的世界近代化科学技术。如今，现代化科技已经变得无国界。

中国人在现代化科技方面未必需要从日本人手中学习。中国人需要向日本人学习什么？笔者将亲眼所见的日本人精细与自律的地方列出来，这无法包括他们成功之道的全部，但至少是值得我们学习和借鉴的地方。

其一，日本人的节约程度。日本人非常反感浪费的行为。他们节约到"拧尽毛巾中最后一滴水"的程度，不管节约的东西属不属于自己。他们用来写字的纸，能够正反面都用的，绝对不会用一面就扔。他们临时记录一个电话号码的时候，只用一小条纸。笔者未见过日本人在吃自助餐的时候浪费饭店的食物和纸巾。在他们的观念中，节约的不是哪个人的东西或钱，而是节约资源。

其二，日本人的服务与管理。日本的商业、服务业的素养和礼貌非常到位，叫你不在他们的店里买点东西就不好意思走出店门。日本在管理上非常注意细节。指南和说明书中规定清晰，还有图示，让消费者方便、少出错。

其三，"职人社会"。日本人对技术进步和产品的改进到了痴迷的程度。不论公司还是个人，都有人似乎到了为改进他们的产品而活的地步。他们年复一年地将心思放在改进产品上，很少想到他所从事的工作以外去。正是因为有这样的"职人"存在，日本的传统工艺和现代产品都在不断改进。日本人善于学习，但是又不是简单地"山寨"别人的东西。他们总是先拿来再超越。不论大处还是小处，都能看到日本的"职人"在处处留心、处处用心。笔者注意到宾馆的窗户上的螺钉铆钉，几十年还像新的一样，还看到窗扇上的拉杆和把手，上面有箭头来指示朝哪个方向用力。这样做，第一可以方便顾客开关窗户，第二可以减少因不熟悉零件而使蛮力加重窗户的磨损。为了改进产品，公司甚至花钱买挑剔。

其四，物尽其用与环境保护。在日本人的心目中，没有真正的无用之物。垃圾严格分类，循环利用、无害化处理，最后，填海造陆。日本的厨房和餐馆内炸过食品的食用油绝对不重复使用。他们的处理方法是加进化学药品，将油凝结成块，按规定日期放在门口。国家的市政部门有专人定期将这些固体的油收走，炼成机动车燃油。

日本公民已经养成自觉维护公共卫生的习惯。有人讲东京奥运会闭幕式后，现场没有垃圾。笔者亲眼看到一个小学生将一张糖纸捏在手中走了半站路，最后看到垃圾桶才扔进去。由于环保做得好，日本到处可见绿水、青山、蓝天、白云。

其五，政府关心下一代。就在日本刚刚战败、穷得几乎吃不饱饭的时候，政府严格规定儿童都要进学校受教育，还出资给在校学生提供免费餐。当年受益的中小学生，成长为日本战后经济恢复和腾飞的中坚力量。现在日本政府规定所有幼儿园都要给孩子吃鱼肝油，费用由政府来出，为的是保护下一代人的眼睛。

其六，自律、守规矩、安静。日本的人口密度超过中国。地铁和商店都远比中国拥挤。但是，他们说话声音小、走路和其他动作也不张扬莽撞，使得整个环境显得有序。有意思的是，他们三岁以下的娃娃竟然很少在公共场所哭闹。在这样的环境中，有谁不顾别人的感受而大喊大叫，就会显得很另类、让人侧目了。

一个国家、一个民族，先进与落后都不是一日之功，而是长期发展中积累的结果。人的素质也是综合指标。提高素质未必需要多高的智商，但是，需要用心去做，需要管理和自律。

结语：勿轻天敌

当年日本想要吞下中国的时候，他们的人事无巨细地做足了功课。为了"知己知彼"、获取情报，他们培养出很多"中国通"。在攫取旅顺之前，中国通们画出的旅顺地图连街道有多宽都测得一清二楚。一些村庄的水井和猪圈的位置都画了出来。[①]它熟悉我们的文化，对付起我们来，比其他文化圈的人顺手得多。

再看经济上的竞争，日本经济号称"衰退的二十年"。我们还是不要把它看成"一蹶不振"为好。它再难，能比刚刚战败时还难吗？它对外这样宣称，是在放烟幕！有研究显示，日本的海外资产已超过本土1.5倍，GDP仍在上升，人均GDP逼近4万美元。中国与日本的高端制造能力，尚不在一个层次上。石原慎太郎说他们三年，甚至一百天就能造出核弹，[②]并非虚妄之词。

"第二次世界大战"以后的国际秩序与过去相比已经有很大的不同。由于法制的健全，一个国家赤裸裸地去灭另一个国家的行为会受到国际社会的反对。能够生产价廉物美的高端产品的日本，不费一枪一弹就可以用别人的原料和劳动力往自己口袋中赚钱。它一般不会冒天下之大不违来轻易侵略别国了，毕竟，开战也是有成本的。但是，日本修改教科书、高官参拜靖国神社。这说明，具备"耻文化"的日本，并没有以第二次世界大战伤害过他人为耻！这就要警惕了。中国怎样警惕这个天敌都不为过。警惕的同时，还要努力提升自己的实力。谴责它，更要超越它。

---

① 参见程万军著：《看透日本——一衣带水向何方》，中国经济出版社，2013年版。
② 参见程万军著：《看透日本——一衣带水向何方》，中国经济出版社，2013年版。

尚武精神与死亡意识——对日军暴行的文化反思

中国人民大学哲学院博士候选人　李春尧

The fault... is not in our stars, but in ourselves...

—Shakespeare

（罪恶，不是人类命运决定的，而是人类自己决定的。　　——莎士比亚）

破山中贼易，破心中贼难。

——王阳明

一、问题的提出

日本，山川秀美，气候宜人；日本人，中庸纤细，淡泊含蓄。[①]

但是，正是这样一个国度，成为第二次世界大战的亚洲策源地。从1931年开始，借"九一八事变"之机，日军开始侵略中国。到1937年中日全面开战之后，日军的铁蹄更是踏遍亚洲，不仅给中国人民，也给包括日本同胞在内的亚洲各国人民带来了深重的灾难。

最令人发指的是：1937年12月13日，日军攻占南京之后，旋即开始了惨绝人寰的大屠杀兽行，受难人数多达30余万。罪恶滔天，罄竹难书。他们的暴行最终也给自己带来了报应：

"从1945年3月起，美军对日本进行频繁的大规模空袭，平均每月3000多架次，7月多达2万架次。日本全国119座城市被炸，东京共受102次空袭，几乎化为焦土。"在1945年，"8月6日和9日，美国先后先日本广岛和长崎投下两颗原子弹，给日本统治阶级以巨大冲击，但也使日本几十万和平军民死于非命。"[②]

核武器使战争很快终结，但却给人类文明留下了一个难以愈合的疮疤。广岛，第一个承受核攻击的城市，从此浓缩为一个符号，代表着一段"对于人类的记忆

---

① 参见叶渭渠、唐月梅著:《物哀与幽玄——日本人的美意识》第一章，广西师范大学出版社，2002年版。该著作认为，日本特殊的自然地理环境、历史传统、政治经济文化形态造就了独特的日本文化，也造就了独特的日本国民性格：调和中庸、敏感纤细、简约淡泊、含蓄暧昧。详见是书第1~24页。

② 中国社会科学院编:《简明日本百科全书》，中国社会科学出版社，1994年版，第66页。

是不应该忘却的"历史。①

抗日战争的结局是中国战胜了日本，第二次世界大战的结局是同盟国战胜了轴心国。但是对全人类而言，战争没有胜利者，所有人都承受了某种丧失。对人类历史而言，一场战争只是短暂的一瞬，也许是8年（1937—1945年），也许是14年（1931—1945年），随着战争的结束，历史会很快翻过这一页。再邪恶的敌人都会被热爱和平的人们消灭（破山中贼易）；但是，战争留给我们的思考却永难完结（破心中贼难）。

因为全人类都是战争的受害者，所以我们每个人都必须对战争进行深刻的反思。作为战胜国，我们自然有权利也有必要谴责侵略者，要求日本对战争反思。但是，"一味的谴责，不过是弱者的叫唤，真正的强者，要自我反省。"②正因为在这场战争中我们受害更深，所以我们更应该总结历史留给我们的经验教训，对战争做更深入的反思。

为什么会有战争？③我们不相信这是命运的偶然玩笑，也不相信这是上帝的刻意安排。反思，是理性对自我的拷问，我们有必要问问自己：战争，是否是人类文明中某种基因的自我表达？或者说：战争爆发的种子，是否就深埋在人类的内心深处？我们需要审视的，是自己的文化。我们固然有责任敦促日本反省历史，避免悲剧重演；但我们也同样有责任提醒自己，必须好好审视一下自己和邻邦，检视一下人类文明的矛盾性与两面性。我们要避免这种反省陷于道德的义愤和感情冲动，而要冷静地站在一个超越性的视角，把人类文明本身放上理性的审判台。

我们首先要思考的是这样一系列问题：日本，为什么是这样一个国家发动了罪恶的战争？日本，为什么这样一个民族竟可以兼备敦厚与暴虐、温柔与嗜血④？这个矛盾现象的背后是否存在着一些特殊的文化因子？本文试图对这些问题做一些肤浅的讨论。

二、人类文明的两重性

人，是一种复杂的生物。对一个生命个体而言，其心中刹那不停地闪现着善

---

① 参考电影《广岛之恋》（阿伦·雷乃导演，1959年），及其评论：http://baike.baidu.com/subview/48884/9852824.htm#viewPageContent。

② 李冬君著：《落花一瞬——日本人的精神底色》，北京大学出版社，2007年版，第219页。

③ Why war？这也是爱因斯坦提给弗洛伊德的问题。也许这是人类的永恒之问，人性的永恒之痛。

④ 如，三岛由纪夫："嗜血成性，非常渴望看到血"，"一看见血，心里就痛快"。参见叶渭渠、唐月梅著：《物哀与幽玄——日本人的美意识》，广西师范大学出版社，2002年版，第231页。

念和恶念。①人类文明，或曰人类文化，②是"人"的创造物，自然兼具了善恶二性。生命个体诞生，个体结成群体，群体创造文化（文明），按照这样的线索，人类文明就如同生命个体一样，兼备善恶是顺理成章的事情。③诚如业师王宏刚先生所说：

> 应该清醒地认识到，无论是"文化"，还是"文明"，其客观存在的本身是善恶两义的，或者说是善恶并存的。纵观中国文化史，以及世界文化史，人类社会文化发展的历史道路上，充满了太多的曲折与苦难——有相当多的历史篇章是惨不忍睹的。而且造成这种曲折与苦难的绝大部分原因，并非天灾，而是人祸，人祸的最终原因是文化，也就意味着人类赖以立命的文化本身是有缺陷的，是含有恶质基因的。学术界往往认为：人性是善恶两义的，文化是人性的历史表达。如果承认这一点，就容易认识文化的善恶两义性了。④

这个论点无需太多的材料佐证，日本人（德国人）⑤在战争时期与和平时期的截然不同的表现足以说明这一点。为更好地说明这个问题，我们再举一个时间上更近的例子：

> 印度尼西亚歌曲《宝贝》、《哎呦妈妈》、《星星索》、《美丽的索罗河》响彻世界，其美好代表着印度尼西亚人的心灵。印度尼西亚被公认为宗教宽容之国、民族宽容之国。在印度尼西亚的一个家庭中，如果孩

---

① 这一点无须做过多的论证，我们每个人只要反观自心就可以一目了然。世界上不存在不生恶念的善人，也不存在不生善念的恶人。当然，中国文化热衷于在这个问题上"寻其根本"，探讨人性的"本善"和"本恶"问题。中国哲学发展至宋明理学阶段，更加热衷于天理人性的探讨。在这个问题上，笔者认为，"性善"和"性恶"是可以发觉的，但"本"在何处却难以查考。所以从这个意义上来说，"本善"或是"本恶"只是个不具有实证性的、形而上的理论假设。这个理论论争及其学术史的梳理此处不赘，笔者希求和读者达成的共识是：每一个人来到世间之后，他（她）的心中就兼具了善恶。

② 文明和文化是两个有区别但又近似的概念，但本文对此二者不作区别。意即在本文中，"文明"和"文化"表达相同的含义。笔者仅仅出于文章的行文修辞需要，轮换使用这两个名词。

③ 当然在这个问题上我们也可以提出质疑。因为个体——群体——文化并非是唯一的线索，我们在承认人创造了文化的时候，也必须承认文化创造了人，如此一来，我们的思考线索会被完全颠覆过来：文化——群体——个体。这个问题就成为了一个蛋——鸡——蛋式的死结，我们势必又会纠结于"时间在先"与"逻辑在先"的难题，如此终无了期。但若是跳出这个怪圈，我们会发现这个循环实际上笼罩在一个更大的疑问阴影之中：人是什么？紧跟着的问题是：当我们承认我们是人的时候，我们是否能顺理成章地认为，我们有能力完全认识自己，而不需要借助一个外在的"上帝"？这个斯芬克斯之谜也许是永远找不到答案的，但同时正因为如此，人类的反思才显得格外必要，我们必须尽一切可能，逼问自己的存在，并对自己的回答做一轮又一轮的反思……

④ 王宏刚、王海冬、张安巡著：《追太阳——萨满教与中国北方民族文化精神起源论》，民族出版社，2011年版，第23页。

⑤ 这里只是抽象地说日本人群体与德国人群体，并非针对每一个日本人（德国人）而言。不可否认的是，有大批的日本人和德国人一以贯之地热爱和平。

子信天主教、父亲是穆斯林、母亲是基督徒、祖父是佛教徒，也能和睦相处。当时印度尼西亚华侨对印度尼西亚人的普遍看法是"印度尼西亚人善良"。1965年惨绝人寰的印度尼西亚大屠杀突发。杀人的数字最保守的估计是五十万，最高的估计二百万，鲜血把索罗河的水都染红了。1998年对华人惨绝人寰的大屠杀又突发：一千六百多人被杀害，一百三十多名妇女被轮奸。（后者是不准确的数字，因为还有许多妇女不愿公开自己的受辱。）如果说1965年的屠杀可以归罪为右派军队所为，那么1998年的大屠杀则完全是平民所为。各种职业的人都参与了，低文化社会阶层居多。①

从古至今一直在发生的惨剧逼迫我们思考：人类文明本身是否天然地内蕴着恶的因子？笔者认为，我们必须拿出勇气来承认：任何一种人类文明，都具有恶质基因，尽管这种基因在大部分时间并不自我表达，但它的确是代代传承的。因为人有欲望、情感，它们社会化之后表现为人类文明。但是，欲望、情感天然带有双重性，在大部分时候，它们是人类发展的动力；可在特定的条件下，它们会变成一种破坏力。②

通过上述论述，我们对人类文明的二重性应该有了清醒的认识。下面，我们将把目光转向本文的讨论主题：日本文化。

三、菊与刀的对立统一

也许，世界上没有哪种文化，能像日本文化这样充分地诠释人类文明的二重性。日本文化向世人展现出的画卷是瑰丽而令人惊讶的，"菊花与刀两者都是这幅画中的一部分。日本人既好斗又和善，既尚武又爱美，既蛮横又文雅，既刻板又富有适应性，既顺从又不甘任人摆布，既忠诚不二又会背信弃义，既勇敢又胆怯，既保守又善于接受新事物，而且这一切相互矛盾的气质都是在最高的程度上表现出来的。他们非常关心别人对他们的行动的看法，但当别人对他们的过错一无所知时，他们又会被罪恶所征服。他们的士兵非常守纪律，但也不很顺从。"③

---

① 王宏刚、王海冬、张安巡著：《追太阳——萨满教与中国北方民族文化精神起源论》，民族出版社，2011年版，第27页。
② 弗洛伊德的理论对此有一种解释。对个体而言，为了获得自身的发展，人格演化出一部分成为超我，它与本我的斗争成为个体发展和走向死亡的动力；对群体而言，为了获得种群的延续，群体创造了文明，而它与人类本能的斗争贯穿人类历史的始终。虽然弗翁由此得出了一个悲观的结论，但是他的思想是深刻而发人深省的。
③ ［美］本尼迪克特著，孙志民、马小鹤、朱理胜译：《菊花与刀——日本文化的诸模式》，九州出版社，2005年版，第3页。

菊花是日本皇室家徽，体现了审美精神；刀则是武士道象征，体现了尚武精神，代表了勇气、征伐、忠义和名誉。[①]由于本文的主旨是对战争的反思，所以不打算过多涉及菊花及其精神，下文仅就刀与尚武精神做一番检讨。（当然必须说明的是，审美精神和尚武精神是交织在一起的，本文只是勉强析开而已。）

可以说，日本人是"挎刀而生"的。据说，"日本民族崇尚军刀的历史渊源可以追溯到日本的旧石器时代中去"。日本学术界通常采用小林达雄教授的观点，把日本的旧石器时代分为三个阶段：第一期，指距今约三万年以前的旧石器时代远古期；第二期，约从距今三万年前到一万三千年左右，即最终冰期的后半期。"以刀形石器为主的时期均出自该期。该期最大的进步是制作石器的方法'石刃技法'得到了普及和推广"；第三期，约从距今一万四千年以后至一万年左右，"在该期，刀形石器消失，取而代之的是一种细石刃石器"。覃启勋先生认为，刀形石器在整个日本旧石器时代具有重要作用，这种作用体现为："刀形石器原材料的远程采取、'石刃技法'的创造和应用以及异型刀形卫华圈的形成和重合，这些都体现了日本先民开拓意识的增强和升华。"刀形石器还有另一种特殊的功能："石刀可以用来宰杀野兽和削砍草木，同时也可以用来处理原始人群之间的矛盾和纠纷，特别是这种矛盾和纠纷发展到不可调和的时候，它就具备了原始杀人工具的所有功能而发挥其特殊作用……"[②]

日本历史从原始时代进入文明时代之后，刀作为武士的武器，又有了特殊重要的文化意义。刀是武士之魂。"少年武士从幼小时候就开始学习使用刀。年满5岁时，就穿上全副武士服装，站立在棋盘上，通过腰间佩上真刀来代替此前所玩弄的玩具小刀，才首次被承认其武士资格，对他来说这是个重要的机会。""当一达到15岁便成年了，到了允许行动自由的时候，就能够以拥有锐利得足以胜任任何工作的刀而自豪了。拥有这样的凶器，便赋予他以自尊的和负责的感情和态度。"[③]

[①] 菊花与刀作为象征符号是简明扼要的，但其背后的象征意义却一言难尽。菊花与刀充分揭示了人类文明的二重性，但需要指出的是，在这对隐喻中，并非是菊对应了善，而刀对应了恶。事实的情况要复杂很多。刀象征了尚武精神，但尚武精神本身有善恶两面；菊象征了审美精神，但审美精神也会趋向正邪两途。——须知，审美也是有畸变的。如，插花艺术体现了"切割"文化，"是使用刀剪的切割志向的文化。仿佛武士砍下人头一样，刀是日本美的精髓，所以其中当然总是伴随着残忍性。……像插花一样，日本美看起来静默寂寥，但其背后却隐藏着残忍的一面。这种静寂美与残忍性的共存是日本艺术的真正面目"（金文学著：《东亚三国志——中、日、韩文化比较体验记》，中信出版社，2006年版，第130页。）这一对象征符号背后的复杂性，读者不可不察。

[②] 本小节的引文见覃启勋著：《日本精神》，长江文艺出版社，2000年版，第35～40页。

[③] ［日］新渡户稻造著，张俊彦译：《武士道》，商务印书馆，1993年版，第76页。

刀形石器表现了日本人的开拓意识，而武士刀的打造则表现了日本人的认真态度。[①]"刀匠不仅是工匠，而且是赋有灵感的艺术家，他的作坊就是圣殿。每天他以斋戒沐浴来开始其工艺。或者所谓'他把其三魂七魄都投入钢铁锻冶之中'。抢捶、淬火、用磨石研磨，其一举一动都是严肃的宗教仪式的举动。"[②]从中，我们不难看出日本人的认真、创新、开拓、执着的民族精神。[③]

四、尚武精神

无论是"石刃之刀"，还是"武士之刀"，都折射出日本民族的"尚武精神"。这种尚武精神一方面表现为开拓：在恶劣的自然环境中向天地索取，使本民族可以存活下来并获得不断发展；另一方面则表现为扩张：当外界的环境给他们带来无法克制的危机感时，内心的恐惧就会驱使他们把焦虑外化成为一种侵略行为，把内心的恐惧在对外扩张中得以纾解。对日本来说，狭隘且封闭的岛国环境使他们天然有一种被孤立感，随之而来的是一种自卑的心态，这种心态进而会形成一种民族逆反心理："为了生存，为了发展，一定要从舟形叶状般的海岛生活空间中向外拓展！"[④]当他们在入侵（对朝鲜）和反入侵（对元朝）中尝到一点甜头时，又会产生"过度的自卑补偿"，一下子变得妄自尊大、骄横跋扈起来，所以由小而大、由近及远的侵略战争就顺理成章地排上了他们的议事日程。

需要说明的是：虽然尚武精神可能会给侵略行为火上浇油，但它本身并非是一种"恶德"。相反，它是每个民族都需要的一种精神，否则的话，一个民族（尤其是在拓荒时期）是无法在残酷的自然竞争中延续下来的。问题在于：除了"尚武精神"之外，一个民族是否可以发展出一种"崇文精神"与之匹配。如果可以的话，一个民族就可能获得健康的发展并臻于强盛，否则的话，必将误入歧途。

假设"尚武"强于"崇文"的话，可能的结果就像是中国历史上的元朝一样，也许会强极一时，但是却并没有持久的文化影响力；反之，如果"崇文"强于"尚武"的话，其结果就可能像中国历史上的宋朝，文化创造登峰造极，但是国力孱弱，外战屡遭败绩，最终大好河山改名易姓。若是"尚武"和"崇文"精神可以获

---

① 美国《国家地理》制作有一部记录片《武士刀传奇》（2009），介绍了武士刀的制作工艺及文化，有兴趣的读者可以观赏。http://movie.douban.com/subject/3778272/

② ［日］新渡户稻造著，张俊彦译：《武士道》，商务印书馆，1993年版，第77页。

③ 反观今天的日本电器制造业，其中体现的又何尝不是这种精神呢？这个民族有很多优秀品质，是值得我们虚心学习的。

④ 覃启勋著：《日本精神》，长江文艺出版社，2000年版，第255页。

得一种平衡，那么一个王朝就能在很大程度上保证自己的健康发展，并辐射出强大的文化感召力，如同中国历史上的汉、唐盛世。

反观日本，虽然在其文化中同样具有一种"崇文"精神，但是它并未与"尚武"精神取得一种和谐。细观日本的文艺形式，虽然表现的大都是平和思想和平和生活，但它们几乎都是来自中国和印度，所以从这个意义上说，日本的"崇文精神"和"尚武精神"并没有有机化合在一起，反倒常常表现出一种尖锐的矛盾性。正如戴季陶所说："尤其是我们特别注意的，就是日本社会当中一切平和的习尚都是佛教种种教义、教仪、教礼的表现和中国文化的'礼教'的表现。直接渊源于日本固有神道思想的是尚武，直接渊源于中国印度的思想行为是尚文。更就精神生活的分析上说，日本的信仰生活产生尚武的风习，而艺术的生活产生平和的风习。"①

综上所述："菊与刀"中的"刀"，代表的是"尚武精神"。尚武精神兼具了开拓性与扩张性，如果有"崇文精神"与之和谐，那么一个民族便有了走向强盛的保证，否则的话，一个民族就极易走上对外扩张之路。"尚武精神"是每个民族都具有的精神，这是一个民族延续发展的保证。而每个民族的"尚武精神"又都有其特殊性，对日本来说，其"尚武精神"的特殊性就在于其中的"死亡意识"。

五、日本文化中的"死亡意识"②

本文所谓的"死亡意识"，即指日本人"对死亡的看法"，或者说是日本人的"生死观"。日本文化对死亡的理解是独特的，既不同于受亚伯拉罕系宗教影响的西方各国，视生命为神恩，以自杀为罪行；却也不同于中国的儒家文化传统，以死为讳，不愿深究，以为"未知生，焉知死"。总的来说，日本人的"死亡意识"受两种文化的影响：一是日本的传统思想，二是外来的佛教思想（尤其是禅宗）。

死亡，是生命的终结，是每个生命的必然归宿。从这个意义上说，"死亡"是每种文化都必须要观照的对象。但不可否认的是，每种文化都以自己的独特方式去看待死亡、理解死亡。有的视之为"神之意"；有的论之以"子不语"。在"死亡意识"上，日本文化恐怕也是人类文化中最为特殊的。它将死亡看成是一种不

---

① 戴季陶：《日本论》，第二十四章"尚武、和平与两性生活"。

② 日本文化中的"死亡意识"，是一个很大的课题。本章在此仅作一个提纲挈领的说明，阐述一下主要观点。论据材料在日本的文学艺术作品中俯拾皆是，限于篇幅，本章也不拟一一罗列分析。关于"死亡意识"的表现、形成、形而上的思考等等，这些内容恐怕是需要一本著作来承担的。

可抗拒的自然，对它的态度既不是宗教的，也不是伦理的，而是审美的。这种态度的形成，是本土传统文化和外来佛教文化双重影响的结果。我们先说前者。

日本是一个岛国，四面环海，崎岖不平，地震频发。在这种自然环境中成长起来的人，对生命的短暂性和瞬息性有一种特殊的感受，用佛教语言来说，这是对"人生无常"的体认。但日本人的这种"无常观"并非是佛教输入以后的产物，而是自古有之的。以无常为常，以无常为美，是这个岛国的居民在长期的生活劳作中形成的一种人生态度。日本学者谓之为"天然的无常观"：

> 与有着"严父"与"慈母"这样一种双重性的、不安定的自然打了一万年的交道，不得不经常笼罩在地震的荫翳下，这使日本列岛上的人们难以得到稳定的安全感与永恒感，而最终抓住的乃是"天然的无常观"，换言之，是作为"自然之摄理的无常观"。这就是寺田寅彦得出的结论。①

佛教的输入印证且强化了这种人生体验。"在佛教传入日本之前，日本列岛特有的地质条件就在日本人心里孕育了世事无常的观念。佛教的无常观进入日本以后，因恰好迎合了这种天然的无常观，而一下子在日本蔓延开来。"②"诸行无常"是佛教三法印③的第一原则，也可以认为是佛教人生观之基石；禅宗，作为最为"世俗化"的佛教宗派，把生死、迷悟作为自己的首要课题，禅法传入日本之后，很快与日本本土文化相似相溶，占据了日本文化的核心地位，成为日本人在"浮世游行"的精神寄托。

在禅宗与日本本土文化结合之后，死亡成为了一个审美范畴，也成为武士道的终极追求。④"时刻准备去死"，成为武士修炼的最高目标。其结果同样带有两面性，一方面，这陶冶了武士的勇敢精神，使武士可以冷静地面对一切困难，放弃对生命的眷恋，大无畏地去战斗。但另一方面，这种对生死的体认又使人丧失了对生命的热情与对生命的珍惜，使人对生命变得无比冷漠；把死亡的事实看成是一个审美对象，这又导致人对生命的逝去不但无动于衷，反而会生出欢喜，并对死亡的形式趋于执着⑤。后一侧面的影响，在战争中表现得尤为突出。

---

① 杨伟著：《日本文化论》，重庆出版社，2008年版，第15页。
② 杨伟著：《日本文化论》，重庆出版社，2008年版，第15页。
③ 三法印：诸行无常、诸法无我、涅槃寂静。
④ 武士道，及其与战争的关系，是一个相当复杂的问题，限于篇幅，本文无法对之加以探讨，如有可能，笔者未来将另撰文论述。
⑤ 如，仪式性极强的切腹自杀。

六、结论

日本成为发动战争的罪魁，这不仅有政治、经济的原因，还有文化上的原因，日本在战争中的表现更加与其文化息息相关。本文认为，日本文化和所有人类文化一样，存在着建设性与破坏性两幅面孔，这对矛盾在"菊与刀"的象征上表现出来。

和所有的文化一样，日本文化有其"尚武精神"，但这种"尚武精神"与"崇文精神"有欠和谐。更为重要的是，日本的"尚武精神"中，内蕴着浓厚的"死亡意识"。一方面，"死亡意识"能强化武士精神，这使日本人可以放弃对生命的眷恋，勇敢地面对死亡，去开创新的生活；另一方面，"死亡意识"会导致漠视生命，这使日本人竟能木然地面对生命的逝灭而无动于衷，甚至为死亡而欢喜。归根结底，"死亡意识"是日本文化中的一个特殊要素，更是导致日军战争暴行的一个重要文化基因。

日本文化侵略的毒瘤:《中日文化协会》
——透析抗日战争时期日本侵华的"第四条战线"

南京博物院　吕　悦

南京理工大学　叶美霞

从1931年日本国制造的"九一八事变"到1937年的芦沟桥事变，全民族的抗日战争爆发，在这中华民族大搏斗的生死关头，日本侵略者除了进行残酷的战争、血腥的杀戮来占领与奴役中国外，又采取了攻心为上的"怀柔"政策，即开展文化侵略的第四条战线，以配合政治、经济、军事侵略的第一、第二、第三条战线的斗争，以达到彻底摧垮中国人民的国家观念与民族意识，以便长久占领与统治中国之目的。

1937年12月13日，日本华中派遣军司令松井石根统率谷寿夫、牛岛、中岛及其他部队占领南京后，对手无寸铁的南京平民进行了灭绝人性的血腥屠杀，被害人数达34万之多[1]，当这场集体屠杀、强奸、放火烧房、抢劫掠夺的腥风血雨令人窒息的恐怖气氛还在古老的南京城上空飘荡之时，1940年7月，《中日文化协会》悄然在南京成立了。这究竟是个什么样的组织？有着什么样的主张？在它存续的一段时期内有着什么样的恶行，起着什么样的反动的作用？……所有的一切都不得不引起人们的思考，特别是在现今日本极右政权安倍晋三首相急于修宪与极力否认第二次世界大战中的侵华行为以及其企图取消"集体自卫权"等一系列的军国主义复活的行动的当下，我们有必要正视历史、清算历史，还历史本来面目，以清扫历史阴霾，同时也达到警醒国人之目的。

一、文化侵略的载体: 中日文化协会

摩根索（德裔美国学者）针对二次世界大战后的新形式，在其编写的著名《国家间政治》一书中，提出了组建"第五纵队"用以对他国进行有效的文化渗透、颠覆、控制即文化侵略。美国秉承了摩根索、乔治·凯南以及杜勒斯等人的理论，

---

[1]　1848年《远东国际军事法庭判决书》，1946年2月中国南京军事法庭查证：日军集体大屠杀28案19万人，日军零散屠杀858案15万人。

在"冷战"后的国际社会实施文化侵略，已经取得了包括苏联解体、东欧剧变、颜色革命等一系列的辉煌战果。其实早在二次大战期间的德国早就使用过文化侵略，当然日本也不例外。1938年10月，武汉、广州失守，加之中国共产党领导的敌后战场的开辟，中国的抗日战争从此进入到战略相持阶段。日本帝国主义军事上政治上遇到了很大的麻烦，根本不可能实现"三个月内"灭亡中国的迷梦，而经济上还要负担庞大军费等项开支，于是乎，开展第四条战线即文化侵略便提到议事日程上来了——中日文化协会应运而生。

大汉奸褚民谊（时任伪国民政府外交部长）在1939年就写了《中日和平之基础》与《中日和平与文化合作》两文，主张要从文化上植中日亲善之基，"今既携手和平，共安东亚。则文化融，贯实为要图"[1]，否则，"决难在精神上收共济之效[2]"。尔后，日伪双方又在上海商谈四次。1940年3月汪伪政权在南京成立，日本外交全权大使阿部信行与汪精卫非常赞同褚民谊的动意。日本方面还"由兴亚院协助经常费每月日金1万元"，"先后捐助月金20万"以从经济上给于中日文化协会以支持。南京伪国民政府中央政治委员会同意通过，伪行政院还以第210次会议正式通过并拨给开班费5万元。每月经费及事业费2万元。同时通过了《中日文化协会缘起章程》。同年，7月28日，《中日文化协会》在南京东亚俱乐部正式成立。出席人数约500人，中国方面，基本上是伪国民政府各院、部官员，更为引人注意的是出席成立大会的有日本大使阿部信行、日本陆军、日本海军，还有日本海军中尉以及兴亚院华中联略部长官津田静枝进行致词。会议通过了《中日文化协会》的理事、监事会名单等事宜。同年12月8日，又在南京香铺营21号（原为外国居留民住所）的和平堂内再次补行了《中日文化协会》的开幕典礼。

根据协会章程，组织上采取理事、监事会制度的架构，下设若干委员会，分头负责，以开展工作，推进会务。第一届理事会设名誉理事长两人，分别由阿部信行与汪精卫担任；名誉理事15人，理事长1人（任），理事13人，候补理事14人；另设监事会3人，其中一人则必须是日本国籍且由日方指定。协会的工作基调，是所谓的"中日经济提携、善邻友好、共同防共"[3]。以"发扬东方文明以期达到善邻友好"[4]，共建"大东亚共荣圈"为宗旨。以谋中日文化上永久结合，把"文化沟

---

① 褚民谊：《中日文化协会缘起》，见《中日文化协会缘起章程》，中国第二历史档案馆藏，全宗号202，案卷号1074。
② 《汪伪政权行政院公报》，第26卷P333—337，中国第二历史档案馆编，档案出版社，1991年3月版。
③ 傅式说：《本会过去一年间工作概况》，载《中日文化协会周年纪念特刊》，P15，中日文化协会，1941年版。
④ 汪精卫的训词：《中日文化月刊》创刊号，P137，中日文化协会编，1941年1月第一版。

通作为中日亲善的重要手段"①

《中日文化协会》的总会设在南京，会址就是南京香铺营21号。该会所内先后设立"和平堂"、"建国堂"、"兴亚堂"和图书馆等。总会成立后，则要求沦陷区各主要城市相应成立分会。尔后从1941年1月起，上海、武汉、广东、江苏、浙江等分会先后拔地而起。安徽分会也在1942年成立。

以上材料已明确无误地告诉人们：第一，《中日文化协会》绝不是一个一般性的非政府（NGO）组织，也绝不是单纯进行中日间文化交流的学术团体。它的人员构成，特别是主要的领导人与主要的组织骨干，基本上是当时日本国政要以及伪国民政府的大汉奸们。第二，《中日文化协会》从成立到的运作的经费，也是由日本与伪国民政府所提供的。第三，从《中日文化协会》的组织宗旨、工作基调以及活动手段看，该组织的政治企图已经十分清楚。第四，如果说它是汉奸组织，也不确切，因为其中不少成员都是日本国政府的要员，他们显然不属于汉奸之列。总之，《中日文化协会》已成为日本为实施建立大东亚共荣圈与东亚文艺复兴运动的御用社团，日本组织、操纵、指挥的文化侵略的队伍业已形成。

二、文化侵略的第四条战线，企图通过"文化沟通"，完成"大东亚战争"的使命

《中日文化协会》成立后，依其会的办事通则，虽然也开展了一些相关的学术交流活动，但协会的主要组织运作与中心组织活动，则在于发挥第四战线即文化沟通的作用，也即以笔杆代替枪杆，完成所谓的"大东亚战争之使命，实行东亚新文化"。

1. 充当"建立大东亚共荣圈"文化侵略理论的吹鼓手。

《中日文化协会》非常重视中日文化之"沟通"与"交往"。第一届的名誉理事长汪精卫在中日国交调整之基本条约签署后反复强调："政治独立、军事联盟、经济合作、文化沟通"。可见"文化沟通"已成为日伪间保障东亚联盟的四大纲领之一。在日伪统治下，这种"交流"与"沟通"，已完全纳入日本大战略的战时体制之中。建立"大东亚共荣圈"是日本帝国主义确立的"不可变动的国策"②，其最

---

① 陈济成：《中日文化沟通的基本工事》，载《中日文化协会周年纪念特刊》，P7，中日文化协会编，1941年版。

② 石井文雄著，若素译：《东亚共荣圈与文化的问题》，载《中日文化月刊》第2、3期P27，P25，中日文化协会编，1942年5月版。

初的理论雏形是建立东亚新秩序，即在建立所谓的日、满、华三国合作的幌子下，将中国变成日本的殖民地。，日本为强化其殖民统治，确立起日本成为负责提携与指导"大东亚盟主的地位"[①]。与此相匹配的是在思想文化领域内，大肆鼓吹日本民族文化是世界上少有的优秀文化，以论证日本国发动大东亚战争的天然合理性。1941年12月太平洋战争后，日本又把该理论扩展为"大东亚共荣圈"理论，其主张的殖民地的范围也从中国扩大到整个东亚、东南亚、南亚以及南太平洋广大地区，并成为"世界新秩序的起点"，并无耻吹嘘"此大东亚战争，实不可不谓为系第二次文艺复兴也"[②]。对于这些理论，《中日文化协会》的"精英"们更是心领神会，大肆宣传。如协会的总理事长楮民谊在汉口第一次全国代表大会上说："……建设东亚新秩序，必须建设东亚新文化；建设东亚新文化，必须要沟通中日文化，融和中日文化，以达到彻底的合作[③]"。汪精卫对该会的训词也肉麻吹捧："日本自从明治维新以来，已成为东亚的柱石，在这次大东亚战争中更家东亚的安危荣辱放在自己的双肩之上"[④]。故而，他们进一步表示，要发扬光大东亚文化，与日本同心协力，从事于共存共荣的东亚新秩序的建设。大会并决定将1941年4月20日至26日定为东亚文艺复兴运动周。继而向各个分会发出计划书及具体要求，各地分会一并跟进。上海分会组织放映了大东亚战争新闻影片、大东亚战争香港等地日军入城式影片，并举行了庆祝日军南洋战争胜利祝捷音乐大会。1942年4月，该协会第二次全国代表大会在南京举行，会议除安排报告会、恳谈会、审议案外，还特别安排中日代表的广播演讲，以配合开展的东亚文艺复兴运动周，并电各个分会扩大宣传。此会的日方代表扬言"要完遂大东亚战争"则须知"武力战争与思想文化战争是平行的，思想战争是武力战争的根本……在大转变的时代，前以英美思想为中心，今则以东亚文化为中心"[⑤]在同年5月举办的东亚文化建设座谈会上，该会的常务理事、伪宣传部长林柏生致词，再由伪华北政务委员兼教育总署督办周作人做主报告，大谈中日文化共存共荣乃至共衰共亡之关系，与东亚文化建设之理论基础。所以发扬东亚文化，巩固日本在东亚的

---

① 船出信一：《大东亚战争与新文化的理念，载《两仪月刊》，第2卷第5期，中日文化协会武汉分会编，1942年5月20日。

② 永井柳太郎：《谨祝中日文化协会前途》，载《中日文化协会二周年纪念特刊》，P7—8，中日文化协会编，1942年版。

③ 楮民谊、汪精卫：《本会在举行全国代表大会上的纪辞（二）（三）致开会词、训词》，《中日文化月刊》第2卷第3期，P92，93，中日文化协会编，1942年5月版。

④ 大串免代夫：《在中日文化协会第二次全国代表大会之座谈会上的发言》，载《中日文化月刊》第三卷，第2、3、4期，P91，中日文化协会编，1943年4月版。

⑤ 周作人：《如何确立战时文化体制》，载《中日文化协会武汉分会二周年特刊》，1943年版。

轴心，完成确立东亚新秩序的使命，进而贡献于新秩序之世界文化，即是大东亚共荣圈之真谛。

1942年7月，《中日文化协会》理事会派遣理事蔡培（时任伪南京市市长）及安徽分会的常务理事陈以益前往日本参加8日的法会，籍捧文化"亲善"。蔡培等一行人竟然在活动后于7月16日下午赶去东京大亚细亚协会，拜访双手沾满中国人鲜血的南京大屠杀的元凶、甲级战犯松井石根。这群认贼为父日寇豢养的"第三纵队"怎不承担日本文化侵略的急先锋呢。

2. 进行奴化、顺民教育，粉饰侵略，发挥第四条战线之作用。

《中日文化协会》除理事会外，还设立总干事一人，下设总务组、学术组、出版组、游艺组、以及观光组。每组下设若干股（如总务组下设文书、庶务、会计、招待四股）。各组织按其职能、分工紧紧围绕该协会的中心开展工作。如：首先，开办中、日语文补习学校（分为高级；初级班）。特别是通过日文的学习，达到有组织、有目标、有计划地向学生灌输日本民族优秀论、日本文化优秀论、日本人优秀论，以培养学生几国民的顺民意识之目的。在不知不觉的学习与教育过程中，磨灭了国人的国家观念与民族意识。这种藏在笑脸背后的文化进攻，即所谓的"文化交流"，实质上的文化"交战"。日本的决策者们笃信印刷品和言论比军队和坦克推进的更快，更深入。其次，定期、不定期地举办茶道大会、中日运动会、文化座谈会、资料展览会；为配合一些政治活动，还开展邀请日本柔道表演、大坂女中日军慰问队舞佣表演以及举办中日网球、乒乓球、围棋赛；中、小学生踢毽子比赛，搞"和平风筝会"，中日音乐会、中日美术展览、大东亚战争摄影展览、中日书画名家展览、中日军部滑翔机展览等活动，有力配合正面军事战场的进攻，以软实力、柔手段使文化侵略的第四条战线发挥更好的效果。再次，设立中日文化交流史研究委员会、教育学研究会、社会科学研究会。派遣留日研究员。着重组织公开报告会与讲周作人演会。例如：1942年4月，举办东亚文艺运动复兴周，刻意安排了系列专题报告，即《东亚文艺复兴与中国本位文化之建设》、《中日文化交流与与东亚新文化之建设》等。还盛情邀请了日本的《改造》、《中央公论》、《文艺春秋》等六大杂志编辑长来华进行座谈。还敦请著名大汉奸与日本情报专家进行系列广播讲演。如：林柏生（时任伪国民政府的宣传部长）的讲题为《东亚文艺复兴的曙光》；楮民谊（时任伪国民政府的外交部长）的讲题为《东亚文艺复兴的先决问题》；徐苏中（时任伪国民政府的文官长）的讲题为《东亚文艺复兴应走的路线》；陈济成（时任伪国民政府的侨务委员会委员长）的讲题为《东亚文艺复兴的意义与使命》；陈群《时任伪国民政府内政部部长》的讲题为《东亚文艺复兴运动与大亚洲主义的精神》；日本大使馆好富情报部部长的讲题为《唤醒重庆的迷梦》等。这些内奸、中华民族的败类，在第四条战线上与日本并肩战斗，大力推行文化侵略，身体力行且竭尽全力地为日本发动的侵华战争进行美化、歌颂，以达到抹杀史实、混淆视听，麻痹国人，帮日本推卸侵略战争责任之目的。最后，占领宣传阵地，进行有效地心理战，出版各种宣传物，粉饰日本的侵华战争，为日本建立大东亚共荣圈摇旗呐喊，大造舆论，并把其作为《中日文化协会》的中心任务。该协会的出版组规定的正式出版物分为定期刊物与不定期丛书两大类。定期刊物为《中日文化月刊》与《译丛》，均为月刊（实际上一年后为间月刊即双月刊，1943年一月改为季刊）。《中日文化月刊》创刊于1941年1月1日，主要围绕协会的宗旨开展活动。该刊的内容版面一般分通论、专论（分自然科学与社会科学两大类）、译述、文艺、文化动态及附录几大块，每期约15万字。中日文章各占一半（实际上中文居多），开始时有中、日文版，后日文停刊。不定期出版物为《中日文化协会丛书》，分学术丛书与青年丛书两种。如公开出版了波伯尔著、陈九如译《唯物史观的批驳》；望月生海著、陈九如译《东亚大地形论》、张资平译《日本现代科学论文集》等。为对抗当时的"抗日文学"，该协会标榜自己为"和平文学"。所谓的"和平文学"就是日伪所提的政治纲领中的"和平反共建国"在文化上的体现，也是他们醉心鼓噪的建立亚洲新秩序与大东亚共荣圈理论的重要组成部分。强调要"认清前进的共同目标，只有共存才能共荣[①]"，其核心是为日本帝国主义"建设东亚性质新秩序的目标而奋斗"[②]。该协会成立三周年之际，为扩大纪念影响且配合日军军事进行，该组织特悬赏征文，征题分甲、乙两种，分别为："大东亚战争期内中国文化界应负之使命"；"决战下中国青年应有之觉悟"，征文对象为大学及专门学校之学生，旨在提高"青年对大东亚决战期内之意识"[③]，共收文章46篇，所评一等奖论文甲、乙各一篇，均在月刊发表。中日文化协会各地分会的出版工作，也甚活跃。如：武汉分会之宣传物，定期刊物为《两仪月刊》（1941年7月创刊），不定期刊物为中日文各种丛书与特刊。如：1942

---

① 庄泗川：《本分会两年来之回顾》，《中日文化协会武汉分会二周年纪念特刊》P20，中日文化协会武汉分会编，1943年。

② 朱庆麟：《"新中国与文艺"座谈会》，载《文艺》第1卷第8期，1941年3月。

③ 《征文揭晓》，载《中日文化月刊》第3卷，8、9、10期，中日文化协会编，1943年11月。

年出版的《长江三角地带》、剧本《三个方向》，1943年出版的《南进基魂》《重归》，以期纪念大东亚战争周年和"唤起民众认清对大东亚战争之意义"①。

3. 大肆宣传日本的"种族革命"、"神之国"、"大东亚文化"之理论，意在掩饰其侵略战争的罪行。

为了使其侵略战争合法化，日本竟然造出"种族革命"的理论。即把世界分为两大阵营，一个是以欧美白种人组成的压迫民族，他们历来"是世界的主人"；另一个是以中日等黄种人组成的，以崇尚自然、德化为特征的被压迫民族。从亚洲言，中国是亚洲最大的民族，而日本为亚洲最强的民族，要兴亚洲，首先就需要这两个国家携起手来，尤其是文化上的携手。欧洲白种人之支配世界，乃在于科学技术之独占。金融物质文化，其主要精髓是霸道文化，它重视物质文明且功利思想猖獗，又以征服自然，征服其他民族为主要目标。他们挟军舰大炮、教士圣经及大量工业品，掠夺奴役亚洲，使东方文化始终处于屈辱的地位，因而"就得先把风靡在中国蒙蔽思想的英美殖民地文化毒祸主义驱除出去"②而中日文化上是同文同种，这种东方文化的主要精髓乃是王道文化，该文化崇尚的礼仪主义、主张的仁义道德、忠恕思想以及追求天人合一的理想境界，又且恰好是日本国所主张的"亲善"、"和魂"所必须，也是日本"昭信与人"的精神武器，它与日本的"八纮一宇"之理想相通③。故而，东亚战争就是白种人与黄种人的战争；就是王道文化与霸道文化的生死决战；就必须进行政治、经济、军事、文化全面战争一句话，就是要用王道文明去战胜霸道文明。既然已经确定了日本国的东亚盟主指导者与提携者的地位，所以，中日文化协会 精英们异口同声地认定，这种理论是既新颖又合理，简直就是真理，所以，中国必须跟上，必须死心踏地地与日本合作，这样才能从白种人的压迫中解放出来。

那么，何谓"种族革命"指导下的"大东亚文化"呢？中日文化协会会员们当然认同日本的观点，即：所谓"大东亚文化"的源头有二，一是中国的文化；一是印度的文化，虽然这两种文化在日本的历史上都对日本国的本土文化产生过极大的影响，然而日本既不是儒之国，也不是佛之国，而应是高于两者之上的神之国，即"神之道"文化。儒、释两教传入日本，促进了日本的觉醒，日本却以神道为

────────

① 《第三组工作报告》，载《两仪月刊》第4卷第2期。
② 王士泓：《大东亚战争期间中日文化应负之使命》，载《中日文化月刊》第3卷P93，中日文化协会编，1943年11月版。
③ 武内义雄著，丘日新译：《日本精神与儒家道德》，载《中日文化月刊》第1卷第1期，中日文化协会编，1941年1月版，第10页。

基干而融入这两种文化，并使其本土化，所以，"日本国可以说是东洋文化的统一者"，是"最高的(旧东洋文化)实现者"①。尔后日本又在欧风美雨熏陶下，学习、模仿和吸收西洋文化，并很快超越了西洋文化。既然现今西洋文化已步入"苦闷之道，"那么日本自然就要担负起将"两者合而成的大东亚世界文化"的综合神圣使命，因此日本文化就成为世界文化的最高实现者。

中日文化协会的成员对这种从文化角度阐发的"种族革命"及"大东亚文化"理论，崇拜的五体投地，更是心领神会的加以大肆渲染，甚至于不惜歪曲事实来证明日本文化是至高无上的优秀文化。如该会总会长所谈：日本自明治维新以来，利用自己的"神之道"文化，"全国上下，励精图治，刻苦奋斗，利用自己固有的文化，吸收欧西近代文化之精华，造成近代的文化，一变而为世界上一等的强国"②，故而，中国应学习日本、模仿日本，与日本合作。他们处心积虑的组织讲演会、报告会、研讨会、恳谈会、风筝会、复兴周、电影周等活动，又创造性地利用各种出版物来宣扬、发展这种文化上的霸权主义，其实质上就是拔高与美化日本文化，扩大日本文化侵略的战果，借以达到掩饰日本的进行侵略战争的行为，并使取得殖民统治的合法化之地位。

三、发动文化总攻势，实行文化总动员，誓与日本侵略者共进退

文化侵略自然要配合政治军事战争的进行的，无须讳言，中日文化协会所致力的文化建设当然是为日本进行的侵华战争服务的。大东亚战争的文化使命，就是"互相了解，彼此合作"共同完成，确立大东亚新秩序的使命。中日文化协会"文化沟通"的特定含义，就是"使两国文化交流合作，以谋精神上之结合……创东亚新文化③"，"进以协力建设东亚新秩序"④。如该会成员所言："在国府参战举国奋起之际，我中日两大民族，今日更进入同生共死，争取最后胜利之阶段"⑤，同向唯一目标共同进展，建立东亚新秩序。

太平洋战争爆发后，日本陷入战争泥坑不能自拔。为摆脱困境，日本军国主

---

① 荷生译：《什么是大东亚文化？》(作者不详)，载《两仪月刊》，第2卷第5期，中日文化协会武汉分会编，1942年。
② 褚民谊：《在中日文化协会第一次全国代表大会上致词》，载《中日文化月刊》第2卷第3期，中日文化协会编，1941年版，第93页。
③ 津田静枝：《中日文化协会开幕典礼祝辞》，载《中日文化协会成立典礼特刊》，中日文化协会编，1940年版，第14页。
④ 赵正平：《中日文化精神与中日前途》，载，《中日文化协会周年纪念特刊》，中日文化协会编，1941年版，第14页
⑤ 蔡文石：《庆祝中日文化协会武汉分会成立两周年纪念》，载《中日文化协会武汉分会成立两周年纪念特刊》，中日文化协会武汉分会编，1943年版，第5页。

义分子愈加煽动，强化宣传为战争贡献一切之思想。指出："此次战争，不是日本本身的问题，而是世界史的必然性"，"我们彻底认识此次战争的意义，非决心迈进达到胜利不可"①。因此，这场战争是需要贡献一切人力、物力及心力的总力战。作为中日文化协会如何发挥这短四战线的作用呢？既然"大东亚战争已到争取最后胜利时期，建立东亚共荣圈，亦已到完成一切伟业的阶段，国府宣布参战，已具扑灭英美之决心，表示扫除障碍之毅力，可见我们文化同志所负使命"②。尤其"珍珠港事件"后，"这责任越发重大了。日本举其国力，扫荡百年以来侵略东亚的英美势力，从事于共存共荣的东亚新秩序之建设。中国与日本同甘共苦，第一要紧的是全国精神总动员，……以期共同负荷大时代的使命。这正是中日文化协会致力所在"③。所以，应认识到"中日必须永为一体，精诚团结……参战后的中国在政治上经济上，已经在努力确立战时体制……更希望中日文化界的同志，从今天起我们的灵魂永远结在一起"④。究竟如何去做呢？协会的"精英"们认为：首先，认清时代环境，即与日本共进共退、共生共死，"因为到东亚的战争，不仅是武力的战争，而实在是文化的战争，要促进全面之和平唤醒痴人之迷梦，要排斥英美帝国主义与共产主义……，作为中日文化协会的'文化人'，要做些具体的事业，实际表现大东亚文化的精神，这种精神要和友邦军人在前线上冲锋陷阵视死如归一样的壮烈，才不愧文化战士的头衔"⑤。第四条战线的文化人，还有一条重要的使命即提高民智，要"使国民普遍认识到时代的艰巨，昂扬同仇敌忾的决心，以收取大东亚作战的完遂"⑥。其次，文化运动应"肃清国民的思想"。即"一方面要消灭百年来英美个人主义所给中国文化的恶劣影响，同时要消灭二十年来苏俄以及共产党给予中国文化的流毒；另一方面，我们还要创造东亚新文化"。⑦最后，中国参战的主要目的是复兴建国。为创造新的文化生活而战，这是

---

① 谷川国三：《中日文化协会第二次全国代表大会上的讲话》，载《中日文化月刊》第3卷，中日文化协会编，1943年版。

② 石星川：《庆祝中日文化协会武汉分会成立两周年与协力东亚共荣》，载《中日文化协会武汉分会成立两周年纪念特刊》，中日文化协会武汉分会编，1943年版，第4页。

③ 汪精卫：《在中日文化协会第一次全国代表大会上训词》，载《中日文化月刊》，中日文化协会编，1942年版，第2卷第3期，第93页。

④ 庄泗川：《中日文化协会第二次全国代表大会恳谈会上的讲话》，载《中日文化月刊》，中日文化协会编，1943年4月版，第2卷第2、3、4期，第91页。

⑤ 江亢虎：《大东亚战争与中日文化协会之使命》，载《中日文化月刊》，中日文化协会编，1943年1月版，第3卷第1期，第6、8页。

⑥ 鹤：《战时体制下的文化运动》，载《两仪月刊》，中日文化协会武汉分会编，1943年2月，第3卷第2期。

⑦ 汪精卫：《创造东亚新文化—中日文化协会两周年纪念日训词》，载《中日文化月刊》，中日文化协会编，1942年1月版，第2卷第1期。

大东亚战争的责任，那么每一东亚民族，均应尽力负担。中日文化协会的根本任务就是沟通两国文化，建设东亚新文化，所以"要以现在大东亚专制为中心"[1]。

　　机关算尽太聪明，反倒算卿卿性命。历史的潮流不可阻挡，日伪时期《中日文化协会》这一毒瘤、怪胎，终于随着1945年8月15日日本投降及汪伪政权的倒台，而灰飞湮灭了。中日文化的交流，在战后也已转入正常交往的轨道，特别在1972年中日帮交正常化后，更是得到了长足的发展。但善良的人们还不能忘记历史，不能忘记当今日本仍有一股右侵势力仍想否认日本侵华的历史，仍想重温日本殖民统治的迷梦，即便在今天他们还想利用广播、电视、互联网等多种手段进行、文化扩张以及文化侵略，他们企图在新中国内部组织第五纵队。对此，我们要时刻保持高度的警惕性，这决不是庸人自扰。

---

① 　重刚葵：《中日文化协会两周年纪念大会上的祝词》，载《中日文化月刊》，中日文化协会编，1942年1月版，第2卷第1期。

对日本战争罪行与侵略历史的法律清算

纪念抗战　应还原历史

《中华时报》总编　曾晓辉

摘要：日前中国大陆高规格纪念七七抗战七十七周年，大陆民族主义情绪高涨，而台湾淡忘了抗战记忆；高调的纪念为政治所利用的回忆文化，被湮没在历史教科书中的抗战历史，都阻碍着人们对历史进行适当的清理。

中共总书记习近平联同全国政协主席俞正声及国务院副总理刘延东等中央领导，出席中国人民抗日战争纪念馆的纪念仪式。习近平总书记是首位出席官方举行的纪念"七七事变"仪式的中国最高领导人，他在纪念仪式上发表讲话，不点名的指责日本右翼政客否定和美化侵略历史，破坏国际互信，制造地区紧张。

广泛认为，中国今年如此高调的纪念"七七事变"，是为了在中日目前的紧张关系不断加剧、中国与东南亚邻国的领土主权争执恶化的情况下，对外显示中国大陆的强硬姿态。

在习近平发表讲话后，日本内阁官房长官菅义伟当天下午就在记者会上说："中国妄想把历史问题国际化，这对地区和平与合作无益。"

一、纪念为政治所利用的回忆文化，阻碍着人们对历史进行适当的清理

德国历史学家乌尔班思基（Sören Urbansky）曾发表于《新苏黎士报》的文章写道，"……中国的抗日战争在很长时期并不是激励爱国主义的源泉。在人民共和国的头30年，30、40年代的抗日战争几乎没有扮演什么角色，在毛泽东的领导下，全国对这场可怕战争的诸多方面更是保持沉默。无处不在的是（宣传）共产党人针对内外敌人必然胜利的目的论，首先是针对蒋介石领导下的国民党人。在沈阳，很长时间只有一块纪念碑回忆这个'满洲事件'，到了90年代中期，人们才在沈阳和东北其他城市每年一次拉警报、按汽车喇叭纪念耻辱。1999年在沈阳开放的纪念馆因此也就成了全国记忆文化的代表，揭示了当代中国普遍的历史观。"

"1978年之后的改革和1989年后，才迫使政府和公众转向20世纪降临亚洲的最严重战争创伤。传奇般的标兵雷锋、光辉灿烂的长征以及一系列共产党神话虽然长期是意识形态的楷模，却从此几乎不能再将民众凝聚起来。大陆的理论家们开始寻找新的粘合剂，让分崩离析的社会团结起来，同时使之遗忘'新中国'的黑暗篇章。"

"要想明白为什么在今天的中国对那场战争的回忆比30、40年前具有更重要的意义，也就必须看到地缘政治的大气候。在苏联和东欧的马克思主义政权垮台之后，寻找一个合法的意识形态，希望减少美国和日本在东亚的影响，以及统一台湾的愿望，是导致这种历史政治转变方向的核心因素，将中国人民当作日本帝国主义的受害者加以表现的主意，也就从而产生，时间正是大陆作为被认真对待的大国重返世界舞台之际。"

德国历史学家乌尔班思基（Sören Urbansky）还指出，"从欧洲来看亚洲的第二次世界大战，引人注目的是日本和中国势不两立的立场，随着被操纵的对战争的回忆而产生。……对于日本占领的回忆至今不只是服务于纪念蒙难者。因为，一个变成被政治利用的自我怜悯的乏味回忆，也在中国阻碍着人们对战争进行适当的清理。"

二、被湮没在历史教科书中的抗战历史

中国的八年抗战至今仍是中日关系的障碍，但是各方对历史的隐晦态度，让人无法得以了解真貌。

第二次世界大战受害的范围远较第一次世界大战大得多，各国受害军民更是可谓无法计数，对日后的历史发展也影响深远。

不过，各方对这段历史都似乎选择了"各自解读"的方式，因此出现了官方版历史和民间经历大为不同的情况。

回避"不光彩"历史

最近英国的一个90岁老兵Gerald Fitzpatric，出版了一本有关缅甸仁安羌战役的回忆录，对当年驰援被围英军的中国远征军大为赞扬，并且他自己说要"斥责"英国官方避讳这段"不光彩"的历史，要求官方正视。

的确，就算在伦敦的帝国战争博物馆，几乎没有任何提及中英两军共同作战

的文字介绍或者藏品，反而大多集中在海上的大西洋反潜保卫战、在空中的不列颠保卫战等等。

对新加坡的败退、驻缅甸英军部队险些被全部歼灭，几乎可以说是只字不提，老兵自然对当初英军司令官有所不满，反而对远来救援的孙立人将军部队大加赞扬。

解释历史

美国是近二十年，才逐渐有人知道当年在中国"以活人进行试验"发展生化武器的"七三一部队"在战后并未受到法律制裁，反而被网罗至美国为其效力。

台湾虽然在两蒋时期在历史课本、媒体、电影、电视等方面大力宣传国民党抗日，但是也是到最近几年才公开在第二次世界大战后的国共战争当中曾经请日本军人为其顾问，另一方面也隐瞒了亲共游击队在"对日抗战"中的重要性。

现在的台湾分成了日本必须为第二次世界大战期间行为负责的一派、尽量避免在此一问题上表态的一派、认为不论日本在第二次世界大战期间有何错误，仍然比国民党对台湾人好的一派，各派之间没有交集，本身就无法有共识，也就难以让他人信服。

郝柏村参观中国人民抗日战争纪念馆和卢沟桥抗日战争遗址时，在入口处看到解说板上写着"中国共产党主张建立的抗日民族统一战线"及"中国共产党团结带领全国各族人民"的叙述。郝柏村认为中国未呈现当时历史文献，当面表达是蒋（介石）委员长领导抗战，并数度要求解说员出示"共赴国难宣言"，以还原历史真相。

以往大陆一直宣称中国共产党领导了对日抗战，直到最近的二十年才开始逐渐承认国民政府在抗日战争中扮演的主要领导角色。

国共对峙的年代，当年组织"飞虎队"援华对日作战的美国人陈纳德，也因为是和蒋介石关系密切等因素，其"飞虎队"曾经是保卫中国大后方领空的主要力量这一事实也被中国官方忽略。

这些只是英美和两岸对这段历史隐晦态度中的一小部分。这种隐晦态度加上随后冷战时期的到来，各方自然是朝有利于自己的方面去阐述这段历史。

受害与受苦

相同地，日本方面强调的是战争末期那种"玉碎"精神、战争导致家破人亡，日本如何被两枚造成平民重大伤亡的原子弹所害，但是就许多中国人而言，日本人甚少或者根本没有提到当年"日本发动侵华战争"、遑论"正式的道歉赔偿"。

近年来，除了历史教科书的问题，日本的电影公司也接连拍摄了许多巨片，例如最近的"永远的零"、"男人们的大和号"等等所谓"右派"电影，政治人物也接踵前往中国眼中的"罪人灵堂"——靖国神社参拜。

日本人认为这是"迈向正常化国家"，中国媒体则是形容为"拜鬼"，总之一而再、再而三地挑动中国的敏感神经。

在钓鱼岛（日本的尖阁诸岛、台湾所称的钓鱼台列岛）主权争议日益白热化的时候，日本所作的一切都被中国所怀疑，彼此也都引用历史来指责对方。

只是，这段数以百万计各国军民生命所写下的历史，在各方官方版本的诠释之下出现了扭曲，而庶民百姓的经历，则被遗忘或者湮没，难以寻得历史的真貌，都被政治所用。

三、台湾淡忘的抗战记忆而大陆民族主义情绪高涨

日前中国大陆高规格纪念七七抗战七十七周年，但台湾媒体关注的却是前行政院长郝柏村受访谈抗战时高唱中国国歌"义勇军进行曲"，惹出争议，这显示台湾人对抗战的历史已渐淡忘。

台湾前行政院长郝柏村以"抗战老兵"的身份参观 中国人民抗日战争纪念馆和卢沟桥抗日战争遗址，并接受中国大陆央视专访。郝柏村提到对日抗战时最流行的歌曲，例如《义勇军进行曲》，大家都会唱，并且当场唱了起来。由于此曲也是中国国歌，这一唱引发外界争议。

郝柏村是台北市长郝龙斌的父亲，泛绿阵营的市议员在议会质询时说，如果在戒严时期唱这首歌会被枪毙，并质疑郝柏村的忠诚度。但郝龙斌表示，这首歌是中华民国抗战歌曲，并没有什么不对，不了解这段，是不了解历史，而且他父亲也一再强调要让历史回归事实。

相较中国大陆高规格纪念七七抗战，在"七七事变"77周年的这一天，台北市政府仍如同往年，举办纪念仪式，但勋章、史料等文物，全都侧重台湾光复，

似乎刻意淡化七七抗战的大陆味。

台湾媒体指出，年轻一代对于发生在大陆的战争与台湾有何相干，颇感疑惑。有学者表示，这是台独因为"去中国化"使然，其实卢沟桥和台湾当然有关系，台湾人也参加抗战，台湾光复也流过台湾人的血和汗。

日本首相安倍晋三宣布解禁集体自卫权，引发日本军国主义再起疑虑。马英九虽未直接针对日本近期动作发言，却以德国在第二次世界大战后的反省为例，强调历史错误或可原谅，但是真相不能遗忘。他也重申台、日虽然签署渔业协议，但在钓鱼台问题上，领土主权一寸都不能让。

但是无论中国大陆此次高调纪念全面抗战爆发的动机和设想是什么，一些分析人士指出，在中日关系近来如此紧张的背景下，这样做可能推动中国民间的民族主义情绪更加高涨，甚至不可控制。

两年前日本国有化钓鱼岛和撞船事件，引发中国民间激烈反应。反日一度从理论上落实到行动中，全国多地都曾出现反日游行、抵制日货和砸日本车的事件。

上个月底，据中国媒体报道，首都北京的一群大妈在东直门购物广场手持玩具枪，跳"打日本鬼子"的广场舞，照片在网上被大量转载，爆红网络。

四、抛弃恩怨，中日之间总有一天会像德国和它的欧洲交战国一样彻底化解矛盾

第二次世界大战和日本侵华战争结束至今已经近70年，虽然现在还有许多经历过第二次世界大战的老人活着，但毕竟已经相隔了好几代，所以有越来越多呼吁说，为什么中日两国不能放下当年的恩怨，像德国和它的欧洲交战国那样和解呢？

广泛认为，日本和德国情况不同，首先是因为日本在战后没有像德国一样向被它侵略的国家包括中国正式道歉，一个遭受过日本军队无数次大屠杀的民族，从感情上无法接受让时间自然化解悲痛的做法。

其次，美国对日本扔下致使第二次世界大战结束的原子弹，导致日本几十万人死亡后，日本一直坚持认为，它为自己的侵略行动付出了惨重代价，所以它不必道歉，而且也是受害者。

网上最近流传一位中国专栏作家周英杰的评论说："抗日战争结束已经快70年的时间了……我们固然不能忘记历史，但作为胜利的一方，却仍然在战争结束

70年左右时间的今天，时不时地要把各种伤疤拿出来秀一秀，纠结于过去的一些历史往事不能自拔，这是不是有那么一点变态？"

　　我始终觉得在北京的广场上秀"杀鬼子"广场舞的北京大妈，和在日本靖国神社前面穿着旧日本军装招摇过市的日本老人，其实都是一类货色！两者都生活在过去式中，不愿意或者不敢正视现实，更没有能力和智慧开辟一个崭新的时代……

　　这些忧虑被日本的右翼政客所利用，蓄意挑起钓鱼岛争端，并宣传中国大陆威胁论。日本现首相安倍，他此次上任后在访问多个国家时，每次都要批判中国，等于是关上了两国领导人会谈的大门。

　　与此同时，安倍政府解禁日本的集体自卫权，也让两岸对于日本是否要放弃过去的和平发展道路而担心。

　　上海复旦大学日本研究中心副主任胡令远教授认为，从战后两国的历史看，从世界和平发展的大趋势看，中日之间总有一天会像德国和它的欧洲交战国一样彻底化解矛盾。

南京大屠杀公祭日设立的伦理认同意蕴

解放军理工大学理学院　刘淑萍

摘要：公祭在中国传统文化中有着重要的地位，是民族国家伦理伦理认同的重要路径与方式。2014年2月中国人大常委会第七次会议表决通过两个决定：设立中国人民抗日战争胜利纪念日和南京大屠杀死难者国家公祭日。论文对此立足中国传统文化特点及全球化背景下民族国家伦理认同的难题，阐释其内在伦理意蕴，在还原历史公正与正义之中表达民族自觉、民族自信，弘扬新时代的爱国主义精神，实现中华民族伟大复兴之梦。

关键词：侵华日军南京大屠杀事件；民族国家；伦理认同；民族自觉

习近平主席2014年3月在德国的演讲时借用了德国前总理勃兰特一句名言："谁忘记历史，谁就会在灵魂上生病。"[①]2014年2月27日，十二届全国人大常委会第七次会议经表决通过了两个决定，分别将9月3日确定为中国人民抗日战争胜利纪念日，每年9月3日国家举行纪念活动。将12月13日设立为南京大屠杀死难者国家公祭日。每年12月13日国家举行公祭活动，悼念南京大屠杀死难者和所有在日本帝国主义侵华战争期间惨遭日本侵略者杀戮的死难者。中国历史上第一次为南京大屠杀遇难同胞举行悼念活动是在1994年，此后每年12月13日南京市都会拉响警报以哀悼30万死难同胞。现在纪念活动公祭日设立，这一地方性悼念活动的规模和影响提升和扩大，内在意义重大。"人们大多清楚历史的重要性，但又不是人人都知道如何抵达历史的真实"。[②]如何从伦理学视角解读其内在意蕴？置身全球化背景下如何理解其民族国家伦理认同的意义？论文从中国传统文化特点及现代民族国家伦理认同的难题释义，以期在公祭活动过程中还原历史公正，激发民族自觉、民族自信，弘扬新时代的爱国主义精神，实现中华民族的伟大复兴之梦。

---

① 参见崔洪建：《向世界发出中国走和平发展道路的强音》，《新闻晨报》，2014年3月30日，凤凰财经，http://finance.ifeng.com/a/20140330/12010743_0.shtml。

② 参见葛剑雄：《中国如何面对被侵略的历史》，《财经》新媒体，转引自共识网：http://www.21ccom.net/articles/qqsw/zlwj/article_20140708109033.html。

一、伦理认同的意蕴

伦理是从价值意义的视角看社会秩序要求，"认同（identity）是人们意义（meaning）与经验的来源"，"也是自身通过个体化（individuation）过程建构起来的"[①]。伦理认同则是指人们理解、接受、赞同社会生活中的伦理定位和定向，并表现为社会成员对社会基本伦理规范的遵守与维护的意识。民族国家的伦理认同既可指向民族国家间的互相承认与互相尊重，也可指向国民对本民族国家的伦理认同。从个体层面看，民族国家的伦理认同是个体对自己所属民族国家成员身份的认知以及由此引起的归属感、忠诚和奉献精神。个体在民族国家中获得道德人格及至善追求的理性规定，获得行为善恶评价的标准，个体的意识与意志在分享民族国家既有的社会规范、风俗习惯、价值倾向中获得生命的意义与归属。这也意味着社会共同体成员所共有的风俗习惯、价值倾向得到广泛认可并维护，表现出社会共同体达到个体性与民族国家普遍性的辩证统一。从社会层面看，民族国家的伦理认同使国家不再只是"消除患难而成立的组织"[②]，而是有着内在凝聚力的伦理实体，是一个和谐稳定、有着强大精神力量的社会共同体。如果说伦理是民族国家生命的精神基因，伦理认同则是民族国家得以确立的生命纽带及精神支柱，是民族自觉、自信的基础。

祭祀是伦理认同的文化现象，它在中国传统文化中地位尤其重要。公民在祭祀等各种社会活动过程中，不断的接触并接受众多的民族国家的信息资源，深受本国文化的影响，从而逐渐培养了对国家的认同感。国家的普遍性本质陶铸到个体个别性的精神素质中，使实体性的东西和特殊性的东西相互渗透。国家公祭之类的现实政治伦理教化使特殊性获得普遍性，由此，国家作为一个制度的外观似乎外在于个人，但它的精髓实际上应该在它所有公民身上流淌。国家成为一国公民最高的伦理实体归宿，是公民共同精神象征和最高自豪的根源，国家普遍性也因特殊性促进而发展。

二、国家公祭日的伦理认同意蕴

国家公祭源于家祭。家祭源于古人在家庙内祭祀祖先或家族守护神的礼仪。

---

① ［美］曼纽尔·卡斯特：《认同的力量》，曹荣湘译，社会科学文献出版社，2006年版，第5页。

② ［德］黑格尔：《法哲学原理》，范扬等译，商务印书馆，1961年版，第276页。

唐代始有专门的礼仪，后相沿施行。宋代陆游有诗云："王师北定中原日，家祭无忘告乃翁。"[①] 祭祀一般是办理先人丧事的同时虔诚地祭祀远代祖先，"慎终追远"。祭祀仪式中，一是要对死者的一生进行评价；二是让活着的人感念死者价值的同时自省，谨慎地思考人生于天地之间的意义，这也是"慎终"之意；三是由此也看看先人都留下了些什么，在与先贤的比较中启示后人应效法先古圣贤。追念逝去的人、继承祖业或其遗志，继续向前，这既是文化的传承，也是文化的发扬光大。曾子云："慎终追远，民德归厚矣"。[②]

以农业为基础的中国古代氏族社会血缘亲属纽带极为稳定和强大。"周人以尊尊之义经亲亲之义而立嫡庶之制，又以亲亲之义经尊尊之义而立庙制，此其所以为'文'也。"[③] 西周维新，君统与宗统相合、尊尊与亲亲相合，形成血缘为纽带、伦理与政治合一的家国一体的宗法等级制国家，并制礼作乐，将上层建筑的各个方面加以制度化，从各个方面把上下尊卑的等级差别确定下来，以保证部落王权到普遍王权的转化过程。从此，礼便成为人们社会生活的伦理政治准则。周公主张"明德慎罚"，提倡"德治"，"制礼作乐"，实行"礼治"。"道（引导）之以德，齐（规范）之以礼"便是中国传统文化的治国理念[④]。祭祀便是礼治中最重要的仪式，也是家族及民族国家伦理教化与伦理认同的重要路径。《左传·成公十三年》言："国之大事在祀与戎"、"礼之五经，莫重于祭"[⑤]。相应地，在中国传统文化中，对一个人最大的惩罚不是判其死刑，而是死后其不得葬入祖坟，更不能入公祭之列。

公祭为国之大事，从开天辟地、抟土造人的盘古、女娲到三皇五帝、商朝周朝祖先等都有祭坛。古代祭祀对象除了先祖先帝，一般是赖以生存的自然、给予生存护佑的神及英雄人物。祭祀缘由：一是感念。如人们感念英雄为百姓谋利益、

---

① 注：也有人将此解释为：凡人凡事多想想事情的前因后果，就能少做错事，民风也就因此淳厚了。《礼记·中庸》："天命之谓性，率性之谓道，修道之谓教。道也者，不可须臾离也；可离，非道也。是故君子戒慎乎其所不睹，恐惧乎其所不闻。莫见乎隐，莫显乎微，故君子慎其独也。"人如果能谨慎一生，就几乎接近了'道'。这样的人必将会受到后人的景仰。这也是中华民族重视个体道德人格成长的文化特色，德性与政治相贯通，"内圣外王"。"内圣外王"的精神即传统道德的根本精神，也是中国道德最为重要的根源动力。

② 注：也有人将此解释为：凡人凡事多想想事情的前因后果，就能少做错事，民风也就因此淳厚了。《礼记·中庸》："天命之谓性，率性之谓道，修道之谓教。道也者，不可须臾离也；可离，非道也。是故君子戒慎乎其所不睹，恐惧乎其所不闻。莫见乎隐，莫显乎微，故君子慎其独也。"人如果能谨慎一生，就几乎接近了'道'。这样的人必将会受到后人的景仰。这也是中华民族重视个体道德人格成长的文化特色，德性与政治相贯通，"内圣外王"。"内圣外王"的精神即传统道德的根本精神，也是中国道德最为重要的根源动力。

③ 王国维：《观堂集林》，（彭林整理）所收：《殷周制度论》，河北教育出版社，2003年版。

④ 《论语·为政》。

⑤ 《左传·成公十三年》。

恪尽职守牺牲自我，而将其供入神庙，视为神灵而加以供奉。如祭奠历史上的精忠报国英雄岳飞、忠勇双全的关羽等。再如回报自然的养育，表达对自然的亲善、感恩之心而祭天地；二是祈愿。如土地庙中敬土地神或寺庙中祭天神以给予生存与安康护佑等；三是社会秩序的维护及社会价值观的引导之同时维护与巩固皇权政权。

据仪礼《周礼·礼记》记载，国家祭祀一般由天子主持，参加者是文武百官。天子在立春之日要到东郊迎气，然后在当月选择一个吉利的天干日，如上辛日，举行郊祀祭天，祈谷于天。祭天之后，周天子还选择一个吉利的地支日，如亥日，举行农耕仪式。届时天子亲自带着农具，在三公九卿诸侯大夫的簇拥下，下田进行象征性的耕作。所谓"躬耕帝籍"，即周王亲自为天帝的祭田劳动，兼为当年农事丰收祈祷。这种仪式是历代王朝的政治大事，其最根本的目的并非单纯地纪念祖先，而是一种作为权力象征、秩序象征的仪式。不同朝代的公祭仪礼制度不同，但都只有天子（皇帝）才具有沟通列祖列宗的神圣权力。所以，公祭也是权力神化的程序。通过祭祀仪式，历代王朝的皇帝由此体现"君权神授"，表明皇位的合法性，由此力图使自己的皇权获得社会的认同。

当然，公祭又并不完全是政权内涵，它具有建构文化、信仰之象征的意义，在表达了社会共同体的公共性、权威性及其神圣性的同时提出了对共同体成员的义务。在仪式的过程中，每个生存于此共同体中的成员都必须顺应"礼"的规范，尊崇"礼"的伦理规范要求，并由此才能获得生命的终极关怀与价值皈依。政治合法化通过强调"圣"、以"礼"制来规制，天子（皇帝）也不例外，这也是中国社会政治秩序的伦理性特色。所以，公祭也决不是简单的政教关系，而是"仪式性的信仰与仪式型的权力神圣化过程"，一种非严格宗教意义上的信仰与权力实践，一种"无论是国家还是国民在达成共识的基础上，对一种精神偶像或价值符号的沟通与接受，同时还赋予了该偶像或符号以新时代的神圣化的要求"。[1]这种神圣化要求，不但具有神化权力的功能，也具有国民信仰神圣化的作用。其中蕴含的伦理意识与行为规范成为集体意识、国民精神惯习。这也是中国传统文化中如何安顿信仰或终极关怀方面不同于西方之处。中国历史上圣祖崇拜因其家国一体的伦理政治特色而被认同，国家观念也因此而被信仰。[2]

---

① 参见李向平：《中国信仰的现代性问题》，载《河南社会科学》，2009年第2期，第3期。
② 参见唐逸：《理性与信仰》，桂林：广西师范大学出版社，2005年版。

作为现代民族国家，我们已摒弃了传统的宗法等级制，但公祭，作为一种传统习俗却一直延续下来，而且活动的内容也进行了现代转换。如我国四川汶川大地震发生后，国务院下发公告，三天举国哀悼，以国家公祭的礼仪向数万遇难者志哀。这是中华民族第一次以如此高的礼仪表达对普通民众生命的尊重，也是现代民主国家"以人为本"、"执政为民"的政治伦理体现。此公祭三天，举国同悲，以庄严、凝重和悲壮的氛围感染着每个中国人，民族团结共渡难关的凝聚力、感召力在公祭行动中增强并升华：在灾难面前，全国人民同舟共济、团结协作，重建家园，创造了世界奇迹。可见，公祭这个古老仪式在现代民族国家伦理认同中依旧有着非同寻常的意义。

三、全球化背景下民族国家的伦理认同难题

民族国家的伦理认同有明显的地域历史性、民族性。经济全球化使地球上不同国家和地区、不同种族和文化的人类从经济上的日益相互依赖，发展到政治、意识形态、社会结构、文化等空前的范围和程度上紧密、广泛和深入地联系在一起。它给各国带来相互协作机遇的同时也冲击着国家主权观、国家地域观与民族文化等传统国家实体性精神的基地。[①]如：相互依赖的跨国生产和全球市场体系的形成，使得民族国家经济自给程度降低，国家对经济系统的调控能力在减弱，民族国家的边界及其封闭性管理体系日趋开放；随着环境、能源、经济危机、核扩散、恐怖主义等各种全球性问题需要各国合作行动的出现，全球性、区域性和地方性的非国家组织的涌现，国际关系中多边干预和单边主义行动等，主权行使的空间和范围随之改变，国家主权在某种程度和范围内向国际组织转移，合作、依赖、互相渗透，这客观上淡化了民族国家的中心地位，使传统的国家主权模式与主权观念受到挑战。再如，随着国际间文化合作和交流更加深入，人类在尊重人权、保护生态环境等价值方面趋向共识，同时由于全球化是由西方发达国家引发甚至主导，他们往往处于一种支配地位。向国外输出文化时，他们不会放弃以输入意识形态为主的文化渗透与文化霸权，使人们不自觉地淡化了本民族文化的自豪感，弱化了民族自尊心，消解着传统文化精神与主旋律文化的合法性、影响力。由此对民族国家的传统文化价值观念带来强烈冲击。所以，哈贝马斯分析说，

---

① 参见拙文：《全球化背景下民族国家伦理认同的困境与冲突》，载《学海》，2012年第4期。

全球化表达的是一种变动的图景，因此它会不断挑战民族边界，直到最终摧毁民族大厦。

由此，我们可以看到全球化对民族国家伦理认同的冲突难题有两方面：一是对民族国家伦理认同的基础性要素，如地域、主权乃至文化等诸多方面的冲击，这使个体弱化甚至消解对本民族国家伦理认同；二是使个体面对不同的伦理认同的诉求产生选择的困惑。笔者认为，解决这一难题，一方面需要在事实的辨析中还原真相，确立起"生态伦理价值观"，反对抽象的伦理普遍主义；另一方面需要各民族国家寻找现代伦理认同路径，激发民族自觉、民族自信心，培育民族精神。

我们要看到：全球化并未促成一种全球认同。以普遍性、技术性和无时间性为特征的全球化文化，是如此的混杂和矛盾，它只是一种历史根底浅薄、记忆力弱的文化，它不可能像过去的文化那样提供共享的记忆、神话和象征、价值观和认同性，"一种无始无终的全球化文化适应不了现实的要求，唤不起任何记忆"，也就"看不出有正在形成的全球化认同，也看不出有这样的要求"。①相反，全球化浪潮中不但没有弱化反而强化了民族国家意识。但如果各民族国家没有民族自觉、自信的伦理认同，不加强相应的经济及文化建设，则不是在全球化浪潮中被消解吞噬，就是民族国家自身陷入动荡不安、民不聊生。苏丹及阿拉伯世界国家中的动荡无不说明这一点。在此意义上看，南京大屠杀公祭的设立则有着特殊的伦理意蕴。

四、南京大屠杀纪念日国家公祭的伦理意蕴

今天，国家对南京大屠杀30万遇难同胞的祭奠上升为国家公祭，使之成为民族国家乃至世界历史记忆的一种方式，这其中丰富的伦理意蕴对反思中华民族近代史、激发民族的自觉与自信，探讨对中华民族如何屹立于全球化背景下的世界民族之林等，都有着深远的意义。

（一）还原历史的公正与正义

正如关于设立南京大屠杀死难者国家公祭日的决定草案所指出的，1937年12月13日，侵华日军在中国南京开始对我同胞实施长达四十多天惨绝人寰的大屠

---

① ［英］安东尼·史密斯：《全球化时代的民族与民族主义》，中央编译出版社，2002年版，第25页。

杀，三十多万人惨遭杀戮，制造了震惊中外的南京大屠杀惨案。这种表达本身就是还原历史的公正与正义。历史上关于此事的报道，起初只是西方媒体有着广泛而翔实的报道。中国则是1938年2月以后一些劫后余生的军民辗转逃离南京后将其亲历见闻陆续刊登于报刊。这一公然违反国际法的残暴行径，铁证如山，经第二次世界大战后设立的远东国际军事法庭和南京审判战犯军事法庭审判，早有历史结论和法律定论。五六十年代受极"左"思想影响，政府倡导中日人民友好的主旋律下，南京市民自身对南京大屠杀的记忆也受到政治扭曲、压抑。国际上，因东西方长达数十年的冷战，南京大屠杀也逐渐淡出了公众视野的中心区域。①20世纪70年代中期，日本国内右翼势力嚣张，直接否认南京大屠杀，国内此类争论白热化。教科书事件便是日本国内否定侵略战争特别是南京大屠杀的体现。2012年2月27日当日本名古屋市长河村隆之表示不收回否认"南京大屠杀"的发言时，南京政府外事办因此对外宣布暂停与名古屋市政府间的官方交往，外交部也支持南京市政府这一决定，中国民众对此也十分愤懑。据当时此事件的报道，是晚，名古屋市政府共接到80份"市民意见"，其中55份对河村隆之否定南京大屠杀的言论表示赞同，25份表示反对。尽管两个数字绝对数量都不大，不足以成为社会舆论调查的依据，但这一信息至少表明：河村隆之现象在日本不是孤立的，而是有着一定社会基础的。②

30多万人惨遭杀戮，这是人类文明史上灭绝人性的法西斯暴行。这不仅是南京人民的记忆，也是中华民族国家的记忆。诺贝尔奖文学奖得主、诗人伊利·威塞尔多年前就给人类出警告："忘记大屠杀就等于第二次大屠杀"③对于这样一段血的历史，如果没有特定的纪念，随着时间的推移，尤其现在日本右翼否定侵略历史的叫嚣，人们会逐渐淡忘。我国人大立法通过的抗战胜利纪念日和国家公祭日，不仅是中国的，也是世界的。它不仅表明中国政府和人民永远记得30多万死难同胞，而且显然也冲破了观念的束缚，具有还原抗战历史真相的勇气和胸怀。中华民族苦难史中留下的历史警示，中华民族抗争史中蕴含的国际正义，会因为我们的努力，而在世界历史记忆中彰显其应有的价值。

---

① 参见林斌、谢海涛、吴娟：《全世界的南京大屠杀》，《南都周刊》，2007年12月17日。

② 参见钟声：《否认日本侵略伤害中国感情须付出代价》，《人民日报》，2012年2月23日。

③ 参见林斌、谢海涛、吴娟：《全世界的南京大屠杀》，《南都周刊》，2007年12月17日。

（二）慰藉死难同胞，表达对生者的关怀

侵华日军的南京大屠杀不仅令死难者的冤屈难伸，而且也令幸存者遭受严重的心理创伤。这种创伤也不只是财产损失、家族伤亡之痛，还有余生的心理阴影。所以，当国民政府对侵华战争犯调查并审判时，有的市民态度冷漠，乃"不愿重抚创痕"。当然更多的国民则是要求为大屠杀死难者伸冤昭雪或陈述自己的惨痛经历①。那些幸存者自费去东京索赔，"他们餐风宿雨，无数白眼向他们投来。"当年8岁女孩夏淑琴，一天之内痛失7位亲人，自己身中3刀在死人堆里睡了10天幸免于难，后被舅舅家收养。那一幕被美国牧师约翰·马吉拍入纪录片《南京暴行纪实》，被拉贝写入《拉贝日记》。女孩虽活过来了，但眼泪流了一辈子，晚年时几乎失明。创伤还不止于此，1998年，日右翼分子松村俊夫编《对南京大屠杀的大疑问》等竟污蔑夏淑琴是"假证人"。官司持续数年，直到2007年11月2日，东京地方法院一审宣判夏淑琴胜诉。但其后还在不断地被对方反诉。老人为此很是悲愤②。据记者报道，得知设立国家公祭日时，83岁的南京大屠杀幸存者王津激动地表示："我要将这个好消息告诉我那苦命的爸爸，告慰他的在天之灵。"③

显然，国家公祭日的设立不仅是慰藉死去的同胞，对死难者的哀悼，也是对生者的关怀，体现国家顺应民意、抚慰民心，体现国家对国民生命的尊重与保护，"使生者有所养，死者有所安"，并且昭示世人：那段地狱般的历史不容忘却也不再重来！"敌人所加于我同胞之暴行，震骇鬼神，……以资惕励……使我炎黄帝胄，染于目而烙于心，而思所以图存之道也"④。今天的国家公祭日设立，体现了现代社会主义国家"以人为本""执政为民"，国民由此产生内在伦理认同的同时，也激发了爱国情感，提增了民族精神。

（三）激发民族自觉、增强民族自信

何谓民族自觉？就是民族国家意识的觉醒，由此，民族国家才能从自在走向自为。中华民族数千年之久，没有出现那西欧那样的文化断层，各民族不断融合、文化一脉相承，宗法等级制为特征的中央集权君主专制国家则是中华民族产生和存在的统治形式，也是限制民族国家走向现代化的原因所在。中华民族自1840

---

① 参见刘燕军：《南京大屠杀的历史记忆》（1937—1985），《抗日战争研究》，2009年第4期，第5～22页。

② 参见林斌、谢海涛、吴娟：《全世界的南京大屠杀》，《南都周刊》，2007年12月17日。

③ 新华网，2014年2月26日，09：41：08.

④ 郭必强、姜良芹等编：《日军罪行调查委员会调查统计》（下册），江苏人民出版社、江苏凤凰传媒出版集团，2006年版，第1725页。

年鸦片战争以来的近百年屈辱史中，虽有戊戌变法、辛亥革命、五四运动等一次又一次的革命斗争体现民族国家的觉醒，但真正促使中华民族普遍觉醒的还是1937年卢沟桥事变后。

中华民族的百年屈辱史中，日本虽不是起始侵害者，但确是在中国华民族最衰弱危险之时。从1874年日本用兵台湾开始，经历甲午战争、八国联军入侵、在中国东北领土上的日俄战争、两次出兵山东、九一八事迹、卢沟桥事变，日本对中国的侵略日盛一日，对中国民众的大规模屠杀愈益凶残，南京大屠杀其残忍无道则达无以复加之地步。侵略者横行无忌，国民被置于牛马奴隶地位任其宰割，殖民地亡国奴的悲惨命运被强加于中华民族头上。南京大屠杀显然不仅是南京市民的悲剧，而是整个中华民族的悲剧。抗日则生，不抗日则亡。"知他人以帝国主义来侵之可畏，而速养成我所固有之民族主义以抵制之"。① 中华民族不同阶级、阶层之间，很快由此形成了"万众一心"驱逐外敌的强大民族向心力，国共合作，建立抗日民族统一战争，全国人民共赴国难。列宁曾指出："一个国家的力量在于群众的觉悟，只有当群众知道一切，能判断一切，并自觉地从事一切的时候，国家才有力量。"② 正是由此民族国家意识的自觉，中华民族团结抗敌、浴血奋战，最终战胜了日本帝国主义，取得了抗日战争的伟大胜利，也取得了民族解放战争的胜利。中华民族的整体性在此血与火的考验中大大增强，民族的自尊、自信不仅在民族解放战争的胜利中增强，也为世界反法西斯的伟大胜利作出了重要的贡献并因此赢得了国际社会的尊重。

在抗日战争结束后的三年内战中，中国共产党以新民主主义理论为指导，组成包括全民族绝大多数人的最广泛的统一战线，解放全中国，建立起社会主义的新中国。当毛泽东主席向全世界宣告"占人类总数四分之一的中国人从此站立起来了"，中华民族从自在走向自为，走向振兴中华的新历史阶段。从某种意义上说，我们的民族自觉或民族觉醒是在危机中的觉醒，抗日战争即是契机。抗日战争是我们民族国家的苦难时期，也是我们民族国家反抗与求解放的过程。也可以说，抗日战争是中华民族复兴的起始，是民族自信的开始，中国的进步力量在这场民族解放战争中成长壮大起来了。

公祭纪念，既表现了今天的中华民族坦诚自己昔日的羸弱的勇气，也表达了

---

① 王忍之：《辛亥革命前十间时论选集》，第1卷上册，北京：三联书店，1963年版，第26~34页。

② 《列宁选集》，第三卷，北京：人民出版社，1995年版，第361页。

"落后就要挨打"、爱国就要强国的民族自觉。公祭仪式令每个活着的公民深切体会到："天下兴亡，匹夫有责"。个体的命运与民族国家的命运密切相关，没有国家的强大，哪有个体的权益？失去民族国家的保护，个体的生存都会遭遇灭顶之灾。作为公民由此要反思的是：如何在新的历史阶段，维护和强大自己所能赖以生存与发展的民族国家？如何防止死难者的惨剧在我们自身或我们的后代身上重演?!

祭祀被侵华日军屠杀的死难同胞，也祭祀在抗日战争中为中国的解放事业英勇献身的英烈，铭记由那些英雄事迹集合起来的中华民族的光荣经历，树立民族国家忧患意识的同时也是对日本右翼企图篡改历史否认罪责的有力回击，增强民族国家伦理认同的同时，增强民族凝聚力，弘扬爱国主义精神，提升民族力量，激励全国各族人民为实现中华民族伟大复兴梦而努力奋斗。显然，置身全球化的时代环境中，以传统文化的惯习仪式进行国家纪念与公祭，这既是民族自觉的纪念活动，也是激发民族自信、民族复兴信念的有效载体及路径。

（四）捍卫人类尊严，维护世界和平

设立中国人民抗日战争胜利纪念日和南京大屠杀死难者国家公祭日在世界范围内也有着重要的伦理价值导向意义。任何侵略战争都是反对人类的犯罪行为。第二次世界大战夺去了数千万人的生命，其中的罹难者大多是平民。因此，那些深受战争影响的国家纷纷设立了相关的纪念日，甚至作为第二次世界大战的加害国德国也在1995年通过法律设定1月27日为大屠杀受害者的纪念日，由政府首脑出面为遭纳粹屠杀的死难者举行追悼活动。2005年第60届联合国全体会议一致通过，将这一天定为"国际大屠杀纪念日"。由此可见，为了维护人类和平，避免悲剧重演，人们都非常重视历史记忆。

南京大屠杀作为第二次世界大战史上与奥斯维辛和广岛原子弹爆炸并列的三大惨案之一，不只是中华民族的记忆，还是世界人民的记忆。对其遇难者只有地方性的公祭显然是不够的，与这一事件的实际意义以及它在国际上的影响力也是不相符的。而国家公祭也不是为了宣泄狭隘的民族情绪，更不是为了复仇，而是找寻通往和解的捷径。一战结束后，德国的邻居们伤疤未愈痛已忘的短视，对法西斯兴起的绥靖，最终迎来的竟是灾难深重的第二次世界大战；而当勃兰特总理代表当时的西德政府跪在华沙脚下参加纪念活动时，欧洲累积的宿仇才最终得以化解。为历史立法，为亡灵致祭，也是在为世界开太平。我国人大立法通过的抗

战胜利纪念日和国家公祭日则是中华民族苦难史留给世界的历史警示："人类不要仇恨，不要流血，不要悲剧！而为了悲剧不再发生，惟有吸取历史的教训，国家和民族之间应致力于宽恕与和解"。① 林斌策划的《全世界的南京大屠杀》一文中记载了这种"宽恕与和解"：一是那种"愤怒中夹杂着的宽容"，大多数幸存者随着时间的流逝，由于日本的仇恨态度转为相对宽容，如幸存者所言："我年纪都这么老了，赔偿我还有什么用？人的命不可能再活一回，爱情也不可能再回来，就是希望这种事情不要再发生了，让子孙后代不要再遭殃。"这种理解与心愿已经超越了个人恩怨。二是大屠杀民间活动组织者之一的吴先斌先生的观点："我们需要有一点微笑的态度来对待南京大屠杀。这种微笑不是虚伪的微笑，实际上是一种宽容。中华民族有自己的信仰，也尊重他人包括日本人的信仰，但是除了各国的信仰以外，我们还要有共同的信仰，那就是宽容。"②

可见，对南京大屠杀遇难同胞举行国家公祭的提议，并不是要引起人们的仇恨，而是让世人了解战争的罪恶，记住惨痛的历史，共同抵御战争的发生，维护世界的和平。"公祭日"是得到世界多数国家和人民的认同与称赞的，因为这也是世界和平的共同伦理价值导向。对此，国际舆论界事实上也是一致肯定：

欧洲时报评论认为："中国人被日本法西斯屠戮的历史以往只限于纸面及中国人自己的头脑中，它在国际上影响力的不足甚至使得中国人讲述这段历史时所获同情极其有限。这就更不用说它能为中国带来多少外交上的助益。设立公祭日恰是在尝试弥补这一外交及舆论空白。"③《世界观察》(World Vision)"中国与世界一同反战"一文中记载了世界各方的评论：

欧洲时报网发表评论说："将一个民族的历史苦难中所蕴含的国际正义发扬光大，使其成为世界历史记忆中的组成部分，对于世界和受难民族来说都是两利之事。国际社会需要掇笔法西斯复活的精神资源。中国拟以立法形式，设立南京大屠杀死难者公祭日和抗日战争胜利纪念日的意义恰在于此。同以色列的犹太人被纳粹屠杀，亚美尼亚民族遭奥斯曼帝国屠戮这两大世界历史悲情题材相比，中国人民遭受日本法西斯屠戮的历史一直限于中国人的历史记忆中，而在相当长的时间内未能成为国际社会反法西斯复活运动的精神资源。"俄罗斯远东研究所专

---

① 朱成山：《在旧金山的怒吼》，《百年潮》，2002年第1期。

② 参见林斌、谢海涛、吴娟：《全世界的南京大屠杀》，《南都周刊》，2007年12月17日。

③ 《国家公祭日，中国早就应该设立》，参见新华国际2014年2月27日13：43，《欧洲时报》评论，编辑张艺。

家拉林则认为："中国政府这一举措，不给日本为本国军国主义翻案的企图留有余地，支持了地区的和平和稳定，并向世界表明，日本军国主义正在重新抬头"。美国《商业周刊》称，"中国政府通过设立公祭日找到了一个长期存在的正式场合，有利于揭露日本的战争罪行，并对日本安倍首相及其民族主义梦游造成了威胁"。英国广播公司（BBC）评论说，中国用立法形式确立这两个纪念日，消息引来中国网络一片赞誉声，有人说，这是理性爱国的开始。韩国《今日亚洲》27日报道称，中国设立国家公祭日是中国采取的实质性行动，目的是在历史问题上"以正视听"。奥地利《标准报》称，在历史问题上，中国正吸取教训，改变防御性的"被动角色"，更积极地表明自己的立场。①

也有文章认为，中国通过合理合法的角度，出于正义和公理，设立抗战胜利纪念日和南京大屠杀公祭日，可以在国际上让日本否认侵略历史的举动陷于孤立，有利于中国外交。对付日本右翼势力参拜靖国神社、否认南京大屠杀等行为，只靠谴责和抗议没有用处。必须有本民族国家的理性认识与伦理认同，也必须有世界各民族国家间平等互尊的"生态伦理观价值"（而不是抽象的伦理普遍主义）②，才能还历史的公正与正义。而在共同面对日本"第二次世界大战"期间侵略问题上，中国与美国、英国等西方盟国，与新加坡、马来西亚等东亚国家都是盟国。这种世界正义声音，无疑有利于国际社会共同遏制日本右翼势力的"反动"，有利于国际社会共同抵制日本右翼势力对于亚洲安全的新威胁。

全球化背景下，对南京大屠杀日公祭活动的各种评议中体现了世界各民族国家一个共同的伦理认同，即：公祭纪念，铭记历史，更好地开创未来。中国人民爱好和平、不轻言战争，教育国民，特别是年轻一代牢记战争的灾难，让战争不再重演。

---

① 袁守干：《设公祭日：中国与世界一同反战》，*World Vision*《世界观察》，2014年第6期，第19～20页。
② 参见拙文：《全球化背景下民族国家伦理认同的困境与冲突》，《学海》，2012年第4期。

我们不能再等到"被迫发出最后的吼声"
——国际法视角下对"南京大屠杀"的反思

南京第三分析仪器厂　邵小萱

南京理工大学人文学院　陈苏民

当每年12月13日10时纪念"南京大屠杀"的警钟响起，全市警报长鸣时；当你走过大屠杀纪念馆看到那悲惨塑像时；当你只要把南京！南京！！两个字多读两遍时，那时隔七十八年日本侵略者血腥屠城的惨案便呈现在眼前。

一、血雨腥风　屠城铁证

1937年11月12日淞沪会战失败，日寇铁蹄直扑南京。1937年12月1日，日本大本营下达《大陆命第八号命令》："华中方面军司令官须与海军协同，攻占敌国首都南京。"开始从南京的东、南、西、西北方向合围南京，携带大量的重炮，坦克，重兵。飞机持续轰炸南京城，将中华门，水西门附近炸得没有一座完整的房屋和街道。溃退到南京的中国军队在上海对日进行了3个月惨烈胶着战斗后人员严重缺编，需补充的数万人员未完全到位，很多人员未来及受过军事训练便参加战斗。大约10万国军在敌我军力严重悬殊下为保卫首都进行了约2周的顽强抵抗，各防线打退日寇无数次进攻，在多战地出现国军全部牺牲的惨烈场景仍严厉拒绝投降。在日寇持续轰炸和重炮攻击下敌我经过反复争夺12月12日中华门告破，中山门失守日军撕开了南京城防线的缺口，南京失守！

12月13日，日寇华中方面军司令官松井石根和第6师团师团长谷寿夫等法西斯分子下达了对城内进行"扫荡"的屠杀令；该屠杀令逐级下达。对手无寸铁的南京民众进行了长达6周惨绝人寰的有预谋的大规模屠杀。

有史料证明，16日傍晚，中国士兵和难民5 000余人，被日军押往中山码头江边，先用机枪射死，抛尸江中，只有数人幸免。

17日，日军将从各处搜捕来的军民和南京电厂工人3 000余人，在煤岸港至上元门江边用机枪射毙，一部分用木柴烧死。

日寇集体，或单个，或三五成群肆意在城里见人就杀，汽车从无数尸体上碾过。与此同时，日军遇屋即烧，从中华门到内桥，从太平路到新街口以及夫子庙一带繁华区域，大火连天，几天不息。全市约有三分之一的建筑物和财产化为灰烬。无数住宅、商店、机关、仓库被抢劫一空，"劫后的南京，满目荒凉"。大街小巷都横陈被害者的尸体。"江边流水尽为之赤，城内外所有河渠、沟壑无不填满尸体"。

据1946年2月中国南京军事法庭查证：日军集体大屠杀28案，19万人，零散屠杀858案，日军在南京进行了长达6个星期的大屠杀，中国军民被枪杀和活埋者达30多万人。几十亿美元的财产遭到日军的破坏和掠夺。

有国际红十字会，南京红十字会，各慈善机构之后帮助收尸数据为证。

有各国国际安全区人士照片，摄影记录，日记为证。

有受害人和家属亲身经历为证。

还有日寇当事人记录和日记照片报纸为证。……

日寇在南京大屠杀中的残忍震惊全世界。

南京大屠杀发生后，国民政府即公开进行了强烈谴责，有史料证明；并于1937年12月至1938年3月间分别派人赴美国纽约、英国伦敦及日本东京，全方位开展了揭露日军南京大屠杀真相的行动。其中，1938年初春秘密派遣人员赴日揭露南京大屠杀真相，是二次大战中绝无仅有的在敌国首都宣传的范例。

二、践踏国际法，罪责难逃

从19世纪中叶到20世纪80年代末期，国际社会缔结了大量关于战争的条约以及积累了大量的国际惯例。日本军国主义自1931年武装侵占我东三省开始，继而在1937年12月13日又在南京屠城直至1945年战争结束，公然违背与践踏神圣的国际法，在中华大地上犯下了滔天罪行，更是难以饶恕。

1. 南京大屠杀已构成日本的国家不法责任。

根据国际通用的《关于国家责任的条文草案》的定义，国家责任是指：国家对其国际不法行为应当承担的责任。其中的国际不法行为，当然说的是国家违背国际义务的行为，"包括国际罪行和国际非罪行的不法行为"。可见，国家责任是现行国际法的一个重要的法律制度。也就是说，当一个国际法主体从事了违反国际法规则的行为，那么在国际法上就应当承担相应的法律后果即责任。显然，从1937年12月13日起，连续六个星期日军在中华民国首都——南京进行的这场规模之大、受害人数之多、手段之凶狠毒辣的大屠杀，无疑已满足了国际法上的国家责任中关于国家不法行为构成的两大要件：即可归因性与非法性（违背国际义务）。按国际法中可归因性国家行为或国际行为，一般包括国家机关的行为；经授权行使政府权力要素的其他实体的行为；国际上代表国家行事的人的不当行为等等。1937年12月13日，日本华中派遣军司令松井石根统率谷寿夫、牛岛、中岛及其他部队充当了屠城主凶，他们是日本国担任高职务或较高职务的正规的军人，当然是代表日本国行事，执行日本国数月灭亡中国的指令。日本国理所当然地应当承担相应的法律后果与法律责任。

2. 有计划大规模的集体屠杀，严重违反了战争法规。

现代国际社会中，战争和武装冲突虽然还不可避免，国际法也历来承认这一事实，同时也产生了一系列对战争于武装冲突加以限制和规定的法规。战争法也称战争与武装冲突法，是指"在战争和武装冲突中，以条约和惯例为形式，用来调整各交战国或武装冲突各方之间、交战国与中立国之间以及交战行为的原则、规则、和制度的总体。"当然无论中外战争或武装冲突的目的，都是为了击败或制服敌人，但不意味着可以毫无限制地使用任何武力手段和方法。

根据国际人道主义法等法律文件，在交战手段和方法上，第一，限制原则。即在战争与武装冲突中应对一些作战手段和方法加以限制，即禁止使用大规模屠杀和毁灭人类的作战方法与手段。第二，比例原则。即主张作战方法和手段的使用应与预期、具体、直接的军事利益成比例，禁止损害过分的攻击，即使对战斗员虐待也不能过分伤害。第三，区别原则。即把平民于武装部队、战斗员欲非战争受难者加以严格区别。在作战时平民、民用物质不得作为攻击目标。第四，军事必要原则。第五，在条约无规定的情况下，战争与武装冲突各方必须尊重国际法义务原则。比如：禁止使用极度残酷的武器；有毒、化学和细菌武器；波及平民不分皂白的战争行为；改变战争环境的作战方法与手段，等等。在1949年《关于战时保护平民的日内瓦公约》特别规定对战时平民的保护，比如：允许平民离境、给以人道主义待遇、平民不得作为攻击对象、禁止在平民中散布以恐怖主义为目的的暴力行为和威胁；禁止对平民的攻击实施报复、保障平民的合法权利、给予平民以维持生活的机会；特别对妇女、儿童实行特殊保护（即防止强奸、强迫卖淫和对其任何其他形式的非法侵犯等）；在军事占领下，占领当局应遵守国际法情况下实施管辖，不得剥夺平民的生存权；不得对平民施暴；等等。

日军占领南京后，用德国驻南京的大使馆给柏林的电报中都说，犯罪的不是这个日本人，或是那个日本人，而是整个的日本皇军……它是一架正在开动的杀人机器。比如：在汉中门、中华门、中华门外、雨花台、紫金山、上新河及中山码头、鱼雷营、草鞋峡、煤炭港、燕子矶、下关、龙江口等沿江场地，每次惨遭杀害者达数百、数千甚至数万之多。日军对被害者浇上煤油、焚尸灭迹或抛尸江中。更残暴、更骇人听闻的是进行杀人比赛，1937年12月，东京《日日新闻》图文并茂地报道：日军第16师团富山大队副官野田岩与炮兵小队长向井敏明在紫金山下比赛杀人，一杀105人，一杀106人，未分胜负，又定下150人头的目标。除大规模的屠杀外，还奸淫妇女2万余起，连十来岁的幼女和六七十岁的老妇，甚至出家的尼姑，都难以幸免，很多妇女在遭轰奸淫后又遭枪杀、毁尸。在大屠杀的同时，他们又轰炸和焚烧民房，毁坏了南京城三分之一的建筑，掠夺财富，文物文化珍品也遭到了大掠夺。件件桩桩，这些都是肆意践踏国际法的恶行与罪证，真是令人发指、罄竹难书。

3. 对放下武器的战斗员进行残暴的杀戮。

在这场惨无人道的屠城中，日军除了对平民进行大屠杀外，对中国军队已经放下武器的军人（含伤病员），也进行了惨绝人寰的杀戮，更是肆无忌惮地践踏了国际法。比如：1937年12月15日，日军将中国军警人员2 000余名，解赴汉中门外，用机枪扫射，焚尸灭迹。同日夜，又有市民和士兵9 000余人，被日军押往海军鱼雷营，除9人逃出外，其余全部被杀害。18日，日军将从南京逃出被拘囚于幕府山下的难民和被俘军人5.7万余人，以铅丝捆绑，驱至下关草鞋峡，先用机枪扫射，复用刺刀乱戳，最后浇以煤油，纵火焚烧，残余骸骨投入长江。国际人道主义法首先强调的是敌我伤病员在一切情况下应无区别地予以人道主义的待遇和照顾。

1864年的《关于改善伤病员待遇的日内瓦公约》是国际上第一个保护伤病员的公约。而后1949年的《改善战地武装部队伤病员待遇公约》比上述公约增加了：不得基于性别、种族、国籍、宗教这种意见或其他类似标准而有所歧视。对其生命的任何危害或对其人身的罪行均应严格禁止，尤其不得加以谋杀和消灭、施以酷刑或供生物学试验……。在著名的《日内瓦第3公约》中规定，保护落入敌手的交战国的伤、病员。在《关于战俘待遇的日内瓦公约》以及《日内瓦公约第一附加议定书》中均有规定：交战方应将战俘拘留所设在较安全的地带；不得将战俘扣为人质；战俘应享有民事权利、司法保障等等。日军在占领南京期间所表现的残忍及对生命的罔顾和杀害完全是丧心病狂，对国际法的践踏简直是空前绝后，不仅在东亚，就是在全世界也是任何魔鬼国家所不能比拟的。

三、必须追究日本不法行为的法律责任

国际法上的国家责任制度，首先是通过追究国家责任以纠正国家的不法行为。因为引起国家责任的条件之一，是国家违反了国际法上自己的义务，故而，国家必须停止自己的不法行为，保证今后不再犯，并且必须为其不法行为承担法律后果。比如：制裁与惩办侵略及战争犯罪。指的是在战争与武装冲突中犯有违反和平罪、战争罪、违反人道罪等。再比如：1946年4月—1948年4月，远东国际军事法庭组织了对日本国主要战犯（含制造南京大屠杀的主犯之一，松井石根）的国际审判。共判绞刑7人；无期徒刑16人；有期徒刑2人。日本国在侵华战争中乃至于在南京大屠杀中所犯的罪行，对于日本国来说必须正视，对于中国来说必须清算。其次，确立正确的行为规范，维持正常的国家交往于国际秩序。正是通过对国家不法行为的纠正，使正确的行为规范得到确立，能够保证或促进国际权利的尊重和国际义务的履行，以达到集聚国际社会正能量，维护正常国际秩序于国际交往之目的。最后，不法行为国必须切实承担法律责任。不仅要向受害国、受害国人民真诚的道歉，更要使受害国及受害国人民得到合理的赔偿，以维护国际社会正义，维护受害国的合法权力。众所周知，国家责任的赔偿理论是建立在过失理论之上的，即无过错，即无责任；无责任即无赔偿，只要有了不法行为，对受害国造成了损害，那么行为国则必须承担损害的法律后果。故而赔偿是国家责任的逻辑结果。

1972年中日帮交正常化时，中国本着日本国当局已经认识到在第二次世界大战中给中国造成的伤害并表示了深刻地反醒，并本着中日两国的友好，放弃了官方赔偿，然而如今的现任首相安倍晋三及其右翼集团却一而再再而三，否认侵华罪行，特别是否认南京大屠杀，所以，作者主张：第一，日本毁约在先，中国应依国际法要求日本进行赔偿。按国际法与国际惯例，以受害国向德国索赔为榜样，向日本进行清算、依法索赔。第二，中国从无未放弃民间赔偿，具体由外交、法律、财经等方面组成民间精英团队，适时地向日本国索赔。第三，重视个案损害赔偿问题。无论官方还是民间都要给于重视，建立起强有力的专题、专事索赔组

织、方案、程序及宣传。第四，加大收集证据的力度。抢救活证据，广泛收集、筛选重要的证据。

四、并非多余的话

77年前南京大屠杀这历史最为沉重的一页，终于翻过去了。它之所以沉重，是因为它凝着个人、民族和整个国家的屈辱、悲痛以及对残暴侵略者的仇恨。一场触目惊心的浩劫过后，留给我们的是刀痕？是悲痛？是对遇难同胞的怀念？还是对敌人切齿的恨？……有着五千年灿烂文化于辉煌历史的民族，为什么会落到如此悲惨的境地？永远记住"落后就要挨打！"这是南京大屠杀这段血迹斑斑的历史，留给我们的昭示。欲免外辱，唯国自强！这是30万无辜亡灵留给我们血与泪的呐喊。同样，国际法也不是保护神，往往在霸权和强盗面前是惨白无力的。执行国际法靠的是国际社会的共同进步和维护和平的力量，更是自身的强大。

中日两国人民世世代代友好下去，这是当代中日关系的主流也是两国人民的共同心愿，但要警惕，当下日本国存在一股复活军国主义的逆流，收购钓鱼岛、修改和平宪法、参拜靖国神社、粉饰侵华、否认南京大屠杀……。只有承认历史、正视历史，中日两国才能世世代代友好下去；只有认真深刻地反省，切实承担历史上的不法行为给中国带来的伤害，并给于真诚的道歉与赔偿，才能取得受害国的谅解，才能将国际社会和国际法对日本的惩罚和谴责落到实处。

战后广东省营造纸厂劫物归还初探

暨南大学历史系　张维缜

摘要：广东省营造纸厂建成投产不久，就因日本发动侵略战争而被侵占，并进而劫掠至北海道勇拂。战后广东省政府派员赴日调查，在国内各相关机构的帮助与配合下，经过与美、日的反复交涉，最终将被劫机器设备较为完整地运回国内，安装复厂后为广东的建设做出了贡献。这一成功的劫物归还个案固然有其意义，但也留下了不少遗憾，同时也给后人诸多启发。

关键词：广东省营造纸厂；劫物归还；日本国策制纸工业株式会社勇拂分厂；中日关系；中美关系

抗战初期，广东省营造纸厂[①]（以下简称纸厂）在广州沦陷时为日军侵占，未及转移的整厂机器设备后大多被日本运回国内使用，致使纸厂遭受重大损失。战后纸厂劫物归还提上议事日程，该纸厂设备的调查与归还，在中国对日劫物归还的成功案例中较有代表性，是战后被劫机器较为完整归还的两家工厂中的一家（其余一家是江苏永利化学厂[②]），而且其设备之数量与质量均远超永利化学厂。目前国内史学界关于日本对华赔偿领域的研究较为广泛深入，但对劫物归还领域的研究则明显较为薄弱，尚未有论著专门对纸厂劫物归还这一个案进行过较为深入的研究。[③] 现有之少量涉及纸厂劫物归还内容的学术成果中，仅从中方（也仅限

---

① 广东省营造纸厂是一个较为规范的称呼，时人一般简称其为广东纸厂、省营纸厂、广纸、纸厂等，正式文件中一般称为广东省营造纸厂或广东省营制纸厂。1948年11月1日起，该厂改名为广州纸厂。为统一称呼起见，除特殊情况外，本文一律称为纸厂。

② 永利化学厂只是一个笼统的简称，其全称应为永利化学公司亚厂之硝酸制造厂，为统一称呼起见，本文一律称为永利化学厂。

③ 孟国祥与喻德文在《中国抗战损失与战后索赔始末》（合肥：安徽人民出版社，1995年）中专章论述中国战时财产被劫掠与战后追索的过程，其中提到广东省营造纸厂战后劫物归还的简单情况，但作者对此语焉不详，也未利用有价值的档案资料。黄菊艳在《抗战时期广东经济损失研究》（广州：广东人民出版社，2005年）中简要提及广州沦陷后纸厂机器全部被日商拆走的事实，但并未展开论述。翁有利在《浅谈我被日劫物的追索与归还问题》（《松辽学刊》1999年第2期）及《第二次世界大战终结日本对我国归还与我国实际接收》（《社会科学战线》，2005年第2期）等论文中涉及广东省营造纸厂战后对日劫物追索的情况，但其材料均转引自《中国抗战损失与战后索赔始末》一书。朱晓秋在《广东省营制纸厂设备被劫难记》（广东革命历史博物馆网页：http://www.hpma.cn/article-img.aspx?menuid=1327&tab=tab_imgNews&tabid=95）一文中利用广州造纸厂（广东省营造纸厂建国后的名称）的厂志资料，简要论述了纸厂设备被劫掠与追讨的过程，但该文未利用更有价值的广东省档案馆馆藏档案资料，而且作者只是勾勒了一个简单轮廓，远未展现纸厂设备归还的复杂过程。

于刘宝琛、陈丕扬等人）的角度笼统论述纸厂设备归还的简单过程，对这一过程中中方内部的协调以及中方与美、日各方的复杂交涉鲜有涉及，也未分析该个案背后存在的意义。总之，本文试图在利用广东省档案馆馆藏档案的基础上解决此类问题，以期对战后初期中国对日索赔领域的研究有所拓展。

一、纸厂劫物归还之缘起

在被日军劫掠之前，纸厂曾有过一段值得骄傲的岁月，它是在陈济棠主政广东时期筹设并发展起来的。1931年，陈济棠提出"建设新广东"的口号，积极发展工业，先是提倡种植甘蔗、兴办糖业，继而开采石矿、制造水泥。1932年底又决定筹建新型制纸厂，在抵制洋纸、保护民族工业的同时增加经济收入。

1933年，筹建新型纸厂被列入"建设新广东"的五年计划的主要项目之一。为此，留美造纸专家陈丕扬与曾留美学习造纸的化学工程师刘宝琛被抽调负责筹建事宜，刘宝琛被委任为纸厂筹备处主任，陈丕扬担任工程师。

筹备处将厂址定于广州海珠南石头村东，因这里邻近珠江，又靠近原料供应地与产品市场，各方面条件极为便利。筹备处从瑞典与捷克订制机器，1934年11月筹备处与瑞典洋行香港分行订立合约，由瑞典有名之卡士达厂（A.B. Karlstad）承造全厂制纸机器，同时由政府派员赴瑞典驻厂监督制造，并实习制纸新法，发电机则于1935年与捷克斯可达工厂（Skoda Works Limited）订约购置，其余机械如提取松香机、压风机、水泵运输铁轨等续与卡士达厂或其他厂商洽办。各种机械先后分批运粤安装，于1937年9月宣告成立，准备开工，资本总额达毫券915万元，而机器价款已达600余万元。[①] 纸厂于1938年8月建成开工，造纸设备是新式木浆制纸机器，在国内还是创举，每日可产新闻纸或上等印书纸50吨。[②]

但好景不长，同年10月中旬，日军在大亚湾登陆后向广州推进，广州形势险恶。广东省建设厅取消原定10月份为纸厂举行开幕仪式的计划，准备在撤退前全部炸毁包括纸厂在内的所有省属企业。当该厂大部分员工被迫离厂之后，"工厂爆炸班"便把炸药放到制纸车间内，企图炸毁当时全世界只有5套的先进抄纸机，受到瑞典洋行的抗议和刘宝琛以身力阻后，"工厂爆炸班"才把炸药转放到机

---

① 《广州纸厂运回被日劫去机器事宜》，广州：广东省档案馆、广东实业公司档案，19-1-252。
② 吴半农：《在日本赔偿归还工作的一些史实》，中国人民政治协商会议全国委员会文史资料研究委员会编：《文史资料选辑》第七十二辑，北京：中国文史出版社，1981年版，第243页。

浆车间内，旋即炸毁了机浆车间，炸坏了两台嘉美式磨木机和精浆设备。

10月23日，日军侵入广州，纸厂亦同日为日本海军军部所占。日本海军军部先利用纸厂设备铸造马鞍，后由日本王子制纸株式会社（以下简称王子制纸厂）接管，改名为"王子制纸广东工场"，以进口浆板为原料制纸图利，日产纸张10多吨，长达一年之久。1939年秋，日本商人南喜一利用日本陆军军部的势力，以大日本再生制纸株式会社名义与汪精卫政权勾结，将纸厂从王子制纸厂手中夺去。1940年5月，再生制纸株式会社将纸厂全部机器设备及门窗、电缆、水管拆挖殆尽，劫运到日本北海道南部小城苫小牧的勇拂，在那里设厂安装。勇拂厂于1943年7月投产，纸厂机器被劫运至日本长达8年之久，在日本共开机48个月，先后生产各类纸张达18389吨。[①]1945年，再生制纸株式会社并入国策制纸工业株式会社，该厂又被称为国策制纸工业株式会社汤富士工厂。[②]

需要指出的是，为掩人耳目，再生制纸株式会社在将纸厂机器设备搬走后的第二年，还与伪广东省政府与建设厅签订了《关于广东省营制纸厂"破坏"机件买卖契约书》，以150万日元的价格（一年内分两期付款）购买了纸厂剩余机器设备。[③]如此低价，近乎抢劫。[④]

战后，以纸厂为代表的中国战时受损企业的对日索赔提上了议事日程。中国战后初期对日索赔的主导思想是蒋介石"不念旧恶"的思想，蒋在日本投降后不久，即反复声明："中国对日本不采报复主义，而应采合理的宽大政策。"[⑤]这一思想，在以后纸厂劫物归还的过程中也得以体现。

虽然在所有盟国中，中国受日本侵害最重，损失也最大，但战后日本对盟国劫物归还的主导权并非由中国掌握，而是操诸美国之手，不过美国主要是通过间

---

① 黎寿昌：《创建广州造纸厂艰辛史》，屠鹤云主编：《广州文史》第五十四辑，广州：广东人民出版社，1998年，第193～195页。

② 《广州纸厂运回被日劫去机器事宜》，广州：广东省档案馆、广东实业公司档案，19-1-252。

③ 《接收原日伪省营各工厂问题的文书材料清册》（一），广州：广东省档案馆、广东省建设厅档案，6-2-547。

④ 1947年初广东实业公司编制的《交涉归还被劫广东省营制纸厂节略》中提到，机器价值达到600余万元，这应该是1937年7月的法币币值，因战后行政院赔偿委员会规定，战后调查战时财产损失价值一律折合成1937年7月的国币价值。国民政府1935年底币制改革后，一直到全面抗战之前，法币币值波动不大。按照1936年中央、中国、交通三家国有银行的法定汇率，100元法币兑换103日元（具体内容可参见朱斯煌主编，汤心仪等编：《民国经济史》，银行学会、银行周报社，1948年，第213页。）。依此推算，600万元法币约合618万日元。从日本发动全面侵华战争一直到太平洋战争爆发之前，日元的币值总体上比较稳定，再生制纸株式会社购买纸厂机器设备时此价值也相去不远。即使因中方自广州撤退时炸毁与炸坏了部分设备（后来经调查日本添配了约1/3的设备），其价值也断不至于少于2/3即418万日元。

⑤ 秦孝仪编：《中华民国重要史料初编》第七编·战后中国（四），台北：中国国民党中央委员会党史委员会，1981年，第1061页。

接方式操控劫物归还的主导权。战后处理日本劫物归还之机构很多，其中国际机构主要有远东委员会（以下简称远委会）、驻日盟军总司令部（以下简称盟总）。其中远委会为名义上的决策机构，成员包括中、美、英、苏、法、荷、加、澳、新西兰（时称纽西兰——引者注）、印（度）、菲等十一国代表，总部位于美国首都华盛顿。盟总为执行机构，但远委会出台之劫物归还政策在执行时必须通过美国政府，由美国政府颁发指令转饬盟总执行。盟总根据远委会之决策，详细制定劫物归还执行办法，一面命令日本政府办理拆迁、包装、运集出口海港等事务，一面联络各索还国驻日机构办理参观、申请、分配、接收等事务，权限甚大。中国处理劫物归还的主要机构有外交部、行政院赔偿委员会（行赔）、中国驻日代表团（以下简称驻日代表团）等。日本处理劫物归还机构主要有赔偿厅、大藏省、商工省、运输省、文部省、特别调达厅等。①

战争期间，日本自盟国劫掠之物资，无论巧取豪夺，凡在战后被发现者均应归还原主，此理至明。美国政府早在1945年4月19日就发布了《关于掠夺财产没收报告》，当中规定日军在其占领区所取得的、现位于日本境内的一切财产，都应列为掠夺财产进行调查与没收。②1946年6月14日，美国国务院、陆海军部协调委员会（SWNCC）又出台了《日本劫物归还最终政策》（SWNCC227/13号文件），其附件中明确规定：盟国得允将战时被日本政府、军队或其国民劫夺之财产收回，但该财产须经盟总认定。③这奠定了战后美国政府关于日本劫物归还政策的基础。

但当涉及实施办法时，问题便复杂许多。且各盟国被劫物资有无多寡不一，例如中国被劫最多，菲、荷、印度、缅甸、越南次之，美、苏、加、新则无损失，利益关系悬殊甚巨。因此，关于战后归还政策之详细决定，争论不绝，延至1946年6月18日，远委会始决定劫物归还政策，其中规定日本劫掠之工业及运输机器设备在归还之列（这是所谓旧案——引者注）。但该政策罅漏甚多，实施鲜效，随即于是年十月另提新案商讨。10月10日，远委会议定一修正案，只对原案修正

---

① 中华民国驻日代表团日本赔偿及归还物资接收委员会：《在日办理赔偿归还工作综述》，沈云龙主编：《近代中国史料丛刊》续编，第71辑，第710号，台北：文海出版社，1980年，第7～18页。

② 大藏省财政史室编：《昭和财政史·終戦から講和まで》第一卷《総説 賠償·終戦処理》，东京：东洋经济新报社，1984年，第608页。

③ Final Policy Concerning Restitution of Looted Property From Japan, *Foreign Relations of the United States*, *1946*, *Vol. Ⅷ*, *the Far East*. Washington D.C.: United States Government Printing Office, 1971, p.528.

两点，其余均列入新案，继续讨论甚久，虽得到一部分协议，但迟迟不能全部决定。盟总急于展开归还工作，不愿久等，美国政府乃按照其意愿，于1948年3月17日颁发劫物归还临时指令，授权盟总遵照远委会既定政策及十一国间讨论新案时所已成立之协议执行。四个月后，即同年7月29日，远委会始又通过新案，重定政策，请由美政府转饬盟总遵照执行。①

对纸厂劫物归还而言，旧案之规定已经足够，但在实际执行过程中，由于中方之力争，最终之结果甚至突破了远委会的规定。

抗战胜利之初，广东省政府对接收纸厂非常重视，因为纸厂设备当时在国内最先进，接收后对广东战后工业重建助益匪浅。所以在1945年10月8日，广东受降不到一个月，广东省政府主席罗卓英便命令广东省建设厅技正彭少聪接收纸厂，在彭去接收之前，罗卓英特意批示两点：（1）报第二方面军（司令为张发奎——引者注）请归政府接收。（2）电经济部特派员拨归省政府接收。② 鉴于战后接收工作混乱而复杂，各路人马纷纷染指敌伪产业，争夺异常激烈，罗卓英此举也是为了避免与军方和中央势力发生冲突。

但彭少聪接收后发现纸厂机器已经荡然无存，就连这样的厂房建设厅都未能马上接收，因为尚有一排国民党士兵驻扎在内，此外里面还住着600名日俘。③ 大概此时广东省政府才明白，为何在广东受降的第二方面军与主管纸业的经济部资源委员会（以下简称资委会）允许广东省建设厅接收纸厂，因为此时纸厂已无多大利用价值（除了用作日俘集中营与存放军械④）。除获悉纸厂少量机器被搬往盐步制纸厂，广东省政府对其余机器的去向一无所知。

直到1946年秋，驻日代表团才根据密报得知纸厂机器劫迁经过及机器安装

① 中华民国驻日代表团日本赔偿及归还物资接收委员会：《在日办理赔偿归还工作综述》，第51页。
② 《接收原日伪省各工厂问题的文书材料清册》（一），广州：广东省档案馆、广东省建设厅档案，6-2-547。
③ 《接收原日伪省各工厂问题的文书材料清册》（一），广州：广东省档案馆、广东省建设厅档案，6-2-547。
④ 直到1948年10月9日，联勤总部广东供应局才将厂房完全腾空并交给实业公司。参见《广州纸厂交涉被劫机器迁拆回粤安装、运输、借贷事》，广州：广东省档案馆、广东实业公司档案，19-1-253。

地点。① 1946年8月6日，驻日代表团函请盟总转饬日本政府查报。勇拂厂主持人不得已乃将劫掠之机器列单呈送盟总，并向代表团呈报，诡称该项机器系向广东省政府价购，且原件破坏不堪，经修理补充成套，共计256件，其余皆系日本人添配，盟总据此核定归还。② 于是，纸厂劫物归还便进入艰苦的交涉阶段。

战后，盟国、中国与日本都为劫物归还做了准备，为后来纸厂被劫机器的归还奠定了基础。鉴于纸厂的地位，广东省政府对其极为重视，这对纸厂被劫机器的最终命运产生了重要影响。

二、劫物归还的内部协调与对外交涉

劫物归还一事经历了较多波折，这里主要指的是日方屡次试图对盟总的决议进行翻案，还包括中方内部在如何处理被劫机器问题上出现过分歧。

对于广东省政府而言，纸厂与其利害关系直接相关，它在创建纸厂方面花费不赀，且纸厂劫物归还也是其战后重建的一个重要组成部分，所以坚持日本归还是其首选。但驻日代表团却于1947年初向外交部报告，认为纸厂机器损失较重，由日方添配不少机件才能正常运转。但依照赔偿条例，日方增添部分，不能附作赔偿。盟总以日本纸荒为由，不愿纸厂由中国拆归。将来收回后，不如将厂出售留日华侨或与华侨合资经营。广东省政府获悉电文内容后极为不满，在5月9日的意见中认为驻日代表团之主张不拆迁，转售在日华侨或与华侨合资经营，若非别有用心，亦属交涉软弱，实系损害权利，有辱国体。还认为纸厂原为全新整套机件，其一部分损坏，全系日人抢劫时所为，应由日人以配件作赔，一并归还。③

---

① 驻日代表团到底是根据何者之密报得知纸厂机器下落的？据谢英明的说法，是受审的日本战犯提供的信息，参见谢英明：《广东省营制纸厂机器设备失而复得略记》，中国人民政治协商会议广东省委员会文史资料研究委员会编：《广东文史资料》第二十辑，广州：中国人民政治协商会议广东省委员会文史资料研究委员会，1965年，第19页。另据广东实业公司1947年撰写的《交涉归还广东省营制纸厂节略》中提到广东省建设厅请广州行营在提审战犯时追查机器搬运地点，然后提到得知纸厂机器被劫往北海道勇拂，因此将审判战犯与得知机器下落一事联系起来。参见《广州纸厂运回被日劫去机器事宜》，广州：广东省档案馆、广东实业公司档案，19-1-252。如果是日本战犯提供的信息，自然谈不上"密报"，因此这与冼子恩和驻日代表团日本赔偿及归还物资接运委员会所提到的信息渠道不同。冼子恩提到王子制纸厂为了打垮制纸业竞争对手及报复争夺纸设备之仇，便向驻日代表团告密。参见冼子恩：《美、日勾结阻挠归还广东省营制纸厂设备的内幕》，中国人民政治协商会议广东省委员会文史资料研究委员会编：《广东文史资料》第二十辑，广州：中国人民政治协商会议广东省委员会文史资料研究委员会，1965年，第12-13页。而日本赔偿及归还物资接运委员会则只是提到驻日代表团根据"密报"，未具体说明告密者为何人，但这恐怕是该机构出于保护告密者的目的有意为之，与冼子恩所指对象应该相同。参见中华民国驻日代表团日本赔偿及归还物资接收委员会：《在日办理赔偿归还工作综述》，第104页。鉴于资料欠缺，目前无法断定日本战犯与王子制纸厂何者提供的信息更具价值，但可以肯定的是，两者在此事上皆发挥了作用。
② 中华民国驻日代表团日本赔偿及归还物资接收委员会：《在日办理赔偿归还工作综述》，第104页。
③ 《广州纸厂运回被日劫去机器事宜》，广州：广东省档案馆、广东实业公司档案，19-1-252。

　　驻日代表团的建议看似有些道理，实则并非明智。广东本省若无先进造纸厂生产纸张，优质纸张必然依赖进口，极易受制于人。[①]指望利用出售纸厂机器款购买先进纸机，按照当时情况，也属异想天开。驻日代表团久驻日本，不太可能不明此事，其中似乎另有隐情。[②]

　　与纸厂劫物归还交涉密切相关的国内各机构之间如产生龃龉，将对劫物归还极为不利。为了协调各方意见，广东省政府随后会同省建设厅、经济部及行赔代表经过协商，确定了纸厂劫物归还的四项办法：（1）原则上应令日方以同样机器之新厂归还，其办法可将旧厂卖与日方，但以能在美国购买同样新厂一所之价格为原则。（2）若前项办法不可能，原厂连同日方配件一并归还。（3）在交涉期间我方先行接管该厂，转租日方并自1940年5月该厂被日方拆走时追算旧租。（4）该厂若拆迁归还，运输办法与其他赔偿物资同样处理。[③]

　　在此基础上国内各机构之间就此事达成了妥协，驻日代表团也可名正言顺地与美、日交涉出售纸厂机器的问题，但这对坚持劫物归还的代表团人士形成不小的压力，驻日代表团日本赔偿及归还物资接收委员会（以下简称接委会）[④]主任委员吴半农便是其中的代表。他在压力之下，猛然间想到了上任不久的广东省政府主席宋子文，于是便于1947年10月18日致电宋子文，告知盟总已经同意归还纸厂被劫机器，外交部及行政院对此设备均有出售的意愿，但吴分析了机器的质量与购买新机器的难度，建议宋早日运回被劫机器。宋显然赞同此建议，让建设厅

---

① 根据1946年海关报告，广东全年洋纸输入达国币8 256 046 000元，其中新闻纸一类亦达2 445 689 000元之巨。参见《广州纸厂运回被日劫去机器事宜》，广州：广东省档案馆、广东实业公司档案，19-1-252。

② 据谢英明回忆，勇拂厂方为使机器保留不拆，利诱驻日代表团团长商震，使他和一个日本女郎发生性关系，女方的肚子大了，日本报纸便大肆渲染，攻击商震。参见谢英明：《广东省营制纸厂机器设备失而复得略记》，第21页。这似乎可以解释为何驻日代表团在纸厂机器处理问题上态度较为消极。另据冼子恩回忆，宋子文在任行政院院长时，曾发过一个电报给驻日代表团，主张将纸厂设备就地出售。纸厂筹备主任刘宝琛（纸厂原厂长）未去北海道勇拂厂之前，驻日代表团经办此事的人员告知刘，认为根据代表团多次调查，认为纸厂设备残缺不全，主张根据宋子文的指示就地出让，并要刘打电报回广东请示。参见冼子恩：《美、日勾结阻挠归还广东省营制纸厂设备的内幕》，第13页。冼子恩提到的这一情况，似乎有据可依。据谢英明回忆，刘宝琛发自日本的第三个电报称纸厂机器设备已残旧不堪，几乎不能再用。并说日本厂家商请不下拆迁，情愿把每月赚来的钱另行订造新机器，还给广东，刘宝琛认为这样较为划算。谢英明：《广东省营制纸厂机器设备失而复得略记》，第20页。应该指出的是，宋子文在转任广东省政府主席后，对纸厂机器拆迁回粤一事还是比较支持的。

③ 《广州纸厂运回被日劫去机器事宜》，广州：广东省档案馆、广东实业公司档案，19-1-252。

④ 1947年4月，日本赔偿先期拆迁计划的公布，拆迁归还工作日益繁重。同年6月，行赔决定在驻日代表团第三组（经济组）基础上另设日本赔偿及归还物资接收委员会，该会于1947年9月正式成立，其成员与驻日代表团第三组相同，但职权有所区别，前者负责日本赔偿及归还物资接收事宜，后者负责中日间金融及商业债务清理事宜。接委会为对内之名称，该组织尚有对外名称为中国赔偿归还代表团，这是根据盟总建议成立的。该建议提出于1946年秋，直到1947年5月该代表团才正式成立，该代表团又俗称中国驻日五人代表团，其成员也与驻日代表团第三组相同。

致电外交部长王世杰与行赔主任委员王云五与副主任委员秦汾。① 同时，宋子文还致电驻日盟军总司令麦克阿瑟请饬交迁纸厂机器，麦克阿瑟随后电知宋子文，表示答允，并请其派员前往迁运。②

从得知纸厂机器下落一直到1947年10月底为止，广东省政府及其下属机构建设厅、实业公司③都在忙于搜集纸厂机器证据、筹集赴日经费、确定赴日人员、接收地点、日期、运输工具等，所以暂时未能派员赴日调查日方所报劫掠机器数量之真伪。驻日代表团不相信日方所报数量，但又苦无对证，于是便将此事呈报国内请示办法，并请广东省政府派员到日帮同查认，以免瞒漏。过了数月，国内一直未见指示，广东省政府亦未派员，而日方则大肆活动，盟总不察实情，竟亦有意将机器保留在日。无奈之下，1947年6月23日至6月30日，驻日代表团派遣第三组组长林可仪、专门委员赵如宴、谢为杰会同盟总民间物资保管组（CPC）代表塔特内顿（Taltrnetain）与司戴普顿（Stepleton）前往勇拂工厂实地视察，国策公司常务董事南喜一、总工程师川上昇及国策公司对外联络员东村阳介等会同日本内务省、外务省所派人员陪同检查。代表团三人发觉日方瞒报、漏报及企图毁灭证据现象严重，日方还试图出钱购买被劫机器。④ 代表团请盟总责令勇拂厂实报，南喜一等不得已，只好增报47件，合303件。代表团仍觉不尽不实，但鉴于无资料可查，遂即电请南京转广东省政府速派专员带备材料赴日交涉。⑤

在此情况下，广东省政府开始积极物色赴日人选，早在1947年4月与6月份，实业公司便分别选定工程师徐学濂、省政府顾问费鸿年赴日，但后来两人因故未能成行。一直到同年10月中旬，实业公司才确定赴日人选，即纸厂原厂长刘宝琛（时任台湾纸业公司协理）以及经济部广州工商辅导处技正陈丕扬，前者是由宋子文亲自出马向资委会委员长翁文灏借用，⑥ 后者是由实业公司董事长谢文龙

---

① 省府关于派员赴日拆迁造纸厂机器及与台湾糖业公司合办广东糖厂问题的来往文电，广州：广东省档案馆、广东省府档案政，2-1-469。

② 《宋子文派员赴日搬回造纸厂机器》，《申报》1947年10月24日，第5版。

③ 广东省政府为适应战时新环境，发展本省经济建设，充实抗战资源起见，于1941年10月10日筹设广东企业股份有限公司，1942年元旦正式成立于战时省会曲江。1943年秋依照业务计划，呈准省政府核定许可，自是年9月1日起改名为"广东实业股份有限公司"，1946年9月10日又改名称为广东实业有限公司，行政上隶属于广东省建设厅，其业务主要有贸易、运输、工农业等方面。

④ 《广州纸厂主管人员赴日交涉被劫机器经过及视察报告》，广州：广东省档案馆、广东实业公司档案，19-1-251。

⑤ 黎寿昌：《创建广州造纸厂艰辛史》，屠鹤云主编：《广州文史》第五十四辑，广州：广东人民出版社，1998年，第195页。

⑥ 省府关于派员赴日拆迁造纸厂机器及与台湾糖业公司合办广东糖厂问题的来往文电，广州：广东省档案馆、广东省府档案政，2-1-469。

与总经理侯或华向广州工商辅导处借用。[①]

1947年10月23日，广东省政府派刘、陈二人启程赴日，专责交涉归还纸厂机器。[②] 刘、陈二人职务直到一个月之后才正式任命，11月22日，广东省政府任命刘宝琛为纸厂筹备处主任兼赴日监督拆运机器专员，陈丕扬为纸厂筹备处工程师兼赴日监督拆运机器助理员。[③]

两人到达南京后，本以为能够很快办好手续赴日，不料入境许可一直未被批准。[④] 直到1948年2月17日，两人才接到驻日代表团复电，通知两人入境已被批准。2月23日，两人乘坐西北航空公司八百号机赴日。[⑤]

到达东京之后的2月25日，刘、陈二人跟随驻日代表团会见盟总被劫物资主管司戴普顿并申请赴勇拂厂旅行证。3月10日赴北海道，13日下午到勇拂厂，14日至21日进行实地调查。4月2日期满返抵东京整理调查记录，并经我日双方签押。经过此次盘存鉴别后，计增加机器541件，又发现机器附件增至1299件，合计属于中方者为841件，另附件1 299件，总共2 140件，此外尚有电气材料喉管等项约计350余吨，查日方补充机件也有1047件，合共重3 500吨。[⑥] 于是，驻日代表团将查勘盘点结果编成《广东省营制纸厂被劫机器物资盘存清册》，由中方代表刘宝琛、陈丕扬、赵如晏、日方代表勇拂厂厂长吉利透、总工程师中静敬三、东村阳介共同签字承认。[⑦]

4月2日与3日，刘、陈分别致函谢文龙与侯或华，认为将来索还劫物的关键证据在于原纸厂机器图则。两人已于3月13日函请瑞典卡士达厂从速印制纸厂原有机器图则全套寄来日本。后接到其3月16日复函，答应照办。该厂要求的费用为1 000美元，在五月上旬图则可由航空寄来日本。因此刘、陈请求将1 000美元拨交瑞典洋行。4月14日，实业公司驻港专员王宠荣将1 000美元付给瑞典卡士达厂香港办事处，但因瑞日之间当时无法通邮，机器图则最终由瑞典转香

① 《广州纸厂主管人员赴日交涉被劫机器经过及视察报告》，广州：广东省档案馆、广东实业公司档案，19-1-251。

② 陈丕扬：《广东省营造纸厂沧桑——我参加纸厂筹建及劫后复厂的经历》，广州市政协文史资料研究委员会编：《南天岁月——陈济棠主粤时期见闻实录》·广州文史资料第三十七辑，广州：广东人民出版社，1987年，第266页。

③ 《广州纸厂主管人员赴日交涉被劫机器经过及视察报告》，广州：广东省档案馆、广东实业公司档案，19-1-251。

④ 据冼子恩回忆，当刘、陈二人在南京办出国护照时，驻日代表团正在与日方就出售纸厂机器进行交易，因此阻止他们去日本。但因设备业权无法确定，交易谈判不成，代表团这才同意两人赴日。参见冼子恩：《美、日勾结阻挠归还广东省营制纸厂设备的内幕》，第14页。

⑤ 《广州纸厂主管人员赴日交涉被劫机器经过及视察报告》，广州：广东省档案馆、广东实业公司档案，19-1-251。

⑥ 《广州纸厂主管人员赴日交涉被劫机器经过及视察报告》，广州：广东省档案馆、广东实业公司档案，19-1-251。

⑦ 黎寿昌：《创建广州造纸厂艰辛史》，第196页。

港寄日。[①]

在图则寄来之前，刘、陈最关心的是能否将日方配件一并归还，在4月15日致侯彧华的函文中，两人提到日方添置机件约占全厂三分之一，照掳掠物资归还之原则这是不可能的。不过好在有永利厂为先例，[②] 或许可以成功。但永利厂方面之交涉，是私人物资，与省营者有别，因此交涉方面也不乐观。[③]

事实证明，两人的担心并非多余，因为无论是远委会的规定还是日方的企图翻案，都成为纸厂整套机器归还的障碍。根据远委会规定，归还劫物原应限于劫物现仍存者，其已毁坏消灭者应归赔偿范围办理。接委会受此限制，交涉至感困难。但相对于日方的企图翻案，该问题回旋余地较大。除正面折冲外，接委会与中国驻美大使顾维钧分头私下接洽盟总负责人士与远委会赔偿小组美方代表。早在1947年9月初，顾维钧便提到美方代表获悉盟总对于日方配件连同原有被劫机器一并归还一事，将予合理考虑，以便归还时之机器与被劫时具有相同性能。[④] 几经交涉磋商，最终在1948年5月13日，盟总以备忘录通知中方，纸厂机器连同日方配件全部归还中国。[⑤]

但交涉至此并非万事大吉，盟总决定出台后，日本厂方颇为不满。5月24日，勇拂厂董事长水野成夫提出异议，不同意日方配件归还中国。[⑥] 不但日方不认同盟总的决定，就连盟总内部的美方人员也并非全都认同总部的决定，尤其是那些与日本联系较为密切的人员其认同度要更低一些。盟总经济组内负责复兴日本纸业的专家过士来（A. S. Cosler）就是一个典型代表，他代表日方向盟总提出三点反对理由：(1)纸厂生产新闻纸没有打浆设备，现决议将勇拂厂生产上等纸的打浆设备一并归还中国，于理不合，请将打浆机器全套保留。(2)纸厂原有嘉美式磨木机二台，经中国政府在广州撤退时炸毁，现在勇拂厂的袋式磨木机三台和纸厂原物不同，决议一并归还中国实欠公允，请将袋式磨木机也予保留。(3)纸厂的

---

① 《广州纸厂主管人员赴日交涉被劫机器经过及视察报告》，广州：广东省档案馆、广东实业公司档案，19-1-251。

② 这里指的是永利化学厂整套机器战时被劫掠至日本，装配东洋高压会社横须工厂，但部分机件由日方添配。驻日代表团向盟总民间物资保管组提出将被劫机器设备与日方添配机件一并归还，认为永利厂原有机器乃整套全新设备，并未损毁，现如不整套归还，机器便无法运转。但最初民间物资保管组并未同意，后驻日代表团将情况汇报给外交部，请其在远东委员会交涉整厂归还。经半年努力，1947年9月18日，盟总同意全部设备归还中国。参见中华民国驻日代表团日本赔偿及归还物资接收委员会：《在日办理赔偿归还工作综述》，第103页。永利厂的先例，为后来纸厂交涉成功打下了基础。

③ 《广州纸厂主管人员赴日交涉被劫机器经过及视察报告》，广州：广东省档案馆、广东实业公司档案，19-1-251。

④ 《广州纸厂运回被日劫去机器事宜》，广州：广东省档案馆、广东实业公司档案，19-1-252。

⑤ 《广州纸厂运回被日劫去机器事宜》，广州：广东省档案馆、广东实业公司档案，19-1-252。

⑥ 《广州纸厂主管人员赴日交涉被劫机器经过及视察报告》，广州：广东省档案馆、广东实业公司档案，19-1-251。

机修设备在广州沦陷后全部被日本占领军征用，确未运到日本。目前勇拂厂的机修设备都是日方添配的，且机修设备不是造纸直接生产工具，请予保留，以维持厂内数百工人生活而免失业。①

盟总因日方提出异议，随即于5月27日再次召集双方开会讨论。针对过士来的理由，刘宝琛据理力争，指出中方之所以炸毁有关设备是因为日本的侵略而被迫炸毁，因此日方应负完全责任。再者，在美日等各国参加的远东和平会议上，规定了所有归还被日本掠夺的机器设备，应以能够开工生产为原则。刘还当场反问过士来如果没有磨木机与打浆设备，纸厂能否开工？此言驳得过士来理屈词穷。②

经过激烈辩论，盟总形成如下决议：(1)关于纸厂内部属于制造开工必需机器，所有日方添配附件应连同中方原有机器一并归还。(2)机械木浆、磨房机器虽大部分属于日方添配，但系制纸必须，且其产量仅占广东原厂之三分之一，该部机器应一律归还中国。(3)打浆部分机器，除将佐顿式打浆机二座归还中国外，另加配普通打浆机四座，连同马达附件一并归还。(4)修机室机器不属制纸直接需要机器范围，其属于日方添配者应保留，由日方应用，其属于中国者则归还中国。这是在征求了中国意见的基础上，出于照顾日方工人生活的考虑而做出的决定。(5)发电厂之储电室电池设备计110件，应一并归还中国。③日方人员对此决议未马上提出异议。对辩论结果感到满意的刘宝琛于6月5日回国筹备复厂重装，而陈丕扬则继续留在日本与盟总民间物资保管组代表麦亚当（Donald B. McAdams）及美军第八军代表地利（James Deering）监督纸厂机器的拆卸、涂抹防锈油脂及装箱等。

盟总在做出整套设备归还的决议后，通知日本政府将该厂机器拆迁归还，日本政府立即派遣工程人员并由其带领工程承包商金属工业株式会社、大平工业株式会社及增成工业株式会社赴厂查勘，一切准备开始就绪，只等待6月25日正式拆卸。岂料狡赖成性的勇拂厂方不甘心盟总的安排，仍然企图最后翻案，致使拆卸工作被迫延期。6月25日，陈丕扬在致刘宝琛的第五号报告中，提到其6月

---

① 陈丕扬：《广东省营制纸厂的筹建、被劫和恢复》，中国人民政治协商会议广东省委员会文史资料研究委员会编：《广东文史资料》第二十辑，广州：中国人民政治协商会议广东省委员会文史资料研究委员会，1965年，第9～10页。

② 冼子恩：《美、日勾结阻挠归还广东省营制纸厂设备的内幕》，中国人民政治协商会议广东省委员会文史资料研究委员会编：《广东文史资料》第二十辑，广州：中国人民政治协商会议广东省委员会文史资料研究委员会，1965年，第17页。

③ 《广州纸厂主管人员赴日交涉被劫机器经过及视察报告》，广州：广东省档案馆、广东实业公司档案，19-1-251。

24日到达北海道札幌美军政府处，在那里民间物资保管组代表罗福兰（Frank H. Lowe）向其透露勇拂厂最新消息，罗福兰称其于6月24日到该厂视察，该厂仍继续在开工制造中，以期尽量利用机器生产能力，并称南喜一自东京返北海道后，多方设法向日本当地政府报告民间物资保管组处置归还机器之不当，并具呈向北海道美军政府请求重新考虑将日方配件仍留厂应用，以免工人失业。另一方面煽动厂内工人、教师家族联函美军政府，要求体恤工人生活，免于拆卸。当地苫小牧市市长及北海道知事等也亲向美军政府请求。幸陈本人在到札幌之日即将当日在东京盟总民间物资保管组开会时情形报告，南喜一本人及水野等均在场，对于决议均无异议。况民间物资保管组提出，倘有异议，必须当场提出，共同考虑议定，不得日后别生枝节。现在归还之令已经发表，万难变更，美军事长官认为无考虑之必要，当即催促各部人员照原案执行，于是日方企图又一次失败。①

恼羞成怒的勇拂厂方原形毕露，使出最后一招，煽动该厂职工发出声明，一致反对拆卸机器归还中国，以免遭受失业痛苦，并扬言任何人员到厂拆卸机器必将予以不利。中国驻日代表团将情况告知盟总转知日本政府依照原决议执行。日本政府奉命后，即转饬勇拂厂方照办，并派警卫人员到现场负责保卫工作。至此，勇拂厂方各种阴谋完全失败，不得不照决议案于1948年7月6日起停工，7日开始拆卸机器。②

由此可见，纸厂劫物归还一事能够最终排除日方设置的种种障碍，经盟总宣布连同日方配件一并拆迁归还，实在是内部协调与对外交涉皆处置得当的结果，在这当中不独罗卓英、宋子文等决策者值得称道，刘宝琛、陈丕扬等具体经办者能够顶住生活的压力及日方的诱惑③ 而尽职尽责，也令人钦佩。

① 《广州纸厂主管人员赴日交涉被劫机器经过及视察报告》，广州：广东省档案馆、广东实业公司档案，19-1-251。
② 陈丕扬：《广东省营制纸厂的筹建、被劫和恢复》，中国人民政治协商会议广东省委员会文史资料研究委员会编：《广东文史资料》第二十辑，广州：中国人民政治协商会议广东省委员会文史资料研究委员会，1965年，第9～10页。
③ 关于生活压力，刘、陈二人在日期间体会较深。因国内物价飞涨，1948年3-4月间，刘宝琛夫人刘伍宣懿多次给谢文龙与侯或华去函，询问调整刘宝琛待遇及预支工资补贴家用问题，但此事最终并未解决。陈丕扬也在1948年6-7月间，多次就家庭生活困难请求刘宝琛帮助解决，并照驻日代表团薪酬办法支薪。但这些请求也都未得到圆满解决，只是免除了陈自1948年6月份至12月份的房租。以上内容可参见广州纸厂主管人员赴日交涉被劫机器经过及视察报告，广州：广东省档案馆、广东实业公司档案，19-1-251。但与此同时，日方却对其进行拉拢腐蚀，以便使纸厂机器留厂不拆。据谢英明回忆，刘宝琛回国后曾告诉他，刘到日本北海道时，勇拂厂方找最好的旅馆给他住，请他日日吃最好的菜像赴宴会一样，还给他找来漂亮的日本女郎，不过要求他设法把机器保留不拆，让机器继续出纸。如果他们的愿望实现，则任刘要香港一条街的产业，或在日本的相当的产业，或要款也行。那时候，勇拂厂方随时准备两部漂亮汽车停留在他住的旅馆门前，接他到处去游览，但最终刘并未答应他们。参见谢英明：《广东省营制纸厂机器设备失而复得略记》，第21页。

三、纸厂劫物拆迁回国及意义

盟总最终拆迁令由日本政府转达之后，为使拆迁工程顺利进行起见，各方都加强了对工程的监督。日本政府方面派外务省特殊财产局第二课外务事务官铃木齐驻厂主持拆卸事宜，并有管理员、工程人员共二十余名在厂工作。北海道知事派出涉外课主事渡边荫生率办事员三人驻厂协助管理工人宿舍及安全问题。美军第八军方面派地利负责监督拆卸装箱工程问题，盟总方面加派代表麦亚当负责监督及联络一切问题，并由北海道美军政府通知宪兵及警察，随时巡视保护一切。[①] 陈丕扬也往来于苫小牧（住宿地）与勇拂之间，大部分时间都用来监督日本三家公司的拆迁。这三家公司在7月6日从日本外务省特殊财产局勇拂综合事务所手中接收机器后，7日便同时开工拆卸机器。金属工业株式会社负责拆卸锅炉房、电力房、磨木机房、木料机房、电缆喉管等；大平工业株式会社负责拆卸制酸机房、煮浆机房、滤制机房、漂白机房、抽水机房等；增成株式会社负责拆卸打浆机房、制纸机房、切纸机房等。全部工人由300名逐渐增至600名。包装应用材料亦同时由火车陆续运到，相继开工制箱。因此工作颇为紧张，各部机器在未拆卸之前，均经分别编号并在拆卸分箱部分加以对照符号，以利将来复装工作。拆卸之后则分别洗涤，加以防锈油脂，然后包装。至于包装机器，则视机器之种类、性质、大小分为裸装、箱装、台装及开口箱装四种，所有工作程序及规格均依照盟总核定之规程办理，并经陈丕扬会同地利分别检查，由运输人员运集存仓。拆卸工作从7月7日开始，到当年10月10日，全部拆卸工作宣告完成。[②] 该批箱件由日方负责运到待接运港口，当中国船只来到此装货完毕准备起航回国之际，陈丕扬便与铃木分别代表中国与日本政府在港口所在地签署归还财产签收协议。[③]

纸厂机器既已拆卸，有几件事情立即提上议事日程，其中包括运输机器回国问题、雇用日籍技工安装机器问题、购买修机室设备问题等。

用轮船运输纸厂大批量普通机器回中国，这一问题没有争议。但最初在由我日何方应负责将机器运回国内并负担经费的问题上，中方与远委会等有过分歧。早在1945年8月14日，宋子文便在给驻英大使顾维钧的电文中提到，工业设备之划归中国者，应经中国政府指定，运往中国最后目的地，所需费用，归日本政府

---

① 《广州纸厂主管人员赴日交涉被劫机器经过及视察报告》，广州：广东省档案馆、广东实业公司档案，19-1-251。

② 《广州纸厂运回被日劫去机器事宜》，广州：广东省档案馆、广东实业公司档案，19-1-252。

③ 《接收日敌劫去省营纸厂机器文书资料》，广州：广东省档案馆、广东实业公司档案，19-1-248。

负担。[1] 1947年3月，广东省政府也表达过类似的观点，认为日方应负责将纸厂机器运回广州，一切运输装卸费，均由日方承担。[2] 但该意见与远委会的规定相左，远委会在其1946年的旧案第五条中提到归还物资在日本境内的运输及费用由日本负担，在移交给索还国后，所需各种费用则由索还国政府负担。[3] 该规定内容一直未变，纸厂机器最终还是由中国自己负责运回国内的。

在此情况下，广东方面需要做的就是尽快与一家轮船公司达成载运纸厂机器协议，以便将机器由北海道室兰港运到黄埔港。在室兰港接运机器，是刘宝琛与盟总在1948年4月23日商定的。[4]

从现有档案资料来看，最迟在6月上旬，实业公司便已经开始接洽招商局了。6月9日，招商局广州分局局长唐应华致函实业公司，提及运粤机器运费及转运地点问题。[5] 从这一时期开始一直到8月底，实业公司接洽过的航运公司共有招商局、民生公司、中国航运公司、台湾航运公司、香港太古船公司等几家公司。广东方面关注的主要问题为运费、公司的信誉度等。为了更方便地与航运公司进行联络，广东方面还请中央机器公司协理夏安世帮忙联络各航运公司。实业公司为了让自己在谈判中处于更有利的地位，采取了同时与数家航运公司公开接洽，又通过宋子文的人脉关系接触其高层，从而达到使这些航运公司降价的目的。事后来看，这一策略是相当成功的。最终，招商局以每尺吨[6]（Measurement Ton）30港币运费及其较高的信誉度在竞争中胜出。

按照日方工程师建议，招商局拟派轮一次性运完8000余尺吨的纸厂机器，后考虑到该局船只载额要么太大，要么太小，没有合适的船只可派，所以决定先后派海列轮与海赣轮两次运完。

海列轮于10月6日抵达室兰港，8日开始装载机器回国，23日开始起航回国。该轮载运机器共计2785件，重3120吨，容积6711尺吨。海赣轮于10月26日抵达室兰港，30日开始装箱，11月3日开始起航回国。该轮载运机器共计840件，重

---

① 中华民国外交问题研究会编：《中日外交史料汇编（七）·日本投降与我国对日态度与对俄交涉》，台北：国民党"中央"委员会党史委员会，1995年，第316页。

② 《广州纸厂运回被日劫去机器事宜》，广州：广东省档案馆、广东实业公司档案，19-1-252。

③ 中华民国驻日代表团日本赔偿及归还物资接收委员会：《在日办理赔偿归还工作综述》，附件第72页。

④ 《广州纸厂主管人员赴日交涉被劫机器经过及视察报告》，广州：广东省档案馆、广东实业公司档案，19-1-251。

⑤ 《广州纸厂主管人员赴日交涉被劫机器经过及视察报告》，广州：广东省档案馆、广东实业公司档案，19-1-251。

⑥ 水运货物时，计算运费所使用的一种计量单位，以货物占用货舱容积每40立方英尺（约合1.133立方米）折算为1吨，称为1尺吨。

600吨，1452尺吨。①

为让运到黄埔港的机器顺利转驳厂内，实业公司委托联和运输行与交通部广州储运处转驳纸厂机器，到11月22日止，纸厂机器完全卸船完毕并运回厂内。在此之前，实业公司还借用水利部珠江水利工程局挖泥船一艘濬深纸厂码头。②

机器运回厂内，接下来便要安装使用。但这个问题不好解决，因为当时广东省内缺乏能够安装机器的技术人员，因此广东方面最急于解决的是雇用日籍技工安装机器问题，其最青睐的是勇拂厂技工，因为他们对机器较为熟悉，要价又不至于太高。但此类事情在盟国中未有先例，交涉难度不小。

从现有档案资料来看，至迟于1948年5月下旬，广东省政府便开始进行雇用日籍技工的工作了。为了争取能够更顺利地雇用日籍技工，宋子文在此之前，已下令拟聘美国人马丁（Paul Conrad Martin）工程师为广东省政府技术顾问，条件是马丁能够争取到盟总同意，准予雇用现在勇拂纸厂工作中之日籍技术主管员工来华安装。③但对马丁而言，完成此任务并非易事，因为他是盟总职员，在未受中国政府聘任前不能负责办理。再者还涉及他回华盛顿辞职，至少两个月后才能向盟总交涉，交涉可能旷日持久，而纸厂机器不久将要拆迁回国，因此时间较为紧迫。④

但此事在主管该事务的盟总那里，还是有转圜之余地。1948年6月18日，陈丕扬在致刘宝琛的第四号报告中提到，他于6月17日向民间物资保管组代表迈耶（Meyer）商量办法，经其建议向主管部门接洽，据称盟总规定，所有日本技术人员不能离境，但倘系属于协助安装，被劫机器工厂经特别申请，或许可以考虑。⑤在得知陈丕扬建议后，宋子文于6月24日亲自致电商震、王世杰，请驻日代表团向盟总交涉，准予雇用日籍主管技术人员及监工共20名来粤安装，所有人员工资由广东方面付给，安装完后可资送回日，遴选一事可让陈丕扬负责。⑥与此同时，宋子文还亲自电请司徒雷登转电美国国务院及麦克阿瑟，希望其给予谅解。⑦

① 《广州纸厂派员赴日交涉被劫机器运回穗雇用日本技工安装》，广州：广东省档案馆、广东实业公司档案，19-1-255。
② 《广州纸厂派员赴日交涉被劫机器运回穗雇用日本技工安装》，广州：广东省档案馆、广东实业公司档案，19-1-255。
③ 《广州纸厂主管人员赴日交涉被劫机器经过及视察报告》，广州：广东省档案馆、广东实业公司档案，19-1-251。
④ 《广州纸厂主管人员赴日交涉被劫机器经过及视察报告》，广州：广东省档案馆、广东实业公司档案，19-1-251。
⑤ 《广州纸厂主管人员赴日交涉被劫机器经过及视察报告》，广州：广东省档案馆、广东实业公司档案，19-1-251。
⑥ 省府关于派员赴日拆迁造纸厂机器及与台湾糖业公司合办广东糖厂问题的来往文电，广州：广东省档案馆、广东省政府档案，2-1-469。
⑦ 《广州纸厂运回被日劫去机器事宜》，广州：广东省档案馆、广东实业公司档案，19-1-252。

7月9日，商震复电宋子文，称碍于远东委员会决议，并顾虑其他盟国态度，雇佣日籍人员一事盟总不便积极办理，此事中国未有先例。但如国民政府商得美国政府同意，则较易于成功。①

国民政府对此事比较支持，7月12日，王世杰致电宋子文，称雇用日籍技工赴粤安装机器一事，已呈行政院照宋所言办理。②经过各方的争取，盟总终于对雇用日籍技工一事表示认可。9月23日，商震致电宋子文，称关于雇佣日籍技工一事，盟总函复原则上核准，建议其向盟总主管洽订雇约。③但盟总态度后来又有反复，10月2日民间物资保管组组长谭赛（Patrick H. Tansy）将军由东京赴勇拂厂视察，据其称目前盟总对于日籍技工出国问题仍难照准。由于驻美大使顾维钧的努力争取，此事有了很大的转机。10月22日，侯彧华电知陈丕扬，称接到宋子文谕令，美国国务院已就雇用日籍技工一事与顾维钧达成谅解，如勇拂厂无法雇用，即在别厂选征熟练监工数名随同来粤。④这可以算是在此问题上中国外交的又一次胜利。

雇用日籍技工一事是否能够成功，除了要得到美国的同意，当事者勇拂厂方的态度也很重要。但早在8月中旬，勇拂厂方就已经明确拒绝此事。陈丕扬在8月19日致刘宝琛的第十三号报告中提到，他数次向勇拂厂工程师富田及总工程师中静敬三等接洽，据说自纸厂机器开始拆卸后，该厂总公司国策株式会社已经积极计划重建，新厂陆续开工，现有技术员工均留用，不愿令他们赴华。至于员工方面，亦以勇拂厂在计划复建中，将来机会不可失，亦均无意赴粤作短期工作。吴半农建议可设法在瑞典聘请技术工程师赴粤指导及帮助本国工人。⑤9月18日，陈丕扬在其致刘宝琛的第十六号报告中再次提到与吴相同的建议，此外他还建议交涉日籍技工来华一事可以作罢。10月2日，侯彧华在复函中提到，如果勇拂厂日籍技工实在不愿来华，可另洽其他纸厂日籍工程人员。该情况已呈报宋子文并用其主席名义电知瑞典公使催卡士达厂报价，并派两名工程师来华协助安装。⑥

① 省府关于派员赴日拆迁造纸厂机器及与台湾糖业公司合办广东糖厂问题的来往文电，广州：广东省档案馆、广东省政府档案，2-1-469。
② 《广州纸厂主管人员赴日交涉被劫机器经过及视察报告》，广州：广东省档案馆、广东实业公司档案，19-1-251。
③ 省府关于派员赴日拆迁造纸厂机器及与台湾糖业公司合办广东糖厂问题的来往文电，广州：广东省档案馆、广东省政府档案，2-1-469。
④ 《广州纸厂交涉被劫机器拆迁回粤安装、运输、借贷事》，广州：广东省档案馆、广东实业公司档案，19-1-253。
⑤ 《广州纸厂运回被日劫去机器事宜》，广州：广东省档案馆、广东实业公司档案，19-1-252。
⑥ 《广州纸厂交涉被劫机器拆迁回粤安装、运输、借贷事》，广州：广东省档案馆、广东实业公司档案，19-1-253。

随着卡士达厂开始与实业公司达成协议，广东方面对雇用日籍技工的兴趣减弱，关于这一点可从侯彧华11月18日给陈丕扬的复电中看出端倪。侯在复电中催促陈丕扬立即返穗回厂安装机器，还提到已电知瑞典卡士达厂派四名安装工程师明年一月初抵穗。侯认为如有数名日籍技工经验丰富且愿意来华，就请吴半农办理。陈丕扬与吴半农继续奉命办理，12月3日，陈丕扬致电侯彧华，称雇用技工问题已经与王子制纸厂洽商，但据称其奉盟总令改组，不便派遣。黎（原文如此，应为松——引者注）和机械工业会社愿意负责办理，拟派11名工程师与技工赴粤工作，期限为一年至一年半。不料，12月9日侯彧华在给陈丕扬的复电中，称公司已经聘请瑞典工程师，雇日员事作罢。该电报令陈丕扬颇为尴尬，他在12月12日致函侯彧华时提到，关于日籍技工问题，吴半农与顾维钧经过多方交涉，才获得美方谅解，准予通融特许。今接洽既有头绪，一旦作罢，对于国际交涉信誉不无影响。[①] 事已至此，陈丕扬只能接受这一结果，他在日任务至此结束，于12月18日搭乘英国航空客机飞港转穗。

因中方放弃了修机室设备，因此该重要设备的补充问题只有自己设法解决。早在1948年4月24日，刘宝琛就提到归还被劫物资与赔偿物资有别，中方要求除日方确充机件者或可归还外，其他如遗失者、损坏者，不论工具、物料、机器及附件，不入归还被劫机器范围（当然，这可能也为了防止其他盟国将本属中国的被劫物资通过赔偿而占有——引者注）。刘宝琛请谢文龙从速向行赔及经济部交涉，在运抵上海之赔偿机件内拨还一部分，如刨床、铣床等项领之返穗立即安装于纸厂修机室内。5月6日，谢文龙回复刘宝琛，称已经由省政府电请行赔拨用。[②]

但是，主管赔偿物资划拨的工商部（1948年5月，经济部改称工商部——引者注）拒绝了广东省政府的请求。6月18日，工商部长陈启天致函广东省政府，提到日本赔偿物资第一批工具机交由工商部价配与民营事业使用者为2362部，其中约有三分之一未经接委会接收。实际上该项工具机可资价配者仅1600余部，现在申请价配该项机器者达320厂，总计请购之工具机共10519部，实无余件可资拨让。[③]

但广东省政府及实业公司仍然试图通过种种渠道获取这批机件中的一部分。

① 《广州纸厂派员赴日交涉被劫机器运回穗雇日本技工安装》，广州：广东省档案馆、广东实业公司档案，19-1-255。
② 《广州纸厂主管人员赴日交涉被劫机器经过及视察报告》，广州：广东省档案馆、广东实业公司档案，19-1-251。
③ 《广州纸厂主管人员赴日交涉被劫机器经过及视察报告》，广州：广东省档案馆、广东实业公司档案，19-1-251。

7月8日，侯彧华致函夏安世，请其在上海设法代向有关方面接洽，请予在日本赔偿物资内拨配一部分机件，以应纸厂修机室设备需用。7月9日，侯彧华亲自致函陈启天，复以安装纸厂机器迫切需要为由，请求仍在该项赔偿物资第一批工具机内配拨一部分。随后，陈启天再次致函广东省政府，解释首批交给前经济部的赔偿物资，系供价配民营事业使用，各省市营事业机构不在此次价配之列。陈启天建议如纸厂愿意价购日本赔偿物资，应等到第二批配售省市地方公营事业时，再按当时公告、规定申请。①

与此同时，勇拂厂方在获知纸厂修机室设备购置问题未见进展后，便开始接洽陈丕扬，请求与纸厂交换机器。但陈丕扬认为日厂方请求交换机件，目的在于取得磨木机一座，以便维持将来工作，但是中方也缺此设备，因此建议不与之交换。②

此后，实业公司通过向瑞典购买以及通过驻日代表团交涉拆迁在日机器等途径，到1948年12月底，基本上解决了修机室设备缺乏的问题。③

随着机器陆续运到厂内，实业公司开始将复厂工作之责任交与纸厂手中。1948年11月1日，侯彧华上呈实业公司董事会，决定将广东纸厂改名为广州纸厂并于同一天正式成立，任命刘宝琛为纸厂厂长，陈丕扬为该厂总工程师兼工务课课长。④

此时国内局势已经较为严峻，国共双方在内战中进入决战时期，国民党军队之颓势日益明显。但对广东而言，此时局势尚较为稳定，因此纸厂还可以按计划进行安装复厂工作。1949年1月15日，纸厂制定了1949年度工作计划，提到纸厂聘瑞典工程师尼尔逊、白斯敦二人协助安装机器，如无特别事故发生影响安装工程，则全部安装工作可于年底完成。⑤

但最终正是由于内战这一"特别事故"影响了安装工作，据解放后广州军管会报告记载，纸厂目前多部安装工程，因局势关系已陷入完全停顿状态。⑥

---

① 《广州纸厂主管人员赴日交涉被劫机器经过及视察报告》，广州：广东省档案馆、广东实业公司档案，19-1-251。
② 《广州运回被日劫去机器事宜》，广州：广东省档案馆、广东实业公司档案，19-1-252。
③ 不过，由于长期磨损等原因，纸厂其他很多设备也面临短缺的问题。一直到1949年2月9日，广东省政府主席薛岳还上呈行政院院长孙科，请求其拨款74.5万美元，以便补充机件，添聘外籍专门工程师等。参见省府关于实业公司产品外销、机器拆迁、贷款等问题与中央、台湾、海南有关部门的来往文电，广州：广东省档案馆、广东省政府档案，2-1-468。
④ 《广州纸厂交涉被劫机器拆迁回粤安装、运输、借贷事》，广州：广东省档案馆、广东实业公司档案，19-1-253。
⑤ 《广州纸厂运回被日劫去机器事宜》，广州：广东省档案馆、广东实业公司档案，19-1-252。
⑥ 《广州河南南石头纸厂》，广州：广东省档案馆、广州市军管会档案，211-1-56。

1949年9月，解放军大军南下，势如破竹。广东省实业公司在风雨飘摇中强令纸厂将250瓦柴油发电机组调往海南岛，为刘宝琛、陈丕扬等消极抵制，使纸厂避免又一次被肢解的灾难。刘宝琛还在瑞典工程师在回国之前，将其欲带回国内之机器安装图纸资料连夜复制40张，为纸厂机器的继续安装奠定了基础。1949年10月14日晚，解放军开进广州，历经劫难的纸厂获得了新生。[①]

纸厂劫物归还在当时有重要的意义，主要表现在：

一、从政治角度来讲，它象征着中国收回了曾经丧失的部分权益，某种程度上增强了民族自豪感。

二、就实际效益角度而言，它对广东战后重建发挥了作用，使广东在制造高级纸张方面实现了自给。纸厂机器在日拆卸伊始，盟总及美国第八军便均认为这是日本占领后联合国中最大赔偿及归还物资，亦为中国赔偿及归还物资中之最有价值者之一。[②] 1950年12月30日，纸厂机器重装完毕并出纸成功，次年2月1日正式投产。[③]

但是，劫物归还这一个案也留下了不少遗憾之处：

一、刘宝琛、陈丕扬二人未能及早赴日，因而也未能尽快交涉运回被劫机器，从而延缓了纸厂劫物归还及复厂的进程。

二、未能争取收回修机室设备，虽则事出有因，但也给以后补充该设备造成了很多麻烦。

三、这一个案的成功掩盖不了中国对日索赔全局的黯淡。单从局部来讲，纸厂劫物归还是成功的，但如果从全局来看，中国的对日索赔远远没有达到弥补损失的目的[④]，这对纸厂也产生了负面影响。中国的索赔未达预期目的的主要原因是美国对外政策的改变。鲍莱（Pauley，美国政府赔偿问题特使）报告与"临时赔偿方案"出台后，美苏对立日益尖锐，中国内战中国民党军队节节败退，美国的外交政策就有了根本性的转变。在远东方面，美国亟盼建立一个反苏反共的基地，

---

① 黎寿昌：《创建广州造纸厂艰辛史》，第198~199页。

② 《广州纸厂运回被日劫去机器事宜》，广州：广东省档案馆、广东实业公司档案，19-1-252。

③ 广州造纸集团有限公司宣传部：《前进中的广州造纸厂——广州造纸集团有限公司》，广州市政协学习和文史资料委员会、广州市地方志编纂委员会办公室合编：《广州老字号》（下册）·广州文史第六十一辑，广州：广东人民出版社，2003年，第199页。

④ 截至1949年9月，中国分得的赔偿物资仅约22 070 283美元，但据行赔估计，中国战时损失不下620亿美元，所得赔偿不足九牛一毛。参见中华民国驻日代表团日本赔偿及归还物资接收委员会：《在日办理赔偿归还工作综述》，第77页。

当时国内稳定的日本最符合这个条件。于是扶植日本、抵赖赔偿，就成为美国的基本方针。1949年5月13日，美国政府下令停止拆迁，使中国的对日索赔半途而废。当然，盟国之间的纷争及中国在索赔问题上对美国过于迁就[①]也是中国对日索赔未达预期目的的重要原因。由于赔偿机器运回时间较迟[②]以及数量有限，纸厂所需补充的机件也直接受到影响，正所谓"覆巢之下，岂有完卵？"

结 论

为寻求更大的发展空间，广纸集团于2012年整体迁往番禺万顷沙，两年后笔者在南石头旧址，只看见大门前两头孤独的石狮子以及一堆堆沉默的瓦砾。眼前的场景很难让人将之与战后初期的那段峥嵘岁月联系起来，但那段岁月又的的确确在此地留下过诸多历史遗产，颇值得后人反思。笔者在南石头珠江畔追忆那段历史，认为它可以留给后人如下启发：

一、国力的强盛、政局与社会的稳定对企业的发展至关重要。纸厂机器在日帝侵华的炮火声中被强行掳掠，战后经过中方力争才得以拆迁归还，并作为广东战后重建的重要组成部分。原计划1949年底完成之安装工作，孰料因内战之影响被迫推迟年余。建国后，纸厂方踏入正常的发展轨道，为广东的建设做出了贡献。可见，国力的强盛、政局与社会的稳定对企业的发展影响至巨。

二、"自助者他助"，在纸厂劫物归还的过程中，美国因素固然重要，但中方人员的努力更为重要。战后美国单独占领日本的现实决定了美国在各国对日索赔事务中的主导地位。自1947年初开始，盟总以日本纸荒为由，不愿将纸厂设备归还中国，形势一度对中国不利。但经过宋子文、顾维钧、商震、吴半农、刘宝琛、陈丕扬等人公开场合的据理力争与私下场合对美方人士的争取，最终使纸厂原有机器与日方配件一并归还。这一突破既定规章的结果，若非美方之助不会轻

---

① 例如王世杰在其1948年1月31日的日记中提到，外交部当天开会议定："我此时不宜遽行提成品赔偿要求，因美国方力主助日本经济自给，我如提出，不易获致协议"。参见王世杰：《王世杰日记》第六册：1947年1月 ~ 1960年11月（手稿本），台北："中央"研究院近代史研究所，1990年，第167页。但其实美国政府最初在各国对日索赔问题上也不敢完全逆各国之意见而一意孤行。如1948年4月6日，美国国务院主管经济事务的助理国务卿索普（Thorp）在给国务院远东事务办公室主任巴特沃斯（Butterworth）有关美国对日政策的备忘录中提到，远委会将不会赞同赔偿计划在现有的30%的目标下裹足不前，美国在此事上采取单边行动势必激起远委会国家深深的怨恨并招致其反对。参见Memorandum by the Assistant Secretary of State for Economic Affairs（Thorp）to Director of the Office of Far Eastern Affairs（Butterworth），April 6, 1948, *FRUS 1948*, *Vol. Ⅵ*, *the Far East and Australia*, p.965. 因此，中国及其他国家过于迁就美国最终造成了美国在此问题上的一意孤行。
② 直到1948年1月11日，海康轮才赴日接运分配给中国的首批赔偿物资。

易达成，但倘中方人士缺乏谋略与韧性，也绝对无法取得。所谓"自助者他助"，不独战时如此，战后亦如此。

三、纸厂劫物归还折射出日本对中国之态度，其影响至今犹存。纸厂劫物归还过程中，勇拂厂方极不配合，为纸厂机器归还及复厂工作设置障碍。在盟总议决整套归还后，还通过各种渠道企图保留添配设备，此举甚至还得到部分日本政客的支持。此事历经数次反复，最终日方机关算尽，只好就范。此事表明，相当一部分在战时助纣为虐的日本商人战后仍然不思悔改。这种情况并非孤立存在，驻日代表团在日期间能够明显感受到日本政府与民间对索赔一事之普遍抵触情绪，这反映了当时很多日本人骨子里仍然不认可战败的结局及中国恢复受损权益的诉求，此种情绪至今犹存。

从鲁西(聊城)沦陷看日本侵华的罪与恶

广东技术师范学院文学院　杨希英

鲁西，指山东省的西部：广义上的鲁西地区包括：聊城、德州、菏泽，3个市28个县（市、区），土地面积 31 309平方公里。狭义上仅包括聊城（在传统意义上，德州，属于鲁西北；菏泽，属于鲁西南），聊城地处山东省西部，临河南、河北，位于华东、华中、华北三大区域交界处，是横跨冀鲁豫三省的最大交通物流枢纽。这里地势平坦，交通便利，是鲁西政治、经济、文化中心，自古以来是军事重镇。聊城旧城廓被宽阔的环城湖四面环绕，巍峨的光岳楼（俗称古楼）矗立在城区中央，由光岳楼到四城门都整整一华里，城内面积为四平方里，四面筑有高大四丈二尺的城墙，城门之上，有门楼高耸，城墙四角，皆有一炮楼。聊城，固若金汤，易守难攻。

1931年"九·一八"事变后，日本侵略者占领我国东北，日本帝国主义得寸进尺地侵略我国。1937年七七芦沟桥事变是日本帝国主义以武力吞并全中国的开始。由于蒋介石国民党的不抵抗主义，祖国大好河山惨遭日寇铁蹄的蹂躏。北平、天津相继沦陷。而后，日寇沿津浦线大举南侵，直指山东。9月25日，日寇逼近山东境界。10月3日，日寇占领了德州。德州属于鲁西北，自古是山东省的北大门，德州的失陷，动摇了整个山东。日寇相继又侵占了恩县、平原、陵县、高唐、临清等县。国民党山东省政府主席韩复榘率十万大军在鲁北地区稍作抵抗后南逃，大好山河落入敌手。日本帝国主义在我鲁西大地上，横冲直闯不可一世，铁蹄践踏，民不聊生。在各地国国民党大军狼狈南逃的情况下，12月19日，时任山东省第六专区督察专员、保安司令兼聊城县长的范筑先向全国发出了震惊全国的通电："誓死不渡黄河南"。范将军的通电极大地激发了鲁西人民的抗日热情，使中华民族为之振奋。

1937年12月中旬，日军发起对济南的进攻，首先从济南西部迂回侵袭，一部分日寇从东阿渡黄河进攻泰安，受我军阻击后转向进攻齐河；另一部分日寇从济南东青城渡黄河，黄河防线很快被日寇攻破，济南沦陷了。

为了更好地宣传抗日救国主张，范筑先在聊城创办了几所抗日干部培训学校，邀请共产党员做教员；他还发动群众组织抗战群众团体，如妇女救国会、战地服务团、青年救国会、儿童救国会等组织；他还先后主持出版了《山东人》《抗战日报》《先锋月刊》《战地新闻》《战地文化》《战线》等刊物。特别是1938年5月1日《抗战日报》创刊后（社址最初在聊城光岳楼西大街路南的新华印刷局，后迁到古楼南大街光岳楼小学），它积极宣传党关于团结一切抗日力量，坚持抗战，支持进步的主张，客观真实地揭露了日本帝国主义的野蛮残暴和汉奸特务的罪恶。它先后刊登了揭露日寇到处烧杀掠夺、奸淫妇女等残酷暴行的许多新闻和通讯，如《今日白山黑水间》《日寇暴行目击记》《日寇统治下的济南》《陷后的平阴》等，激发了人们对日寇的仇恨。鲁西军民在一年多时间内同日寇进行大小、战斗近百次《抗战日报》对主要战斗都进行了报道。如，为了保卫武汉，范将军指挥鲁西北军队于"八·一二""九·一八"两次进袭济南等。《抗战日报》虽仅存七个多月，但它宣传了我党的抗战主张，鼓舞和发动了群众，沉重打击了日寇的嚣张气焰，掀起了鲁西人民抗日救亡的高潮。《抗战日报》在组织抗战宣传、创建鲁西抗日根据地和推动文化统一战线方面起了重要的作用。

鲁西人民自古以来就是一个具有强烈反抗精神的民族，更是一个勇敢的民族。宋江领导的农民起义军就聚义在鲁西的梁山；武松打虎就在鲁西的景阳冈上。近百年来，捻军、黑旗军、义和团都在这个地区战斗过，强烈的反抗精神与勇敢的胆魄代代相传。鲁西人民面对日寇的洋枪大炮，没有被吓倒，他们纷纷起来拿起武器自发的、分散的组织起抗日武装力量。到1938年秋，鲁西抗日根据地已扩展到30多个县，组织抗日群众达30多万人，有组织的群众就达20万人，隶属于游击总司令部统辖的抗日武装也达10万人之多，形成了各种抗日武装并存的局面。

由于我游击战争和抗日根据地的迅速发展，严重地威胁着日寇的后方，日本侵略者在1938年10月攻占广州和武汉后，改变战略，停止了对国民党正面战场的战略进攻，从而对国民党实施了以政治诱降为主、军事打击为辅的策略，将其军事打击的重点转移到我解放区战场，对我鲁西抗日根据地实施残酷的"大扫荡"。

1938年11月初，日军进攻大名。11月上旬，日寇在伪军的配合下，兵分三路向我鲁西北展开猛烈进攻，其主攻目标就是聊城。11月中旬，日军对鲁西北进行第一次全面"扫荡"。

12日，日寇经平阴到达了东阿。由于防守黄河的国民党黄河警备区司令田佳宾不战而逃，所以黄河天险不攻自破。敌人于13日在东阿县西艾山一带搭浮桥渡过了黄河，然后长驱直入。于13日下午，日寇平田大队步骑炮300余人从东阿鱼山渡过黄河，直扑聊城。

14日上午日寇就到达离聊城市区仅20余华里的李海务乡。接着驻济南的日军末松师团平田大队在驻禹城、大名日军配合下，发动了对聊城的全面进攻。日军汽车、卡车冲入聊城东关街，我守城大军英勇抗击日寇的入侵，在运河大堤上曾多次与惨无人道的日寇进行白刃肉搏的血战，顽强的守城健儿用大刀手榴弹杀死日寇百余人，东关大街上布满了日寇的尸体和受伤的马匹。14日下午，敌机不断盘旋在聊城的上空，炮弹在院子里不停地炸落，城的上空弥漫着绿色的火焰。14日黄昏，日寇在东门强行登城，因国民党山东政府中沈鸿烈、李树春等顽固分子收买了范将军的参谋长王金祥，在敌人进攻聊城时故意拥兵不救，致使范筑先部守军伤亡惨重，东门告急。范将军亲自率领部队前去增援，经过两个小时的激战，终于打退了日寇的进攻。夜间日寇又多次猛攻，范部都拼死阻击，日寇全被范将军打退，双方死伤惨重。

15日拂晓，日寇又集中炮火向四个城门发起猛攻，天明时3架敌机围城墙低飞，并用机枪扫射散堡上的散兵线，同时用机枪、大炮密集排射，掩护日寇爬城。由于范筑先亲自指挥，守城部队英勇抵抗，攻城之敌均被击退。而后日寇在得到大批增援部队后再次强行攻城，范部与日寇血战多时，范将军手负重伤，但他仍指挥部队继续顽强阻击日军，最后终因寡不敌众，东门落入敌手。到上午11点，日寇攻破了聊城的四个城门。范将军率部与日寇展开了激烈的巷战，在巷战中，范将军壮烈殉国。下午5时左右，聊城完全被日军占领，铁铸一座古城，就此落入日寇手中。范将军与700多名守城健儿血洒疆场，为国捐躯。日寇占领聊城后，在城内实行了残酷的大屠杀，把青壮年及未撤出的官兵逮捕了100余人，然后用机枪全部扫射死，100多具尸体丢在城南外的河边。同年十月，为纪念抗日民族英雄范筑先将军，改聊城县为筑先县。

聊城失陷后，日寇又接连占领了夏津、高唐和临清。日寇到处烧杀奸抢无恶不作，对我鲁西实行了法西斯似的残酷暴行。聊城常有重兵驻扎和经过，并积极地建立伪政权。第一任伪县长是李翰章。在建立伪县府后，还积极建立伪区、乡政权及伪县警备大队，并在各区、乡安据点，企图用安据点的办法扩大和巩固敌占区，在敌占区内搜刮人力、财力以支持其侵略战争，达到"以华治华"的目的。日寇不断地对聊城市周边广大农村进行疯狂大扫荡，抓壮丁、抢粮、残害妇女，实行残酷的"三光政策"，即对平民及非武装人员实施杀光、烧光和抢光的政策。因此，成年男子都成为日寇杀戮的对象，而妇女皆成为日寇奸淫的牺牲品。小时候，常听父亲说，他十五岁那年，日寇对我们村庄——聊城西道口铺乡顾庄村经常进行大扫荡，其中在一次日寇的大扫荡中，我爷爷被日寇枪杀了。那天我爷爷正在地里干活，日寇突然来袭，爷爷来不及躲藏，日寇先是用机枪扫射中了我爷爷，当时，爷爷并没有死，日寇见爷爷还活着，又残暴地用刺刀剖开了爷爷的胸膛，爷爷当场就死了。后来，还听我奶奶说，邻村的一位李大娘也在日寇大扫荡时被抓去聊城炮楼上，被日寇蹂躏，一个月后才被放回家（老人家仍然健在，现年96岁）。上海师范大学教授苏智良主张，在日本侵华期间，中国妇女沦为"慰安妇"的有二十万人之多。

日寇还对我鲁西实施了惨无人道的细菌战。日本帝国主义为了寻找侵华的借口，手段极其残忍地在我鲁西散步病菌，制造霍乱，然后打着："鲁西支那人患了传染性霍乱，皇军帮助支那人扑灭霍乱，拯救支那人。"的幌子侵我中华。据日军战俘林茂美供述："日军第59师团防疫给水班，于1943年8月至9月，在山东省馆陶、南馆陶、临清等地散布过一次霍乱菌。当时散布在卫河，再把河堤决开，使水流入各地，以便迅速蔓延。"8月27日，日军驻临清县城的第五中队、机关枪中队各一个小队共60人，抵达县城附近的小焦家庄卫河西岸决堤，汹涌的卫河洪水向西岸堤下奔流而下，顷刻间堤坝被冲垮150多米，河水咆哮着向前奔涌。《中共冀鲁豫边区党史资料选编》记载："鲁西北……出现了大面积的灾荒，冠县、堂邑公路两侧、马颊河两岸约1 500公里的土地上，形成了涉及莘县、冠县、聊城、堂邑4个县10余个区1 000多个村庄的40万人口死亡的'无人区'。"这些不是数字，是生命，是血淋淋的罪证。

日寇侵占聊城长达八年之久，使聊城百姓蒙受巨大损失，据1945年5月统计，全县损失粮食317 111 200斤，牲口损失3 000头，房屋损失25 800间，全县被日寇杀害、因日寇制造的灾害病饿而死、流亡失踪，遭受敌人枪伤、拷打致残致病者数以万计。

日寇占领聊城期间，不仅使聊城人民遭受了空前的生灵涂炭，而且地方文化也遭到了毁灭性的破坏。海源阁是聊城最具文化气息的楼阁，它是清代我国四大私家藏书楼之一，就在1938年日寇攻陷聊城时，海源阁的书籍"尽遭火焚"，海源阁的藏书所剩无几。有幸被保留下来的那一小部分海源阁藏书，后分别藏于山东图书馆和国家图书馆，以国家图书馆收藏的部分更为珍贵。幸亏海源阁的第五代传人杨敬夫早年已将部分古籍转运各地，否则，海源阁的藏书将会全部毁于日寇的焚火之中。另一著名的文化遗址——山陕会馆，也同样毁于日寇之手。山陕会馆是山西、陕西的商人们于乾隆八年（1743年）始建，历经4年建成。后经数百年的发展，文化底蕴深厚。但1938年日寇侵占聊城后，山陕会馆被日伪汉奸盘踞。会馆的当事人陈继先老人回忆，当时会馆的首事人用十个大铁箱装载着会馆200余年来的全部账簿、册籍等档案资料，交给"值年管账"的陕西籍怀德堂药铺。当日寇攻入东关大街时，市民早已撤离，而怀德堂等人却来到会馆，将大门紧闭，保护会馆，日寇敲打不开会馆的大门，就放火烧毁了会馆的前院，一时间灰飞烟灭，会馆账簿、文书等由此付之一炬。历史悠久、文化底蕴深厚的文明古城，就这样在日寇的炮火和有计划有组织的掠夺下毁掉了。

日寇在侵华期间对我鲁西人民犯下的滔天罪行，深深地伤害了我人民的情感。中华儿女会永远铭刻在心，不忘这段耻辱的历史。

当前日本政治的右倾化及其对中日关系的影响

暨南大学国际关系学院　宋海洋①

摘要：2012年安倍晋三政府上台以来，日本政治思潮急剧右转，政治右倾化加剧。日本领导人公开否定侵略历史，美化侵略战争，参拜靖国神社，企图修改和平宪法，在外交上实施价值观外交。日本政治右倾化的历史根源在于战后民主改革的不彻底性和美国的扶植，现实背景则是美国正在实施的亚太再平衡战略和中国经济的快速崛起。日本政府如果不采取措施解决，中日关系的矛盾将加深，东亚一体化进程将遭受挫折。

关键词：右倾化；靖国神社；中日关系；安倍晋三

一、日本政治右倾化的表现

2012年12月26日，日本著名的右翼政治家自民党总裁安倍晋三梅开二度，出任日本第96任内阁总理。安倍政府上台以来，不断在历史、领土等问题上向周边国家挑衅，否认甚至美化侵略历史，安倍内阁的倒行逆施将使中日关系不断恶化，东亚地区矛盾激化和东亚区域合作进程放缓。

（一）否认侵略历史

安倍晋三上台后先后抛出了"殖民不是侵略"、"侵略定义不清"、"参拜靖国神社有理"等一系列右翼言论，借以否认日本军国主义发动侵略战争的历史。安倍甚至颠倒黑白，信口雌黄，为当年日本军国主义的罪行开脱。2013年2月，安倍在接受《华盛顿邮报》采访时称，同日本和其他亚洲邻国的冲突是中国根深蒂固的需求。3月12日，安倍在国会答辩时公开质疑东京审判。他宣称，对甲级战犯的判决是根据"战胜国的判断裁定的罪名"，而非日本人的定罪。②4月23日，安倍声称，"侵略"的定义在学术界乃至国际上都没有定论，取决于看待这个问题的

---

① 作者简介：宋海洋（1979— ），男，安徽砀山人，广东商学院华商学院讲师，法学硕士。研究方向：国际关系理论与实践。

② 《安倍屡发右翼言论是在玩火》[N]. 新华每日电讯，2013-07-10（3）。

是哪一方。①此言一出立即受到国际社会的强烈谴责。在国际社会，日本的侵略行径早已被认定为史实。1943年12月1日，中美英联合发表的《开罗宣言》明确指出："我三大盟国此次进行战争之目的，在于制止及惩罚日本之侵略。"第二次世界大战后，远东国际军事法庭判定东条英机等28名甲级战犯犯有反和平罪、战争罪和违反人道罪等罪行。在1972年《中日联合声明》中，日方明确表示愿对战争给中国人民造成的重大损害进行深刻反省。1995年8月15日，时任首相村山富市就历史问题发表正式谈话，对日本的殖民统治和侵略表示深刻的反省和由衷的歉意。"侵略定义未定论"是对两国邦交正常化以来双方所达成政治共识的公然否定。

强征"慰安妇"是日本军国主义在第二次世界大战期间犯下的严重罪行，也是事关当事受害者个人尊严的重大人权问题，对此国际上早有定论。日本政府在1993年8月4日通过时任内阁官房长官河野洋平公开表达了关于"慰安妇"问题的基本立场，承认"慰安妇"问题给很多女性的名誉和尊严带来了严重的伤害，日本政府表示由衷道歉。安倍2007年试图否认强征"慰安妇"，曾引发国际社会批评，美国国会众议院同年7月通过谴责日本在第二次世界大战期间强征"慰安妇"的第121号议案，要求日本政府正式承认"慰安妇"问题，正式道歉并承担历史责任。然而2013年5月13日，日本维新会党首、大阪市长桥下彻公然大放厥词，称"慰安妇"制度是当时保持军纪所必需，没有证据显示日本政府或军方直接采取了绑架、胁迫"慰安妇"的行为。②此言一出，国际舆论哗然，包括中国、韩国、菲律宾、美国、俄罗斯以及联合国在内的国际社会纷纷谴责。2015年4月27日安倍晋三在美国哈佛大学发表的演讲中，居然用"人口贩卖受害者"指代"慰安妇"，回避日本强征数以万计朝鲜半岛、中国及其他亚洲国家妇女充当日军性奴隶的罪行，歪曲了问题的本质。③29日，安倍在美国国会的演讲中尽管提到日本要对过去历史"反省"，但不提"侵略""殖民统治"，更没有提"道歉"。安倍的右翼言行遭到国际社会有良知的人们强烈反对，2015年5月5日，187名国际知名的史学家向安倍发出联名公开信，敦促日本政府就"慰安妇"问题明确道歉。"慰安妇"制

---

① "侵略"定义未定？评论称安倍越线行为越走越远［N/OL］.（2013-04-24）［2013-10-28］中国新闻网，http：//www. chinanews.com/gj/2013/04-24/4761097.shtml。

② 外交部：对日本政治人物有关慰安妇言论表示强烈愤慨［N/OL］.（2013-05-14）［2013-10-28］人民网，http：//world. people.com.cn/n/2013/0514/c1002-21481115.html。

③ 全球187名史学家联名要求安倍就慰安妇问题道歉［N/OL］.（2015-5-10）http：//world.huanqiu.com/hot/2015-05/6367827.html。

度是由日本政府写下的世界战争史上最不人道和最残忍的一页。充分体现一个国家是如何的野蛮、残忍和暴虐，足以让诸多和平人士触目惊心。①日本政客不顾日本政府自己的"河野谈话"立场，公然挑战人类良知和历史正义，屡次在"慰安妇"等历史问题上大放厥词，反映出日本政治和社会急剧右倾化趋势。面对国际社会对其右倾化的批判，安倍没有丝毫的收敛和忏悔之意，反而表现得更加桀骜不驯。2013年9月25日，安倍称"如果大家想把我叫作右翼的军国主义者，那就请便吧"。安倍的言论彻底暴露了其真实右翼面目，表现出其不顾一切也要推进其扩军道路的顽固企图。2015年是第二次世界大战结束70周年，日本本应抓住历史机遇，给亚洲受害国人民一个公平的交代，抚慰历史伤口，但安倍政府所作所为，显然错失历史机遇。

（二）参拜靖国神社

靖国神社是中日关系中一道绕不开的坎，是否参拜靖国神社是衡量中日关系"阴晴"的标准。靖国神社是日本军国主义的象征，里面供奉着自1868年明治维新以来在对外侵略战争中战死的246万多名军人，其中80%以上是第二次世界大战中丧生的官兵。1978年10月，日本厚生省以"昭和殉难者"的名义，偷偷地将东条英机等14名甲级战犯和2000多名乙、丙级战犯的牌位塞进了靖国神社，把他们视为"为保卫日本而献身的英灵"。

1985年，时任首相中曾根康弘首次以内阁总理大臣的身份参拜了靖国神社，开了一个恶劣的先例。2001—2006年，时任首相小泉纯一郎更是冒天下之大不韪连续六次参拜，对中日关系造成严重的影响，使中日关系进入"冰冻期"。②现首相安倍晋三更是一个典型的右翼民族主义者，早在2012年10月安倍便以在野党首身份参拜靖国神社。在2012年底的首相竞选中，安倍称对自己在第一次执政时没能参拜靖国神社感到"痛恨至极"。

2013年2月，安倍称日本领导人对靖国神社祭祀的亡灵表达敬意理所当然。鉴于中韩等国的强烈反对，安倍没敢公然参拜，但在4月和10月的靖国神社大祭时，安倍均以"内阁总理大臣"的名义供奉"真榊"。8月15日，安倍还以自民党党首的名义向靖国神社献上祭祀费。安倍政府的内阁要员们更是有恃无恐，多次公然参拜靖国神社。8月15日，日本内阁大臣新藤义孝和日本国家公安委员会委

---

① ［澳］乔治·希克斯：《慰安妇》，腾建群，译.北京：新华出版社，2002年版，第7页。

② 牛军：《后冷战时代的中国外交》，北京：北京大学出版社，2009年版，第261页。

员长古屋圭司参拜了靖国神社。日本跨党派议员团体"大家一起参拜靖国神社国会议员会"组织了102人参拜。10月18日，新藤义孝及大约160名国会议员前去"拜鬼"，创下"冷战"结束以来秋季大祭国会议员参拜人数的新纪录。"参拜人数上升是日本政治力量格局变化导致的，是日本政治右倾化的表现。"①12月26日，日本首相安倍晋三在执政一周年之际，悍然以公职身份参拜了靖国神社，这是自前首相小泉纯一郎之后，相隔7年，日本首相再度参拜靖国神社。安倍此前还为内阁成员参拜靖国神社辩解称：向英灵表达崇敬之情是自由的、理所应当的，绝不向任何威胁屈服。这种公开的为侵略者歌功颂德，为军国主义招魂的参拜活动，得到了日本右翼势力的支持与赞扬，是对历史正义和人类良知的公然挑战，严重伤害中国等亚洲受害国人民感情，严重亵渎国际公理和国际正义。反观同样是第二次世界大战策源地和战败国的德国，在战后能够以真诚的态度对待历史，1970年，德国前总理勃兰特在访问波兰犹太人死难者纪念碑时双膝下跪，代表日耳曼民族对犹太民族表示真诚的忏悔，德国也因此赢得世界的谅解和尊重。

（三）力图修改和平宪法

1946年，在美国占领当局的监督下，日本制定了新的宪法，废除了明治宪法。这部新的宪法被称为"和平宪法"，之所以有这样的称呼是因为这部宪法的第九条明确规定："日本国民真诚地企望以正义和秩序为基调的国际和平，永远放弃国家主权发动的战争、武力威胁或使用武力作为解决国际争端的手段。为达此目的，日本不保持陆海空军和其他战争力量，不承认国家交战权。"②这部宪法是在反省侵略战争的基础上制定的，得到了日本人民的衷心拥护，并为维护战后日本经济的繁荣和社会稳定做出了巨大贡献。修改宪法，为日本成为政治、军事大国扫清"障碍"，长期以来一直是日本右翼势力和日本新保守主义者的奋斗目标，但是日本的右翼势力却视和平宪法为日本成为世界大国、军事强国的绊脚石。安倍的核心政治理念就是要让日本"摆脱战后体制"，成为"具有领导地位的国家"，或者是日本常说的"政治大国"。2006年安倍第一次执政时，曾著书《致美丽国家》，阐述这一政治主张，并明确以此为己任。在任职期间，安倍推动通过了规定修宪程序的《国民投票法》以及将"防卫厅"升格为防卫省的相关法案。当选自民党总裁之后，又发表题为《致新国家》的政权构想，明确强调"终结战后体制，

---

① 蓝雅歌，李珍，等：《日政客大拜鬼激怒中韩》[N]，《环球时报》，2013-10-19（8）。

② ［日］渡边洋三：《日本国宪法的精神》，魏晓阳，译.南京：凤凰出版社，2009年版。

自主制定宪法"是"自民党的建党理念"。正如安倍在其亲撰的文章《走向新的国家》中所说:"与我五年前担任首相时相比,我的立场没有任何变化。我依然认为,日本面临的最大问题就是摆脱战后体制。"[1]在安倍政府操纵下,2014年7月1日日本召开国家安全保障会议,通过了解禁集体自卫权的内阁决议案,提出了新的"武力行使三条件":一、日本遭到武力攻击,或与日本关系密切国家遭到武力攻击,威胁到日本的存亡,从根本上对日本国民的生命、自由和追求幸福的权利构成明确危险;二、为保护国家和国民,没有其他适当手段可以排除上述攻击;三、武力行使限于"必要最小限度"。这意味着日本战后以专守防卫为主的安保政策将发生重大变化,该内阁决议案推翻了日本历届内阁遵守的"自卫权发动三条件"。[2]安倍内阁强行修改和平宪法,完成了解禁"集体自卫权",这意味着日本战后以专守防卫为主的安保政策将发生重大变化,日本将脱离战后坚持的专守防卫原则,背离和平宪法第九条宣布永久放弃战争权、不承认交战的规定。安倍追求摆脱战后体制,其主要目标是要取消和平宪法对日本发展军力和使用武力的限制,日本将可以大张旗鼓地发展军事力量,甚至拥有核武器,以武力解决国际争端。日益膨胀的右倾民族主义有可能使日本军国主义复活,对世界和平会带来巨大的威胁。

(四)积极实施价值观外交

安倍2006年首次担任首相时期的外相麻生太郎曾提出"自由与繁荣之弧"(Arc of freedom and prosperity),指从东南亚经由中亚到中欧及东欧,连成一条弧线包围着欧亚大陆,支持拥有与日本"相同价值观"的国家,意在包围和牵制中国。2012年安倍第二次上台执政以来,积极推行价值观外交,臆造"中国威胁论",拉拢周边国家来牵制中国。2013年1月,英国《简氏防务周刊》报道,安倍晋三呼吁澳大利亚、印度、日本和(美国的)夏威夷共同组成"民主安全菱形",与实力日渐增强的中国抗衡。安倍说,"我构想出一种战略,由澳大利亚、印度、日本和美国的夏威夷组成一个菱形,以保卫从印度洋地区到西太平洋地区的公海。我已经准备好向这个安全菱形最大限度地贡献日本的力量。"[3]为从外围保障其"菱形战略"的效果,安倍不惜拉拢北约。日本媒体报道,安倍亲自给北约秘

---

[1] 高美:《回归的右翼:安倍晋三》[N],《新京报》,2012-12-17(A7)。

[2] 日本正式通过解禁集体自卫权内阁决议案[N/OL].(2015-05-10)http://news.xinhuanet.com/world/2014-07/01/c_1111409739.htm。

[3] 方晓:《安倍吁建对华"民主安全菱形"》[N],《东方早报》,2013-01-13(A09)。

书长拉斯姆森写信，要求与北约联手应对中国的"海洋崛起"。安倍上台伊始即展开密集的亚洲外交。1月16日，安倍亲自出马访问东盟三国越南、泰国及印度尼西亚；1月18日，安倍在印度尼西亚发表了日本亚洲外交五项原则的讲话。第一条即强调，日本要与东盟国家共同创造相同价值观。安倍的外交意图十分明显，就是构建对华包围圈，以遏制不断强大的中国。安倍希望借推行价值观外交、突出价值观因素，从意识形态角度来巩固日本的已有优势与既得利益，尽可能缓冲中国崛起对日本可能带来的冲击。

（五）大力增强军事力量

安倍上台后，在军事上不断突破和平宪法的制约，增强自卫队的实力。安倍组成内阁后，立即向防卫相小野寺五典下达指示，要求修改民主党政权制定的作为国防建设长期指导方针的《防卫计划大纲》及《中期防卫整备计划》。随后，日本防卫省开始修改《中期防卫整备计划》，写明引进美军最新型无人侦察机"全球鹰"，并且在日本财政极度困难的条件下，提出了大幅度增加国防预算。在日本右翼力量加紧推动"修宪、建军"之际，2013年8月7日，日本第二次世界大战后建造的最大型战舰"出云号"在日本横滨造船厂正式命名并下水。2015年3月25日"出云号"加入海上自卫队服役。出云级二号舰将于2015年8月下水。"出云号"战舰舰长近250米，宽38米，标准排水量为1.95万吨，满载排水量2.4万吨，建造费用高达1200亿日元（约合75亿元人民币）。"出云号"舰名，曾为旧日本日本海军舰队旗舰所使用。该舰先后参加了日俄战争和日本对华侵略战争，在对俄海战中立下"战功"，在对华侵略中犯下累累罪行。"出云号"的下水，反映了日本鹰派对所谓的帝国海军念念不忘，其建造和入列既是日本扩军计划的重要组成部分，更是日本政治右倾化的结果，反映了日本突破"专守防卫"与和平宪法束缚、彻底改变战后体制、重建日本主导亚洲秩序的战略走向。现在的日本海上自卫队不仅拥有装备先进的常规海上防御舰艇，还有"苍龙级"AIP潜艇、"大隅级"船坞登陆舰、"日向级"直升机驱逐舰这样技术先进、战力强劲的海上舰艇。日本自卫队实际上已经成为一支世界上少有的强大军队，整体军事力量早就超过了日本宪法规定的"专守防卫的需要"，专守防卫"已变得有名无实，外向型为主要特征的"主动先制"战略已初步构成"。①

---

① 高岚：《靖国神社的幽灵——警惕日本军国主义复活》，北京：军事科学出版社，2001年版，第24页。

此外，安倍政府不断在钓鱼岛问题上挑衅。2012年9月11日，日本政府演出了一幕"购岛"闹剧，导致中日关系急剧恶化。安倍政府上台后，在钓鱼岛问题上越发强硬，在1月的记者会上，安倍即强调说对于钓鱼岛问题日本依然会坚持一贯立场，没有任何和中国谈判的余地；9月，安倍又表示，钓鱼岛是日本固有领土，不会妥协。2013年2月，安倍甚至狂言日本为争夺钓鱼岛将"不惜一切代价"。安倍还抽调自卫队舰艇武装海保厅，下令自卫队飞机对我海监飞机进行拦截。力促海上保安厅自卫队化，自卫队国防军化，最终将目前钓鱼岛中日海上对立引向岛上对立和空中对立。此外，日本还不断联合美国制衡中国，宣称钓鱼岛属于美日安保条约第五条范围之内。钓鱼岛自古以来就是中国领土的历史事实，以及第二次世界大战以来的相关国际法条约与文献，都明确表明了钓鱼岛的主权属于中国。

二、日本政治右倾化的背景分析

日本政治右倾化有深刻的历史根源、现实社会需求以及复杂的国际背景。战后美国主导的对日改造不彻底留下了祸根；日本追求的政治大国战略和美国重返亚太战略助长了日本的政治野心；中国经济的快速发展形成的"中强日弱"局面刺激了日本的心理情绪。

（一）战后日本改革不彻底

战后初期，美国对日本单独占领，采取了一系列民主化改革措施，在政治方面，制定了新的《日本国宪法》；惩罚战犯、解散日本的军队、废除了陆军省、海军省、参谋本部等军国主义机构，废除了《国家总动员法》等军事法令。在经济方面，实施了农地改革，解散了财阀等。但这些改革很不彻底。日本裕仁天皇作为最大的战犯，不仅没有被追究战争责任，而且在新宪法中天皇作为国家象征被保留下来。第二次世界大战前无论是日本宪法中关于天皇地位的规定，还是日本发动侵略战争的进程都表明，裕仁天皇是侵略战争的最高决策者和指挥者，他当然应该是战争罪行的最高责任者。[①]象征着军国主义的靖国神社也没有予以摧毁。很多罪行累累的战犯，被宣布"无罪"释放，臭名昭著的日本关东军731部队的创建人石井四郎等战争罪犯也逃脱了正义的惩罚。很多战犯重新上台担任政

---

① 宋新海：《日本政治右倾化的特点及其对中日关系的影响》，《当代世界与社会主义》，2006年第3期。

府要职，甚至被定为甲级战犯的岸信介居然成为了首相。这些人成为右翼势力的中坚力量，他们不断否定侵略，美化战争，主张修改和平宪法，重整军备。

（二）日本的政治大国战略

日本在历史上对大国地位有一种不懈追求的理念。[①]美国学者布热津斯基认为："由于历史和自尊心的原因，日本是个不完全满足于目前全球现状的国家，虽然日本的表达方式比中国更为克制。日本不无理由地感到它有资格被正式承认为世界大国"。[②]实现"大国梦"是日本长期追求的国家目标，战前日本推行"大日本主义"，进入20世纪80年代后，日本就一直致力于改变"经济巨人，政治侏儒"的形象。日本政府相继提出了"第三次开国"、"政治大国"、"国际国家"，"普通国家"的外交目标，以此表明日本要实现从"经济大国"到"政治大国"的转变。安倍在提及2006年首次上台时就提出"摆脱战后体制"，就是要成为"正常国家"。具体作法是修改宪法、重整军备、向海外派兵、争当联合国常任理事国，彻底摆脱第二次世界大战后形成的战败体系的限制。安倍二次组阁后，其追求政治大国的目标没有丝毫改变，政治大国的实质是对现行国际体系的反抗和挑战，重新走向政治、军事大国。在日本对侵略战争缺乏反省的条件下，周边国家对日本"大国化"定会抵制，美国处于自身利益考虑，也不会允许日本"坐大"。

（三）美国的扶植和纵容

早在冷战之初，美国对日占领政策逐渐发生了改变。为了使日本成为"防范共产主义的前沿阵地"，美国逐渐改削弱日本为扶植日本。1950年6月25日，朝鲜战争爆发，美国开始对日本重新武装。1950年7月8日，麦克阿瑟下令日本组建7.5万人的国家警察预备队，1954年改称自卫队。1951年9月8日，美日签订了《对日和平条约》，使日本实际上摆脱了被占领状态，日美最终以结盟的方式结束了占领，由敌国变成了盟国。

2009年，美正式实施"重返亚太"战略。2012年6月，美国防长帕内塔提出"亚太再平衡战略"（Asia Pacific rebalancing strategy）。帕内塔宣布，美国海军将在未来8年内将10%的水面舰艇和潜艇转移到太平洋，到2020年，届时将60%的美国战舰部署在太平洋。2013年6月，美国新任防长哈格尔宣布将增加亚太地区地面部队的部署，同时将美国空军60%的海外力量部署到亚太。作为美国在东北亚

---

① 宋成有，等：《战后日本外交史》，北京：世界知识出版社，1995年版，第17页。

② ［美］兹比格纽·布热津斯基：《大棋局》，中国国际问题研究所，译，上海：上海人民出版社，1998年版，第228页。

地区的主要盟国，日本欲"借船出海"，假借美国"重返"亚洲之船为名，行出海之实。而美国也可以"以日制华"。中国的迅速发展也是美国感到了巨大的政治、经济等方面的压力，美国担心中国会挑战美国在亚太的主导地位，成为美国在亚洲地区最大的威胁。冷战思维促使美国决定加强美日同盟以遏制中国的崛起。所以，美国在日本否定历史的问题上保持缄默的态度，对于日本安倍政府修改和平宪法的右翼言行采取纵容的态度，对于日本在钓鱼岛问题上的挑衅，采取支持的态度。美国的这种态度直接怂恿、鼓励了日本政府在否认侵略历史问题上的强硬态度，对亚洲各国人民的强烈抗议声置之不理，一意孤行，在右倾的道路上越走越远。在维护反法西斯第二次世界大战成果方面，美国与亚洲国家有着共同的利益，美国应承担起责任，而不是纵容日本，姑息养奸，最终引火烧身。

（四）中国快速崛起对日本右翼分子的刺激

2010年，中国的GDP总量超越了日本，日本持续了42年之久的世界第二大经济体的位子被中国取代，曾经的亚洲第一强国，而今面临经济萎缩，国力下滑的窘境。日本对亚洲一直有着很强的主导意识，以"大和民族优越论"自居，习惯了"日强中弱"的局面，在心理上一直就有对中国的优越感。因此，面对中国的崛起，日本感到非常困惑甚至深度忧虑，前日本自民党政调会长中川昭一甚至担心日本可能在二十年内成为中国的另一个省。中国的上升对长期以来欲主导亚洲的日本来说，心理上是接受不了的，因而将中国的崛起视为对日本现有地位和政治大国战略的有力挑战和掣肘。现在"中强日弱"的局面带来的的心理落差，使得日本右翼分子开始大肆鼓吹"中国威胁论"，在历史和领土等问题上挑衅中国。

三、日本政治右倾化的影响

日本政治右倾化对中日关系、东亚经济一体化进程和地区形势将产生巨大的消极作用，中日之间的战略猜疑和矛盾将加深，东亚经济一体化进程将放缓，地区安全困境将加剧。

（一）中日结构性矛盾加深、关系恶化

中日关系在历史、领土等问题上的冲突导致政治关系的紧张，中日之间历经30多年建立起来互信和交往基础被不断削弱直至破坏。2013年是《中日和平友好条约》缔结35周年，两国本应以此为契机，提升两国政治关系，但由于安倍政府

在历史问题上开倒车，否认两国间存在领土争议，致使两国首脑不能实现正常的会晤。2013年9月，G20峰会在圣彼得堡举行，国家主席习近平同日本首相安倍晋三在贵宾室"偶遇"，双方进行了简短站立交谈；10月于印度尼西亚巴厘岛召开的APEC领导人非正式会议上，两国领导人相互握手，但并未交谈；在随后的东盟峰会上，两国领导人也是全程无交流。2014年11月7日，中日双方在达成四点共识的背景下，习近平主席和安倍首相才进行了短时间的会见。两国间这种政治上的"冷淡"是极不正常的，中国是世界第二大经济体，日本是世界第三大经济体，两国间有众多复杂的棘手问题需要解决，两国首脑迟迟无法正常实现会晤，必将对中日关系的未来造成破坏。

　　日本政治的右倾化对中日经济关系也造成巨大的影响。在2001—2006年中日关系紧张时，呈现出"政冷经热"局面，而现在则出现了"政冷经冷"的趋势。2012年尽管中国仍然是日本的第一大贸易伙伴，中日贸易总额达到3 294.5亿美元，但"日本已经下降为中国的第五大贸易伙伴，下降了3.9%"。[①] 中国海关公布数据显示，2013年以美元计价的中日贸易额同比减少了6.5%，减至3 119亿美元，连续2年出现减少。2014年中国与日本双边贸易额同比下降1%。2012年，日本对华直接投资总额达73.8亿美元，同比增长16.3%，[②] 但与上年近50%的增长率相比，增速相对放缓了许多。根据日本贸易振兴机构发表的统计报告，2013年上半年，中日贸易总额与去年同期相比，大幅减少了10.8%，仅为1 472亿美元（约合人民币9 008亿元）。[③] 2014年中日双边贸易额为3 124.4亿美元，与中国与其他大国日益上升的贸易额相比，可谓裹足不前。2013年上半年日本对华投资额增长14.4%，达到46.87亿美元，增长率与2012年全年16.3%的增长率相比有所减少，2014年日本对华投资金额43.3亿美元，同比下降38.8%。2012年是中日邦交正常化40周年，但在日本宣布对钓鱼岛"国有化"以后，中国赴日游客与前年同期相比减少了24%，其中9—12月赴日中国人数量约为19万，较上年同期减少约

---

① 海关总署：2012年日本下降为我国第五大贸易伙伴［N/OL］.（2013-01-10）［2013-10-28］中国新闻网, http://finance.chinanews.com/cj/2013/01-10/4476603.shtml.

② 2012年日本对华投资大幅增长16.3%［N/OL］.（2013-11-27）［2013-11-28］中经观察网, http://www.eeo.com.cn/2013/0619/245479.shtml.

③ 2013年上半年中日贸易额锐减［N/OL］.（2013-11-27）［2013-11-28］中国行业研究网, http://www.chinairn.com/news/20130822/151402810.html.

40%，中日航班上座率跌至40%。① 而日本是中国最大的旅游目的地。2012年日本对华出口则减少9.1%，连续两年下降。2013年上半年到日本旅游、工作的中国游客与去年同期相比减少近三成。2013年上半年日本面向中国的出口总额为614.3亿美元，低于韩国，降至4年来最低水平。从以上可以看出，中日政治关系的恶化已经导致经济的下滑趋势。中日应从战略高度和长远角度看待和把握中日经贸关系，尽快排除各种干扰和阻碍，推动两国关系重回正常发展轨道，为经贸合作创造良好环境和氛围。

日本政治的右倾化对中日国民感情和文化交流构成负面影响。由于中日的政治对立，两国民众对对方的好感度不断下降。2014年9月9日，由中国日报社和日本言论NPO合作进行的第十次"中日关系舆论调查"结果发布，调查显示：两国公众继续看重中日关系，但对两国关系现状认可度达近十年最低，中国普通公众对日本"印象不好"和"印象相对不好"的比率高达86.8%；日本人的对华印象为"不好"或"相对不好"的比例高达93.0%，在2012年首次超过90%的基础上继续下降。② 这种彼此之间的厌恶严重损坏了中日两国之间的信任感。在地理上，两国是一衣带水的邻邦，但在心理距离上却是越来越远。在同中国的人员往来方面，2011年总人口不到日本一半的韩国已超过日本。2011年中韩人员往来从1992年建交时的约13万人次升至650万人次以上，超过中日间500多万次的人员往来。2014年中日双边人员往来略微上升，达到556.6万人次，但仍远不及中韩两国互访的1 031万人次。③ 国之交在于民相亲，日本前首相细川护熙指出，文化交流"会促进国民间的相互理解，有助于消除误会，建立友好感情"。显然，中日政治关系的僵化严重阻碍了文化交流。

自古以来，只要出现一个新的强国总是会引起人们的不安，因为它不仅向原有政治和战略的现状发出挑战，而且可能造成紧张的经济冲突。④ 随着中国国力的稳步上升，日本对中国的战略疑虑也相应上升，担心中日也会陷入这种"修昔底德陷阱"（Thucydides trap）。但中国走的是和平发展的道路，不会走国强必霸的老路，不会威胁或挑战任何国家。2012年，中国提出了构建新型大国关系的理念，

---

① 受钓鱼岛问题影响 赴日中国人数量减少四成［N/OL］.（2013-11-27）［2013-11-28］国际在线, http://gb.cri.cn/27824/2013/01/16/6071s3992454.htm.

② 王智达:《中日民众互无好感比例逾九成》［N］,《新民晚报》, 2013-10-27（A7）.

③ 中国外交部网:《中国同日本的关系》［N/OL］,（2015-5-10）http://www.fmprc.gov.cn/mfa_chn/gjhdq_603914/gj_603916/yz_603918/1206_604546/sbgx_604550/

④ ［美］罗伯特·帕斯特:《世纪之旅》［M］.胡利平，杨韵琴，译，上海：上海人民出版社, 2001年版，第304页.

其核心特征是相互尊重、互利共赢的合作伙伴关系，而不是"你输我赢"的零和博弈（zero-sum game）。中日两国合则两利，斗则俱伤，中日两国经济上有着巨大的利益互补性，两国应该合作而不是对峙。中日关系的长期对峙对双方来说都是极为不利的，结构性矛盾需要双方理性对待，两国应该从战略高度建设战略互惠关系。中日关系的改善着眼于未来和长远利益，这需要双方做出长期的共同努力。推进中日两国政治层面的战略对话，建立双方战略合作框架，并将其制度化、机制化与可管理化也是十分必要和迫切的。[①]在新的历史时期如何构建健康，互利双赢的中日关系，避免出现陷入恶化，不可控的局面，是日本政府应该正视的历史和现实问题。

（二）东亚经济一体化进程受挫

21世纪东亚区域合作正加速进行，实现经济一体化是东亚各国政府的共识。首先，日本政治的右倾化将阻碍中日韩自贸区的建设。2012年5月，中日韩三国达成共识，同意年内启动中日韩自贸区谈判。中日韩自贸区一旦形成，就意味着占世界GDP超过20%，占东亚地区GDP超90%，占世界GDP总量19.6%，有着15.2亿消费者的巨大经济圈的形成，在全球范围内，它的贸易规模仅次于欧盟和美国。但目前，日韩、中日关系都出现摩擦，这一谈判事实上已经搁浅。其次，日本政治的右倾化将延缓甚至破坏东亚区域经济一体化过程。2012年11月，覆盖东盟10国与中国、日本、韩国、印度、澳大利亚、新西兰等16个国家的《区域全面经济伙伴关系协定》（RCEP）谈判正式启动，由于多国对日本复兴军国主义的忧虑，谈判进展缓慢。2014年，中国牵头筹备建立的亚投行（AIIB），日本政府至今拒绝加入。中日两国作为东亚地区核心大国，担负着重大的历史责任。目前，东亚地区合主导者是东盟，但东盟10国均是小国，东亚区域一体化的特点是"小马拉大车"，不足以担负得起东亚崛起的重任。此外，东亚的安全结构是非常不稳定的，东亚地区缺乏区域安全稳定需的几乎所有要素，处在一种脆弱的关系网络中。[②]其中，作为东亚大国的中国和日本之间的安全困境问题比较突出，而且长期对东亚地区安全局势产生了消极影响。所以只有中日处理好历史问题，联手合作，才能带领东亚走向坦途。亚洲的未来在很大程度上取决于中日关系，中国和日本是实现东亚区域合作的"火车头"和"领头羊"。欧洲经济一体化进程之所以

---

① 马小军：《东亚秩序变迁中的中日关系》[J]，《中共中央党校学报》，2009（5）。
② 朱峰：《国际关系理论与东亚安全》[M]，北京：中国人民大学出版社，2007年版，第91页。

能够成功，就缘于法德合作的重大推动作用。正确处理好中日关系，不仅关系到中日两国之间的生存和发展，同时，也关系到东亚地区的经济稳定与未来发展前景。

（三）引起地区关系紧张

日本政治右倾化将加剧东亚特别是东北亚地区的安全困境程度和关系紧张。安倍政府在对待第二次世界大战侵略历史、"慰安妇"问题、领土争端等方面展示出的强硬姿态，持续引起东亚地区乃至整个亚太地区的关系恶化。首先，中日韩三国三国首脑会晤中断。中日韩首脑会谈从2008年起每年轮流举行一次。2013年11月三国在首尔举行了新领导人履新后的首次副外长级磋商。由于日本与中韩两国严重对立以致于难以实现三国首脑会谈。2015年3月21日第七次中日韩外长会举行，这是时隔两年多后再次举行三国外长会，人们期望以这次外长会作为良好的开端，三国首脑峰会能够恢复正常。其次，东北亚地区领土争端升级。日本在政治、军事、地缘战略等方面把中国视为"威胁"，利用日美同盟威慑中国，利用中国与越南、菲律宾在南海的矛盾牵制中国。安倍开展的"地球仪外交"，一年中遍访东盟十国，其意图就是插手南沙争端，借以牵制中国，日本在北方四岛（俄称南千岛群岛）问题上的态度愈发强硬，激起俄罗斯方面强烈的反弹；日本和韩国在竹岛（韩称独岛）问题的争执也进一步升级，日本对过去的侵略罪行没有认真反省的态度，也使韩国对日本军国主义的复活高度警惕。韩国学者在《人民日报》撰文指出：日本右倾化所造成的威胁和影响，绝不会仅局限于亚洲，世界各国都应当共同警惕。[①]而在2013年8月，美国好莱坞电影导演奥利弗·斯通也称日本右倾化威胁世界。再次，日本政治右倾化将导致东亚出现军备竞赛危局。安倍政府修改宪法、强化武装、复兴军国主义的系列举措，将打破东亚国家的战略互信和战略均势，军备竞赛不可避免、军事对抗将成为日常状态，东亚的整体稳定和安全就会面临严重挑战，从而使地区局势更加复杂化。

结　语

自2012年安倍内阁再次执政以来，日本右翼势力愈益壮大，其公然否认侵略历史、参拜靖国神社、加速修改和平宪法、不断壮大军事实力，日本现政府的

---

① 金珍镐：《日本右倾化是亚洲的威胁》[N]，《人民日报》，2013-11-22（3）。

一系列举措意在颠覆第二次世界大战后所建立的国际秩序，打破套在日本身上的枷锁，从而实现其政治大国的目标。日本政治的右倾化有深远的历史根源、国际背景、国内背景，在这些总体大背景之下，安倍执政期内，我们可以预料，中日关系紧张的严重状况还将持续，甚至加剧，东亚区域经济合作进程放缓。